U0558495

黄河流域高质量发展研究

主　编　刘炯天

副主编　左其亭　刘建华　汤建伟　李金铠　朱永明

郑州大学人文社会科学精品学术著作资助项目（2023）

中国工程院重大咨询研究项目『黄河流域生态保护和高质量发展战略研究』资助

郑州大学黄河生态保护与区域协调发展研究院组织

郑州大学出版社

图书在版编目(CIP)数据

黄河流域高质量发展研究 / 刘炯天主编. — 郑州 : 郑州大学出版社, 2022. 12
ISBN 978-7-5645-9096-3

Ⅰ. ①黄… Ⅱ. ①刘… Ⅲ. ①黄河流域 - 区域经济发展 - 研究
Ⅳ. ①F127.2

中国版本图书馆 CIP 数据核字(2022)第 175362 号

黄河流域高质量发展研究
HUANG HE LIUYU GAOZHILIANG FAZHAN YANJIU

策划编辑	汪流明　刘金兰	封面设计	苏永生
责任编辑	申从芳	版式设计	凌　青
责任校对	王红燕	责任监制	李瑞卿
出版发行	郑州大学出版社	地　　址	郑州市大学路 40 号(450052)
出 版 人	孙保营	网　　址	http://www.zzup.cn
经　　销	全国新华书店	发行电话	0371-66966070
印　　刷	河南瑞之光印刷股份有限公司		
开　　本	787 mm×1 092 mm　1 / 16	彩　　页	10
印　　张	21	字　　数	501 千字
版　　次	2022 年 12 月第 1 版	印　　次	2022 年 12 月第 1 次印刷
书　　号	ISBN 978-7-5645-9096-3	定　　价	168.00 元

编委会

内容提要

黄河问题复杂难治，流域内人口众多，经济欠发达，资源和生态问题突出，发展质量有待提高。2019 年 9 月，“黄河流域生态保护和高质量发展”上升为重大国家战略，是黄河治理史上的一个里程碑。本书积极探索黄河流域高质量发展路径，研究面向高质量发展的产业布局和城市发展策略，提出黄河流域高质量发展战略咨询建议。全书共十三章，主要内容包括四部分：一是战略框架研究。研究了黄河流域高质量发展理论及路径、高质量发展战略框架及分区发展策略。二是产业布局研究。研究了黄河流域现状产业布局和产业结构、传统支柱产业绿色转型升级、新兴产业培育壮大以及绿色产业协同发展战略、水—能源—粮食多尺度关联分析与协同调控。三是城市发展研究。研究了黄河流域中心城市和城市群高质量发展路径，郑州市国家中心城市发展战略及实施路径。四是对策及保障机制研究。研究了黄河下游协同治理体系及发展路径优化调控、科技创新驱动黄河流域高质量发展战略，以及实现黄河流域高质量发展的保障机制。

本书可供研究黄河问题、高质量发展、产业布局、城市发展以及区域发展战略的科技工作者、管理者以及研究生参考。

前言

2019年9月,“黄河流域生态保护和高质量发展”上升为重大国家战略,是黄河治理史上的一个里程碑。黄河问题复杂难治,黄河流域生态保护和高质量发展重大国家战略的顺利实施需要全社会的共同努力。“黄河流域生态保护和高质量发展战略研究”是中国工程院2020年立项、2021年滚动支持的重大咨询研究项目,旨在系统识别黄河流域生态保护和高质量发展面临的主要问题,为黄河流域实现生态保护和高质量发展提供重大咨询建议、战略支撑和实施路径引领。本书作者承担完成了中国工程院重大咨询研究项目“黄河流域生态保护和高质量发展战略研究”的课题“黄河流域高质量发展的产业布局和城市发展战略研究”(2020年)和“黄河流域高质量发展评估及路径优化调控战略研究”(2021年)。这两个课题的部分研究成果已通过科技论文的形式进行了一定程度的传播,为全面、系统地总结和展示课题主要研究成果,特编写此书。

本书总体研究思路是:以对黄河重大国家战略的认识与解读为出发点,以黄河流域基本情况和目前存在的问题为基础,采用多学科交叉、多方法并用的研究思路,分析评价黄河流域高质量发展水平及影响因素,并从绿色产业、科技创新、中心城市发展以及下游治理等多方面研究黄河流域的高质量发展途径,总结高质量发展保障机制,据此提出咨询建议。由于相关工作量特别大,再加上学科方向较多,所以特别邀请了不同研究方向的学者参与,各位参与者做了扎实的研究和细致的撰写工作,因此,本书是集体智慧的结晶。本书主要内容包括四部分:战略框架研究、产业布局研究、城市发展研究和对策及保障机制研究。本书共十三章,其中,第一章由刘炯天、左其亭撰写,第二章由左其亭、张伟、吴滨滨、吴青松撰写,第三章由左其亭、姜龙撰写,第四章由李金铠、魏伟、武佳倩、张瑾、孟慧红、刘守临撰写,第五章由于磊、李倩文撰写,第六章由汤建伟、赵金辉、刘鹏飞、汤松臻、刘丽、赵文莲、张媛、郭笑盈撰写,第七章由汤建伟、万俊锋、何凤斌、邢传宏、王莉、焦立强、周俊杰、申博撰写,第八章由汤建伟、王保明、丁俊祥、张杰、石欢欢、汪霞、郑东军、乔森撰写,第九章由刘建华、孙向伟、黄亮朝撰写,第十章由朱永明、李玉民、沈志锋撰写,第十一章由左其亭、张志卓撰写,第十二章由刘建华、王慧扬、唐琦撰写,第十三章由窦明、杨亚飞、乔若辉撰写。刘炯天负责统稿和定稿,左其亭负责整编和修改,吴青松、张志卓参与修改和文字校对工作。

本书的研究工作得到了中国工程院重大咨询研究项目(2020-ZD-18和2021-149-1)的资助,该书出版得到了郑州大学人文社会科学精品学术著作资助项目的经费支持,也得到了河南省重大公益性科技专项(201300311500)、河南省软科学重大项目(212400410002)的经费支持。书中每章内容都凝聚着作者的智慧和心血,在本书即将出版之际,衷心感谢各位作者对本书的支持和付出的努力!在此向支持和关心作者研究工作的所有单位和个人表示衷心的感谢。感谢出版社同人为本书出版付出的辛勤劳动。书中部分内容参考或引用了有关单位和个人的研究成果或学术专著,均已在参考文献中列出。

在课题实施及本书撰写过程中,刘旭院士、沈国舫院士、郝吉明院士、杜祥琬院士、王金南院士、丁一汇院士、侯立安院士、张远航院士、吴丰昌院士、张守攻院士、胡春宏院士以及生态环境部环境规划院、中国水利水电科学研究院、中国工程科技发展战略河南研究院、清华大学、中国林业科学研究院的专家学者,给予诸多指导和建议,特此向他们致以衷心的感谢!

由于黄河研究本身的复杂性,加之时间仓促和作者水平所限,书中错误和缺点在所难免,欢迎广大读者不吝赐教。

编者

2022 年 5 月

目录

第一章　绪　论

黄河流域有着丰富的战略性资源，在我国经济社会发展和生态安全方面占据着十分重要的地位。同时，黄河流域水资源开发与保护形势严峻，各种水问题日益突出，这影响到目前乃至未来一段时间的经济社会发展和人水关系的和谐相处。因此，在这样的大背景下，非常有必要提出黄河战略这一重大国家战略，以此助力黄河流域生态保护与高质量发展的协同推进，促进流域不同地区间以及人类社会和自然环境之间的均衡发展。另外，黄河流域复杂难治，通过对黄河流域的综合治理，可为其他地区复杂问题的解决提供借鉴。将黄河上升为重大国家战略，前所未有，其意义重大而深远。治理黄河，“重在保护，要在治理”，因此黄河流域的保护与治理是今后工作的主导方向，而黄河重大国家战略提出不久，社会上对于该战略的解读和认识还远远不够，需要基于黄河重大国家战略提出的背景及意义，进行系统全面的深入分析与总结。实施黄河流域生态保护和高质量发展的国家战略任重而道远，涉及多个学科的交叉融合，需要水资源、生态环境和经济社会等多方面的理论基础，需深入贯彻国家重要战略思想，并结合新时代治水新思想，将战略要求作为具体实施的主要抓手，做好目标定位和思想指导，同时更需要明确重大科技问题，坚持问题导向，了解问题根源所在，做到因地制宜、分类施策。

一、黄河重大国家战略提出的背景及意义

（一）黄河重大国家战略提出的背景

1. 黄河具有重要的战略地位

黄河是中华民族的母亲河，养育着华夏儿女，成为人类文明发展的摇篮，具有丰富的历史内涵。黄河流域具有丰富的生境类型，沿河形成了各具特色的生物群落，河流湖泊和湿地多种多样，是生物栖息地的最佳选择，生物多样性较高，是我国重要的生态屏障。黄河流域还是我国七大流域之一，流域面积为 75.2 万 km^2，横贯中国东西部。总的来说，黄河作为我国西北、华北地区重要的水源，在水资源供给中占据着举足轻重的地位，黄河以其占全国 2% 的河川径流量养育了全国 12% 的人口、灌溉了全国 15% 的耕地、支撑了全国 14% 的国内生产总值。由此可见，黄河流域有着丰富的战略性资源，在我国经济社会发展和生态安全方面占据着十分重要的地位。

2. 黄河问题复杂难治、矛盾突出

众所周知，黄河是我国的第二长河，但黄河的径流量却远小于长江、黑龙江以及珠江等诸多河流，因此黄河的径流量相对并不丰富。黄河流经九个省区，目前的资料显示，其中大部分省区的取水量达到甚至超过了黄河“八七分水”方案中既定的分水目标，而对于黄河水资源的超采必然会引起一系列的水问题。另外，黄河中游地区沟壑纵横的黄土高原、下游地区典型的地上悬河都给黄河的治理增加了难度，水少沙多，矛盾突出。当前黄河流域存在的突出困难和问题包括洪水灾害威胁、生态环境脆弱、水资源保障形势严峻和发展质量有待提高等方面，存在防洪、水生态、水环境和水资源等众多水问题。针对黄河流域复杂的水问题，需要深入系统研究，更需要投入大量科研人才、运用治水新思想、采用高端信息技术，因地制宜、统筹兼顾、综合治理。

3. 国家领导人对黄河敏锐的战略思维

我国历届国家领导人对黄河的治理都格外关注，无不对黄河的治理提出了宝贵的指导思想，他们高瞻远瞩，指引着一代又一代人对黄河的开发与保护。2019 年 9 月 18 日，习近平总书记在河南考察期间主持召开了黄河流域生态保护和高质量发展座谈会，并发表重要讲话，提出了黄河流域生态保护和高质量发展重大国家战略。这是黄河流域生态保护和发展的重大战略布局，也是黄河治理史上的一个里程碑。习近平总书记强调，黄河流域是我国重要的生态屏障和重要的经济地带，在我国经济社会发展和生态安全方面具有十分重要的地位。“黄河宁，天下平”，黄河问题突出，治理黄河要有战略定力，要谋划长远。

4. 社会各界对黄河战略研究的迫切需要

黄河流域存在着非常复杂的人水相互作用系统，社会科学、经济学、水资源学等社会各界的学术研究者都在不断研究黄河流域的各种问题，取得的研究成果也不计其数。但是从目前的研究现状来看，针对黄河流域的研究多集中在气候和水资源变化研究、水土流失研究，以及黄河文化、生态保护、制度政策研究等方面，大部分属于个别专业领域的研究，缺少多学科、多领域的交叉研究。黄河流域在泥沙淤积、地上悬河等方面都存在最为典型的问题，可以说，针对黄河问题解决思路的研究可以为其他地区问题的解决提供宝贵的经验。因此，如何从重大国家战略需求高度，基于生态文明建设，助力黄河流域生态保护和高质量发展的协同推进至关重要，这迫切需要开展有针对性、系统性、宏观层面、多学科交叉的深入研究。

（二）黄河重大国家战略提出的重要意义

“黄河宁，天下平”，黄河治理是事关国计民生的大事，是关系中华民族千秋万代的大事。从古至今，中国的历史也是一部治水史，而治理黄河的历史也堪称是一部治国史。据统计，新中国成立前的2500 多年间，黄河下游共决溢 1500 多次，较大改道 26 次，黄河流域灾害频发，人民生活在水深火热中；新中国成立之后，国家领导人高度重视流域水资源问题，并成立专门的流域机构，用于管理流域内各种水问题，使得黄河流域自然灾害有所缓解，但并没有完全解决；至 20 世纪末，黄河还出现了一次非常严重的断流现象，影响到人民生活和地区的经济社会发展。随着人们认识水平和水资源治理水平的提高,黄河流域治理取得显著成效,从“三年两决口、百年一改道”的惨痛状况到目前基本不会发生严重的水问题。

黄河流域生态保护和高质量发展作为重大国家战略,前所未有,意义重大而深远。提出黄河重大国家战略不仅是改善人民群众生活、促进经济社会发展和保护传承弘扬黄河文化的迫切需求,还是国家领导人高瞻远瞩,对于黄河流域生态保护和高质量发展的重要定位。提出黄河重大国家战略,提倡对黄河流域进行深入研究,可以引起人们对共建人水和谐关系的重视,同时可挖掘黄河战略性资源的潜在价值以及深入解读黄河文化内涵,提高对黄河的认知水平。提出黄河重大国家战略也不仅是改善生态环境、营造良好生活环境的基本需求,更是促进人水和谐、保障人与自然和谐相处的重要举措。黄河重大国家战略是基于黄河问题复杂难治、影响经济社会发展而提出的,从一定程度上讲是为了治理黄河,解决黄河的各种水资源与经济社会问题,但从更高层次上讲是为了促进人水和谐,缓解因经济社会发展而过度开发利用水资源的紧张局面,诠释“绿水青山就是金山银山”,是为了祖孙后代的生活与发展。提出黄河重大国家战略也是“让黄河成为造福人民的幸福河”的关键一步。让黄河趋利避害、造福人民,是一件事关全国各族人民的大事,需要全社会有关方面的共同努力,也需要几代人的共同努力,将其作为重大国家战略也是为了使全社会人民能够具有大局意识,站在国家的、全局的角度考虑,贡献自己的一份力量,推动黄河流域生态保护和高质量发展。

二、对黄河重大国家战略的解读和认识

(一)黄河重大国家战略的目标定位及指导思想

研究黄河流域,首先要摸清“家底”,对其准确定位。近年来,我国针对黄河流域的治理取得了显著的成效,泥沙治理有了进展,生态环境有所改善;但同时也要看到黄河流域发展遇到的瓶颈及存在的各种问题:生态系统依旧脆弱,水资源承载能力不足。做好黄河重大国家战略的实施,需要坚持问题导向,从问题出发,制定各阶段切实可行的目标,从而明确最终的战略目标,以便有的放矢,做好战略实施的每一个环节。黄河流域面积辽阔,地理位置优越,在经济社会发展中占据着重要的地位;但随着对水资源开发利用程度的加大,生态环境问题矛盾突出,制约着地区经济社会的发展,而经济社会的发展又反过来影响着生态环境的保护,如何使这一恶性循环转变成经济社会与生态环境相互促进的良性循环,关系着人水之间的和谐,更影响着人类的发展。因此,面对黄河流域复杂的人水矛盾问题,需要统筹兼顾、系统治理,立足出发点、找准落脚点,不忘初心、砥砺前行,主动创造良好的人水和谐的环境。根据黄河流域生态保护及经济发展的背景,立足重大国家战略需求,将黄河战略的目标定位表述为:针对黄河流域生态和发展问题,着眼于生态文明建设全局,以生态保护为基础,以水旱灾害治理为要务,以高质量发展为落脚点,坚持山水林田湖草沙综合治理、系统治理的思想,尊重自然规律和经济社会发展规律,共同抓好大保护,协同推进大治理,实现高质量发展,让黄河造福人民。

面对黄河流域复杂的人水作用关系,需要深入贯彻治水新思想,其中主要的指导思

想有:人水和谐思想、可持续发展思想、习近平生态文明思想、系统治理思想、节水优先思想、高质量发展思想、文化自信思想。

1. 人水和谐思想是处理人水矛盾关系的最基本指导思想

在人文系统和水系统组成的人水系统中,水资源为经济社会的发展提供资源供给,而经济社会的发展又时刻影响水资源乃至整个生态环境的变化,水资源与经济社会相互作用、相互影响。人类活动或多或少都会影响自然,包括水系统。大量事实证明,"人定胜天"并不可取,无限制地破坏自然环境肯定会受到各种灾难的惩罚,为了生存与发展,人类必须限制自己的行为,走人水和谐之路,使人类社会与大自然和谐相处。

2. 可持续发展思想是当今时代发展的主题

可持续发展是指满足当代人需要而又不削弱子孙后代满足其需要的发展,由此可知,这里的可持续发展思想就是在开发利用水资源的同时,考虑水资源乃至整个生态环境的可承载能力和纳污能力,不能过度开采水资源、污染水资源,破坏人类生活的环境,要为子孙后代留下一片"净土",确保开发利用水资源的同时考虑到未来的发展。

3. 习近平生态文明思想是新时代下的主旋律

生态文明是继原始文明、农业文明和工业文明之后逐渐兴起的社会文明形态。随着社会的快速发展,一味追求经济增长、忽略生态环境问题的时代已经过去,现如今,经济发展水平较高,为了满足人们的精神文明需求,保护环境是关键环节,需要大力提倡生态文明建设,树立生态兴则文明兴的理念,理解"绿水青山就是金山银山"的深刻内涵,在开发利用水资源时坚持生态优先,在追求经济社会发展时坚持绿色、低碳、环保,才能满足人类对美好生活的向往。

4. 系统治理思想是处理复杂关系以及突出问题的重要思想

黄河流域的人水系统是一个有机整体,可以说黄河流域的治理工作是一个复杂的系统工程,因此既要统筹考虑黄河上下游、左右岸以及干支流的发展,也要兼顾不同行业、不同地区、不同阶段的发展,另外还需要选择最佳治理途径;既要注重黄河流域水资源开发与保护的协调,又要考虑黄河流域文化的传承与发扬。黄河重大国家战略的实施涉及社会学、经济学、水资源学等众多学科知识的交叉融合,更需要新时代下高新技术的高效运用,这都要坚持系统治理思想。

5. 节水优先思想是水资源高效利用的重要思想工具

黄河作为全国较大部分人口的水源地,支撑着全国大面积的农业灌溉和工业发展,水资源极为有限,而节水正是应对用水需求多、供给少的重要措施。要把水资源作为最大的刚性约束,合理规划区域发展,大力发展农业灌溉技术,提高工业用水循环利用率,构建节水型社会。节水型社会体现了人类发展的现代理念,代表着高度的社会文明,也是现代化的重要标志。

6. 高质量发展思想是黄河重大国家战略实施的目标和各项工作中应始终贯彻的重要思想

黄河流域内人民群众生活水平有待进一步提高,仍然存在防洪安全、饮水安全、生态安全等问题,需要推动更高质量、更有效率、更加公平、更可持续的发展,促进全流域高质量发展。黄河流域涉及九个省区,贯穿我国东西部,上中下游各有特点,应积极探索富有地域特色的高质量发展新路子。高质量发展体现在经济社会发展与生态环境保护的协调,以水定产、适水发展是核心,做好长期规划,做到科学、合理取水和用水,既要开发又要保护,在保护中谋发展,在发展中求保护。

7. 文化自信思想是做好文化传承、提高文化素养的精神力量

实施黄河重大国家战略,不仅要关注经济社会发展和生态环境保护,还要关注黄河文化的研究和传承。文化自信是对自身文化价值的充分肯定、积极践行和坚定信心。我国文化源远流长,黄河流域是中华文化的发祥地,保护好、传承好黄河文化对坚定文化自信具有重要意义,这是治理好黄河的精神力量和灵魂所在。

(二)黄河重大国家战略实施的主要抓手

习近平总书记在讲话中指出,黄河问题表象在黄河,根子在流域,治理黄河重在保护,要在治理,并从五个方面提出战略要求,这也正是战略实施的主要抓手。面对黄河流域复杂难治的问题,需要综合治理、系统治理,以推动黄河流域高质量发展。

1. 加强生态环境保护

人水和谐、生态文明等众多思想都始终要求加强生态环境保护,生态系统是自然界的生命共同体,是生态文明建设的载体,这是保护黄河的基本点和着眼点,是黄河重大国家战略实施的第一抓手、直接抓手。如果生态环境保护不好,黄河就不可能保护好,更谈不上高质量发展。黄河上游是重要的水源涵养区,而中游流经黄土高原,携带大量泥沙,下游泥沙淤积形成地上悬河、黄河三角洲,因此黄河上中下游各有特点,生态整体脆弱,保护形势依旧严峻,应因地制宜、综合保护。

2. 保障黄河长治久安

从古至今,黄河治理都是安民兴邦的大事,关系着国计民生。历史上,黄河曾发生过多次洪涝和干旱灾害,甚至出现过严重断流现象,而新中国成立至今,黄河 70 年不决口,先后抵御 12 次大洪水,实现了 70 年的安澜。但黄河水少沙多、水沙关系不协调等众多生态环境问题,以及黄河的战略性地位,都要求将黄河治理上升到国家层面,重视对黄河的开发与保护。

3. 推进水资源节约集约利用

我国水资源丰富,但人均占有量很少,黄河流域更是如此,黄河径流量较小,却支撑着全国相对较多的用水。在有限的水资源条件下,除了“开源”,便是“节流”。因此为了促进黄河流域的高质量发展,需要全流域节约用水,深入贯彻节水优先思想,科学调控好水资源分配,最大限度地发挥水资源在促进人民生活水平提高、经济发展和生态环境保

护中的作用。推进水资源节约集约利用,就要普及节水技术,提高水资源利用效率,引进高新技术设备,促进水资源的重复利用。

4. 推动黄河流域高质量发展

黄河的发源地被誉为“中华水塔”,是我国最为重要的水源地,而沿黄九省区是我国重要的粮食、能源、工业等聚集区,因此黄河流域具有非常重要的生态价值和经济价值。高质量发展要求坚持创新驱动,各地区协同推进,构建开放平台。探索黄河流域高质量发展路径,不仅要促进经济发展,还要保护生态环境,营造良好社会氛围,坚持经济、生态和社会等多方面的均衡发展,注重综合效益的显著提高。

5. 保护、传承、弘扬黄河文化

黄河是我国的母亲河,黄河流域流经九个省区,各地区都有历史悠久的文化遗址,对黄河流域文化价值的挖掘与深入认识,有助于国家统一和民族团结,有助于发扬光大黄河文化。黄河文化是中华文明的重要组成部分,是中华民族的根和魂。首先要保护好黄河文化遗产,其次要传承好黄河文化,讲好“黄河故事”,延续历史文脉,为实现中华民族伟大复兴凝聚精神力量。

三、黄河重大国家战略实施的理论基础及重大科技问题

(一)黄河重大国家战略实施的理论基础

黄河重大国家战略站位高、要求高,涉及多个领域、多个学科的交叉融合,黄河流域问题复杂、矛盾突出,实施好黄河重大国家战略,需要非常系统、全面的理论基础。基于对黄河战略的认识与深刻理解,总结实施该战略需要的理论基础主要有水文学与水资源、水工程与水安全、水环境与水生态、水经济法律与社会发展、水文化与黄河文化等方面。

1. 水文学与水资源

在水文学与水资源方面,主要涉及的理论有水循环理论、水量平衡理论、水资源空间均衡理论、水资源适应性利用理论以及水资源可持续利用理论。地球上不同形式的水体相互转化,形成水循环,这是普遍存在的一种水文现象,也是一种自然规律。正是这种源源不断的水资源支撑着人类的生存与发展,因此开发利用水资源时要符合水循环理论,要考虑水资源的周期性、循环性。水量平衡理论是水资源中最基本的理论,符合质量守恒定律,也就是说在一定范围、一定时间内,水资源的总量是不变的,如果其中一个地区的水资源量增加,那么必定会有一个地区的水资源量减少,这也是节约用水、合理分配流域内水资源的重要理论依据。空间均衡是我国治水新思路之一,新时期我国的水资源分布不均,影响水资源的利用效率,而坚持水资源空间均衡理论,通过调水等一些措施缩小地区间差异,逐步达到空间均衡,有助于提高水资源利用率,促进地区间的协同发展。自然环境和人类社会都在不断发生变化,也在相互作用、相互适应,遵循水资源适应性利用理论就是要在深入理解水资源作用机理和变化规律的基础上,对其开发利用,进而科学调控。水资源是有限且宝贵的,应坚持水资源可持续利用理论,确保对其的开发利用

不超过水资源承载力，坚持开发与保护的协调，促进水资源的可持续利用。

2. 水工程与水安全

在水工程与水安全方面，主要涉及的理论有水工程优化布局系统理论、水沙关系调控理论和水安全理论。水工程一直是人类社会作用于自然环境的直接工具，到目前为止，全国各地均已建成大大小小的水工程，从而影响人水作用关系。为了使水工程更好地为人类社会服务，应限制水工程的数量，优化布局水工程的位置，需要水工程优化布局系统理论。黄河流域水少沙多、水沙关系不协调，致使大量泥沙淤积，黄河下游形成典型的地上悬河，时刻威胁着两岸居民的生命财产安全，治理黄河水沙问题任重而道远，需构建系统的水沙关系调控理论。水安全与粮食安全、能源安全并列为世界三大安全问题，保障水安全也是确保国家安全的重要组成部分。水资源过少会形成干旱，过多会形成洪涝，水是生命之源，关系着人类的生存与发展，确保水资源的稳定供给是关键，同样也不能污染水资源，保证水质能够满足用水需求。

3. 水环境与水生态

在水环境与水生态方面，主要涉及的理论有水污染防治理论、水生态修复理论以及河湖健康理论。河流、湖泊等水体都有自己的纳污能力，当对水资源的污染超过了水体自身负荷，必然会对水资源造成不可逆的破坏，因此应做好水污染防治工作，从源头上避免水污染，为人类生存与发展创造良好的水环境。黄河流域生态脆弱，极易受到人类社会的不良影响，为了人水和谐相处，需运用水生态修复理论对受到破坏的生态系统进行及时的人工修复，采用科学的技术方法改善人水关系。河湖水系是地表水资源的主要载体，其构成的生态系统包含着巨大的生态服务功能，维持着水资源的可持续利用，支撑着经济社会的可持续发展，河湖生态完整性一旦遭到破坏，就会影响生态服务功能的发挥，因此应基于河湖健康理论，保护好河湖水系。

4. 水经济法律与社会发展

在水经济法律与社会发展方面，主要涉及的理论有水经济学理论、资源环境法基础理论和高质量发展理论。人类对水资源的开发利用伴随着多种多样的经济活动，不断产生和丰富了水经济学理论，包括水资源价值理论、水市场理论、循环经济理论等，是人类从事水资源经济活动、以经济为杠杆管理水资源的理论依据。流域治理和发展涉及较多的法律，其中关于保护资源、保护环境方面的一系列法规，对保护资源、利用资源、防治污染和其他公害等具有重要作用。资源环境法具有特殊性，既调整人与人之间的关系，又调整人与自然之间的关系，是一类内容丰富的法律体系。高质量发展理论是新时代针对经济转型提出的新理论，追求的是效率更高、供给更有效、结构更高端、生产更绿色、社会更和谐的经济增长，为了高质量发展甚至可以牺牲一定的经济增长速度。

5. 水文化与黄河文化

在水文化与黄河文化方面，主要涉及的理论有文化价值理论和文化保护传承弘扬基础理论。针对文化价值理论，传统观点认为，只有经济领域能够创造财富，文化领域只进行价值消费，不能直接产生经济财富；现代观点认为，文化是有价值的，文化是整个民族或整个人类长期积累的产物，对促进社会团结、集中人类智慧、确保经济持续发展都具有重要价值。文化保护传承弘扬基础理论包括文化遗产保护、文化传承、文化弘扬的方法和途径,文化背后的历史、艺术、科学价值挖掘方法,文化的继承、借鉴与创新思路,传统文化的保护政策、制度、行政管理体系、宣传教育体系等。

(二)黄河重大国家战略实施的重大科技问题

1. 生态环境保护

①生态环境区划及分区目标优化。黄河流域地理空间跨度大,气候和地理特征差异显著,生态环境表象具有明显的空间地域性。需要在现代流域发展思想指引下,充分考虑全国国土空间格局,对黄河流域生态环境格局进行空间优化,合理划定生态环境保护分区;充分考虑上中下游的差异和空间格局生态功能的不同要求,优化分区保护目标,实现上中下游、不同空间格局因地制宜治理黄河生态的目标。②生态红线指标及阈值确定。根据现代发展理念,制定生态红线指标选择原则,针对不同区域和类型的生态,选择合适的红线指标;通过大量研究,确定生态红线指标的阈值,如纳污能力、生态流量、生态水位、森林面积、湿地面积、生物多样性指标等。③重点水域保护目标及保护修复。通过大量调查和试验,分析确定黄河干流和支流主要河段、水库、湿地、湖泊生态保护目标,提出黄河源区、上中下游以及河口水生态保护与修复的措施。④生态环境保护技术研发与集成。生态环境保护涉及多种技术,如不同污染物治理、农村面源污染治理、节水、清洁生产、水土保持、生态健康评价、环境风险评估与防治等技术,需要继续开展各种生态环境保护技术的研发和应用;系统解决全流域生态环境保护问题,需要集成多种技术,进行分类施策、系统治理、综合治理。

2. 水沙调控与水安全

①水沙关系及调控机制。通过大量连续观测,揭示黄河泥沙分布规律、产生过程、影响因素、水沙关系以及作用机制等;基于观测数据和理论分析,揭示水沙调控机制,构建水沙演变模拟模型和水沙调控模型;建设以骨干水库为主体的水沙调控工程体系,研发水沙联合优化调度系统。②河道和滩区综合提升治理。为了进一步提升河道和滩区治理能力,实现河道和滩区安全运行,需要深入研究河势稳定控制与洪水行洪控制、河槽输沙能力提升、滩区综合整治、堤防加固与生态廊道融合一体化建设、综合治理方案优化以及决策支持系统建设等技术方法。③工程安全与防护。工程安全是第一要务,首先要研究大坝工程安全评估与风险防控,其次要解决堤防无损检测、评价与防护技术问题,此外还要开展结构性能加固修复等技术方法研究和应用。

3. 水资源节约集约利用与管控

①节水技术与节水型社会建设。开展工业、农业、生活各种用水的节水技术研发及集成研究;研发节水计量技术、监测装置,开展节水效果评价,探索节水管理途径;研究以经济手段为主的节水机制与制度建设;继续开展节水型社会建设规划与推行实施。②水资源集约与高效利用。研究各种用水效率分析方法和水资源集约利用评价方法,研发不同行业各种用水方式的水资源集约利用技术;研究水资源高效利用评价方法,研发水资源高效利用相关技术方法。③水资源配置与空间均衡管控。研究水资源分析相关技术

方法,如水资源系统分析、承载能力计算、水资源配置需求分析、跨界河流分水方法、水资源配置模型等;研究满足水沙调控的水资源调度模型方法、气候变化下水资源适应性利用调控方法,创新研究水资源空间均衡管控理论方法及模型。

4. 高质量发展途径

①高质量发展布局与途径优化。在高质量发展理论指导下,分析国土资源—生态环境—经济社会和谐关系,研究高质量发展布局方法;基于多方面影响因素分析,提出高质量发展途径优化方法。②资源利用与生态保护和谐。研究资源利用与生态保护和谐平衡理论方法,构建和谐平衡模型,制定兼顾经济社会发展、资源高效利用、生态环境保护协调的发展方案。③产业链提升与布局。在分析产业链发展趋势及影响因素的基础上,研究产业链提升方法;研究产业链优化布局方法、分区优化产业布局方法,以及黄河流域与共建"一带一路"倡议、大运河文化带等战略对接方案。④重点产业布局与高质量发展。在高质量发展理念指导下,研究流域内对生态保护和经济社会发展有重要影响的重点产业(如煤炭、化工等)的优化布局;探索重点行业高质量发展新路子,最终实现水资源支撑全流域高质量发展。

5. 黄河文化挖掘与保护传承

①文化整理、挖掘及前景分析。基于历史资料收集和整理,讲好"黄河故事",深入挖掘黄河文化蕴含的时代价值,分析黄河文化开发前景。②文化保护与传承。提出推进黄河文化遗产系统保护的思路和方法,保护好黄河文化;研究文化传承思路和方法,制定完善的黄河文化传承制度,保障历史文脉世代延续。③文化弘扬与传播途径优选。研究黄河文化弘扬思路和方法,探索文化传播途径优选方法,促进黄河文化进一步发扬光大。

6. 人与自然和谐发展战略选择

①资源—环境—经济和谐发展研究方法。针对流域国土资源开发、生态环境保护、经济社会发展存在的不和谐因素,总结提出全流域及分区人与自然和谐发展思路,以及资源—环境—经济和谐发展量化研究方法。②资源—环境—经济和谐发展现状评估与分析。采用资源—环境—经济和谐发展量化研究方法,对全流域及分区和谐发展水平进行评估,并分析其空间变化规律、时间演变规律。③资源—环境—经济和谐发展路径优选。从国土资源开发、生态环境保护、经济社会发展三方面和谐发展角度,提出流域资源—环境—经济和谐发展路径优选方法。

7. 战略实施规划及保障体系

①战略实施的规划方法。基于研究成果总结、国家需求分析,综合考虑生态环境保护支撑体系、水资源空间均衡调控方案、高质量发展策略,研究提出黄河流域国家战略实施的规划方法及规划方案。②战略保障体系。国家战略的实施是一个庞大的系统工程,需要一系列的保障作支撑。需要从技术创新、行政管理、政策、制度等方面,提出黄河流域国家战略保障体系的构建思路和方法。

四、本书重点研究内容及结构框架

（一）本书重点研究内容

本书的总体研究思路是：以对黄河重大国家战略的认识与解读为出发点，以黄河流域基本情况和目前存在的问题为对象，采用多学科交叉、多方法并用的研究思路，分析评价黄河流域高质量发展水平及影响因素，并从绿色产业、科技创新、中心城市发展以及下游治理等多方面研究黄河流域的高质量发展，总结高质量发展保障机制，据此提出咨询建议。本书的主要内容有以下几个方面：

①在黄河重大国家战略提出背景的基础上，从战略实施的目标定位、指导思想及主要抓手等方面深入解读黄河重大国家战略，明确战略实施的理论基础和重大科技问题；

②从自然地理和经济社会方面系统总结黄河流域基本情况，界定多尺度的黄河空间研究范围及分区，阐述黄河流域生态环境、水资源、水沙关系和高质量发展等方面现状及存在的问题；

③评估分析黄河流域高质量发展水平和影响因素，探索提升黄河流域高质量发展水平的针对性对策建议；

④提出黄河流域高质量发展战略框架，据此对黄河流域分区进行总体目标定位，并分析总结黄河流域分区功能定位及发展应对策略；

⑤分析黄河流域水—能源—粮食纽带关系和关联特征，构建水—能源—粮食协同调控模型，研究黄河河南段及流域水—能源—粮食协同优化方案和发展路径建议；

⑥分析黄河流域产业发展现状、布局及结构，研究工业发展及转型需求、农业转型发展，探索高质量发展的产业布局与绿色低碳循环发展途径；

⑦从绿色低碳循环产业发展、培育发展壮大新兴产业、农业转型升级等方面研究黄河流域高质量发展的产业转型升级战略；

⑧剖析促进黄河流域高成长性产业发展的有效途径，研究流域高成长性产业发展现状、问题及对策建议；

⑨分析黄河流域中心城市以及城市群发展战略，进而研究黄河流域生态保护和经济高质量发展的协同推进路径；

⑩基于郑州国家中心城市的创建背景与发展现状，研究郑州国家中心城市跨河布局发展总体思路、战略定位和对策建议；

⑪总结黄河下游治理的主要做法和取得的成效，提出基于优化路径的黄河下游高质量发展布局；

⑫基于黄河流域创新能力现状、问题及需求，研究提出科技创新驱动高质量发展的总体战略和综合政策建议；

⑬从水资源保障机制、生态环境保护机制、经济协调发展机制以及社会保障机制等方面研究黄河流域高质量发展的保障机制。

（二）本书整体结构与框架

根据主体研究内容，本书共十三章，各章之间的关系见图1.1，也是本书的整体结构与框架。第一章绪论，阐述黄河重大国家战略提出的背景及意义，从战略实施的目标定位、指导思想和主要抓手对黄河重大国家战略进行解读和认识，并深入总结战略的理论基础和重大科技问题，最后从整体角度说明本书的研究内容与结构框架；第二章黄河流域概况及主要问题，从自然地理特征和经济社会概况等角度介绍黄河流域基本情况，基于不同目的或研究需求总结得到黄河空间研究范围的4种区划方案，并高度总结黄河流域生态环境现状及存在的问题、水资源现状及问题、水沙关系及工程安全问题、高质量发展现状及问题、黄河文化挖掘与传承问题；第三章黄河流域高质量发展评估及影响因素分析，围绕黄河流域资源利用—生态保护—经济发展存在的不和谐因素，解读高质量发展概念的定义及内涵，考虑以资源、经济、社会、生态、文化多个方面构建高质量发展评价体系，评估分析黄河流域高质量发展水平和影响因素，提出提升流域高质量发展水平的针对性对策建议；第四章黄河流域高质量发展战略框架及分区发展策略，阐述黄河流域高质量发展战略框架及总体目标定位，并根据地区特点研究黄河流域分区功能定位及发展应对策略；第五章黄河流域水—能源—粮食多尺度关联分析与协同调控，分析黄河流域水—能源—粮食现状、纽带关系和多尺度关联特征，构建水—能源—粮食协同调控模型并结合不确定性方法优化求解，提出黄河流域水—能源—粮食协同优化方案及发展路径建议；第六章黄河流域高质量发展的产业布局与绿色低碳循环发展途径，在明确黄河流域产业发展现状、布局及结构的基础上，研究黄河流域工业和农业转型发展的优化途径；第七章黄河流域高质量发展的产业转型升级战略，针对黄河流域上中下游生态功能不同特点及产业发展现状，研究推动传统支柱产业绿色转型升级和培育发展、壮大新兴产业支撑高质量发展战略；第八章黄河流域高成长性产业快速发展研究，分析高成长性产业快速发展概况和存在问题并提出对策建议，开展流域城乡基础设施发展、流域产业与“一带一路”和大运河文化带协同发展研究；第九章黄河流域中心城市和城市群高质量发展路径研究，基于黄河流域现状深入理解并分析黄河流域中心城市以及城市群发展战略，进而研究黄河流域生态保护和经济高质量发展的协同推进路径；第十章郑州国家中心城市发展战略及实施路径实例研究，明确郑州国家中心城市跨河布局的必要性和可行性，阐述郑州国家中心城市跨河布局发展总体思路和战略定位，给出郑州国家中心城市跨河布局的对策建议；第十一章黄河下游协同治理体系及发展路径优化调控，全面阐述黄河下游概况及协同治理关键问题，总结下游治理的主要做法和取得的成效，构建黄河下游协同治理体系并进行多维阐释，研究黄河下游高质量发展路径优化调控，提出基于优化路径的黄河下游高质量发展布局；第十二章科技创新驱动黄河流域高质量发展研究，剖析黄河流域创新能力现状及问题，进行黄河流域创新能力时空演化及影响因素研究，分析黄河流域科技创新与产业升级的互动关系，探索以新基建为契机推进高质量发展的思路，提出科技创新驱动流域生态保护和高质量发展的对策建议；第十三章黄河流域高质量发展保障机制，考虑目前的问题以及应对措施等方面，提出水资源保障机制、生态环境保护机制、经济协调发展机制和社会保障机制四方面的框架体系，为黄河流域高质量发展保驾护航。

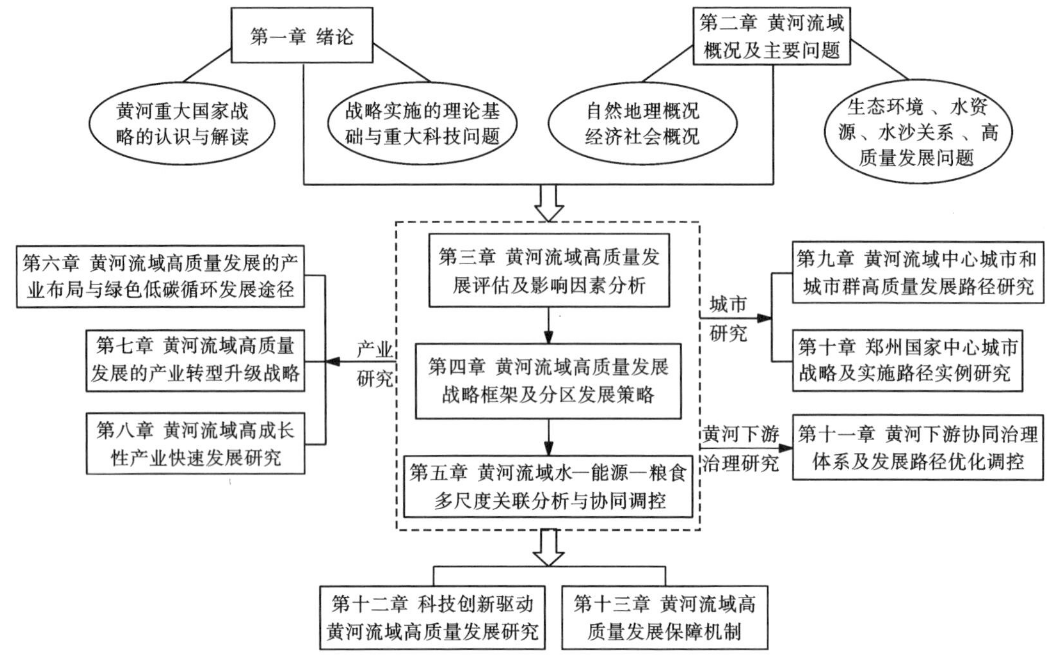

图 1.1 本书整体结构与各章关联

参考文献

[1]薛松贵.黄河流域水资源综合规划概要[J].中国水利,2011(23):108-111.

[2]张红武.黄河流域保护和发展存在的问题与对策[J].人民黄河,2020,42(3):1-10,16.

[3]左其亭.黄河流域生态保护和高质量发展研究框架[J].人民黄河,2019,41(11):1-6,16.

[4]马柱国,符淙斌,周天军,等.黄河流域气候与水文变化的现状及思考[J].中国科学院院刊,2020,35(1):52-60.

[5]黄委建设局.加快水利工程建设步伐 铸就黄河安澜铜墙铁壁[N].黄河报,2019-10-22(1).

[6]左其亭,郝明辉,马军霞,等.幸福河的概念、内涵及判断准则[J].人民黄河,2020,42(1):1-5.

[7]赵金辉,连兴容,陈欣怡,等.匹配黄河流域高质量发展的工业布局模式研究[J].人民黄河,2021,43(4):18-23.

[8]孙宇飞,肖恒.把水资源作为最大刚性约束的哲学思维分析和推进策略研究[J].水利发展研究,2020,20(4):11-14.

[9]李云才.考察"中华水塔"行与思[J].中国政协,2020(1):40-41.

[10]刘贝贝,左其亭,刁艺璇.绿色科技创新在黄河流域生态保护和高质量发展中的价值

体现及实现路径[J]. 资源科学,2021,43(2):423-432.
[11]左其亭,姜龙,马军霞,等. 黄河流域高质量发展判断准则及评价体系[J]. 灌溉排水学报,2021,40(3):1-8,22.
[12]刘建华,黄亮朝,左其亭. 黄河下游经济—人口—资源—环境和谐发展水平评估[J]. 资源科学,2021,43(2):412-422.

第二章　黄河流域概况及主要问题

黄河流域是中华文明的发源地，黄河总长度约为 5464 km，是我国第二长河，也是世界第五长河；黄河发源于青藏高原，流经黄土高原和华北平原，最终汇入渤海。黄河流域是我国极为重要的经济带与文化带，涵盖多个重要工农业生产基地和国家重点生态功能区，同时黄河也是我国北方基础性供水水源之一。总的来说，黄河作为我国西北、华北地区重要的水源，在水资源供给中占据着举足轻重的地位。但黄河也存在着很多复杂难治的问题，黄河从上游到下游海拔差异显著，资源环境禀赋和经济发展水平差异也较大，流域内空间不均衡现象日益突出，成为经济社会可持续发展的严峻挑战。黄河流域水土流失严重，泥沙淤积，抬高河床，影响行洪，下游的地上悬河易导致洪涝灾害；另外，一些年份黄河年径流量小，水资源不足，再加上向外调水，水生态系统自净能力减弱，水环境承载力下降。由于对黄河水资源开发利用程度加大及水资源保护力度不够，加剧了水污染，造成水资源供需矛盾突出，大量植被遭到破坏，水生物种群减少。黄河流域生态环境脆弱，做好保护工作、实现水生态环境良性循环，是社会可持续发展的重要基础，也是人与自然和谐共生的重要前提。黄河流域所蕴含的黄河文化是中华文明的重要组成部分，需深入挖掘黄河文化蕴含的时代价值，讲好“黄河故事”，将黄河文化发扬光大。

一、自然地理概况

（一）地理位置与地形地貌

1. 地理位置

黄河发源于青海省青藏高原的巴颜喀拉山脉北麓海拔 4500 m 的约古宗列盆地，呈巨大的“几”字形，自西向东分别流经青海、甘肃、四川、宁夏、内蒙古、陕西、山西、河南、山东九个省、自治区（以下简称九省区），于山东省的东营市垦利县汇入渤海。黄河流域面积辽阔（95°53′E～119°05′E；32°10′N～41°50′N），总面积（包括内流区面积 4.2 万 km^2）为 79.5 万 km^2，东西长约 1900 km，南北宽约 1100 km。黄河流域北部为甘肃、内蒙古，地势开阔、人烟稀少；相反，南部是我国的中部地区，有河南、陕西等，人口密集；而西部是我国海拔较高的青海、四川等，这里山脉纵横，是我国的重要水源区；东部则是山东等地，毗邻渤海。根据《黄河年鉴》，黄河上游为从源头至内蒙古托克托县的河口镇，长度约为

3472 km;中游为从河口镇到河南郑州的桃花峪,长度约为 1206 km;下游为从桃花峪到山东的入海口,长度约为 786 km。在过去的几十年里,黄河经常改道,给我国带来了肥沃的耕地,但也带来了不可挽回的灾难。自 1194 年开始,黄河夺淮,分两支,其中一支走现行河道北侧经过天津入渤海,另外一支走现行河道以南经淮河注入黄海。

2. 地形地貌

由于黄河流域面积辽阔,横向连接我国东西部,因此从地理位置上来看,黄河流域有着复杂多样的地形地貌。黄河流域地势西高东低,海拔差异明显,西起巴颜喀拉山、东临渤海、北抵阴山、南达秦岭,跨越青藏高原、内蒙古高原、黄土高原及华北平原四种地貌单元,从地势上由西向东可分为三级阶梯,依次是流域西部的青藏高原,这里海拔一般在 4000 ~ 5000 m,有巴颜喀拉山、祁连山等众多高耸的山脉;其次是内蒙古高原和黄土高原,这里海拔就降低到 1000 ~ 2000 m,也包含有河套平原、鄂尔多斯高原等,向东一直到太行山脉;最后是海拔只有 100 m 左右的黄淮海大平原,这里地势较低,以黄河下游的冲积平原最为典型。总体上来说,黄河上游是沟壑纵横、落差较大的深山峡谷;而中游则地势平坦、河道变宽;下游泥沙淤积,形成典型的地上悬河以及广袤的滩区。

(二)河湖水系与水文气象

1. 河湖水系

黄河属于太平洋水系,干流多弯曲,素有“九曲黄河”之称。黄河支流较多,流域面积大于 100 km^2 的支流共 220 条,组成黄河水系;流域面积大于 1000 km^2 的一级支流就有 76 条,主要有汾河、渭河、洛河、湟水、洮河、大汶河等,其中渭河是黄河最大的一条支流,位于黄河腹地大“几”字形基底部位,天然径流量为 92.5 亿 m^3。汾河是黄河第二大支流,也是山西省的最大河流,湟水是黄河上游的一条大支流,位于青海省和甘肃省;流域面积大于 1 万 km^2 的支流有 11 条,由此可见庞大的干支流水网构成了整个黄河流域的水系。黄河流域内的主要湖泊有河源区的扎陵湖、鄂陵湖和下游的东平湖,主要的水库有刘家峡水库、小浪底水库、三门峡水库等。黄河多年平均天然径流量为 580 亿 m^3(该数据有不同版本,本书采用认可度较高的这一数据),仅为长江多年平均径流量的 1/16 左右,水资源量相比之下并不丰富。黄河流域水系,按地貌特征,可分为山地、山前和平原三个类型,这些不同类型的河流,分布于流域各地,使水系的平面结构呈现出多种不同的形式,河网密度各地也不同。

2. 水文气象

黄河流域处于东亚海陆季风区的北部,上游及中游西部地区还受高原季风的影响,并且流域内山脉纵横、地形复杂,使得流域的降水具有地区分布差异显著、季节分布不均和年际变化大等特点。根据《黄河水资源公报》数据,黄河流域多年平均年降水量 517 mm(2008—2020 年),降水分布多集中在东南部,东多西少、南多北少,冬春干旱、降水量少,夏秋降水集中且充沛。统计资料表明,年降水量越小的地区,其年际变化越大,年降水量的极值比就越高。黄河流域水面蒸发量随气温、地形、地理位置等变化较大,其蒸发能力很强,年蒸发量达 1100 mm,而年内蒸发量变化也较大,平均五六月份的蒸发量可占全年蒸发总量的30%以上。黄河流域地理位置优越，光照充足，太阳辐射较强，全年日照时数一般达2000～3300 h，由于其典型的三级阶梯地形，致使黄河流域整体温差悬殊，气温极端值相差较大。

二、空间研究范围及分区

（一）空间研究范围

结合文献分析方法和GIS技术，以黄河流域自然范围为基础，同时考虑流域与行政区在资源开发利用、经济社会发展和生态环境保护等方面的关联性，总结得到黄河流域研究范围的4种区划方案，分别是黄河流域区、干流流经区、流域涉及区和全行政区。黄河流域区指黄河从源头到入海区间内水系所影响的地理上流域范围的区域（包括内流区），是以黄河干支流为骨干、控制面积为空间范围而划定的区域，主要依据水系特征和地形地貌进行确定。黄河干流流经区指九省区境内黄河干流流经的所有地级行政区（市、州、盟）组成的区域，其主要地理特征是由黄河干流向两侧扩张。黄河流域涉及区指黄河流域自然边界涉及的所有地级行政区，包括干流流经区的同时向外侧进一步辐射，将整个流域全部包括在内。全行政区是指黄河流经的九省区全境的所有行政区域。

（二）研究分区

1. 流域区

黄河流域区从西到东横跨青藏高原、内蒙古高原、黄土高原和黄淮海平原四个地貌单元，以内蒙古河口镇、郑州桃花峪为界，分为上中下游三部分区域，在此基础上又细分为八个二级流域，见表2.1。其中，上游流域包括龙羊峡以上、龙羊峡至兰州、兰州至头道拐、内流区4个二级流域，面积约占52.5%；中游包括头道拐至龙门、龙门至三门峡、三门峡至花园口3个二级流域，面积约占44.6%；下游流域主要为花园口以下区域，占比仅约2.9%。流域区涉及九省区中，河南、山东两省省会紧邻黄河，青海、甘肃、宁夏、内蒙古、山西、陕西6省区的省会或自治区首府均在流域内，与黄河的关系十分密切。流域内共有龙羊峡、刘家峡、海勃湾、万家寨、三门峡、小浪底等大中型水库219座，包括小型水库共计3100余座，总库容约580亿 m^3。河套平原、汾渭盆地以及引黄灌区等诸多农业生产基地遍布于流域内，同时它是我国重要的水电、煤炭、石油、天然气、有色金属储备基地。

表2.1 黄河流域区范围及基本情况（数据引自《黄河水资源公报》）

二级流域分区	流域面积/(10^4 km^2)	占比/%	大型水库/座	中型水库/座
龙羊峡以上	13.12	16.5	1	0
龙羊峡至兰州	9.14	11.5	9	5
兰州至头道拐	15.26	19.2	2	30

续表 2.1

二级流域分区	流域面积/(10^4 km^2)	占比/%	大型水库/座	中型水库/座
内流区	4.21	5.3	0	1
头道拐至龙门	12.24	15.4	3	42
龙门至三门峡	19.08	24	11	59
三门峡至花园口	4.14	5.2	4	24
花园口以下	2.31	2.9	4	24
全流域	79.50		34	185

2. 干流流经区

黄河干流自河源至入海口流经了青海 1 市 4 州、四川 1 州、甘肃 2 市 2 州、宁夏 4 市、内蒙古 5 市 1 盟、山西 4 市、陕西 3 市、河南 8 市、山东 9 市，共计 44 个地级行政区，见表 2.2。从地形地貌上看，黄河流经了黄土高原水土流失区、五大沙漠地区，沿河两岸分布有东平湖和乌梁素海等湖泊、湿地，跨越了我国的青藏地区、西北地区和北方地区三大地理区域，涉及干湿分区中的干旱、半干旱和半湿润地区。干流流经区总面积 142.8 万 km^2，是黄河流域面积的 1.79 倍，约占九省区总面积的 39.8%，其中河南和山东流经的地级行政单位较多，而四川则仅有阿坝州。干流流经区域是九省区的人口相对聚集地和重要的经济带，也是高新产业发展中心和创新示范区重点发展基地，拥有多个国家公园、水利风景区和重点生态功能区。区域内各地级行政区在充分享受黄河带来的发展机遇和综合效益的同时，也担负着河流生态环境治理、洪涝灾害防控、物种多样性保持等诸多责任，其对黄河的管理水平和能力直接影响河流的健康状态。

3. 流域涉及区

如表 2.2 所示，黄河流域涉及区包括青海 2 市 6 州、四川 2 州、甘肃 8 市 2 州、宁夏 5 市、内蒙古 6 市 1 盟、山西 10 市、陕西 8 市、河南 10 市、山东 9 市共 69 个行政单元。流域涉及区总面积 228.23 万 km^2，约占九省区总面积的 64.0%，其中包括了青海和宁夏的全部区域，其他省区的大多数地市也均被划分在内。该区遵循的划分原则是“行政区划与黄河流域范围存在重叠部分”的所有地级行政区均包括在内。需要补充说明的是，有些单元仅仅跟流域沾一点边，在研究时又被忽略掉，比如有些文献把玉树州、海西州、甘孜州、武威市、陇南市、阿拉善盟和大同市去掉，针对最具代表性的 62 个行政单元进行研究。黄河流域涉及区是黄河开发利用与保护的主要影响范围，因此进行该区划是十分必要的。具体来说，二次开发工程(水力发电、防汛抗旱工程等)将使得黄河带来的经济、社会、生态效益惠及流域涉及地区；反过来，各地区在黄河重大国家战略贯彻落实中也发挥着重要的作用，均需将黄河流域保护与发展纳入各自发展规划中，结合区位特点切实开展相关工作，将其一体化考虑有利于实现多地区的协同发展。

表2.2 黄河干流流经区及流域涉及区范围(数据引自《中国城市统计年鉴》)

省区	地级行政区	行政面积/(10^4 km^2)	省区	地级行政区	行政面积/(10^4 km^2)	省区	地级行政区	行政面积/(10^4 km^2)
青海省	西宁市	0.77		固原市	1.05		渭南市*	1.31
	海东市*	1.32		中卫市*	1.76		延安市*	3.70
	海北州	3.41	内蒙古自治区	呼和浩特市*	1.72		榆林市*	4.29
	黄南州*	1.82		包头市*	2.78		商洛市	1.93
	海南州*	4.45		乌兰察布市	5.45	河南省	郑州市*	0.76
	果洛州*	7.64		鄂尔多斯市*	8.69		开封市*	0.62
	玉树州*	26.70		巴彦淖尔市*	6.51		洛阳市*	1.52
	海西州	32.58		乌海市*	0.18		安阳市	0.74
四川省	甘孜州	15.30		阿拉善盟*	27.00		鹤壁市	0.22
	阿坝州*	8.42	山西省	太原市	0.70		新乡市*	0.83
甘肃省	兰州市*	1.32		大同市	1.41		焦作市*	0.41
	白银市*	2.01		长治市	1.40		濮阳市*	0.42
	天水市	1.43		晋城市	0.94		三门峡市*	1.05
	武威市	3.23		朔州市	1.06		济源市*	0.19
	平凉市	1.11		晋中市	1.64	山东省	济南市*	1.02
	庆阳市	2.71		运城市*	1.42		淄博市*	0.60
	定西市	1.96		忻州市*	2.52		东营市*	0.82
	陇南市	2.78		临汾市*	2.03		济宁市*	1.12
	临夏州*	0.82		吕梁市*	2.12		泰安市*	0.78
	甘南州*	3.85	陕西省	西安市	1.08		德州市*	1.04
宁夏回族自治区	银川市*	0.90		铜川市	0.39		聊城市*	0.86
	石嘴山市*	0.53		宝鸡市	1.81		滨州市*	0.97
	吴忠市*	2.14		咸阳市	0.95		菏泽市*	1.22

注:表中所有地级行政区为流域涉及区,地级行政区名称后加*表示其属于黄河干流流经区。2019年1月,国务院批复同意撤销地级莱芜市,辖区划归济南市,故表中未单独考虑莱芜市。

4. 全行政区

全行政区总面积约356.86万km^2,是黄河流域面积的4.49倍,大多数省区的流域面积远小于行政区划面积(见表2.3),如四川和山东,而宁夏、陕西和山西的流域面积占行政区划面积较大,均超过了60%。流域尺度上,青海和山东的流域面积分别为最大值(15.22万km^2)和最小值(1.36万km^2),分别占流域总面积的19.1%和1.7%。全国尺度上,九省区行政面积、人口、耕地面积和粮食产量均占全国30%以上,但国内生产总值(GDP)仅占25.0%,甘肃、青海、宁夏和内蒙古四省区的风能和光伏发电装机总和均占到全国总量的45%以上。九省区经济社会发展差异明显,呈阶梯状分布,上游地区发展相对滞后,黄河源头的青海玉树州与入海口的山东东营市人均地区生产总值相差超过10倍。以系统的角度看,黄河流域生态保护和高质量发展目标的实现,不是某些地区或某个省份的事情,政策制度、法律法规、文化教育、科技创新、工程建设等诸多方面都需要九省区共同行动、团结合作。尽管部分省区黄河干流河段较短,且仅有小部分流域面积,但把九省区作为一个研究整体考虑,能够有效解决涉及多部门、多行业、多层次、多区域的复杂现实问题。

表2.3　黄河九省区范围及基本情况

(数据引自《中国统计年鉴》和《黄河水资源公报》)

省区	行政区划面积/(10^4 km^2)	2020 年人口/万人	2019 年耕地面积/(10^3 hm^2)	2020 年 GDP/万亿元	流域面积/(10^4 km^2)
青海省	72.23	593	564	0.30	15.22
四川省	48.60	8371	5227	4.86	1.70
甘肃省	42.58	2501	5210	0.90	14.32
宁夏回族自治区	6.64	721	1195	0.39	5.14
内蒙古自治区	118.30	2403	11 497	1.74	15.10
陕西省	20.56	3955	2934	2.62	13.33
山西省	15.67	3490	3870	1.77	9.71
河南省	16.70	9941	7514	5.50	3.62
山东省	15.58	10 165	6462	7.31	1.36
合计	356.86	42 140	44 473	25.39	79.50

5. 其他研究范围及分区

除上述四种区划方案外,还存在黄河供水区、干支流及其缓冲区、涉及县级行政区、流域城市群等不同尺度划分方法。其中,黄河供水区是指将黄河水作为供水水源的所有地级行政区组成的区域,除九省区外还应将河北和天津考虑在内,包括干流流经区和跨流域调黄河水的地区,如河南省除沿黄8市外还包括安阳、鹤壁、平顶山、许昌、商丘和周口6市,山东省主要为沿黄9市和胶东4市(青岛、烟台、威海、日照)。干支流及其缓冲区主要是指黄河干支流河道水体及受其直接影响的岸边区域,相较于其他尺度可视为线型单元,范围相对较小,主要包括黄河干流,湟水、白河、黑河、洮河等13条主要支流和数百条溪川,以及它们对应的河床、河漫滩、阶地、谷坡等,是黄河环境状态和健康水平的直接反映区域。涉及县级行政区指黄河干流流经和行政区划内有黄河流域面积的县级行政单元,是对地级行政区的进一步细化,以该尺度开展相关研究的成果精度更高,对黄河流域的保护与发展借鉴意义更大。但同时部分县级行政区尚未形成完善的资料库,县级尺度的统计资料不完整、数据不易获取,且由于涉及区域较多,工作量非常大。流域城市群是指位于黄河两岸、与黄河流域有较大重叠面积、主要由流域涉及地级行政区组成的七大城市群，分别为兰西、宁夏沿黄、呼包鄂榆、晋中、关中平原、中原和山东半岛城市群。城市群建设能够增强中心城市的辐射带动作用，带动城市群内部其他城市的发展，实现资源的优化配置，以城市群尺度进行研究能够揭示黄河周边城市的经济、社会、政治、文化发展在空间上的集聚现象和差异程度。

三、经济社会概况

（一）人口及分布

黄河流域共涉及9个省区、69个地（市、州、盟）、340个县（市、旗），其中有267个县（市、旗）全部位于黄河流域，73个县（市、旗）部分位于黄河流域。黄河流域从上游的西部偏远地区到中游的中原地区再到下游的东部沿海地区，横跨范围较大，涉及青藏高原、内蒙古高原、华北平原等典型的地域特色，因此也成为汉族、回族、藏族、蒙古族以及满族等9个民族的聚集地，其中汉族人口最多，占总人口的90%以上，而少数民族多集中在青海、四川、宁夏和内蒙古等地区，位于黄河流域的上游。受到地形、气候等因素的影响，黄河流域范围内人口分布极不均匀，《黄河流域综合规划（2012—2030年）》中指出，全流域70%左右的人口集中在龙门以下地区，而该区域面积仅占全流域的32%左右，流域内花园口以下是人口最为稠密的区域，并且黄河流域特别是上中游地区还是我国贫困人口相对集中的区域。根据统计数据可知，新中国成立后，黄河流域人口增长速度很快，1953年人口约4100万人，到1980年增至8177万人，人口平均年增长率为26.1‰；20世纪80年代之后，人口增长速度有所减缓，人口平均年增长率为12.5‰；2007年黄河流域总人口为11 368万人，占全国总人口的8.6%，全流域人口密度为143人/km^2，高于全国平均值134人/km^2，其中城镇人口4543万人，城镇化率为40.0%。从地区人口增长趋势来看，2020年以前黄河流域受人口增长惯性作用，人口增长率仍然较高，2020年以后，人口将呈现“低增长率，高增长量”的发展态势。

（二）经济社会发展状况

从黄河流域的地理位置可以看出，黄河流域大部分位于我国的北部和西部地区，地广人稀，由于人口分布和交通等方面原因，西部和北部偏远地区整体发展滞后，而中部和东部沿海地区相对发展较快，黄河流域整体经济发展不均衡，东西部差距较大。近年来，为了促进各地区均衡发展，国家相继实施了西部大开发、中原崛起等战略，发展的重点向我国中西部倾斜，黄河流域经济社会发展速度得到快速提升。根据《黄河年鉴》统计，黄河流域GDP由1980年的916亿元增加到2007年的16 527亿元，年平均增长率达到11.3%；特别是2000年以后，年平均增长率高达14.1%，高于全国平均水平。另外，黄河流域人均GDP由1980年的1121元增加到2007年的14 538元，增加了10倍还多。黄河流域矿产、能源资源丰富，开发潜力巨大，为黄河流域的经济发展提供了良好条件。其中，煤炭、天然气储量分别占到全国基础储量的75%和61%，中上游地区风能和光伏能源丰富，甘肃、青海、宁夏和内蒙古的风能和光伏发电装机总和均占到全国总量的45%以上。黄河流域还是中国重要的粮食产区，流域耕地面积占到全国总量的35%左右，粮食产量占到全国总量的34.4%左右。

黄河流域是我国重要的经济地带，它是提高区域乃至全国综合实力的重要体现。黄河流域省区2020年年底总人口4.21亿，占全国的29.8%；地区生产总值25.39万亿元，占全国25.0%，可见黄河流域肩负着推动国家发展的重要使命。

四、生态环境现状及问题

（一）生态环境现状

黄河流域作为我国重要的生态屏障，是连接青藏高原、黄土高原、华北平原的生态廊道，拥有三江源、祁连山等多个国家公园和国家重点生态功能区。黄河流经黄土高原水土流失区、五大沙漠地区，沿河两岸分布有东平湖和乌梁素海等湖泊、湿地，河口三角洲湿地生物多种多样。黄河流域自然景观壮阔优美，蜿蜒曲折，素有"九曲十八弯"之称，分布有沙漠和草原，峡谷纵横，壶口瀑布更是气势磅礴。

黄河流域地理空间跨度大，气候和地理特征差异显著，生态环境表象具有明显的空间地域性。黄河流域生态环境脆弱，大约70%的面积是属于干旱大陆性季风气候的黄土高原，其土质疏松，孔隙大，不仅易发生潜蚀，还会随着黄河顺流而下。由于黄河流经黄土高原，携带着大量泥沙，到了地势平坦的下游致使泥沙淤积，不断抬高河床，使得现状河床平均高出背河地面4～6 m，形成了长达800 km的地上悬河。根据2018年的《黄河水资源公报》，黄河干流大部分河段天然水质良好，pH一般在7.5～8.2，呈弱碱性，2018年黄河流域水质评价河长23 043.1 km，其中Ⅰ～Ⅲ类水质河长占全流域水质评价河长的73.8%，黄河干流评价河长5463.6 km，其中Ⅰ～Ⅱ类水质河长就占到69.7%。新中国成立以来，黄河的生态环境治理取得了巨大成就，生态环境持续明显向好，水土流失综合防治成效显著。具体体现在：三江源等重大生态保护和修复工程加快实施，上游水源涵养能力稳定提升；中游黄土高原蓄水保土能力显著增强，实现了"人进沙退"的治沙奇迹，库布齐沙漠植被覆盖率达到53%；下游河口湿地面积逐年回升，生物多样性明显增加。

（二）存在的生态环境问题

整体来看，黄河流域范围内人与自然矛盾突出，生态环境变得日益脆弱。一方面，在经济社会快速发展的大背景下，黄河沿岸植被破坏严重，导致生态系统逐渐失衡，生物多样性有减少趋势，水土流失现象频发，出现洪涝灾害的风险加剧；沿岸的污水排放量日益剧增，水污染严重，水环境承载力下降。另一方面，黄河流域已经十分脆弱的生态环境，导致开展保护和修复工作也非常困难。复杂的人与自然关系导致其抵御自然灾害的能力偏弱，生态环境遭到破坏后恢复比较困难。同时，社会各界对于水资源与水环境的保护意识还不够强烈，积极性有待提高。

黄河流域范围内大面积是黄土高原，由于其土质和降水量集中的特性，致使水土流失严重，上游携带大量泥沙，致使下游泥沙淤积，抬高河床，影响行洪，也形成了典型的地上悬河，易带来危及人类生命财产安全的洪涝灾害。另外，黄河有些年份年径流量小，再加上向外调水，水资源开发利用率高达80%，远超一般流域40%的生态警戒线，使其水生态系统自净能力减弱，水环境承载力下降。伴随着黄河水资源开发利用程度加大及水资源保护力度不够，加剧了水污染，2018 年黄河劣Ⅴ类水占比达 12.4%，明显高于全国6.7%的平均水平，造成水资源供需矛盾突出，大量植被破坏，水生物种群减少。而面对黄河流域复杂的人水关系，保护与治理的模式缺乏系统性，还不能有效根治生态系统健康问题。

五、水资源现状及问题

（一）水资源现状

黄河是我国第二长河，以其占全国河川径流量2%的有限水资源，承担着本流域和下游引黄灌区占全国 15% 的耕地面积和 12% 的人口供水任务，同时还要向北京、天津、河北、青岛等远距离调水，是西北、华北地区的重要水源。自20 世纪70 年代以来，沿黄地区对黄河水资源进行了大规模的开发利用。

2020 年《黄河水资源公报》显示，2020 年黄河花园口站以上区域（不含黄河内流区，下同）降水总量 3740.63 亿 m^3，花园口站实测径流量 487.10 亿 m^3，花园口站以上区域还原水量 232.95 亿 m^3，花园口站天然地表水量 720.05 亿 m^3，较 1956—2000 年均值偏大 35.1%；花园口站以上区域地下水资源量 413.37 亿 m^3（与天然地表水量间的重复计算量 320.55 亿 m^3），水资源总量 812.87 亿 m^3，较 1956—2000 年均值偏大 30.9%。2020 年黄河利津站以上区域降水总量 3897.08 亿 m^3，利津站实测径流量 359.60 亿 m^3，利津站以上区域还原水量 357.96 亿 m^3，利津站天然地表水量 717.56 亿 m^3，较 1956—2000 年均值偏大 34.2%；利津站以上区域地下水资源量 445.72 亿 m^3（与天然地表水量间的重复计算量 338.99 亿 m^3），水资源总量 824.29 亿 m^3，较 1956—2000 年均值偏大 29.1%。2020 年黄河供水区总取水量 536.15 亿 m^3，其中地表水取水量（含跨流域调出的水量）426.17 亿 m^3，占总取水量的 79.5%；地下水取水量 109.98 亿 m^3，占 20.5%。黄河供水区总耗水量 435.35 亿 m^3，其中地表水耗水量 353.83 亿 m^3，占总耗水量的 81.3%；地下水耗水量 81.52 亿 m^3，占 18.7%。

（二）存在的水资源问题

水资源是基础性的自然资源和战略性的经济资源，影响着经济社会的各个方面，多年来黄河流域水资源量不足、浪费和污染现象严重，配套设施不健全，管理不到位，使得水资源的供需矛盾日趋突出。

黄河流域水资源短缺现象严重，逐渐成为制约经济发展和生态保护的瓶颈。黄河是我国西北和华北地区的重要水源，但由于气候及地质特性等原因造成上游水源涵养能力不高，水资源系统脆弱。同时，黄河承担着周边大范围内的工农业及生活用水，还需向外远距离调水，巨大的用水需求远远超过了水资源的供给能力，由于自然条件及人类活动的影响，黄河从 1972 年开始就出现过断流现象，在接下来的几十年里也频繁出现断流，严重阻碍经济社会发展。另外，黄河流域的水资源占比与人口占比不相匹配，经济发展与用水需求不断增加，降低了水资源承载能力。在水资源不足的情况下，为了地区经济社会发展，生活和工业等其他用水挤占生态用水，加剧了生态环境恶化。

水资源浪费、污染现象严重，水质恶化，一定程度上加剧了水资源短缺。黄河流域范围内水资源利用较为粗放，农业用水效率不高，水资源开发利用率高达 80%，远超一般流域 40% 的生态警戒线。一方面，由于节约用水的宣传教育工作力度不够，对水资源现状缺乏足够的认识及了解，节约用水的积极性有待提高；另一方面，由于各种原因农业节水器具普及率较低，工业节水技术也有待提高，导致水资源利用效率低。另外，一些传统的生产模式较粗放，冶金、造纸等高污染行业分布在河道的两岸，其中一些产出的废水未经处理直接排入黄河及支流造成污染，又进一步造成水质型缺水。

流域内未形成水资源统一管理的模式。在实际工作中，黄河流域涉及的地区、部门、单位众多，在统一管理、统一调度方面存在一定的困难。黄河流域涉及行政区域之间的水资源用水问题，与一般的水资源问题不同，难免会遇到众多地区间的矛盾，这需要一个系统的能协调各方的统一管理机制，并且也需要实施更加详细的具有可操作性的流域内取用水资源的法律法规，以确保流域内水资源的合理调度与公平用水。

六、水沙关系及工程运行安全问题

（一）水沙关系及问题

黄河流经黄土高原，其土质疏松、植被稀少，再加上降雨集中、暴雨强度大，致使黄河成为世界上输沙量最大、含沙量最高的河流。目前，黄河的水沙治理取得了显著成效，含沙量近 20 年累计下降超过八成。根据 2020 年的《黄河水资源公报》数据，2020 年黄河干流兰州，头道拐、潼关、花园口和利津站实测（悬移质）输沙量分别为 0.152 亿 t、1.41 亿 t、2.40 亿 t、3.24 亿 t 和 3.14 亿 t。2020 年黄河干流主要水文站实测输沙量与 2019 年比较，小浪底站和兰州站分别减小 39.8% 和 27.6%，头道拐和花园口站基本持平，其余站增大 8.8% ~60.8%。与 1987—2000 年均值比较，头道拐和唐乃亥站分别偏大 224.9% 和 49.2%，其余站偏小 19.1% ~69.0%。与 1956—2000 年均值比较，唐乃亥和头道拐站分别偏大 45.7% 和 27.0%，其余站偏小 55.6% ~79.1%。

黄河的水沙关系非常复杂，水少沙多、水沙关系不协调，这是黄河复杂难治的症结所在，而水沙调控能力不足是长期以来面临的重大问题，仍需深入研究。黄河流域水资源少，泥沙多，矛盾突出。黄河流域是我国降水最少的十大一级流域之一，且降水时空分布不均，而多年平均地表径流量也有逐渐减少的趋势，因此“水少”这一矛盾仍然比较突出；黄河的上游黄土高原植被稀疏，每逢暴雨就会导致含沙量剧增，且沙子在下游沉积形成地上“悬河”，较难治理，随着生态保护意识的提高，流域范围内植被覆盖率也有所提高，河流携带泥沙的数量虽然和以前相比逐渐减少，但数量级仍较大。目前，关于协调水沙关系的实践经验不足，技术还不成熟，需在水沙调控工程方面多下功夫，提高水沙调控能力，减少入黄泥沙量，减缓黄河下游淤积，确保黄河沿岸稳定安全。

（二）工程运行安全问题

“黄河宁，天下平”，黄河在国家安全和国家发展中占据着十分重要的地位。历史上，黄河“三年两决口、百年一改道”。随着社会的发展以及对水利工作的重视，我国陆续修建了一系列的水利工程，包括防洪工程和大型水电站，以合理调度水资源，达到兴利除害的目的。目前，黄河上的水利枢纽工程主要有三门峡水利枢纽、青铜峡水利枢纽、刘家峡水电站、龙羊峡水电站以及小浪底水利枢纽。其中三门峡水利枢纽位于黄河中游，连接豫、晋两省，以防洪为主，被誉为“万里黄河第一坝”；而小浪底水利枢纽是黄河上最大的水利枢纽工程，控制流域面积 69.4 万 km^2，占黄河流域面积的 92.3%，集防洪、灌溉、发电等多种功能，是治理开发黄河的关键性工程。

从现状来看，虽然黄河上的龙羊峡、小浪底等大型水利工程发挥了积极作用，河道萎缩态势初步遏制，但仍需不断改善河流生态系统，且黄河泥沙问题还没有根治，防洪工程任务重，防洪工程体系还需完善。随着黄河下游泥沙的淤积，蓄洪能力逐渐降低，并且黄河下游地势较低，人口稠密，河床一般高出背河地面 4 ~6 m，河流两岸时刻面临洪水灾害的威胁；一旦发生决口，就会对周边的郑州、开封、新乡、济南等城市的居民造成不可挽回的经济损失和生命威胁，影响范围巨大。另外，黄河流域水利工程建设历史悠久，随着来水量的不断变化，原来的防洪标准可能相对较低，其中个别防洪基础设施已经老化甚至超过了规定使用年限，以及水库年久失修，都存在着安全运行的隐患。

七、黄河流域高质量发展现状及问题

（一）黄河流域高质量发展现状

为了实现“让黄河成为造福人民的幸福河”的目标，可以说高质量发展是黄河流域人民追求美好生活的必然选择。由于高质量发展与传统发展模式存在很大差异，要实现高质量发展，就必须既有保护又有发展，不能只发展经济而忽视生态保护，也不能只注重保护而影响经济社会发展，因此，保护与发展和谐并举是实现高质量发展的关键举措。总体来看，黄河流域的上中下游地区发展水平差异明显，上游地区的青海、甘肃、宁夏等地区发展水平较低，由于地理位置等原因，黄河流域的高质量发展任务比其他流域更为艰巨。总的来说，在经济高速增长过程中，黄河流域发展“不平衡、不协调、不可持续”的问题日益凸显和严重。

经济发展方面，黄河流域是我国重要的经济地带，对我国的经济社会发展起到了十分重要的作用。黄河流域也被称为“能源流域”，因为它不仅是全国的农产品生产基地，还具有丰富的煤炭、石油、天然气等资源，独特的地域特色为黄河流域提供了巨大的发展潜力。黄河流域内的郑州、西安、济南等中心城市和城市群正在加快建设，以推动黄河流域整体的高质量发展。据资料统计，2014 年以来黄河流域九省区的 1547 万人摆脱贫困，沿岸居民的生活水平显著提高。生态保护方面，黄河流域具有重要的生态价值，从古至今发挥着巨大的作用，但其断流、改道频发，也引发过多次大的洪涝、干旱灾害，对沿岸居民造成不可挽回的损失。近年来，针对黄河流域的生态治理力度在不断加大，治理效果逐渐显现,但治理工作仍任重而道远。

(二)黄河流域高质量发展问题

黄河流域地理跨度大,涉及9个省区,经济社会发展不同步,因此其高质量发展面临着前所未有的机遇与挑战。黄河流域所在的9个省区遍布黄河的上中下游,各地区发展差距大,发展目标与发展任务未能协调统一,区域发展不平衡,并未形成协同发展的局面。黄河流域目前的经济社会发展呈阶梯状分布,上游地区的落后比较明显。通过对这9个省区的分析,黄河流域工业化发展水平普遍低下,产业结构落后,现代化水平不高,与长江流域各城市发展相比,发展水平显著较低。

黄河流域生态保护与治理有待加强,整个流域的地形地貌复杂,生物多样性正在逐渐减少,生态环境相对脆弱,在一定程度上限制着经济社会的高质量发展,促进保护与发展的协调统一是关键。另外,黄河流域范围内创新驱动力不足,总体科技水平偏低,高校和科研院所布局较少,研究力量较弱,创新能力普遍比东部及沿海地区低,创新型产业和发展水平偏低。针对黄河流域的保护与发展研究较少,研究工作有待加强,先进监测技术、人工智能和大数据以及现代研究方法还欠缺,因此在科技创新方面仍需加大投入。

八、黄河文化及其挖掘、传承与弘扬问题

(一)黄河文化及其挖掘、传承与弘扬

黄河文化是中华文明的重要组成部分,是中华民族的根和魂。黄河是中华民族的母亲河,从古至今养育着一代又一代中华儿女。古代人们依水而居,在黄河流域形成了诸多早期文化。在我国5000多年文明史上,黄河流域有3000多年是全国政治、经济、文化中心,孕育了裴李岗文化、仰韶文化、齐鲁文化等,其中西安、洛阳、开封等古都位于黄河流域,也诞生了“四大发明”和《诗经》《老子》《史记》等经典著作。为了展示黄河文化,传承和弘扬优秀的中国传统文化,黄河流域的各地区还多次举办“黄河文化艺术节”“黄河文化旅游节”以及“美丽中国·黄河生态文化”系列活动,不仅丰富了人们的文化生活,提高了人们的文化素养,同时还在讲好“黄河故事”,为黄河文化的发扬光大做出了贡献。黄河文化作为中国文化的文化亮点,历史悠久、底蕴深厚,具有多元化、时代性、大众性,易被传承和弘扬。

黄河的古代文化遗存几乎遍及整个流域。早期就出现了黄河上游的马家窑文化、中游的仰韶文化、下游的大汶口文化,之后经历了秦文化、三晋文化等多元文化的融合,积累了丰富的华夏文化。千百年来,黄河文化一直影响着人们的生活与发展。黄河流域创造了中国最早的文字和影响深远的农学水利等科学成就,涌现出诗词歌赋等一系列的文学艺术,可以说黄河文化是中华民族的魂。黄河水利遗产丰富,根据第三次全国文物普查,黄河流域共有不可移动文物约12.4万处,占全国不可移动文物总数的16.2%,这些遗产成为黄河文化的重要组成。黄河文化是中华文明的重要组成部分,要推进黄河文化遗产的系统保护,守好老祖宗留给我们的宝贵遗产,深入挖掘黄河文化蕴含的时代价值,讲好“黄河故事”,延续历史文脉,坚定文化自信,为实现中华民族伟大复兴的中国梦

凝聚精神力量。

（二）存在的问题

挖掘、保护、传承黄河文化十分重要，但对于黄河文化的重视程度还远远不够，相关政策法规和统筹规划等顶层设计不够完善，对黄河文化的数据资源也不够清楚，对黄河文化的内涵解读还不够深入，需要研究文化传承的新途径、新方法。黄河文化遗产保护、传承、弘扬需要深入，目前广大公众对黄河文化的认知还较少，对黄河文化遗址的了解不多，保护和传承力度不够；另外，目前对于黄河文化的宣传形式单一，宣传力度不足，没有起到应有的效果，宣传途径还有待完善。应认识到黄河文化的宣传和发扬不是某一个人或某一个组织的事，而是我们每一个人的事，需要动员广大民众，积极行动起来，形成文化保护与传承的统一战线。

黄河文化历史悠久，内容丰富，针对黄河文化的挖掘还不够，黄河文化保护传承与发展合作机制不健全、黄河文化的开发利用程度不高，急需进一步深入挖掘与研究。现如今，其他产业都在适应时代变化，而黄河文化产业发展缓慢，还跟不上时代的步伐。广播影视、新闻出版以及娱乐活动等较少出现关于黄河文化的内容，同时也缺乏对于黄河文化宣传的创新设计，使之缺乏让人深入了解并学习的兴趣，需要有黄河文化的专属品牌。另外，在挖掘运用黄河文化资源方面，缺乏学科的整合，基本都是本专业的单学科研究，有待进一步将旅游学、地理学、生态学、环境学等相关学科融合起来，构建多学科、多领域交叉的文化保护与传承体系。

参考文献

[1]左其亭．黄河下游滩区治理的关键问题及协同治理体系构建[J]．科技导报，2020，38(17)：23-32.

[2]李兆良．黄河改道与地图断代：中国地图学西传辩证[J]．测绘科学，2017，42(4)：1-9，16.

[3]左其亭，张志卓，李东林，等．黄河河南段区域划分及高质量发展路径优选研究框架[J]．南水北调与水利科技(中英文)，2021，19(2)：209-216.

[4]国家统计局．2020 年中国城市统计年鉴[M]．北京：中国统计出版社，2020.

[5]国家统计局．2021 年中国统计年鉴[M]．北京：中国统计出版社，2021.

[6]刘贝贝，左其亭，刁艺璇．绿色科技创新在黄河流域生态保护和高质量发展中的价值体现及实现路径[J]．资源科学，2021，43(2)：423-432.

[7]李清杰，刘争胜，肖素君，等．黄河流域国民经济需水量预测[J]．人民黄河，2011，33(11)：61-63.

[8]金凤君，马丽，许堞．黄河流域产业发展对生态环境的胁迫诊断与优化路径识别[J]．资源科学，2020，42(1)：127-136.

[9]张志强，刘欢，左其亭，等．2000—2019 年黄河流域植被覆盖度时空变化[J]．资源科学，2021，43(4)：849-858.

[10]肖广学．关于黄河水资源管理问题的探讨[J]．科技视界，2012(28)：435.

[11]李蓉. 黄河流域水资源可持续利用的研究分析[J]. 中国新技术新产品,2011(24):214.

[12]刘建华,岳铭睿. 黄河流域生态保护和高质量发展研究知识图谱分析[J]. 人民黄河,2021,43(7):7-12,23.

[13]王乃岳. 深入挖掘黄河文化的时代价值[J]. 中国水利,2020(5):50-53.

[14]万金红. 保护黄河水利遗产　讲好"黄河故事"[J]. 中国水利,2020(6):61-64.

第三章　黄河流域高质量发展评估及影响因素分析

黄河流域是我国重要的生态屏障，同时也是我国粮食生产核心区及重要能源基地。但是由于发展基础和条件限制，黄河流域的发展相对落后，生产力布局和生态环境保护之间的矛盾突出。为了保障黄河重大国家战略的顺利实施，实现黄河流域高质量发展，使黄河造福流域人民，本章围绕黄河流域资源利用—生态保护—经济发展存在的不和谐因素，解读高质量发展概念的定义及内涵，提出高质量发展判断准则，包括社会和谐稳定、经济增长有序、资源安全供给、生态健康宜居和文化先进引领（统称"五准则"）。基于"五准则"，构建高质量发展评价体系，并对黄河流域2010—2020年的高质量发展水平和影响因素进行评估分析，以期为新时期黄河流域可持续发展指明方向。

一、高质量发展内涵解读和判别准则

（一）高质量发展的概念及内涵解读

自2017年中国共产党第十九次全国代表大会提出"我国经济已由高速增长阶段转向高质量发展阶段"后，高质量发展成为多学科研究热点。然而目前关于高质量发展的研究虽取得了大量的成果，但主要聚焦于概念内涵解读和经济高质量发展的评估和建议方面。实际上，高质量发展是涉及社会、经济、生态、文化等多个领域协同发展的系统性问题，其概念和内涵也随着社会进步、技术创新、认识提升而不断丰富。新时代，经济发展不能片面追求发展速度，而忽视人民对美好生活的追求。经济高质量发展注重解决经济发展中质的问题，但并非忽视经济发展速度而一味追求质量，而是经济总量与规模增长到一定阶段后，以实现经济社会协同发展、人民生活水平显著提高为目的的最优经济发展状态。

黄河流域高质量发展不仅仅追求经济高质量发展，更重要的是要在开发中求保护、保护中谋发展的基础上，实现生态保护与经济社会发展和谐统一，使黄河成为造福人民的幸福河。上升到一般流域或区域，高质量发展是一种较高要求的经济社会发展模式，涉及社会、经济、资源、生态、文化等多维系统。基于此，笔者把高质量发展定义为：一种追求社会和谐稳定、经济增长有序、资源安全供给、生态健康宜居、文化先进引领的高水平发展模式，是以生态保护为基础，实现社会、经济、资源、生态、文化耦合系统的协调性、持续性、绿色性、公平性发展。

现从以下几方面解读高质量发展内涵(如图3.1所示):

①人民的物质和精神需求得到极大程度满足,人民幸福满意度不断攀升,社会和谐稳定;

②经济发展持续化,区域发展协调化,产业结构合理化,创新驱动常态化;

③在满足经济社会合理需求的基础上,以尽可能少的资源消耗获取最大的经济效益、社会效益和生态效益;

④加强生态系统修复与治理,保证生态系统良性循环,创建宜居的生活环境;

⑤保护、传承和弘扬优秀传统文化,提升地区软实力。

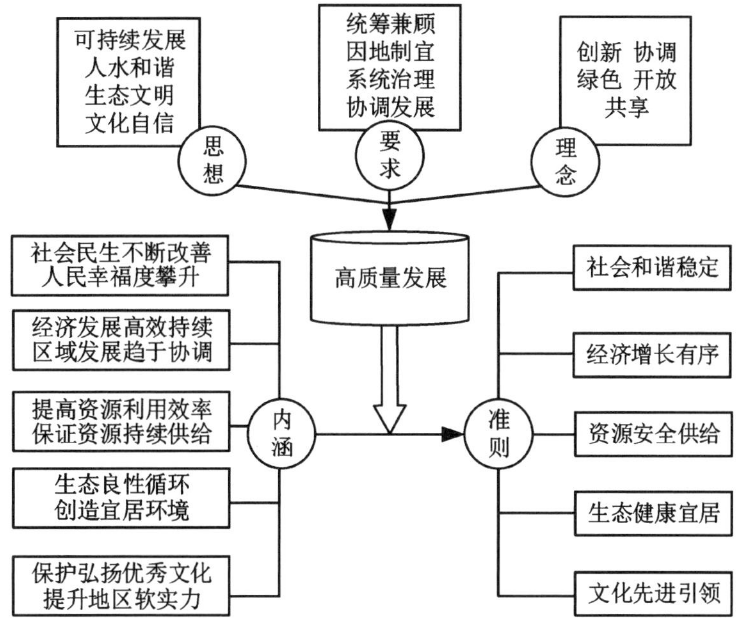

图3.1　高质量发展概念解读

(二)高质量发展判别准则

1. 社会和谐稳定

社会和谐稳定是实现流域或区域高质量发展的重要目的,主要包括居民生活水平和社会保障水平两方面。从居民生活水平来看,社会高质量发展应是居民消费结构不断优化,生活质量不断提高。从社会保障来看,社会高质量发展应是拥有稳定的就业环境和优质的医疗设备,教育资源丰厚,社会保障体系完善,社会福祉满足人民需求等。

2. 经济增长有序

经济增长有序是实现流域或区域高质量发展的基本要求,主要包括持续性和协调性两方面。从持续性来看,经济高质量发展是创新和效率提高的发展,强调经济发展模式由低水平劳动密集型转向高水平科技创新型,以创新驱动为第一生产力,围绕产业结构优化升级和全要素生产效率提高的发展方式。从协调性来看,经济高质量发展是城乡间、区域间的协同发展,以及城镇化、产业化、信息化的同步发展。

3. 资源安全供给

资源安全供给是实现流域或区域高质量发展的基础条件。资源高质量发展是在满足人类社会发展的合理资源需求下,充分利用自然资源,减小资源损害,提高资源利用效率,在节约资源的基础上发展绿色产业,保障资源持续安全供给。

4. 生态健康宜居

生态健康宜居是实现流域或区域高质量发展的关键因素。生态高质量发展应是加大流域环境治理力度,加强生态修复与治理能力,严格控制污水及二氧化碳排放,改善居民环境,保障生态环境与人类社会和谐发展。

5. 文化先进引领

文化先进引领是实现流域或区域高质量发展的重要支撑。文化高质量发展应是在文化保护的基础上,充分挖掘文化内涵,倡导先进文化价值观,结合现代信息技术,探索文化产业发展新模式,形成区域文化产业链,推动文化延续发展。

二、黄河流域高质量发展评估体系及结果分析

(一)高质量发展评估指标体系

如图 3.2 所示,基于对高质量发展内涵的理解,首先通过统计相关文献中的评价指标,优先考虑出现频率较高的指标;随后,从社会、经济、资源、生态和文化五个维度对各指标进行分类,剔除重复或者数据无法获得的指标;最后按照科学性、代表性、完备性、可操作性等原则,对评价指标再次进行筛选,从社会和谐稳定、经济增长有序、资源安全供给、生态健康宜居和文化先进引领“五准则”选取了 33 个评价指标,建立以目标层、准则层及指标层三个层次为框架的高质量发展评价指标体系,如表 3.1 所示。结合各指标对高质量发展水平的影响,将各指标分为正向指标(+)和负向指标(-)。

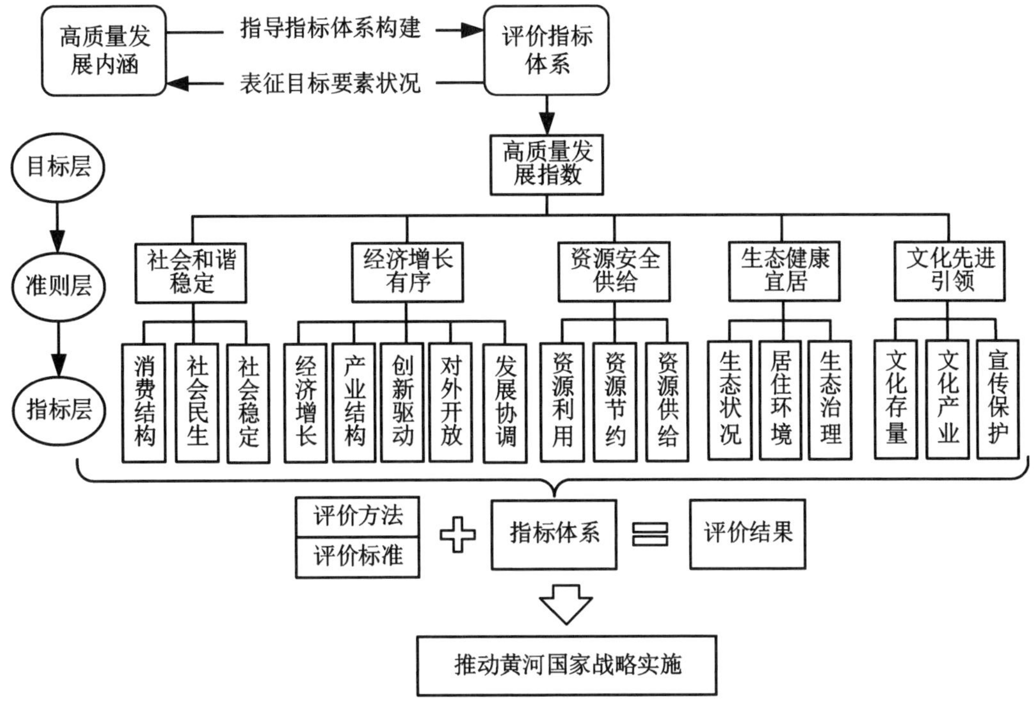

图 3.2　高质量发展评价体系

社会和谐稳定:选取恩格尔系数反映居民消费结构;人均受教育年限、城镇登记失业率、每万人医疗机构床位数、社会保障支出占财政支出比重、公众幸福满意度反映社会民生水平;社会安全稳定指数反映社会稳定状况。

经济增长有序:选取人均 GDP、城镇化率反映经济增长;企业 R&D 人员全时当量反映创新投入;第三产业增加值占地区生产总值比重反映产业结构;进出口额占 GDP 比重反映对外开放程度;城乡居民人均收入比值和地区经济差异指数反映发展协调水平。

资源安全供给:选取万元 GDP 能源消耗量、水资源开发利用率反映资源利用情况;水资源重复利用率、工业固体废物综合利用率反映资源节约情况;单位面积粮食产量、旱涝灾害损失占 GDP 比重和资源供给普及率反映资源供给状况。

生态健康宜居:选取湿地面积占比、万元 GDP 废水排放量、万元 GDP 二氧化碳排放量反映生态状况;垃圾无害化处理率、建成区绿地覆盖率、人均公园面积反映居住环境;环境污染治理投资占 GDP 比重和水土流失治理程度反映生态治理情况。

文化先进引领:选取人均拥有公共图书馆藏量反映文化存量;文化产业增加值占比、人均文化娱乐支出占人均消费比值反映文化产业;文化支出占财政支出的比重反映文化宣传保护。

表 3.1　高质量发展评价指标体系

目标层	准则层	指标层	指标属性
高质量发展指数	社会和谐稳定	A1 恩格尔系数/%	-
		A2 人均受教育年限/年	+
		A3 城镇登记失业率/%	-
		A4 每万人医疗机构床位数/张	+
		A5 社会保障支出占财政支出比重/%	+
		A6 公众幸福满意度	+
		A7 社会安全稳定指数	+
	经济增长有序	B1 人均 GDP/元	+
		B2 城镇化率/%	+
		B3 企业 R&D 人员全时当量/(人 · a^{-1})	+
		B4 第三产业增加值占地区生产总值比重/%	+
		B5 进出口额占 GDP 比重/%	+
		B6 城乡居民人均收入比值	-
		B7 地区经济差异指数	-
	资源安全供给	C1 万元 GDP 能源消耗量/(tce · 万元$^{-1}$)	-
		C2 水资源开发利用率/%	-
		C3 水资源重复利用率/%	+
		C4 工业固体废物综合利用率/%	+
		C5 单位面积粮食产量/(kg · hm^{-2})	+
		C6 资源供给普及率/%	+
		C7 旱涝灾害损失占 GDP 比重/%	-
	生态健康宜居	D1 湿地面积占比/%	+
		D2 万元 GDP 废水排放量/(t · 万元$^{-1}$)	-
		D3 万元 GDP 二氧化碳排放量/(t · 万元$^{-1}$)	-
		D4 垃圾无害化处理率/%	+
		D5 建成区绿地覆盖率/%	+
		D6 人均公园面积/m^2	+
		D7 环境污染治理投资占 GDP 比重/%	+
		D8 水土流失治理程度/%	+
	文化先进引领	E1 人均拥有公共图书馆藏量/(册 · 人$^{-1}$)	+
		E2 文化产业增加值占比/%	+
		E3 人均文化娱乐支出占人均消费比值/%	+
		E4 文化支出占财政支出的比重/%	+

注:人均受教育年限=(小学毕业人数×6+初中毕业人数×9+高中毕业人数×12+本科毕业人数×16)/总人口;社会安全稳定指数=1-(每万人发生犯罪的概率+每千人发生事故的概率)/2;地区经济差异指数=1-地区人均 GDP/当年全国平均 GDP;资源供给普及率=(燃气普及率+自来水普及率)/2。

(二)高质量发展评估方法

高质量发展水平评估是一个多指标、多准则、多层次的综合评价,可借鉴的方法很多,比如物元分析法、模糊综合评价法、灰色关联分析法等。左其亭等于 2008 年首次提出"单指标量化—多指标综合—多准则集成(SMI-P)"方法,该方法计算简单,广泛应用于人水关系和谐评估等方面。因此,本研究选择该方法对黄河流域高质量发展水平进行评估。

1. 单指标量化

评价指标量纲往往存在差异,为便于统一计算与对比分析,采用模糊隶属度函数法,将各指标统一映射到[0,1]上,确保每个指标均有一个取值范围为[0,1]的隶属度值。为了量化描述单指标的隶属度值,做出以下假定:各指标均存在 5 个代表性数值,即最优值、较优值、及格值、较差值和最差值。取最优值或比最优值更优时该指标的隶属度值为 1,取较优值时该指标的隶属度值为 0.8,取及格值时该指标的隶属度值为 0.6,取较差值时该指标的隶属度值为 0.3,取最差值或比最差值更差时该指标的隶属度值为 0。设 a,b,c,d,e 分别为某指标的最优值、较优值、及格值、较差值和最差值。利用 5 个特征点 $(a,1)$,$(b,0.8)$,$(c,0.6)$,$(d,0.3)$,$(e,0)$以及上面的假定,可以得到某个指标隶属度值的表达式。计算公式如下:

$$\text{正向指标:}\quad \mu_k=\begin{cases}0, & x_k\leqslant e_k\\ 0.3\left(\dfrac{x_k-e_k}{d_k-e_k}\right), & e_k<x_k\leqslant d_k\\ 0.3+0.3\left(\dfrac{x_k-d_k}{c_k-d_k}\right), & d_k<x_k\leqslant c_k\\ 0.6+0.2\left(\dfrac{x_k-c_k}{b_k-c_k}\right), & c_k<x_k\leqslant b_k\\ 0.8+0.2\left(\dfrac{x_k-b_k}{a_k-b_k}\right), & b_k<x_k\leqslant a_k\\ 1, & a_k<x_k\end{cases}\tag{3.1}$$

负向指标： $$\mu_k = \begin{cases} 1, & x_k \leqslant a_k \\ 0.8 + 0.2\left(\dfrac{x_k - a_k}{b_k - a_k}\right), & a_k < x_k \leqslant b_k \\ 0.6 + 0.3\left(\dfrac{x_k - b_k}{c_k - b_k}\right), & b_k < x_k \leqslant c_k \\ 0.3 + 0.2\left(\dfrac{x_k - c_k}{d_k - c_k}\right), & c_k < x_k \leqslant d_k \\ 0.3\left(\dfrac{x_k - d_k}{e_k - d_k}\right), & d_k < x_k \leqslant e_k \\ 0, & e_k < x_k \end{cases} \tag{3.2}$$

通过整理我国31个省级行政区(不包括港、澳、台)33个指标的数值,对其进行排序,选取排名靠前且不发生突变的数值作为最优值;同样的,选择排名靠后,且与周围相差较小的数值作为最差值;以全国平均水平作为及格值;较优值和较差值通过插值确定。利用该方法确定的各指标特征值适用于中国所有省区,保证最终评价的结果是相对全国水平,使得本研究的方法具有极强的推广性。最终确定各评价指标特征值如表3.2所示。

表3.2 黄河流域高质量发展评价指标特征值

评价指标	最优值(a)	较优值(b)	及格值(c)	较差值(d)	最差值(e)	评价指标	最优值(a)	较优值(b)	及格值(c)	较差值(d)	最差值(e)
A1	20.0	25.0	30.0	35.0	40.0	C4	100.0	80.0	60.0	45.0	30.0
A2	10.0	9.0	8.0	6.5	5.0	C5	7000.0	6000.0	5000.0	4000.0	3000.0
A3	2.0	2.5	3.0	3.8	4.5	C6	100.0	80.0	65.0	50.0	25.0
A4	75.0	62.5	50.0	42.5	35.0	C7	1.0	2.5	4.0	5.5	7.0
A5	30.0	22.5	15.0	10.0	5.0	D1	12.0	10.0	8.0	5.0	2.0
A6	100.0	90.0	80.0	70.0	60.0	D2	4.5	6.5	8.5	10.3	12.0
A7	1.0	0.8	0.6	0.4	0.2	D3	0.5	1.0	3.0	4.0	5.0
B1	150 000	110 000	70 000	50 000	30 000	D4	100.0	95.0	90.0	85.0	80.0
B2	80.0	70.0	60.0	45.0	30.0	D5	50.0	45.0	40.0	35.0	30.0
B3	300 000	200 000	100 000	55 000	10 000	D6	20.0	16.5	13.0	10.0	7.0
B4	70.0	62.5	55.0	42.5	30.0	D7	3.0	2.0	1.0	0.7	0.3
B5	35.0	23.0	11.0	7.0	3.0	D8	100.0	90.0	80.0	50.0	20.0
B6	1.7	2.1	2.5	3.0	3.5	E1	1.5	1.2	0.8	0.6	0.3
B7	0.0	0.3	0.6	0.8	0.9	E2	10.0	6.5	3.0	2.0	1.0
C1	35.0	23.0	11.0	7.0	3.0	E3	15.0	13.0	11.0	8.0	5.0
C2	30.0	40.0	50.0	60.0	80.0	E4	4.0	3.0	2.0	1.5	1.0
C3	100.0	90.0	80.0	65.0	50.0						

注:表3.2是本书推荐的5个特征节点值,可以作为参考,但不是所有地区都以此为特征值,各地区可以根据自身情况选择适当的指标和对应的特征值。

2. 多指标综合

根据各指标隶属度，按照权重加权计算得到各准则指数：社会和谐指数（SHI）、经济增长指数（EGI）、资源供给指数（RSI）、生态健康指数（EHI）、文化先进指数（CAI）。计算公式如下：

$$G_t = \sum_{k=1}^{n} w_k \mu_k \tag{3.3}$$

式中，w_k为各指标相对其准则权重，$\sum_{k=1}^{n} w_k = 1$；n 为各准则层中评价指标的个数；μ_k为第 k 个指标隶属度；G_t为 t 准则层指数。

3. 多准则集成

采用多准则集成计算方法，把前文提到的 5 种准则指数按照权重加权得到黄河流域高质量发展指数（HQDI）。计算公式如下：

$$\mathrm{HQDI} = \sum_{t=1}^{5} \omega_t G_t \tag{3.4}$$

式中，ω_t为各准则层权重，$\sum_{t=1}^{5} \omega_t = 1$；$t$ 为准则层个数。

为了直观地表达区域内的高质量发展水平，参考和谐等级划分标准，以 0.2 为步长，将高质量发展水平分为 7 个等级，如表 3.3 所示。

表 3.3　高质量发展等级划分标准

HQDI	0	(0,0.2)	[0.2,0.4)	[0.4,0.6)	[0.6,0.8)	[0.8,1)	1
等级	无水平	低水平	较低水平	中等水平	较高水平	高水平	理想状态

4. 权重确定

由于不同评价指标对高质量发展评价结果的影响程度不尽相同，在进行高质量发展评价时，一般需要对每个评价指标的重要程度进行定量描述，即确定指标的权重。主观赋权法主要依靠决策者对各个评价指标的了解程度，主观意识太强；客观赋权法主要依靠指标数据之间的关系，通过系统地计算确定各指标权重，但有时与实际差别较大。为了保证权重确定的合理性，弥补主、客观赋权法的不足，本书结合层次分析法和熵权法确定组合权重。

（三）黄河流域高质量发展评估结果及时空演变分析

1. 数据来源

（1）基础资料

本研究所需要的基础资料包括以下内容。

①统计类资料。主要包括中国城市统计年鉴，中国水利统计年鉴，中国河流泥沙公报，黄河年鉴，黄河水资源公报，黄河泥沙公报，黄河水土保持公报，黄河流域九省区的水

资源公报、统计年鉴、国民经济和社会发展统计公报,水利普查公报等资料。

②规划及制度类资料。主要包括黄河流域综合规划(2012—2030 年),全国主体功能区规划,水生态文明城市建设评价导则,节水型社会评价指标体系和方法,实行最严格水资源管理制度考核办法等。

③文献类资料。主要包括河流评价、水生态文明、最严格水资源管理制度、人水和谐、资源节约型社会和水资源承载力等方面的高质量文献。

(2)资料用途

①统计类资料。一方面,用于了解黄河流域及其涉及省区的经济社会、自然地理、水资源和生态环境等方面的基本概况;另一方面,查询各评价指标的数据以用于黄河流域高质量发展指数计算,且为评价指标标准值的确定提供一定的参考依据。

②规划及制度类资料。首先为评价指标标准值的确定提供参考依据;其次,依据规划报告,提出适合黄河流域发展实际的、具有针对性的对策,促进黄河流域高质量发展。

③文献类资料。一方面,为深入辨析高质量发展的概念与内涵,并提出相应的判断准则提供依据;另一方面,通过总结评价各方面研究文献,利用频率分析的方法初步确定高质量发展评价指标体系,为最终高质量发展评价指标体系的确立提供参考。

2. 黄河流域九省区高质量发展水平计算结果

如表 3.4 所示,黄河流域九省区社会和谐指数(SHI)均呈增大趋势且各地区差异不明显。2010 年,除青海、四川和宁夏外,其余省区均处于中等水平,其中宁夏排名最后,为 0.335,而山东最大,为 0.489;2020 年,九省区 SHI 均在 0.5 以上,达到了中等及以上发展水平,但由于社会保障投入不足,就业、医疗和教育体系不完善,导致四川、宁夏的 SHI 排名一直位于末尾。2010—2020 年,四川的 SHI 多年平均增长率最高,达 5.98%,而内蒙古最低,仅为 3.10%。然而,需要注意的是山东其他子系统指数在九省区排名均位于前列,但其 SHI 排名有时较靠后,表明社会子系统或已成为山东省高质量发展的重要制约因素。

表 3.4 黄河流域九省区 2010—2020 年社会和谐指数(SHI)

年份	省区								
	青海	四川	甘肃	宁夏	内蒙古	陕西	山西	河南	山东
2010	0.399	0.350	0.435	0.335	0.488	0.433	0.457	0.455	0.489
2011	0.406	0.408	0.480	0.377	0.492	0.480	0.476	0.486	0.513
2012	0.479	0.441	0.575	0.416	0.563	0.547	0.515	0.536	0.557
2013	0.451	0.479	0.610	0.468	0.583	0.548	0.540	0.556	0.568
2014	0.487	0.485	0.624	0.509	0.607	0.602	0.577	0.634	0.600
2015	0.501	0.496	0.659	0.533	0.619	0.645	0.607	0.675	0.618
2016	0.518	0.532	0.670	0.585	0.635	0.655	0.625	0.678	0.618
2017	0.602	0.591	0.659	0.606	0.655	0.672	0.651	0.691	0.623

续表 3.4

年份	省区								
	青海	四川	甘肃	宁夏	内蒙古	陕西	山西	河南	山东
2018	0.625	0.649	0.656	0.602	0.689	0.712	0.684	0.695	0.648
2019	0.681	0.659	0.666	0.609	0.671	0.712	0.718	0.698	0.670
2020	0.704	0.625	0.638	0.589	0.662	0.682	0.695	0.699	0.706

如表 3.5 所示，除甘肃外，黄河流域其余省区的经济增长指数（EGI）均呈增加趋势，其中由于山东地靠沿海，经济发展条件优越，EGI 由 2010 年的 0.552 上升至 0.758，达到较高水平，且历年均远高于其他省区；河南、四川位于经济发展第二梯队；而甘肃地处西北，地理优势较差，加上地形复杂，导致甘肃与其他省区经济发展的差距逐渐拉大，且 2020 年的 EGI 比 2010 年仅上升了 0.028。除山东外，各省 EGI 均小于其 HQDI，说明黄河流域九省区经济发展整体滞后，经济子系统已经成为黄河流域高质量发展的制约系统。除甘肃省以外，2010—2020 年，河南省的 EGI 多年平均增长率最高，达 8.00%，而宁夏最低，仅为 2.94%。

表 3.5　黄河流域九省区 2010—2020 年经济增长指数（EGI）

年份	省区								
	青海	四川	甘肃	宁夏	内蒙古	陕西	山西	河南	山东
2010	0.200	0.326	0.235	0.273	0.304	0.258	0.286	0.280	0.552
2011	0.207	0.343	0.240	0.270	0.340	0.262	0.282	0.361	0.594
2012	0.227	0.375	0.246	0.269	0.332	0.269	0.286	0.421	0.616
2013	0.246	0.411	0.261	0.337	0.361	0.343	0.330	0.464	0.655
2014	0.273	0.434	0.238	0.392	0.391	0.397	0.348	0.485	0.669
2015	0.280	0.427	0.243	0.364	0.387	0.425	0.356	0.513	0.685
2016	0.274	0.441	0.233	0.355	0.398	0.434	0.383	0.529	0.699
2017	0.267	0.498	0.214	0.400	0.416	0.455	0.384	0.541	0.718
2018	0.275	0.536	0.222	0.371	0.416	0.472	0.400	0.571	0.741
2019	0.292	0.554	0.231	0.379	0.434	0.495	0.414	0.590	0.739
2020	0.321	0.594	0.263	0.364	0.463	0.523	0.451	0.604	0.758

黄河流域虽然资源丰富，但节约集约技术不成熟，导致黄河流域九省区资源供给指数（RSI）波动较大（如表 3.6 所示）。黄河流域九省区中，山东的 RSI 大多数时间位于九省区首位，且在 2016 年达到高水平，但在 2019 年有所回落；由于资源高效利用成效还不稳定，青海、甘肃、宁夏和内蒙古 2020 年的 RSI 均相较 2019 年有所下降；内蒙古、陕西、山西的 RSI 变化趋势大致呈“N”形；宁夏 2010—2012 年 RSI 较稳定，随后逐年回升，说明近

年来宁夏的资源高效利用技术有所改善，但仍落后于全国水平，需要引起相关政府部门的注意。

表 3.6　黄河流域九省区 2010—2020 年资源供给指数（RSI）

年份	省区								
	青海	四川	甘肃	宁夏	内蒙古	陕西	山西	河南	山东
2010	0.460	0.605	0.441	0.550	0.552	0.616	0.531	0.736	0.782
2011	0.438	0.680	0.541	0.524	0.535	0.669	0.540	0.714	0.810
2012	0.476	0.727	0.612	0.546	0.640	0.728	0.590	0.734	0.794
2013	0.463	0.758	0.632	0.573	0.692	0.730	0.593	0.740	0.786
2014	0.467	0.742	0.643	0.607	0.682	0.751	0.578	0.754	0.782
2015	0.473	0.755	0.627	0.590	0.684	0.749	0.543	0.775	0.792
2016	0.503	0.796	0.646	0.603	0.668	0.756	0.585	0.802	0.805
2017	0.532	0.801	0.692	0.602	0.592	0.746	0.552	0.845	0.809
2018	0.538	0.825	0.756	0.619	0.667	0.710	0.546	0.831	0.846
2019	0.574	0.789	0.775	0.665	0.682	0.709	0.548	0.824	0.822
2020	0.562	0.799	0.767	0.622	0.614	0.718	0.592	0.868	0.832

为了更好地解决黄河生态环境问题，倡导绿色可持续发展，黄河流域投入了巨大的财力物力开展生态治理，因此黄河流域九省区的生态健康指数（EHI）呈增加趋势（如表 3.7 所示），其中山东 EHI 位于九省区前列，且与其他省区的差距明显；青海、甘肃、内蒙古、山西等省区的 EHI 增幅明显，与 2010 年相比，增加 0.20 以上。在 2020 年年末，青海和山东生态子系统达到了较高水平，其余地区均为中等水平。

表 3.7　黄河流域九省区 2010—2020 年生态健康指数（EHI）

年份	省区								
	青海	四川	甘肃	宁夏	内蒙古	陕西	山西	河南	山东
2010	0.387	0.390	0.251	0.404	0.327	0.340	0.253	0.332	0.618
2011	0.463	0.407	0.263	0.331	0.366	0.425	0.303	0.345	0.628
2012	0.465	0.414	0.287	0.341	0.439	0.447	0.308	0.365	0.654
2013	0.446	0.483	0.383	0.453	0.503	0.526	0.397	0.431	0.715
2014	0.471	0.455	0.372	0.423	0.533	0.510	0.384	0.424	0.700
2015	0.467	0.493	0.381	0.426	0.582	0.528	0.421	0.448	0.707
2016	0.502	0.524	0.417	0.462	0.602	0.531	0.416	0.503	0.737
2017	0.536	0.534	0.506	0.487	0.600	0.528	0.452	0.536	0.729

续表 3.7

年份	省区								
	青海	四川	甘肃	宁夏	内蒙古	陕西	山西	河南	山东
2018	0.560	0.556	0.501	0.502	0.573	0.501	0.476	0.545	0.726
2019	0.593	0.482	0.496	0.492	0.528	0.461	0.472	0.483	0.616
2020	0.626	0.505	0.515	0.544	0.560	0.471	0.496	0.498	0.620

如表 3.8 所示,2012 年以前,黄河流域各省区文化先进指数(CAI)波动剧烈,随后波动上升,原因是随着 2011 年文化强国战略的提出,各地区积极采取相应措施发展文化产业,不断增强文化软实力,其中陕西和内蒙古 CAI 位于九省区前列,而河南地处中原,文化底蕴深厚,且拥有“米”字形交通,近年来,其文化建设虽呈递增趋势,但是文化高质量发展水平仍较低。整体来看,虽然各省区的 CAI 逐步提升,尤其是在 2020 年发生大幅度提升,但 2020 年大多数省区的文化子系统仅达到中等水平,严重制约着区域高质量发展。

表 3.8　黄河流域九省区 2010—2020 年文化先进指数(CAI)

年份	省区								
	青海	四川	甘肃	宁夏	内蒙古	陕西	山西	河南	山东
2010	0.243	0.236	0.192	0.387	0.215	0.273	0.124	0.155	0.260
2011	0.227	0.291	0.155	0.341	0.211	0.268	0.180	0.124	0.276
2012	0.223	0.307	0.208	0.279	0.232	0.314	0.199	0.136	0.286
2013	0.242	0.273	0.207	0.317	0.225	0.289	0.194	0.158	0.268
2014	0.300	0.281	0.212	0.317	0.254	0.300	0.213	0.179	0.269
2015	0.320	0.275	0.233	0.354	0.255	0.306	0.229	0.202	0.270
2016	0.356	0.288	0.247	0.377	0.278	0.346	0.253	0.185	0.279
2017	0.326	0.296	0.277	0.359	0.364	0.360	0.243	0.185	0.303
2018	0.348	0.282	0.270	0.339	0.354	0.343	0.250	0.182	0.308
2019	0.352	0.323	0.296	0.354	0.367	0.348	0.264	0.207	0.347
2020	0.522	0.435	0.532	0.565	0.569	0.558	0.468	0.423	0.532

黄河流域九省区 2010—2020 年高质量发展指数(HQDI)计算结果如彩页图 1 所示。由图可知,所有省区的 HQDI 均呈增加态势,但是由于九省区的资源禀赋、环境状况以及经济条件有所差别,同一年份不同省区的 HQDI 又不一样。具体来看,2010 年黄河流域各省区的 HQDI 差异较大,从高到低依次为山东(0.540)、河南(0.392)、宁夏(0.390)、陕西(0.384)、四川(0.381)、内蒙古(0.377)、青海(0.338)、山西(0.330)、甘肃(0.311)。2020 年,山东(0.690)和河南(0.619)仍分别位于首位和第二位,其余省区 HQDI 从高到

低变化依次为四川(0.592)、陕西(0.590)、内蒙古(0.574)、青海(0.547)、甘肃(0.543)、山西(0.540)、宁夏(0.537),其中,仅山东和河南 HQDI 大于 0.6,处于较高水平状态。相较于 2010 年,四川和甘肃排名均上升两位,青海、内蒙古上升一位,而宁夏下降六位,代表四川近几年发展迅猛,日后有望成为黄河流域经济发展龙头,带动黄河流域整体高质量发展,而宁夏高质量发展增长乏力,相关政府部门需结合地区情况,调整发展战略布局,开拓高质量发展新路径。

由于黄河流域涉及的范围较大,根据黄河上中下游的分界位置,将青海、四川、甘肃、宁夏、内蒙古划分为上游,陕西和山西划分为中游,河南和山东划分为下游,通过计算不同区域涉及的省区的高质量发展指数平均值,对黄河流域上中下游的高质量发展水平进行分析,如图 3.3 所示。由图可知,黄河流域高质量发展水平大致呈阶梯分布,上中游较低,下游相对较高。其中,下游 HQDI 一直保持增长态势,已由中等水平上升至较高水平;而中游虽呈现增长趋势,但在 2016—2020 年保持稳定;上游也一直保持着增长态势,但 2015 年以后上升幅度明显加快,且在 2020 年超过中游的高质量发展水平。同时注意到,尽管中上游高质量发展水平呈增长态势,但与下游的发展水平的差距仍然很大。

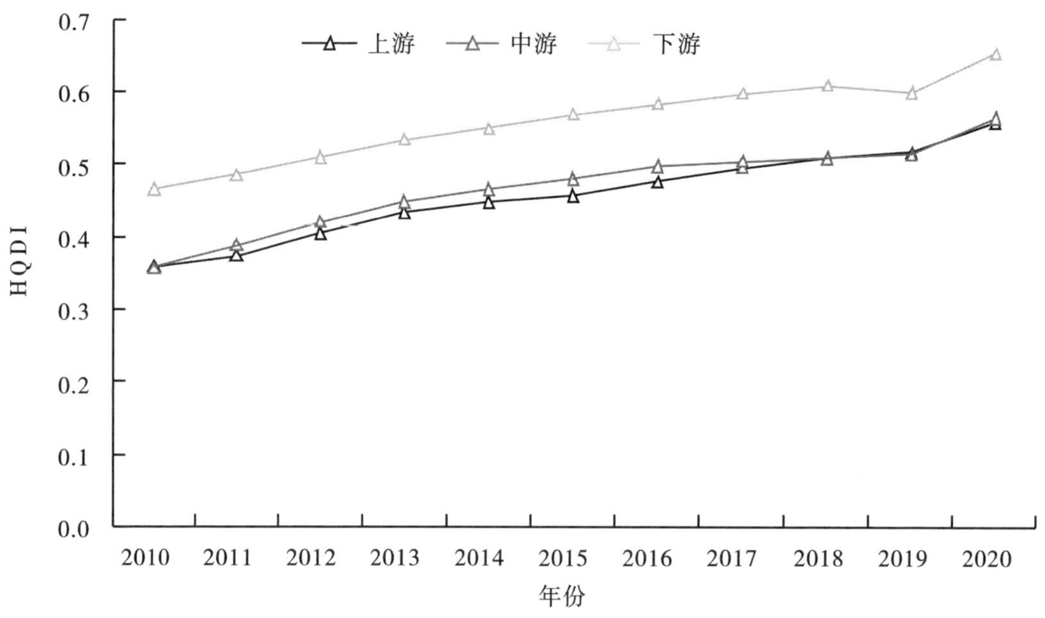

图 3.3 黄河流域上中下游高质量发展指数

3. 黄河流域整体高质量发展水平计算结果

基于上述相同方法,计算得到黄河流域整体高质量发展指数 2010—2020 年变化趋势如彩页图 2 所示。由图可知,黄河流域的 HQDI 由 2010 年的较低水平(0.383)升高到中等水平(0.581),年平均变化率为 4.26%。

2010—2020 年,由于黄河流域居民消费水平不断改善,教育、医疗、就业条件不断提高,社会保障支出不断增加,人民对美好生活的需求不断得到满足,黄河流域的 SHI 逐年递增,已由 2010 年的 0.427 上升至 0.667。

黄河流域的 EGI 呈逐年递增趋势,尤其近年来增速保持稳定,但其数值一直小于 HQDI,说明黄河流域近年来虽然经济突飞猛进,但与全国先进地区仍有较大差距,人均 GDP、产业结构及地区发展协调性需要进一步提高和改善。

2012—2017 年黄河流域的 RSI 保持相对稳定,随后逐年递增,且该指数远大于其他准则,但各省区资源供给利用差异明显,黄河流域资源可持续利用问题仍需进一步改善。

2012 年以来,EHI 变化趋势最为明显,从 2012 年的 0.413 升高至 2020 年的 0.537,说明近年来黄河流域生态保护和修复取得了突出成效,然而建成区绿地覆盖率、人均公园面积、水土流失治理程度偏低,废水排放量较高等因素仍在持续影响黄河流域生态状况。

2010 年黄河流域的 CAI 为 0.232,然而黄河流域未形成文化产业链,2019 年仅增加至 0.318,但在 2020 年上升至 0.512,说明近年来黄河文化建设渐显成效。

4. 黄河流域高质量发展水平与多区域对比

为了进一步分析黄河流域高质量发展在全国的平均水平,采用上述的评价体系对我国 31 个省级行政区(不包括港、澳、台)2010—2020 年的高质量发展水平进行评估,并着重对比分析黄河流域与京津冀、长江经济带、东北三省、东南沿海、西北地区及全国平均水平的差异,如表 3.9 所示。其中各分区中,黄河流域为其流经的九省区;京津冀为北京、天津和河北的统称;由于四川已划分到黄河流域,因此长江经济带包括除四川以外的十个地区;东北三省包括辽宁、黑龙江和吉林;东南沿海地区包括福建、广东、广西和海南;西北地区为新疆和西藏。

表 3.9　黄河流域高质量发展水平与全国其他不同区域对比

年份	区域						
	黄河流域	京津冀	长江经济带	东北三省	东南沿海	西北地区	全国
2010	0.383	0.540	0.431	0.443	0.450	0.325	0.429
2011	0.402	0.555	0.450	0.462	0.484	0.347	0.450
2012	0.431	0.555	0.472	0.480	0.499	0.355	0.466
2013	0.460	0.573	0.494	0.497	0.513	0.368	0.484
2014	0.475	0.586	0.522	0.511	0.525	0.396	0.503
2015	0.487	0.594	0.545	0.528	0.549	0.404	0.518
2016	0.505	0.610	0.556	0.537	0.548	0.410	0.528
2017	0.521	0.615	0.577	0.534	0.578	0.425	0.542
2018	0.532	0.627	0.591	0.555	0.597	0.439	0.557
2019	0.535	0.635	0.592	0.569	0.599	0.457	0.565
2020	0.581	0.646	0.578	0.579	0.590	0.451	0.571

2010—2020 年,我国各区域的高质量发展水平差距较大,但各分区均呈逐年递增态势,其中京津冀地区一直排在前列,是我国高质量发展水平相对先进地区,但近年来发展态势乏力,高质量发展水平增幅有所放缓;而东南沿海地区及长江经济带的高质量发展

水平位于全国的第二梯队，大部分高于全国平均水平，但与全国先进地区仍有一定差距；东北三省的高质量发展水平虽呈逐年递增态势，但发展态势从 2017 年开始逐步落后于全国平均水平；黄河流域的高质量发展水平在 2020 年以前均低于全国平均水平，并略低于东北三省，但由于黄河流域各省区采取了系列措施推动生态保护修复和产业结构升级，因此其高质量发展水平的多年平均变化率位于前列，同时与全国各地区的差距也逐渐缩小；西北作为我国高质量发展水平较低区域，与全国其他地区的差异巨大。通过整体对比发现，黄河流域总体经济实力和多方面发展水平与京津冀和长江经济带存在较大差距，在黄河流域内部，山东为代表的下游地区和西部上游地区相关省区的发展不平衡现象更为突出。总体而言，虽然黄河流域近年来经济社会发展取得了长足的进展，但由于发展方式粗放、产业结构以一、二产业为主，对于生态环境的压力日趋严重，黄河流域总体上属于经济发展、生态健康和文化产业发展水平滞后的状态，这与东北地区、西北地区等高质量发展水平较低的发展态势相似，但与京津冀和长江经济带文化产业滞后型为主（京津冀还存在生态环境问题）的格局有较大差异。

三、黄河流域高质量发展影响因素分析

（一）黄河流域高质量发展影响因素分析

1. 生态状况有所改善但依然脆弱

随着黄河源区主体冰川消融的加速，黄河水源涵养区部分地区生态恶化趋势尚未得到全面遏制和根本扭转，2020 年，三江源区草地退化面积高达 34%，其中严重退化的草地占 16.5%；中游黄土高原仍有 24.2 万 km^2 水土流失面积未得到有效治理，其中 7.86 万 km^2 的多沙粗沙区治理难度更大，同时由于对黄土高原人工植被群落演替规律、多样性形成机制及与水土保持因子的关系缺乏深入认识，人工植被系统空间结构过于雷同，绥德、吕梁地区等部分区域植被已出现了不同程度的衰退或病虫害问题；下游兰考东坝头至阳谷陶城铺有发育严重的二级悬河，京广铁桥至东坝头河段也有二级悬河正在发育；有限的生态补水量难以满足三角洲湿地保护区的需求，加之湿地水系不连通，三角洲湿地面积萎缩和质量下降的趋势仍在继续，其中滩涂区域持续受海水入侵的危害，盐地碱蓬、柽柳等典型生态景观退化面积达 80%。

2. 水资源短缺和粗放利用并存

黄河流域多年平均天然径流量 580 亿 m^3，人均占有量仅为全国平均水平的 27%。在自然禀赋不足的情况下，黄河流域地表水开发利用率和消耗率已分别达 80% 和 64%，且宁蒙灌区等部分地区的水资源利用仍较为粗放。同时，黄河流域河流污染依然严重，2020 年监测的黄河干支流 137 个水质断面中，Ⅳ类和劣Ⅴ类占 15.3%，高于全国平均水平；无定河、汾河、渭河、伊洛河和沁河等支流的总氮含量超出国家标准，尤其是汾河，总氮含量约超标 14 倍。此外，受农业用水及工业用水的挤压，黄河流域的生态用水占比较低，引发湿地萎缩。据研究，黄河流域水环境与经济社会之间的协调度虽呈略微上升态势，但仍偏低，难以支撑流域高质量发展需求。随着黄河流域经济社会发展和生

态环境保护竞争性用水激烈，水资源短缺将继续成为长期制约黄河流域高质量发展的关键要素。

3. 区域发展不平衡

黄河流域经济社会发展整体滞后，劳动力素质整体较差，经济活力相对欠缺，且已形成以农业生产和能源资源开发为主的传统经济系统舒适区，存在传统产业、低端产业、资源型产业和劳动密集型产业多，战略性新兴产业、高端产业、高附加值产业和资本科技密集型产业少的“四多四少”现状。同时，流域内部发展不平衡、不协调状况明显，城乡差距明显，技术创新能力和产业竞争力的下降使得黄河流域市场竞争力较弱，更难以有效耦合、协同，实现“一体化、高质量”。

4. 区域协同发展局面不明晰

黄河流域各城市虽拥有丰富的矿物、煤炭等自然资源，但其经济社会联系呈对外“多向性”，即域内不同增长极各自主要与东部沿海的相应中心产生联系，相互之间却不能呼应及形成良好的联动效应，这引致域内各城市内部、城市之间、城市群之间未能形成合理的产业分工及特色产业簇群，从而出现平行竞争趋势。上游城市的经济结构多以初级产品为主，其丰富的资源、资产并没有以输送至中下游区域为主，而是大多数服务于京津冀/环渤海地区；中下游城市的技术、产业、产品同样也没有辐射至上游区域。此外，流域上下游、左右岸等涉及不同的行政区域管辖，各行政主管部门间信息共享程度不高，合理分工、协同发展难度较大，对流域生态系统质量与功能的整体性提升考虑不足，开展的各类发展规划呈明显的分散化、碎片化与低效化特征，导致兰西城镇群等区域共同发展规划设想近期内难以实现。

5. 绿色科技创新能力不足

最大程度降低经济活动对自然环境的影响，保证经济社会可持续发展，是黄河流域经济发展的重要方向。改革开放 40 多年来，流域内的地区生产总值增加了 53.2 倍，年均增长率为 10.76%，但流域内经济增长效率的提升非常有限，40 多年间仅增长了约 2 倍。目前，黄河流域的经济发展仍以要素驱动为主，产业结构以第二产业为主体，其中初级加工业占比较高，能源矿业资源采掘业特色突出，第三产业比重低于全国平均水平。2018 年，黄河流域九省区万元 GDP 能耗、能源消费总量和万元 GDP 电耗 3 项指标的平均增速分别为-0.47%、5.38% 和 2.46%，均落后于全国平均值（-5.69%、3.53%、0.63%）；与全国平均水平相比，黄河流域 R&D 人员数增长也较慢，两者差距从 2009 年的 2.18 万人增加至 2017 年的 5.00 万人；2009—2017 年，黄河流域绿色科技创新成果水平逐年上升，其增长速率较大，但在总数上，仍不及长江流域的 1/3。科技创新投入不足已成为当下黄河流域绿色高质量发展的主要制约因素之一。

6. 资源空间分布不协调，经济增长极不明显

黄河流域煤炭、石油、天然气资源丰富，拥有宁东、蒙西、陕北、晋西、陇东等大型能源基地，但资源禀赋差异明显，石油、天然气资源主要分布在下游平原地区及鄂尔多斯盆地，煤炭资源集中于山西、内蒙古、陕西、河南、山东等片区，能源开采、化工等产业的空间集聚特征显著，加大了流域内部的经济差异；同时，流域能源的开采虽能够保障黄河流域

乃至全中国的经济社会发展,但不可避免地会扰动流域生态环境,诱发植被损伤、景观破碎、土地退化等系列问题,诱发区域性甚至全域性生态环境问题。此外,黄河流域的多中心特征虽然显著,但内部经济联系相对薄弱,未诞生优势明显且引领流域发展的核心城市,这与上海之于长江流域、广州之于珠江流域的核心地位不同。

(二)黄河流域高质量发展影响因素分析计算方法

为了更好地制定促进黄河流域高质量发展的对策和建议,采用障碍度模型依次从准则层和指标层分析限制区域高质量发展水平的障碍因素及其障碍程度,为黄河流域的可持续发展提供有针对性的决策基础。障碍度模型的主要思想是计算指标体系中某一层次的障碍度对高质量发展水平的制约程度,计算公式如下:

$$S_k = \frac{(1 - \mu_k) \times w_k \times \omega_t}{\sum_{k=1}^{n} [(1 - \mu_k) \times w_k \times \omega_t]} \times 100\% \tag{3.5}$$

式中,ω_t 为各准则层相对目标层的权重;w_k 为指标层对于其对应准则层的权重;μ_k 为各指标的隶属度;S_k为各指标的障碍度。S_k越大,代表该指标对该地区高质量发展水平的影响程度越高。

(三)黄河流域高质量发展影响因素计算结果分析

由图 3.4 可知,从准则层来看,限制黄河流域高质量发展的首要影响因素是文化先进指数(多年平均值为 27.50%)且影响程度呈增大趋势;其次是经济增长指数(多年平均值为 23.30%)。然而需要注意的是,黄河流域的资源供给指数和生态健康指数的障碍度保持稳定,依次维持在 13% 和 20% 左右,而黄河流域的社会和谐指数呈显著下降趋势,从 2010 年的 18.56% 下降至 2020 年的 15.92%。

此外,黄河流域高质量发展的制约因素也具有明显的区域差异性。分析不同省区的主要障碍因素发现,各省区首要影响因素主要集中在经济和文化两方面,如青海、甘肃、宁夏的首要影响因素为经济增长指数,多年平均障碍度分别为 25.77%、27.04%、23.98%,表明这些省区的经济建设需要专注于经济质和速度的发展,大力开发数字经济等新模式;而其余地区的首要影响因素为文化先进指数,因此,其需结合自身历史积淀和文化底蕴等优势内生动力,根据该地的资源特点与经济发展状况对沿河各地区进行功能定位,积极探索富有地域特色的高质量发展新路子,着力打造文化旅游等领域的黄河样板。尽管不同省区的主要影响因素存在差异性,但不同省区的首要影响因素的障碍度年际间均呈增加趋势。此外,四川、甘肃、宁夏、陕西、山西和河南的生态健康指数多年平均障碍度高于 20%,未来需要限制高污染企业的发展,积极改善生态环境,实现依靠良好的生态环境来培养绿色可持续发展的新动机,创造绿色经济一体化。

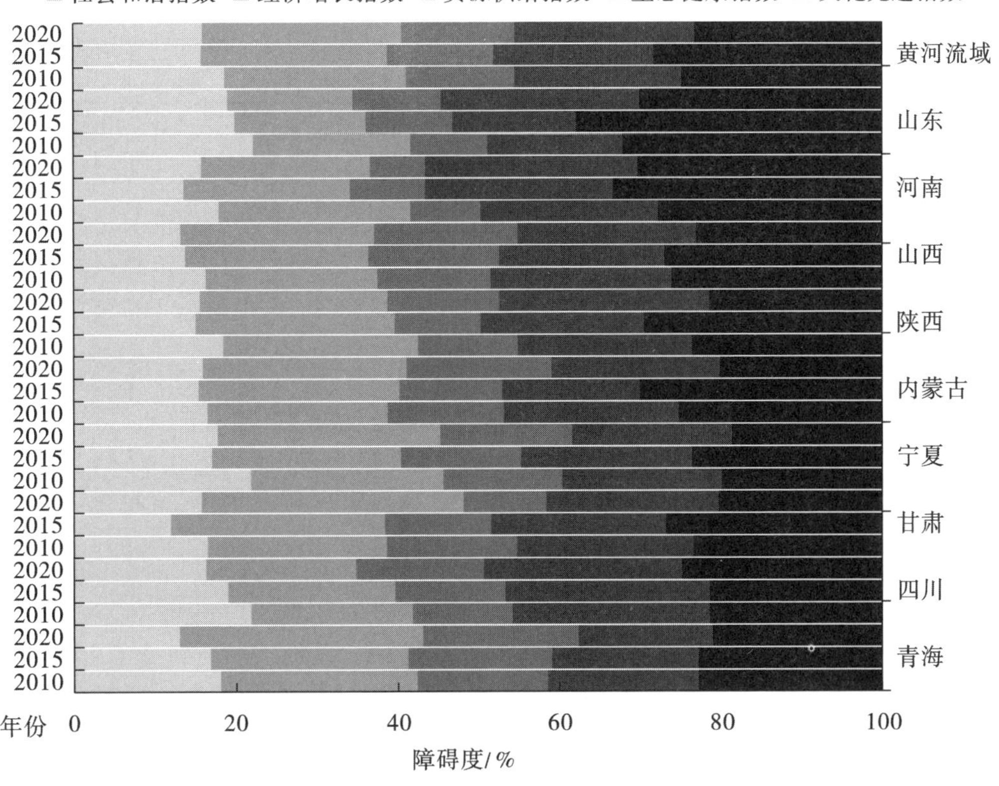

图 3.4　黄河流域九省区高质量发展各准则障碍度

继续运用上述障碍度模型,从指标层计算黄河流域九省区高质量发展障碍因子及障碍度。为了分析影响黄河流域高质量发展的关键因素,根据各指标障碍度大小,筛选出各地区排名前五的障碍因子,见表 3.10 所示。这 5 个指标的障碍度之和基本上高于 30%,表明这些因素在所选 33 个基本指标中对黄河流域高质量发展具有突出的制约作用。

表 3.10　2010—2020 年黄河流域高质量发展主要影响因素

省区	年份	障碍因素和障碍程度的顺序				
		1	2	3	4	5
青海	2010	E3(8.45%)	E2(5.55%)	B3(5.51%)	B5(5.29%)	C5(5.00%)
	2015	E3(11.50%)	B3(6.59%)	B5(5.45%)	C3(5.02%)	C5(4.87%)
	2020	E2(9.63%)	B3(9.47%)	B5(7.08%)	C5(5.85%)	E3(5.84%)
四川	2010	E3(9.91%)	E1(6.16%)	E4(5.89%)	A4(4.71%)	B3(4.70%)
	2015	E3(13.30%)	E1(8.05%)	A3(6.72%)	C3(5.82%)	B3(5.25%)
	2020	E3(9.70%)	E1(8.29%)	C3(6.41%)	D1(6.37%)	A3(6.30%)

续表 3.10

省区	年份	障碍因素和障碍程度的顺序				
		1	2	3	4	5
甘肃	2010	E3(9.97%)	E2(5.67%)	B3(5.30%)	C5(5.26%)	E1(5.06%)
	2015	E3(11.90%)	B3(6.71%)	E1(6.31%)	E2(5.94%)	B5(4.79%)
	2020	B3(9.39%)	E2(9.29%)	B5(6.37%)	D1(5.62%)	D8(5.28%)
宁夏	2010	E3(10.30%)	B3(5.98%)	E2(5.26%)	A3(4.78%)	D1(4.65%)
	2015	E3(12.40%)	B3(7.14%)	A3(5.98%)	C1(5.40%)	E2(5.22%)
	2020	B3(9.26%)	E2(9.03%)	C1(7.55%)	B5(6.85%)	A3(6.59%)
内蒙古	2010	E3(11.00%)	E2(5.88%)	E1(5.73%)	B3(5.67%)	C5(4.75%)
	2015	E3(13.80%)	E2(6.92%)	B3(6.88%)	E1(6.54%)	B5(6.44%)
	2020	B3(9.50%)	E2(9.41%)	A3(6.78%)	C4(6.27%)	B5(5.80%)
陕西	2010	E3(11.00%)	E1(6.52%)	C5(5.42%)	B3(5.20%)	D1(5.18%)
	2015	E3(14.50%)	E1(8.86%)	B3(6.37%)	D1(6.37%)	C5(5.49%)
	2020	E1(7.94%)	B3(7.76%)	D1(7.58%)	C3(6.41%)	A3(6.27%)
山西	2010	E3(10.10%)	E1(5.76%)	E2(5.75%)	C5(5.48%)	D1(4.76%)
	2015	E3(12.00%)	E1(7.15%)	B3(6.00%)	E2(5.32%)	D1(5.25%)
	2020	E2(9.80%)	B3(7.93%)	D1(6.76%)	E1(6.33%)	D8(5.26%)
河南	2010	E3(10.30%)	E1(6.74%)	E2(5.74%)	B5(5.43%)	E4(4.97%)
	2015	E3(14.30%)	E1(9.68%)	E4(5.64%)	D1(5.16%)	D8(4.94%)
	2020	E1(10.10%)	E2(7.72%)	E4(7.60%)	D7(6.95%)	D1(6.69%)
山东	2010	E3(14.30%)	E1(8.03%)	D8(6.02%)	E4(5.49%)	A4(5.05%)
	2015	E3(17.70%)	E1(9.82%)	E4(6.27%)	D8(6.11%)	A3(5.67%)
	2020	D7(9.67%)	E4(8.47%)	E1(8.13%)	E2(8.06%)	D8(8.01%)
黄河流域	2010	E3(9.94%)	E1(5.33%)	E2(4.82%)	B3(4.62%)	D8(4.22%)
	2015	E3(12.10%)	E1(6.41%)	B3(5.31%)	E2(4.73%)	B5(4.27%)
	2020	E2(8.32%)	B3(6.67%)	E1(5.55%)	D8(5.07%)	E3(4.81%)

从整体来看,黄河流域 2020 年文化产业增加值占比(E2)仅达到全国平均水平,因此其 2020 年首要制约指标为 E2,障碍度在 8% 以上。2010 年,E3(人均文化娱乐支出占人均消费比值)和 E1(人均拥有公共图书馆藏量)分别位于第一和第二名,但在 2020 年末,E3 下降至第五名,而指标 E1 虽然排名下降到第三名,但障碍度并未出现明显下降,说明指标 E1 对黄河流域高质量发展的制约程度仍较高。同时指标 B3(企业 R&D 人

员全时当量)和 D8(水土流失治理程度)的制约程度逐步增加,分别从 2010 年的 4.62%、4.22% 上升至 6.67%、5.07%,已成为黄河流域高质量发展新型影响因素。2020 年,黄河流域排名前五的制约因素中,与文化有关的指标占 3 个,说明黄河流域无论是在文化传承与保护,还是文化产业方面均有一定的落后,黄河文化优势未得到充分发挥。

从各省区来看,2010—2015 年,青海高质量发展的首要影响指标是 E3(人均文化娱乐支出占人均消费比值),2020 年转变为 E2(文化产业增加值占比)。同时,由于青海创新能力不足,指标 B3(企业 R&D 人员全时当量)的制约程度逐年增加,在 2020 年其值仅为 1579 人 · a^{-1},远远低于约 10 000 人 · a^{-1} 的全国平均水平,因此在 2020 年年末,其障碍度为 9.47%,仅比首要影响因子障碍度低 0.2% 左右,而指标 E3 的障碍度排名下降到第五名。2015—2020 年,指标 B5(进出口额占 GDP 比重)一直维持在第三名,因此青海指标障碍度排名第四的指标由 2010 年的 B5 变化为 C5(单位面积粮食产量)。

对于四川,2010—2020 年的首要及次要影响因素并未发生变化,均为 E3(人均文化娱乐支出占人均消费比值)和 E1(人均拥有公共图书馆藏量),而 E1 的障碍度不断增加,从 2010 年的 6.16% 增加至 2020 年的 8.29%。2020 年年末,排名第三的为 C3(水资源重复利用率),而排名第四、第五的依次为 D1(湿地面积占比)和 A3(城镇登记失业率)。

2010—2015 年,甘肃高质量发展的首要影响指标是 E3(人均文化娱乐支出占人均消费比值),但指标 B3(企业 R&D 人员全时当量)的制约程度逐年增加,在 2020 年年末已成为甘肃高质量发展的首要影响因素,而指标 E3 未出现在前五名。指标 E1(人均拥有公共图书馆藏量)的影响程度在 2010—2015 期间一直增加,但在 2020 年未出现在前五名。E2(文化产业增加值占比)在 2015 年出现短暂的下降,但在 2020 年末其障碍度排名又上升到第二名。相较 2010 年,甘肃 2020 年障碍度第三、第四、第五名出现了巨大的变化,2020 年年末依次为 B5(进出口额占 GDP 比重)、D1(湿地面积占比)、D8(水土流失治理程度)。

2010—2015 年,宁夏高质量发展的首要影响指标是 E3(人均文化娱乐支出占人均消费比值),但指标 B3(企业 R&D 人员全时当量)的制约程度在 2015—2020 年发生大幅度提升,由 2015 年的 7.14% 上升到 9.26%,2020 年年末已成为影响宁夏高质量发展的首要影响指标。指标 C1(万元 GDP 能源消耗量)的影响程度不断增加,在 2020 年达到极值,为 7.55%,排名也由 2015 年的第四上升至第三,而指标 A3(城镇登记失业率)在 2010—2020 年障碍度排名发生较大的波动,其中在 2015 年达到了第三名,尽管其在 2015—2020 期间障碍度进一步增加,但其 2020 年排名下降至第五名。而指标 B5(进出口额占 GDP 比重)在 2010、2015 年的障碍度并未达到前五名,但 2020 年,其障碍度位列第四名,对宁夏的高质量发展已产生较大影响。通过总结宁夏 2020 年的主要影响因素可以发现,近年来其高质量发展的影响因素主要聚焦在经济发展和资源供给方面,同时与文化发展相关的问题也逐渐凸显。

与宁夏类似,2010—2015 年,内蒙古高质量发展的首要影响指标是 E3(人均文化娱乐支出占人均消费比值),但指标 B3(企业 R&D 人员全时当量)在 2010—2020 年的制约程度由 5.67% 上升至 9.50%,2020 年年末已成为内蒙古高质量发展的首要影响指标,而次要影响因素一直为 E2(文化产业增加值占比)。2020 年指标障碍度排名第三、第四的指标变化为 A3(城镇登记失业率)、C4(工业固体废物综合利用率),但该指标在 2010 和 2015 年均未出现,说明内蒙古的资源供给的可持续性和人民就业保障逐渐影响到该地区的高质量发展,需采取积极措施来提高资源高效利用能力和社会保障水平。同时,当前内蒙古的经济对外交流不紧密,因此自 2015 年,指标 B5(进出口额占 GDP 比重)的障碍度排名一直保持在第五名。

由于近年来陕西结合自身文化底蕴,积极发展文化旅游产业,使得在 2010—2015 年排名第一的 E3(人均文化娱乐支出占人均消费比值)在 2020 年未进入前五名,但指标 E1(人均拥有公共图书馆藏量)的障碍度虽在 2015—2020 年出现短暂的下降,但其排名上升至第一名,说明陕西的文化产业虽得到快速发展,但其文化存量仍较低。此外,由于陕西经济发展的创新投入不足,使得 2010 年排名第四的 B3(企业 R&D 人员全时当量)在 2020 年上升至第二名,创新对陕西高质量发展的影响程度逐步加强。陕西生态破坏较为严重,虽然 D1(湿地面积占比)在 2010—2020 年的排名波动均较大,但是其障碍度呈逐年递增态势,已由 2010 年的 5.18% 上升至 7.58%。除此之外,资源持续供给准则中的 C3(水资源重复利用率)和社会和谐稳定准则中的 A3(城镇登记失业率)首次出现在前五中,说明陕西资源的持续高效利用和社会民生保障问题近年来逐步凸显。

2010—2020 年,山西的文化产业增加值占比由 1.31% 上升至 2.46%,但仍低于全国平均水平,因此 2020 年年末,山西高质量发展的首要影响指标由 E3(人均文化娱乐支出占人均消费比值)转变成 E2(文化产业增加值占比),而 E1(人均拥有公共图书馆藏量)的障碍度排名虽出现下降趋势,但其影响程度变化不大。指标 B3(企业 R&D 人员全时当量)的障碍度大幅度增加,在 2020 年排名上升至第二名,对山西的高质量发展产生了较强的制约作用。而山西在环境保护方面与全国平均水平仍存在一定差距,使得 D1(湿地面积占比)、D8(水土流失治理程度)的制约程度逐渐增加。

近年来,河南的文化产业崛起条件逐渐成熟,使得财政对公共文化的投入具备了重要的物质基础,并且居民消费结构发生了重大变化,文化消费比重不断提高,但由于河南文化产业市场机制尚不健全,尚未构建和形成符合本省的文化产业链,使得整个文化产业系统各相关产业的协同性、互动性、整合性功能难以有效发挥,因此河南省指标障碍度排名前三名主要是文化准则的指标交互出现。而排名第四和第五的指标由 2010 年的 B5(进出口额占 GDP 比重)、E4(文化支出占财政支出的比重)变成 D7(环境污染治理投资占 GDP 比重)、D1(湿地面积占比)。

对于山东,2010—2015 年的首要影响指标为 E3(人均文化娱乐支出占人均消费比值),由于山东省的经济发展与社会配套设施建设、生态环境保护不同步,2020 年转换成 D7(环境污染治理投资占 GDP 比重),而指标 D8(水土流失治理程度)的障碍度排名尽管已从 2010 年的第三名下降至第五名,但其障碍度从 6.02% 上升至 8.01%。2020 年,山东各指标障碍度排名第二、第三和第四均与文化有关,因此山东文化产业的高质量发展已成为影响其高质量发展的主要因素。

通过上述分析,将 2020 年黄河流域九省区各准则层指数小于其高质量发展指数和各指标对高质量发展的障碍度排名前五的各评价指标进行汇总,如表 3.11 和表 3.12 所示。

由表 3.11 可知,黄河流域九省区高质量发展受不同准则层的影响,其中,青海、宁夏主要受经济增长指数和文化先进指数的影响;四川和山东的高质量发展指数主要受生态健康指数和文化先进指数的影响;甘肃、内蒙古、陕西、山西、河南的高质量发展指数主要受经济增长指数、生态健康指数和文化先进指数的影响。经统计,文化先进指数是制约黄河流域九省区高质量发展的主要因素;其次是经济增长指数和生态健康指数,均出现 7 次。

表 3.11　黄河流域九省区高质量发展影响准则

省区	社会和谐指数	经济增长指数	资源供给指数	生态健康指数	文化先进指数
青海		√*			√
四川				√	√*
甘肃		√*		√	√
宁夏		√*			√
内蒙古		√		√	√*
陕西		√		√	√*
山西		√		√	√*
河南		√		√	√*
山东				√	√*
合计	0	7	0	7	9

注:* 说明该准则是该地区高质量发展的首要影响因素。

由表 3.12 可知,各指标中,企业 R&D 人员全时当量、湿地面积占比、人均拥有公共图书馆藏量、文化产业增加值占比不低于 5 次,可以说这些指标是黄河流域各省区高质量发展的主要影响因素;而城镇登记失业率和进出口额占 GDP 比重出现 4 次,代表其对黄河流域的高质量发展也产生较严重的制约效果。通过对各地区排名前五的障碍因子所在的准则层进行统计发现,文化先进引领的主要障碍因子共出现 16 次,排在首位;其次是经济增长和生态健康宜居,均出现 10 次;随后,资源安全供给共出现 5 次,而社会和谐稳定仅出现 4 次。

表 3.12 黄河流域九省区高质量发展影响指标

准则层	评价指标	青海	四川	甘肃	宁夏	内蒙古	陕西	山西	河南	山东	合计
社会和谐稳定（4）	A3 城镇登记失业率		√		√	√	√				4
经济增长有序（10）	B3 企业 R&D 人员全时当量	√		√*	√*	√*	√	√			6
	B5 进出口额占 GDP 比重	√		√	√	√					4
资源安全供给（5）	C1 万元 GDP 能源消耗量				√						1
	C3 水资源重复利用率		√				√				2
	C4 工业固体废物综合利用率					√					1
	C5 单位面积粮食产量	√									1
生态健康宜居（10）	D1 湿地面积占比		√	√			√	√	√		5
	D7 环境污染治理投资占 GDP 比重								√	√*	2
	D8 水土流失治理程度			√				√		√	3
文化先进引领（16）	E1 人均拥有公共图书馆藏量		√				√*	√	√*	√	5
	E2 文化产业增加值占比	√*		√	√	√		√*	√	√	7
	E3 人均文化娱乐支出占人均消费比值	√	√*								2
	E4 文化支出占财政支出的比重								√	√	2

注：* 说明该指标是该地区高质量发展首要的影响因素。

四、提升黄河流域高质量发展水平的对策建议

1. 坚持生态保护优先，立足区域发展优势内生动力，探索协同发展新路子

一是未来黄河流域要依据地方的环境容量和资源承载力，积极推动产业发展方式由主要依赖资源消耗型向科技创新驱动型转变，聚焦黄河流域中心城市发展，进而带动周边地区发展，形成空间尺度由小到大的“中心城市—城市群—全流域”多层级增长极。二是坚持以生态文明建设为导向，继续探索兼顾经济社会发展、资源高效利用、生态环境保护的协调发展方案，建立健全多阶段、多目标的黄河流域生态保护与高质量发展长效机制。三是加快流域内各城市群之间及内部交通（高铁、民航、高速、信息网络等）建设，省际政府搭建沟通平台、企业主体深度参与、社会组织发挥积极作用的跨区域合作机制，加强城市群的规划协调与对接，明确区域合作重点领域，通过协调中原城市群与山东半岛城市群，发挥两大城市群在全流域中的龙头带动作用，促进多地区协调发展。

2. 加大文化建设投入，打造黄河流域中华文化长廊

一是以黄河为轴线，结合流域内的历史文化、水文化特色和生态条件，加大黄河流域文化投入，创新结合黄河流域生态环境、文化传承和旅游开发等要素，在顺应自然、保护生态的基础上，实现黄河流域生态、文化和旅游行业的有效整合。二是各区域应结合自身历史积淀和文化底蕴等优势内生动力，根据本地的资源特点与经济发展状况对沿河各省区进行功能定位，着力打造黄河生态环境保护、文化旅游等领域的黄河样板，促进黄河流域文旅产业蓬勃发展。三是借鉴国家公园建设经验，以“跨河发展”为引领，规划建设黄河国家公园或者黄河湿地公园。同时，深入挖掘黄河文化的时代价值，在城市群建设过程中，尽快组建沿黄旅游联盟，优化沿黄特色精品旅游线路，打造精品黄河丝路文明旅游线路。

3. 优化调整产业结构与布局，探寻以绿色循环为核心的产业发展新模式

一是开展国土适宜性评价，加强生态保护红线、永久基本农田保护红线、城镇开发边界等“三区三线”（三区指生态、农业、城镇三类空间，三线指根据生态空间、农业空间、城镇空间划定的生态保护红线、永久基本农田保护红线和城镇开发边界三条控制线）的国土空间管控工作，以关键生态功能和生态要素为首要约束性指标，优化调整区域生产力布局。二是对沿黄重要城市群进行科学布局，合理控制城市和城市群规模，推进呼包鄂城市群、关中城市群、太原城市群、中原城市群的产业集聚区建设，促进产业向园区集聚以及污染处理设施的统一建设。三是以发展优势产业链和开发区域特色产业为优化产业结构的重点，上游前段（青海、四川）区域，强化生态保护、水源涵养，创造更多生态产品；上游后段（甘肃、宁夏和内蒙古）区域，发展现代农业，提升农产品质量；中游（山西、陕西）区域，发展节水农业，推广机械化、滴喷灌、水肥一体化及特色林果业等现代高效农业；下游（河南、山东）区域，推广集约节水农业模式，大力发展优质小麦、大蒜、瓜果、黄河水产养殖业。

4. 强化以水为核心的管理体系建设，消除制约产业高质量发展的水资源短缺困局

一是在实行最严格水资源管理制度考核工作中应进一步突出以水定需的相关要

求，确定务实管用的用水定额标准，提高产业生活用水效率，坚决反对“以生态文明建设为名的人工挖湖”，要贯彻“以水而定，量水而行”的思路，建议排查各个城市的规划定位，严禁使用“北方水城”“赛江南”之类的定位，严格控制水资源开发，坚决抑制不合理用水需求。二是鉴于黄河流域发展“以水定产”的强约束特征，加快构建黄河流域水网，持续论证南水北调西线调水方案的迫切性，降低水资源约束困局，消除制约产业高质量发展困局，促进黄河流域优势特色一、二和三及融合新兴产业发展。三是统筹协调水资源和土地、矿产、林草等资源开发利用，完善产业结构调整目录与准入政策，确定分行业、分区域的产业准入方案。

参考文献

[1]任保平，文丰安. 新时代中国高质量发展的判断标准、决定因素与实现途径[J]. 改革，2018(4)：5-16.

[2]左其亭，姜龙，马军霞，等. 黄河流域高质量发展判断准则及评价体系[J]. 灌溉排水学报，2021，40(3)：1-8，22.

[3]吴志军，梁晴. 中国经济高质量发展的测度、比较与战略路径[J]. 当代财经，2020(4)：17-26.

[4]闫绪娴，苗敬毅. 中国省域经济可持续发展的统计测评[J]. 统计与决策，2013(9)：95-98.

[5]梁龙武，王振波，方创琳，等. 京津冀城市群城市化与生态环境时空分异及协同发展格局[J]. 生态学报，2019(4)：1212-1225.

[6]左其亭，张云，林平. 人水和谐评价指标及量化方法研究[J]. 水利学报，2008，39(4)：440-447.

[7]左其亭. 和谐论：理论・方法・应用[M]. 北京：科学出版社，2012.

[8]SAATY T L. How to make a decision：The analytic hierarchy process [J]. European Journalof Operational Research，1990，48(1)：9-26.

[9]SHANNON C E. A mathematical theory of communication[J]. Bell System Technical Journal，1948，27(4)：623-656.

[10]赵建吉，刘岩，朱亚坤，等. 黄河流域新型城镇化与生态环境耦合的时空格局及影响因素[J]. 资源科学，2020，42(1)：159-171.

[11]王洁方，周云，田晨萌. 多维视角下黄河流域水环境与社会经济协调性研究[J]. 人民黄河，2021，43(7)：94-99，113.

[12]杨永春，穆焱杰，张薇. 黄河流域高质量发展的基本条件与核心策略[J]. 资源科学，2020，42(3)：409-423.

[13]张春晖，吴盟盟，张益臻. 碳中和目标下黄河流域产业结构对生态环境的影响及展望[J]. 环境与可持续发展，2021，46(2)：50-55.

[14]刘贝贝，左其亭，刁艺璇. 绿色科技创新在黄河流域生态保护和高质量发展中的价值体现及实现路径[J]. 资源科学，2021，43(2)：423-432.

[15]李小建，文玉钊，李元征，等. 黄河流域高质量发展：人地协调与空间协调[J]. 经济地

理,2020,40(4):1-10.

[16]杨丽.河南黄河流域生态保护与文化旅游发展策略[J].当代旅游,2020,18(34):25-26,50.

第四章　黄河流域高质量发展战略框架及分区发展策略

黄河流域作为双循环新发展格局的重要组成部分，其高质量发展空间格局将对中国经济社会发展与生态文明建设起到强劲助推作用。然而，现有关于黄河流域发展格局的研究大多“以点见面”地选取黄河流域中的典型区域开展深入研究，针对黄河流域整体开发与保护空间格局的研究较少，聚焦有余而宏观不足，这在支撑黄河流域融入国内、国际双循环格局的基础上进一步实现高质量发展有一定的局限性。

为对黄河流域空间格局做一个整体把控，需探讨其高质量发展的战略框架和分区发展策略。首先，本章从生态保护和经济社会发展的角度梳理了黄河流域高质量发展的指导思想与战略规划、目标定位、总体战略构想，以明确其高质量发展的整体战略框架。其次，在差异化发展原则的指导下，基于地理信息系统的空间适宜性分区方法构建黄河流域分区综合指标体系，对全流域九省区的生态资源及发展潜力水平做出综合评价；同时，运用近邻传播聚类方法对评价结果进行验证，结合地理位置重新聚类以辅助分区，综合形成“一轴两翼，三区七群，多廊两檐”的城市群带动式总开发格局、“两屏三带”的生态安全保障格局以及以“四区十带多灌区”为主体的农业发展格局。最后，基于分区结果给出相应发展路径与优化建议。立足生态保护，通过弱化流域及省域边界，充分发挥地区比较优势，协同推动黄河流域高质量发展。基于科学方法建立综合指标体系对黄河流域九省区空间格局做系统梳理与定位，有利于从总体上开展黄河流域空间规划，协助地方在资源环境承载力与发展战略需求多方约束下寻求科学发展路径，实现高质量发展，为区域发展助力。

一、黄河流域高质量发展战略框架及总体目标定位

本章尝试从生态保护和经济社会发展的角度构建黄河流域高质量发展战略框架，如图 4.1 所示，具体包括黄河流域高质量发展的指导思想与战略规划、目标定位、总体战略构想。

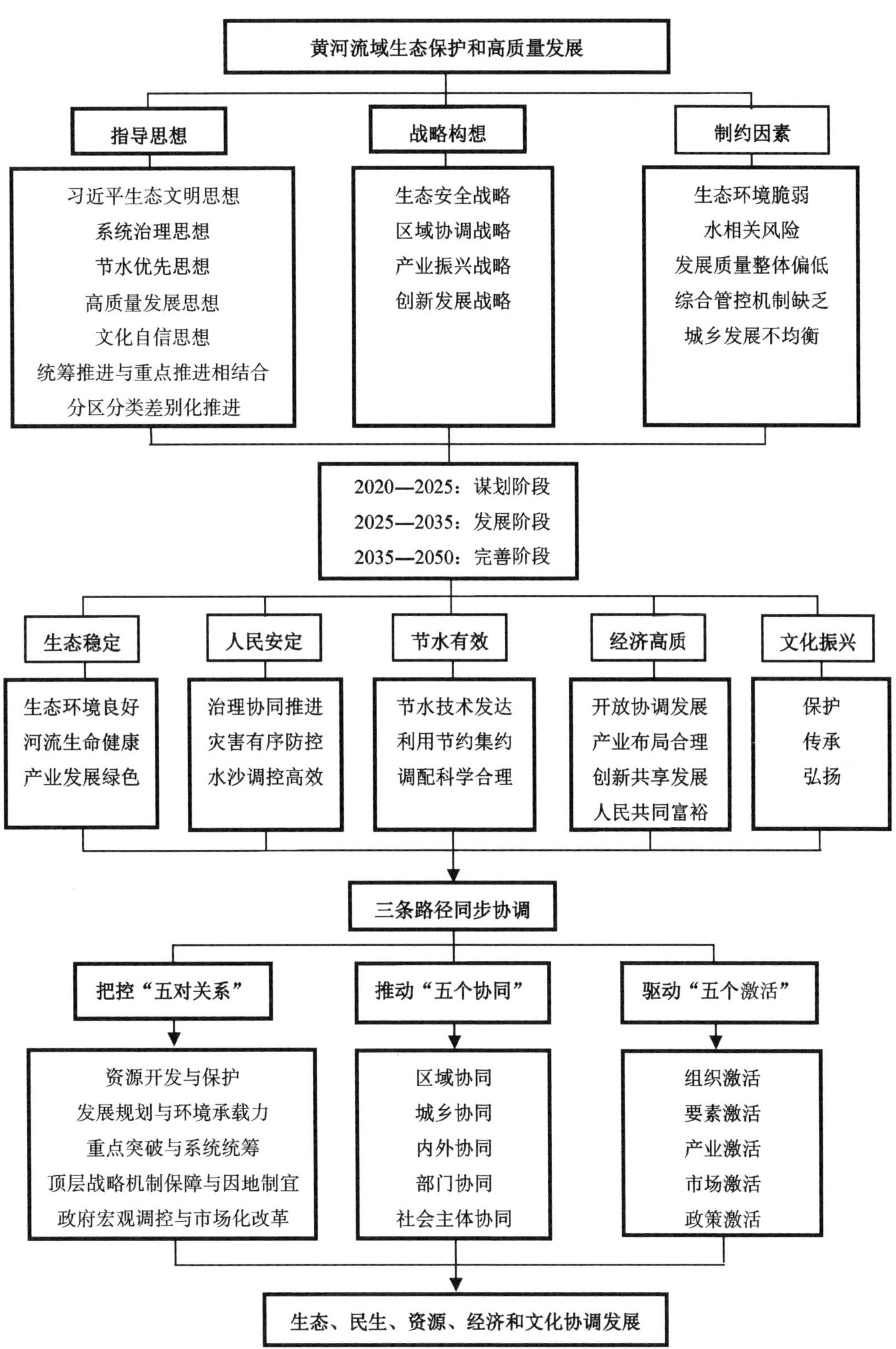

图4.1　黄河流域高质量发展战略框架

(一)黄河流域高质量发展指导思想与战略规划

1. 指导思想

为从根本上解决黄河保护治理问题,要以习近平生态文明思想为统领,以系统治理思想、节水优先思想、高质量发展思想以及文化自信思想为基础,统筹推进与重点推进相结合、分区分类差别化推进,并从全局层面进行指导,立足整体和长远利益,共同推进黄河流域高质量发展。

(1)习近平生态文明思想

坚持生态优先、绿色发展,对已破坏的环境进行生态修复,对未破坏的环境加强保护力度,摒弃环境保护滞后于经济发展的落后发展方式,树立"生态兴则文明兴、生态衰则国运衰"的理念,把生态文明建设放在突出地位。

(2)系统治理思想

自然生态系统是不可分割的整体,是各种要素相互依存从而实现有效循环的自然链条,要站在流域整体治理角度,坚持山水林田湖草沙是一个生命共同体的系统思想,综合水安全、水环境、水文化等方面,统筹山水林田湖草沙综合治理,用系统思维看黄河流域高质量发展问题。

(3)节水优先思想

水少人多、水少沙多、水资源时空分布不均是黄河流域的基本水情。习近平总书记指出,黄河治水的关键环节在于节水。节水是结合自然、经济、社会等不同条件,针对流域实际情况,因地制宜,制定各行业节水标准,保护生态、保护水源和家园。节水优先要求在水资源开发、利用、配置、治理和保护过程中,站在生态文明建设、可持续发展、经济转型和绿色发展的高度,将节水放在首位,以最少的水资源消耗获取最大的经济社会生态效益,高效地用好每一滴水,提高水资源开发利用率。切实把节水作为水资源开发、利用、保护、配置和调度的前提,全面推进节水型流域建设。

(4)高质量发展思想

高质量发展是一种全新的发展理念,是一种立足根本、掌控全局、着眼未来的发展方向和发展目标。高质量发展是以人民为中心的发展,由仅关注经济增长单一目标转向关注经济发展、社会公平、生态环境多目标发展,由关注劳动力、资本和资源等物质要素投入转向关注人力资本、技术创新和要素优化配置综合发展。坚持以人民为中心的整体高质量发展思想,以人民群众的切实利益、根本利益和长远利益为出发点和落脚点,坚持流域发展中各种因素间的关联性和作用关系,坚持流域发展的整体性,优化经济结构、转换发展模式、提升发展动力,以高质量经济发展、社会发展、文化发展、生态文明建设提升流域内人民的幸福感。

(5)文化自信思想

文化自信,是更基础、更广泛、更深厚的自信,是更基本、更深远、更持久的力量,是在中国道路自信、理论自信和制度自信之后的"第四个自信"。习近平总书记在黄河流域生态保护和高质量发展座谈会上强调,要深入挖掘黄河文化蕴含的时代价值,讲好"黄河故事",黄河文化所蕴含的奋勇拼搏的意志、百折不挠的品格、守正创新的精神,正是中华民族进入新时代所需要的精神。坚持推动黄河文化走出去,保护传承黄河文化、提振黄河精神、传播黄河声音、讲好黄河故事、打造黄河文化高地、做好黄河文化大文章、展现黄河文明是坚定文化自信,实现黄河流域高质量发展的永续内力。

(6)统筹推进与重点推进相结合

流域治理是一项系统工程,各个领域、各个环节的关联性、耦合性和协同性明显增强。统筹推进是从全局层面出发,重点推进是从局部层面出发,重点推进是实现统筹推进的重要途径,两者相辅相成、相互促进。在黄河流域发展过程中,高质量发展是系统统筹,全面做好生态修复、产业转型升级、创新驱动等重点突破,是实现黄河流域"共同抓好大保护,协同推进大治理"和高质量发展目标的方法和基本原则。

(7)分区分类差别化推进

黄河流域地域范围辽阔,在自然条件、经济和社会发展等方面差异较大,且大部分位于青藏高原和黄土高原等生态环境脆弱的区域。治理好黄河流域,要考虑其空间地域性特征,充分考虑黄河上中下游及河口生态治理需求的差异性,统筹兼顾黄河流域的国土空间格局和生态环境格局,根据黄河流域上中下游不同区域的不同问题开展主体功能区划研究,针对不同功能分区因地制宜、科学施策,差别化推进区域发展,提升生态环境治理能力和治理水平。

2. 战略规划

在推进黄河流域高质量发展战略制定与实施的过程中,要牢固树立"一盘棋"思想,尊重黄河流域的发展规律。在中国布局建设的一批国家农业高新技术产业示范区,打造具有国际影响力的现代农业创新高地、人才高地、产业高地,以及第二个百年目标分两个阶段实施的政策背景下,为使黄河流域生态保护和高质量发展与国家上述多个战略相协调,本节对黄河流域高质量发展战略按照三个阶段进行有序推进。

第一阶段,到 2025 年,初步完成顶层设计,相关制度保障、发展保障得到完善,相关法律法规得以确立,消除黄河流域生态监管盲区。重要生态系统保护和重大修复工程逐步推进,生态安全屏障体系得到优化,黄河流域集约发展水平和经济、人口承载能力得到大幅提升。对研究设立黄河流域生态保护法庭、建立健全政府协商机制、设立黄河流域生态保护和高质量发展办公室、建立黄河流域生态补偿机制等进行初步探索。初步完成全国性和地方性科研团队组建,建立"数字黄河"大数据信息平台,完善数据治理机制,并逐渐有序开展关键技术研发与集成示范,形成创新集聚优势。此外,对黄河流域文化资源进行系统整合,挖掘不同区域的特色资源并进行创新与转化,实现传统文化资源的活态化。

第二阶段,到 2035 年,黄河流域高质量发展战略取得决定性进展,基本实现全流域生态环境司法保护和治理一盘棋,破除行政壁垒,实现跨区域治理。通过生态补偿机制,对流域上中下游之间的水环境质量进行价值化处理,积极调动沿黄省区对黄河流域环境保护的积极性。同时,科技创新与产业规划取得一定进展,大数据黄河治理平台与国家黄河实验室构建完成,基本建成文化产业基地和公共文化服务体系示范区。

第三阶段,到 2050 年,形成沿黄科技创新环带,拥有高水平科研团队以及世界一流学科体系。拥有黄河流域特色高端文化创意精品,构筑集生态、文化、经济于一体的文化生态系统。全面打造集天然生态屏障、创新产业集群、黄河文化传承弘扬为一体的复合型沿黄流域生态经济带，实现黄河流域高质量发展的目标。

（二）黄河流域高质量发展战略的目标定位

逐步将黄河流域建设成为具有生态环境及河流生命稳定健康、水资源利用集约节约、基本设施和公共服务发达完善、市场体系开放有序、产业布局合理高质、黄河文化繁荣振兴的现代流域经济带，实现生态、民生、资源、经济和文化五方面协调发展，是黄河流域生态保护和高质量发展战略的目标定位。

1. 生态系统稳定健康，绿色发展成效显著

黄河流域高质量发展的前提在于保证生态系统稳定健康，然而黄河流域生态环境脆弱，局部污染严重，产业布局不合理、不健康、非绿色，生态系统面临的风险巨大，难以发挥中国重要生态屏障作用。因此，战略的基本点在于加强生态环境保护、实现绿色发展。

到 2050 年，黄河流域生态环境保护协同管理制度健全，全流域统一的生态环境监测网络充分完善，大保护体系以及山水林田湖草沙综合治理修复等重大生态工程大见成效，生态违法案件数量显著减少，生物多样性提升，生态系统脆弱性得到缓解。上游的天然草地生态系统质量得到修复和提升，水源涵养功能长足提高；中游的水土流失得到遏制；下游的滩区治理和湿地恢复成效显著，滩区实现人水分离，湿地生态功能显著提升。同时，黄河流域绿色发展长效制度建立健全，企业准入制度得到完善，国土空间开发保护、生态监管、生态补偿、环境风险防范和生态空间管制联合管理能力大幅提升，产业布局性、结构性风险得到大幅降低，人为因素导致的环境风险得到充分遏制，环境事故数量大幅减少至可控状态，局部污染治理成效显著，绿色工业体系得以构建，绿色经济快速发展，绿色发展观念成为区域生产生活的主流。

2. 保障黄河长治久安，流域人民生活改善

黄河流域高质量发展的根本目标是人民在此过程中得以安居乐业。黄河流域能否实现人民的安居乐业极大程度地影响国家能否实现长治久安，而流域人民安居乐业的重中之重在于洪涝等灾害得到有效治理防控。因此，流域高质量发展需要"以人为本"推进黄河治理，保障黄河长治久安。

到 2050 年，黄河"九龙治水"和分头管理问题彻底解决，黄河水权交易机制得到完善和推广，协同推进大治理体系建成。黄河全流域防洪减淤体系建成，洪涝灾害实现科学管控，水沙调控能力能够满足长期治理需求，流域抗旱减灾体系全面完善。上游"十大孔兑"沙漠流域防风固沙工程成效得以显现，宁蒙河段凌汛灾害控制有效；中游河道治理和防洪工程得到完善，山洪灾害防治能力显著提升；下游"二级悬河"现象得以逐步消除，滩区洪水调控机制和安全建设制度完善，居民搬迁后续工程推进有序，三角洲地区全部工程地质灾害防护达标。

3. 水资源节约集约利用，调配科学合理

水资源可持续利用是黄河流域乃至全国经济社会稳定运行和绿色发展的重要支撑。为消除水资源对流域可持续发展的制约，黄河流域的高质量发展需要着眼于水资源，实

现水资源的科学合理调配。

到2050年,黄河流域水资源全域统筹配置制度和高效利用体系建立健全,水资源得到优化配置,“先生态后生产生活”的水资源供给制度得到完善。节水型社会建设成效显著,大力发展节水产业和技术,实施全社会节水行动,推动用水方式由粗放向节约集约转变。节水技术发展及应用达到世界一流水平,地下水超采现象得到控制,水生态系统良性运行。水资源使用总量、强度双控制度健全,环境税收等制度作用发挥显著,水利用效率达到全国领先水平,大力推进农业节水,灌溉水利用系数达到0.8以上,流域灌溉面积中的节水灌溉占比达到95%以上,每万元工业增加值所消耗的水资源量大幅降低,用水安全得到充分保障。

4. 开放合作有序推进,综合发展水平显著提升

黄河流域高质量发展是在充分保护生态环境的前提下实现的更有效率、更加公平的经济可持续发展,是实现多个目标的综合发展。与其他国家重要战略区域相比,黄河流域综合发展水平整体落后,且流域相对上游区域的滞后程度更高,均阻滞了战略高效推进。因此,黄河流域高质量发展的重点在于实现“增量”和“提质”,实现因地制宜、协同开放的综合发展。

到2050年,区域经济协调发展制度健全,自然资源资产产权制度及相关核算体系广泛应用,要素自由流动壁垒逐步消除,基本建成流域一体化。流域综合竞争力显著提升,重点城市群集聚要素能力显著提升,中心带动效用有效凸显,城际、城乡协同综合发展制度和体系构建完善,基础设施及公共服务实现标准一体化,户籍制度基本放开,城际联系不断深化并取得实质性进展,城乡差距大幅缩小,现代产业体系建成,龙头企业、高新企业、绿色企业等大型企业集团多头并进,市场体系开放有序。流域对外开放水平显著提高,要素流动、主体参与和合作共享机制不断完善,同国内其他区域协调发展程度加强,参与“一带一路”建设积极性显著加大。

5. 保护传承弘扬黄河文化,价值引导成效显著

黄河文化不仅是中华文化的起源,更是中华民族的根和魂。黄河流域的高质量发展需要保护、传承和弘扬好黄河文化,强盛以黄河文化为核心的国家软实力,树立中国文化自信,吸取国家治理和国际关系处理智慧。

到2050年,黄河文化遗产保护制度和文化传播保障体系健全完善,黄河文化实现多途径深入挖掘和多样化平台传播,专业研究、保护、传承和传播队伍建设培养成效显著。黄河文化遗产数字库建立运行,黄河文化核心得以确立,不同内容的划分和分类工作有序推进,实现黄河文化分层传播,知识传播和商业价值传播的“两核”独大局面被打破,精神文化挖掘更为深入,价值引导作用充分发挥。黄河沿线旅游资源开发建设水平不断提升,流域文化景观、黄河文明国家旅游线、黄河文化旅游走廊的建设得到进一步加强,完成打造黄河特色文化旅游带的目标。

(三)黄河流域高质量发展总体战略构想

黄河流域高质量发展战略构想立足于国家战略,把握机遇,需分别从生态安全、区域

协调、产业发展和创新驱动四个维度推动黄河流域生态保护和高质量发展。

1. 生态安全战略

生态安全是保障经济发展的根本路径。黄河流域作为人与自然以及社会三方形成的复杂系统,要从流域生态特点出发,从生态保护体系、环境风险以及水污染防治三个方面推进,保障可持续发展。

第一,构建生态保护体系。以分区分类差别化推进的思想,充分考虑上中下游差异,因地制宜地构建以"上游水源涵养,中上游水土保持,中下游环境治理,下游及河口生态重建"为重点的复合型生态环境保护体系。坚持山水林田湖草沙综合治理、系统治理、源头治理,统筹推进各项工作。

第二,严密防范环境风险。全面推动环境风险评估,深入优化高环境风险产业与危化品码头布局,强化各企业部门环境风险管控能力,健全环境应急预案管理体系,有计划地开展生态建设工程。全面推动黄河流域上中下游分区治理,限制上游危害水源涵养的社会活动,中游推进除险加固工程,下游展开水气土污染同治。

第三,加大水污染防治力度。以环境质量功能区达标作为最低目标,扩大优良地表水体水质面积。加强水体保护,完善河湖长制组织体系,重视支流综合治理。推进流域城市污水处理厂改造和雨污分流,减少流域污染排放。

2. 区域协调战略

区域协调是高质量发展的重要内生特点。黄河流域需构建符合新发展理念要求的区域协调发展战略,从综合交通规划、差异化战略补齐短板以及强化中心城市和城市群的辐射带动作用三方面综合构建多维度区域协调发展体系。

第一,综合交通规划。厘清交通网络规模以及区域空间带动性之间的适配关系,增强交通通达水平,释放交通容量空间,提升交通网络化的发展。降低运输成本,依托城市群和主要交通干线,积极培育黄河流域的经济增长轴线和核心区,打造黄河活力经济轴带。

第二,差异化战略补齐短板。针对黄河流域中下游五省进行深化改革,发挥优势推动中下游崛起,推进形成东部地区优化发展的制高点,补齐区域发展的短板,改善基础设施,发展适合区域环境的优势产业和特色产业,提高基本公共服务能力。推进大中小城市网络化的区域布局,区分大中小城市的功能定位,将特色小镇等带动性强的产业发展放到城市群发展的格局中,以促进黄河流域重点地区空间市场一体化。

第三,强化中心城市和城市群的辐射带动作用。实现城市群内部的互联互通,发挥城市群和都市圈在引领区域经济转型升级、资源高效配置、技术创新扩散等方面的积极作用。强化山东半岛的龙头带动作用。加快推进郑州、西安国家中心城市建设,在支撑中部崛起和辐射带动黄河流域中下游地区发展中做出更大贡献。加快建设兰州—西宁城市群、关中城市群、中原城市群,加强中心城市与周边城市区域的优势互补和协同发展,推进各要素一体化对接。

3. 产业发展战略

以实现黄河流域产业转型升级和绿色发展为目标,进行产业发展战略部署。总体思路是构建有地域特色、竞争优势和可持续发展能力的现代产业体系，从优化产业绿色发展、推动产业转型升级以及构建现代化产业体系三个方面展开，培育黄河流域产业发展新优势，夯实黄河流域高质量发展的产业基础，形成黄河流域具有活力的经济产业带，合力推动沿黄地区产业高质量发展。

第一，优化产业绿色发展。遵循绿色、循环、低碳发展要求，优化产业布局，推动工业园区循环化改造。以生态文明理念指导产业发展，合理确定城市功能布局和产业形态。推动产业绿色发展方式多元化，抓牢绿色助产的理念，形成绿色生产和生活方式。

第二，推动产业转型升级。培育壮大高端装备制造、信息技术、新能源新材料等战略性新兴产业，加快实施传统产业绿色、智能、技术“三大改造”。加强多种政策的协调配合，积极化解过剩产能。加快生态与文化资源融合，大力发展现代服务业。以服务实体经济、延伸重要产业链为着力点，培育一批专业性强的生产性服务企业，推动产业向专业化和价值链高端延伸，发挥生产性服务业对实体经济和产业升级的支撑作用。实现省区间服务业的共建共享，提高流域内服务供给效率。加快发展现代高效农业，划定粮食生产功能区和重要农产品生产保护区，结合乡村振兴战略，推动农业发展。瞄准未来产业趋势，打造工业新优势。

第三，因地制宜构建现代化产业体系。上游地区合理布局城镇与产业，中游地区进一步增强能源开发利用和调配能力，因地制宜承接相关产业，不断完善产业链，积极培育接续替代产业。下游地区坚持集聚集约发展，提升人口和产业承载能力，积极引导资源加工型和劳动密集型产业向中上游地区转移。流域各省市之间加强合作，共同拓展市场和发展空间，实现产业协调发展。

4. 创新驱动战略

创新驱动战略围绕生态保护与协同创新助推高质量发展建设目标，让创新成为第一驱动力，用以完善体制机制。依托开放创新体系，集聚人才、项目、资金创新要素为一体，围绕企业创新主体地位建设，推动产业创新能力提升，多维度创新黄河文化，达到黄河流域发展建设目标。

第一，构建开放创新体系。分别包括强化政府职能、协同区域创新主体、布局国家创新平台三个方面。充分发挥政府的政策引导作用，充分发挥市场的资源配置基础性作用，充分发挥金融对科技创新的孵化支撑作用。加大研发投入，加强上中下游合作，统筹协调各区域的技术创新主体，增强国际竞争力。统筹考虑现状和优化整合科技资源，布局国家创新平台，建设多层次、多维度的区域创新体系，汇集各类高层次人才，提升黄河流域的科技创新水平，推动黄河流域科学技术发展。

第二，推动产业技术创新。包括高新技术产业、工业以及农业创新。高新技术产业依附其新产业新动能成为支柱性产业，将清洁高效的生态科技成果转化为强大的生产力。工业与互联网大数据融合，加快老工业区全面振兴步伐。强化黄河三角洲农业高新技术产业园的带动作用，整合国内外涉农资源，进一步做大、做优、做强现代农业。

第三，创新黄河文化。弘扬黄河流域文化精神，以科技创新推动黄河文化的保护、传承与弘扬，深入挖掘黄河文化蕴含的时代价值。发展文旅产业，将文化资源同旅游发展相融合，整合黄河流域的历史文化、民俗风情等旅游资源，打造黄河文化旅游带，更大程度地运用旅游通道发扬黄河文化。普及科学知识，推广先进技术，彰显新时代背景下的当代黄河价值。流域各省区、各城市围绕黄河文化的系统保护、有序传承和大力弘扬主线，探索并推进黄河文化建成均衡化、产业化、现代化、品牌化、融合化和开放化体系。

二、黄河流域分区功能定位

（一）黄河流域空间发展适宜性分区

黄河流域由于自然地理条件导致水运河道不畅、船运体系不发达，难以仿照长江经济带发展传统流域连片经济带，需要充分发挥黄河流域中心城市、都市圈、城市群与区域的带动作用，构建多个增长极，实现全流域生态保护与高质量发展。首先采用空间发展适宜性分区方法，在进行空间数据分级时采用 GIS 中的自然断点法，展示空间数据地域聚类分级的结果，为进一步强化分区功能结果的客观性与可靠度，使用近邻传播聚类方法（affinity propagation，AP）并根据黄河流域九省区各地级市的指标数据进行聚类分析，主要目的是辅助解释黄河流域分区结果，以及对空间发展适宜性分区结果做出检验，提升后续功能分区结果的准确性与适宜性。

1. 空间发展适宜性分区

为进一步细化评价黄河流域的空间发展条件，从研究过程的可操作性以及结论的现实指导意义角度，选择了黄河流域流经的青海、四川、甘肃、宁夏、内蒙古、陕西、山西、河南和山东九省区中共计 100 个地级市作为基本评价单元。结合流域情况构建了空间发展适宜性评价体系，如表 4.1 所示。

表 4.1 空间发展适宜性评价体系

系统层	权重	因素层	指标层	权重	综合权重
资源环境承载力	0.4	水资源丰度	水资源总量/亿 m^3	0.3449	0.1380
		土地资源丰度	城市建设用地面积/km^2	0.1693	0.0677
		生态水平	生态功能保护区面积/hm^2	0.4693	0.1877
			建成区绿化覆盖率/%	0.0164	0.0066
发展潜力	0.6	经济发展水平	社会消费品零售总额/万元	0.2052	0.1231
			居民消费价格指数	0.0948	0.0569
			固定资产投资/亿元	0.1946	0.1168
			生产总值/亿元	0.2022	0.1213
		人口集聚程度	总人口/万人	0.0992	0.0595
		交通通达性水平	公路客运量/万人	0.1442	0.0865
			公路通车里程/km	0.0697	0.0418

参照已有研究文献，主要选择了资源环境承载力和发展潜力两大类共六个方面的要

素进行分区评价，其中生态水平、水资源丰度、土地资源丰度联合表征地区生态保护价值以及资源禀赋。资源承载力是区域自然生态与资源环境条件对于经济社会发展的支撑能力，针对黄河流域自然生态条件，主要通过水资源丰度、土地资源丰度以及生态水平三个方面来评价。水资源丰度指标层通过各地水资源总量来进行表征，可以反映出地区水资源供给保障条件，以及有效支撑生产活动等用水需求的能力。土地资源丰度主要从城市建设用地面积来表征，各城市在行政区划内进行土地资源开发利用，土地资源丰度考虑城市化发展以及城镇建设可供开发用地等方面。生态水平通过生态功能区面积以及绿化覆盖率共同表征，生态功能区承担水源涵养、水土保持、防风固沙和生物多样性维护等重要生态功能，需要限制进行工业化城镇化开发，以保持并提高生态产品供给能力，是区域生态功能的重要体现；绿化覆盖率则是正向表征该区域生态投入程度以及基础环境绿化水平。

在发展潜力系统层，经济发展水平、人口聚集程度和交通通达性水平分别表征经济社会发展、规模聚集程度和发展便捷程度，是区域发展的经济社会基础和潜力的象征。从投入产出水平的视角综合评价经济发展水平，通过社会消费品零售总额、居民消费价格指数、固定资产投资以及生产总值，可以分别反映出社会消费价格及水平、投资规模、经济社会发展情况。人口集聚程度依据各区域人口数量表征，反映出区域人口集散情况，是城市发展的重要条件之一。交通通达性水平通过公路客运量以及公路通车里程数两个指标共同反映公路网络密度以及区域可达性等交通优势，公路交通作为基础设施建设是城市乃至国家经济发展的根本性条件，是城市各项经济社会活动的联系纽带。

对各指标要素进行分级，结果如表4.2所示。

表4.2　单要素空间发展适宜性评价结果

要素	等级	地市
社会消费品零售总额	高	济南、青岛、成都
	较高	济宁、临沂、潍坊、烟台、淄博
	中等	德州、菏泽、聊城、泰安、威海、太原
	较低	安阳、焦作、开封、平顶山、商丘、信阳、许昌、驻马店、赤峰、呼伦贝尔、鄂尔多斯、宝鸡、渭南、咸阳、滨州、东营、日照、枣庄、长治、大同、晋中、临汾、运城、达州、德阳、乐山、泸州、绵阳、南充、宜宾
	低	白银、定西、嘉峪关、金昌、酒泉、陇南、平凉、庆阳、天水、武威、张掖、鹤壁、洛阳、濮阳、三门峡、新乡、巴彦淖尔、通辽、乌兰察布、乌海、固原、石嘴山、吴忠、银川、中卫、海东、安康、汉中、商洛、铜川、延安、榆林、莱芜、晋城、吕梁、朔州、忻州、阳泉、巴中、广安、广元、眉山、攀枝花、遂宁、雅安、自贡、资阳

续表 4.2

要素	等级	地市
居民消费价格指数	高	银川、海东、德阳
	较高	巴彦淖尔、乌兰察布、乌海、固原
	中等	开封、赤峰、呼伦贝尔、通辽、西宁、商洛、渭南、东营、济宁、泰安、淄博
	较低	定西、酒泉、庆阳、天水、武威、张掖、安阳、漯河、新乡、许昌、郑州、呼和浩特、鄂尔多斯、石嘴山、吴忠、中卫、宝鸡、汉中、铜川、延安、德州、济南、莱芜、聊城、临沂、青岛、日照、潍坊、威海、烟台、长治、晋城、临汾、忻州、达州、乐山、绵阳、资阳
	低	白银、嘉峪关、金昌、兰州、陇南、平凉、鹤壁、焦作、济源、洛阳、南阳、平顶山、濮阳、三门峡、商丘、信阳、周口、驻马店、包头、安康、西安、咸阳、榆林、滨州、菏泽、枣庄、大同、晋中、吕梁、朔州、太原、阳泉、运城、巴中、成都、广安、广元、泸州、眉山、南充、内江、攀枝花、遂宁、雅安、宜宾、自贡
固定资产社会投资	高	郑州、西安、青岛、成都
	较高	漯河、南阳、宝鸡、济南、济宁、临沂、潍坊、烟台、淄博
	中等	焦作、平顶山、三门峡、商丘、新乡、信阳、许昌、周口、驻马店、包头、渭南、德州、东营、聊城、泰安、威海
	较低	兰州、安阳、开封、洛阳、濮阳、赤峰、呼和浩特、鄂尔多斯、通辽、银川、西宁、安康、汉中、商洛、咸阳、延安、榆林、滨州、菏泽、日照、枣庄、太原、巴中、达州、德阳、广安、乐山、泸州、眉山、绵阳、南充、遂宁、宜宾
	低	白银、定西、嘉峪关、金昌、酒泉、陇南、平凉、庆阳、天水、武威、张掖、鹤壁、济源、巴彦淖尔、呼伦贝尔、乌兰察布、乌海、固原、石嘴山、吴忠、中卫、铜川、莱芜、长治、大同、晋城、晋中、临汾、吕梁、朔州、忻州、阳泉、运城、广元、内江、攀枝花、雅安、自贡、资阳
生产总值	高	郑州、西安、济南、青岛、烟台、成都
	较高	漯河、南阳、鄂尔多斯、榆林、德州、东营、济宁、临沂、泰安、潍坊、威海、淄博、太原
	中等	兰州、安阳、焦作、开封、平顶山、商丘、新乡、信阳、许昌、周口、驻马店、包头、呼和浩特、宝鸡、咸阳、滨州、菏泽、聊城、日照、枣庄、德阳、绵阳、南充、宜宾
	较低	洛阳、濮阳、三门峡、赤峰、呼伦贝尔、通辽、银川、西宁、安康、汉中、渭南、延安、长治、大同、晋城、晋中、临汾、吕梁、朔州、运城、达州、广安、乐山、泸州、眉山、攀枝花、遂宁、自贡、资阳
	低	白银、定西、嘉峪关、金昌、酒泉、陇南、平凉、庆阳、天水、武威、张掖、鹤壁、济源、巴彦淖尔、乌兰察布、乌海、固原、石嘴山、吴忠、中卫、海东、商洛、铜川、莱芜、忻州、阳泉、巴中、广元、内江、雅安

续表 4.2

要素	等级	地市
总人口	高	南阳、商丘、信阳、周口、驻马店、西安、菏泽、济宁、临沂、青岛、潍坊、成都
	较高	安阳、开封、漯河、平顶山、新乡、郑州、渭南、德州、济南、聊城、泰安、烟台、运城、达州、绵阳、南充、宜宾
	中等	兰州、焦作、濮阳、许昌、赤峰、宝鸡、咸阳、滨州、枣庄、淄博、临汾、吕梁、太原、德阳、广安、泸州
	较低	定西、陇南、天水、洛阳、包头、呼和浩特、呼伦贝尔、通辽、安康、汉中、榆林、日照、威海、长治、大同、晋中、忻州、巴中、广元、乐山、眉山、遂宁、自贡、资阳
	低	白银、嘉峪关、金昌、酒泉、平凉、庆阳、武威、张掖、鹤壁、济源、三门峡、巴彦淖尔、鄂尔多斯、乌兰察布、乌海、固原、石嘴山、吴忠、银川、中卫、海东、西宁、商洛、铜川、延安、东营、莱芜、晋城、朔州、阳泉、内江、攀枝花、雅安
公路客运量	高	嘉峪关、酒泉、漯河、南阳、郑州、驻马店、宝鸡、渭南、西安、咸阳、成都、广元
	较高	兰州、平顶山、商丘、新乡、信阳、许昌、周口、菏泽、临沂、青岛、潍坊、烟台、达州、广安、泸州、南充
	中等	陇南、平凉、庆阳、天水、武威、安阳、开封、濮阳、安康、商洛、延安、济南、济宁、泰安、威海、德阳、乐山、眉山、绵阳、宜宾、资阳
	较低	白银、定西、洛阳、三门峡、赤峰、银川、海东、西宁、汉中、榆林、德州、聊城、日照、枣庄、长治、晋中、运城、巴中、攀枝花、遂宁、雅安、自贡
	低	金昌、张掖、鹤壁、焦作、济源、包头、巴彦淖尔、呼和浩特、呼伦贝尔、鄂尔多斯、通辽、乌兰察布、乌海、固原、石嘴山、吴忠、中卫、铜川、滨州、东营、莱芜、淄博、大同、晋城、临汾、吕梁、朔州、太原、忻州、阳泉、内江
公路通车里程	高	南阳、信阳、赤峰、呼伦贝尔、榆林、菏泽、临沂、潍坊、成都
	较高	漯河、商丘、周口、驻马店、巴彦淖尔、鄂尔多斯、通辽、安康、汉中、渭南、济宁、聊城、烟台、临汾、达州、广元、绵阳、南充、宜宾
	中等	酒泉、陇南、平顶山、乌兰察布、宝鸡、咸阳、延安、滨州、青岛、泰安、晋中、吕梁、忻州、运城、巴中、泸州
	较低	白银、定西、平凉、庆阳、天水、武威、张掖、安阳、新乡、郑州、海东、西宁、商洛、西安、济南、淄博、长治、大同、广安、乐山
	低	嘉峪关、金昌、兰州、鹤壁、焦作、济源、开封、洛阳、濮阳、三门峡、许昌、包头、呼和浩特、乌海、固原、石嘴山、吴忠、银川、中卫、铜川、德州、东营、莱芜、日照、威海、枣庄、晋城、朔州、太原、阳泉、德阳、眉山、内江、攀枝花、遂宁、雅安、自贡、资阳

续表 4.2

要素	等级	地市
水资源总量	高	海东
	较高	呼伦贝尔、汉中、乐山、绵阳、雅安
	中等	陇南、信阳、安康、巴中、成都、达州、广元、泸州、眉山、宜宾
	较低	南阳、驻马店、鄂尔多斯、通辽、宝鸡、商洛、临沂、潍坊、德阳、南充、攀枝花、自贡
	低	白银、定西、嘉峪关、金昌、酒泉、兰州、平凉、庆阳、天水、武威、张掖、安阳、鹤壁、焦作、济源、开封、漯河、洛阳、平顶山、濮阳、三门峡、商丘、新乡、许昌、郑州、周口、包头、巴彦淖尔、赤峰、呼和浩特、乌兰察布、乌海、固原、石嘴山、吴忠、银川、中卫、西宁、铜川、渭南、西安、咸阳、延安、榆林、滨州、德州、东营、菏泽、济南、济宁、莱芜、聊城、青岛、日照、泰安、威海、烟台、枣庄、淄博、长治、大同、晋城、晋中、临汾、吕梁、朔州、太原、忻州、阳泉、运城、广安、内江、遂宁、资阳
建设用地供应总量	高	南阳
	较高	郑州、鄂尔多斯、成都
	中等	焦作、开封、平顶山、濮阳、新乡、驻马店、赤峰、呼伦贝尔、乌兰察布、吴忠、银川、西安、德州、菏泽、济南、临沂、青岛、潍坊、威海、烟台、泸州、南充、遂宁、宜宾
	较低	酒泉、兰州、安阳、漯河、商丘、信阳、许昌、包头、巴彦淖尔、呼和浩特、通辽、中卫、安康、渭南、咸阳、延安、榆林、滨州、东营、济宁、聊城、日照、泰安、淄博、晋中、太原、运城、广安、乐山、绵阳、自贡
	低	白银、定西、嘉峪关、金昌、陇南、平凉、庆阳、天水、武威、张掖、鹤壁、济源、洛阳、三门峡、周口、乌海、固原、石嘴山、西宁、宝鸡、汉中、商洛、铜川、莱芜、枣庄、长治、大同、晋城、临汾、吕梁、朔州、忻州、阳泉、巴中、达州、德阳、广元、眉山、内江、攀枝花、雅安、资阳
生态功能保护区面积	高	呼伦贝尔
	较高	赤峰、通辽、榆林
	中等	酒泉、庆阳、张掖、鄂尔多斯、汉中、商洛、延安
	较低	白银、定西、陇南、平凉、天水、南阳、信阳、安康、宝鸡、晋中、吕梁、忻州、绵阳、雅安
	低	嘉峪关、金昌、兰州、武威、安阳、鹤壁、焦作、济源、开封、漯河、洛阳、平顶山、濮阳、三门峡、商丘、新乡、许昌、郑州、周口、驻马店、包头、巴彦淖尔、呼和浩特、乌兰察布、乌海、固原、石嘴山、吴忠、银川、中卫、海东、西宁、铜川、渭南、西安、咸阳、滨州、德州、东营、菏泽、济南、济宁、莱芜、聊城、临沂、青岛、日照、泰安、潍坊、威海、烟台、枣庄、淄博、长治、大同、晋城、临汾、朔州、太原、阳泉、运城、巴中、成都、达州、德阳、广安、广元、乐山、泸州、眉山、南充、内江、攀枝花、遂宁、宜宾、自贡、资阳

续表 4.2

要素	等级	地市
建成区绿化覆盖率	高	漯河、商丘、信阳、驻马店、包头、滨州、莱芜、泰安、威海、淄博、长治、晋城、太原、南充
	较高	安阳、鹤壁、焦作、洛阳、许昌、郑州、赤峰、鄂尔多斯、通辽、乌海、吴忠、银川、宝鸡、德州、东营、济宁、聊城、临沂、日照、潍坊、枣庄、大同、巴中、成都、德阳、泸州、资阳
	中等	嘉峪关、平凉、天水、张掖、开封、平顶山、濮阳、三门峡、新乡、周口、呼和浩特、乌兰察布、石嘴山、中卫、西宁、安康、汉中、铜川、渭南、西安、咸阳、延安、菏泽、济南、青岛、烟台、临汾、吕梁、朔州、忻州、阳泉、广安、广元、乐山、眉山、绵阳、攀枝花、雅安、宜宾
	较低	白银、金昌、酒泉、兰州、庆阳、武威、南阳、巴彦淖尔、呼伦贝尔、固原、商洛、榆林、晋中、运城、遂宁、自贡
	低	定西、陇南、济源、海东、达州、内江

权重体现每个指标对评价目标的重要程度及影响力。在对权重进行测定的过程中,按照熵值法的步骤,首先将2014—2018年指标数据进行主观赋权,依照临近年份数据参考价值越高的原则,对五年数据进行了赋权,并对五年面板数据进行加权平均得到一组指标截面数据。同时运用主客观结合的评价方法,参考现有文献对两大系统层进行权重分配。运用熵值法将加权平均后的截面数据按照两大系统层单元分别计算出各指标层权重,最后计算出综合权重。以上指标数据中,生态功能保护区面积来源于中国科学院资源环境数据云平台,水资源总量来自2014—2018年《中国环境统计年鉴》,建设用地供应总量数据来源于2014—2018年《中国国土资源统计年鉴》,人口、经济与交通等统计数据来源于2014—2018年《中国城市统计年鉴》、各省及地市统计年鉴和统计公报等。

中等适宜等级区:主要分布在流域中南部,集中于河南省东部、内蒙古中部、山东边界以及四川东南部(如表4.3所示),包括甘肃兰州—酒泉、河南安阳—平顶山—焦作—开封—许昌、内蒙古包头—呼和浩特、陕西安康—汉中—商洛—渭南—咸阳—延安—东营、山东聊城—日照—枣庄—晋中、四川德阳—广安—乐山—泸州—眉山、山西太原、宁夏银川。这些城市具有一定的资源环境承载力,但由于地理区位以及交通等原因使得人口和产业聚集较为薄弱,发展适宜性适中。

较低适宜等级区:主要分布在流域中部城市群,大多数集中于甘肃中南部、山西和宁夏大部分地区及四川北部。包括甘肃白银—定西—陇南—平凉—庆阳—天水—张掖、河南漯河—濮阳—三门峡、山西长治—大同—晋城—临汾—吕梁—忻州、四川巴中—广元—攀枝花—遂宁—雅安—自贡—资阳。除此之外还有山东莱芜、内蒙古巴彦淖尔—乌兰察布以及青海西宁市。这些城市资源环境承载力较为薄弱,经济交通水平较低,发展适宜性较低。

低适宜等级区:分布于流域北部,主要在甘肃、内蒙古以及宁夏省域,具体包括甘肃嘉峪关—金昌—武威、内蒙古乌海、宁夏固原—石嘴山—吴忠—中卫,此外还有河南鹤壁、陕西铜川、山东滨州—菏泽、青海海东、山西朔州—阳泉—运城。上述地区因其地形地貌等生态环境制约,水土资源丰度较低,发展适宜性低。

表 4.3 空间发展适宜性分区结果

等级	地市
高	洛阳市、南阳市、信阳市、郑州市、宝鸡市、西安市、济南市、济宁市、临沂市、青岛市、潍坊市、烟台市、成都市
较高	商丘市、新乡市、周口市、驻马店市、赤峰市、呼伦贝尔市、鄂尔多斯市、通辽市、榆林市、德州市、泰安市、威海市、淄博市、达州市、绵阳市、南充市、宜宾市
中等	东营市、聊城市、日照市、枣庄市、晋中市、太原市、德阳市、广安市、乐山市、泸州市、眉山市
较低	白银市、定西市、陇南市、平凉市、庆阳市、天水市、张掖市、漯河市、濮阳市、三门峡市、巴彦淖尔市、乌兰察布市、西宁市、莱芜市、长治市、大同市、晋城市、临汾市、吕梁市、忻州市、巴中市、广元市、内江市、攀枝花市、遂宁市、雅安市、自贡市、资阳市
低	甘南藏族自治州、嘉峪关市、金昌市、临夏回族自治州、武威市、鹤壁市、济源市、阿拉善盟、乌海市、锡林郭勒盟、兴安盟、固原市、石嘴山市、吴忠市、中卫市、果洛藏族自治州、玉树藏族自治州、海北藏族自治州、海东市、海南藏族自治州、海西蒙古族藏族自治州、黄南藏族自治州、铜川市、滨州市、菏泽市、朔州市、阳泉市、运城市、甘孜藏族自治州、凉山彝族自治州、阿坝藏族羌族自治州

2. 基于近邻传播聚类方法的辅助分区

AP 聚类所具有的优点较多,如算法鲁棒性极强,无须设置初始中心点和指定聚类数目等,但最为重要的优点在于 AP 聚类结果产生的簇中心是客观存在的数据对象而非主观总结形成的结果,可较好反映同一簇中所有簇成员公共特征,能够很大程度上减少或避免由于研究人员主观因素导致的聚类判定误差,结果更为客观。

AP 方法是通过对吸引度(Responsibility)矩阵 $r(i,k)$ 和归属度(Availability)矩阵 $a(i,k)$ 两种信息进行不断循环和更新,以产生多个簇(Cluster)和高质量簇中心(Exemplar),其中矩阵 $r(i,k)$ 表示数据 x_k 的积累信息,即 x_k(簇中心)作为 x_i(簇成员)的代表点的程度,$a(i,k)$ 表示 x_i 的积累信息,即 x_i 选择 x_k 作为代表点的合适程度。同时,AP 聚类分析同样是根据相似度(Similarity)矩阵 $s(i,k)a(i,k)$ 实现聚类分簇,在基于地理位置对黄河流域九省 116 个地市进行聚类时,使用学界普遍认可的欧氏距离(Euclidean distance)的负绝对值衡量两个城市地理位置间的相似度,以城市经纬度坐标表示城市地理位置保证各个坐标对欧氏距离的贡献同等且变差大小相同,保证了使用欧氏距离进行聚类可以合适、如实且精准地反映现实情况。AP 聚类的具体迭代过程如公式 4.1 所示:

$$\begin{cases} R^{(n+1)} = g_1(S, A^{(n)}) \\ A^{(n+1)} = g_2(R^{(n+1)}) \end{cases} \tag{4.1}$$

式中,S 为对象城市在聚类循环过程中的相似度矩阵;S 为对象城市在聚类循环过程中的相似度矩阵吸引度矩阵;A 为对象城市在聚类循环过程中的相似度矩阵归属度矩阵;n 为循环次数;g_1、g_2 分别为信息更新函数。

AP 方法在选择簇中心时通过加总数据点 x_i 的 $r(i,k)$ 和 $a(i,k)$ 两大信息矩阵之和,具有最大信息程度的点 x_k 即被视为 x_i 的代表点,具有同一代表点 x_k 的若干个簇成员 x_i 构成一个聚类结果簇。簇中心的具体选择过程如公式(4.2)所示:

$$k' = \arg\max_k [r(i,k) + a(i,k)] \tag{4.2}$$

在本次黄河流域功能分区过程中适宜通过 AP 方法从两种途径辅助分析分区结果,具体研究方法如下:第一,基于黄河流域九省区全部地级行政区域的经纬度坐标进行聚类分析;第二,基于空间发展适宜性分区方法中涉及的黄河流域九省区地级行政区域指标数据进行聚类分析。其中,为保证研究覆盖范围的全面性,第一种 AP 聚类分析时采用全部的 116 个地级行政区进行分析,同时由于 16 个地级行政区的综合指标的相关数据不全,影响聚类的整体效果,所以采用综合指标聚类时将这 16 个地区删除,仅保留流域内的 100 个地市。其中,基于经纬度坐标的聚类结果如表 4.4 所示。

表 4.4　黄河流域九省区基于经纬度 AP 聚类结果

Cluster ID	Exemplar	Member
Cluster 1	许昌市	安阳市、鹤壁市、焦作市、济源市、开封市、漯河市、洛阳市、南阳市、平顶山市、商丘市、新乡市、信阳市、许昌市、郑州市、周口市、驻马店市、晋城市
Cluster 2	张掖市	嘉峪关市、金昌市、酒泉市、张掖市、阿拉善盟、海北藏族自治州、海西蒙古族藏族自治州、玉树藏族自治州
Cluster 3	乌兰察布市	包头市、呼和浩特市、乌兰察布市、锡林郭勒盟、大同市
Cluster 4	兴安盟	赤峰市、呼伦贝尔市、通辽市、兴安盟
Cluster 5	固原市	白银市、定西市、平凉市、庆阳市、天水市、固原市、吴忠市、中卫市、宝鸡市
Cluster 6	石嘴山市	巴彦淖尔市、鄂尔多斯市、乌海市、石嘴山市、银川市
Cluster 7	海东市	甘南藏族自治州、兰州市、临夏回族自治州、武威市、果洛藏族自治州、海东市、海南藏族自治州、黄南藏族自治州、西宁市
Cluster 8	渭南市	三门峡市、商洛市、铜川市、渭南市、西安市、咸阳市、延安市、临汾市、运城市
Cluster 9	济南市(莱芜市)	濮阳市、滨州市、德州市、东营市、菏泽市、济南市、济宁市、莱芜市、聊城市、临沂市、青岛市、日照市、泰安市、潍坊市、威海市、烟台市、枣庄市、淄博市
Cluster 10	太原市	榆林市、长治市、晋中市、吕梁市、朔州市、太原市、忻州市、阳泉市
Cluster 11	巴中市	陇南市、安康市、汉中市、巴中市、达州市、广安市、广元市、绵阳市、南充市
Cluster 12	眉山市	成都市、德阳市、甘孜藏族自治州、乐山市、凉山彝族自治州、泸州市、眉山市、内江市、阿坝藏族羌族自治州、攀枝花市、遂宁市、雅安市、宜宾市、自贡市、资阳市

基于经纬度坐标的 AP 聚类方法共将黄河流域分为 12 个不同的聚类,即仅从地理坐标的角度,可将黄河流域划分为 12 个不同的城市群,地理分布及聚类结果中的 Cluster 1、Cluster 7、Cluster 8、Cluster 9、Cluster 10 分别与当前中原城市群、兰西城市群、关中城市

群、山东半岛城市群、晋中(太原)城市群的规划涵盖城市所大致匹配。黄河流域所包含的国家及区域其他两大重点城市群中,宁夏沿黄城市群的城市主要分散在 Cluster 5 与 Cluster 6,而呼包鄂榆城市群在 Cluster 3、Cluster 6 和 Cluster 10 中均有所涉及,四大主要城市在地理位置上分布较为分散。此外,可以看出 Cluster 2 所涵盖城市主要分布在黄河上游源头地区,属于生态保护与限制发展的区域,Cluster 4 所涉及城市位于内蒙古东北端,与黄河河段距离较远且更贴近京津冀经济圈,而 Cluster 11 与 Cluster 12 更多集中在四川省与黄河相距较远的区域,更易受到长江经济带发展影响,同时与成渝城市群规划城市存在较高相似度。

基于 2014—2018 年综合指标数据,通过 AP 聚类方法共将黄河流域 100 个地级市分为 14 个不同的聚类,即代表在使用与空间发展适宜性评价方法相一致的综合指标数据时,AP 聚类共将黄河流域 100 个地级市划分为 14 个不同的综合水平,如表 4.5 所示,其中 Cluster ID 由 1 ~ 14 的排序分别代表综合水平从高到低。排序具体规则如下:①由每簇的簇中心代表该簇参与排序;②以 2014—2018 年数据的合成年份数据作为数据基础,以前文熵权法计算得出的指标权重作为计算权重,计算得出每个簇中心的综合得分;③根据簇中心的综合得分由高至低分别将该簇赋予 1 至 14 的 Cluster ID。

聚类结果可视化如表 4.5 所示。可以看出,黄河流域综合评分最高等级的城市为郑州市、西安市、济南市、青岛市和烟台市,山东半岛城市群占据三席,且除西安外四大城市均位于黄河流域下游地区,验证了黄河下游地区中心城市发展水平较高于上中游地区。同时,从流域中心城市角度来看,济南市位于占据流域龙头地位的山东半岛城市群,郑州市、西安市均为国家中心城市,其他六省省会城市综合水平均未达到最高层次,其中除成都市属于第 2 层级、位居前 20% 外,呼和浩特市和太原市属于第 4 层级、位居前 33%,兰州市、银川市属于第 7 层级,位居前 50%,且西宁市属于第 9 层次,位居流域后 50%,省会城市在综合水平方面同样呈现出自东向西逐渐递减趋势。同时,从全部地级市所在层级及其分布情况来看,位居前 20% 层级(Cluster 1 ~ 2)的城市主要位于黄河流域下游的河南、山东省,以及西安市和成都市两个重要中心城市;位居前 33.33% 层级(Cluster 3 ~ 4)的城市分布相对广泛,山东省以及流域中下游地区的内蒙古自治区和山西省均有所涉及;位居前 50% 层级(Cluster 5 ~ 6)的城市主要分布在流域中南部和偏东部区域,河南省与四川省城市在这个层级占据较高比重,陕西省和山东省也有一定城市分布在此层级;位居前 75% 层级(Cluster 7 ~ 10)主要分布在流域中部地区,山西省、四川省为主要涉及省份,流域上游的甘肃、宁夏两省省会城市也分布于此,以及下游地区的河南省开封市、山东省日照市等在省内经济发展略显缓慢的城市也分布在此层次;位居后 25% 层级(Cluster 11 ~ 14)主要分布在黄河流域上游地区。综上所述,基于 2014—2018 年综合指标进行的 AP 聚类结果与空间开发适宜性分区结果是相互印证的。

表4.5 黄河流域九省区100市基于汇总年份综合指标聚类结果

Cluster ID	Exemplar	Member
Cluster 1	青岛市	郑州市、西安市、济南市、青岛市、烟台市
Cluster 2	临沂市	洛阳市、南阳市、济宁市、临沂市、潍坊市、成都市
Cluster 3	赤峰市	赤峰市、呼伦贝尔市、鄂尔多斯市、通辽市、榆林市
Cluster 4	淄博市	包头市、呼和浩特市、德州市、东营市、泰安市、威海市、淄博市、太原市
Cluster 5	许昌市	安阳市、焦作市、平顶山市、商丘市、新乡市、许昌市、周口市、宝鸡市、渭南市、咸阳市、聊城市
Cluster 6	宜宾市	信阳市、驻马店市、达州市、德阳市、绵阳市、南充市、宜宾市
Cluster 7	日照市	兰州市、开封市、银川市、日照市、枣庄市
Cluster 8	眉山市	巴中市、广安市、广元市、乐山市、泸州市、眉山市
Cluster 9	濮阳市	漯河市、濮阳市、三门峡市、西宁市、长治市、遂宁市、自贡市
Cluster 10	临汾市	晋中市、临汾市、吕梁市、忻州市
Cluster 11	张掖市	定西市、酒泉市、陇南市、张掖市、安康市、汉中市、商洛市、雅安市
Cluster 12	平凉市	白银市、平凉市、庆阳市、天水市、延安市
Cluster 13	晋城市	鹤壁市、巴彦淖尔市、乌兰察布市、莱芜市、大同市、晋城市、朔州市、阳泉市、攀枝花市、资阳市
Cluster 14	石嘴山市	嘉峪关市、金昌市、武威市、乌海市、固原市、石嘴山市、吴忠市、中卫市、海东市、铜川市、滨州市、菏泽市、运城市

(二)黄河流域分区功能定位

基于当前黄河流域发展现状以及重要规划框架,结合上述已有的功能分区与本章得到的适宜性分区及各省份城镇化规划结果,本节对黄河流域进行综合的功能分区,具体包括城镇化分区、农业发展分区、生态保护分区及地理位置分区,其中城镇化区域主要集中在高适宜和较高适宜区域,农业和生态保护区域集中在中低适宜区域。

1. 城镇化分区

形成“一轴两翼,三区七群”的分区格局,城镇化分区功能定位结果如表4.6所示。“一轴两翼”是依托黄河流域带,以南北划分为发展轴,北翼为内蒙古、宁夏、甘肃、青海省,横贯北边边境,结合“一带一路”形成对外发展轴;南翼为包括山西、陕西、河南的黄河金三角区域以及四川和山东省。以山东为顶点,串联太原、西安、郑州、南阳、成都、济南、青岛等主要城市,向西部延伸,形成陆海河流要素交流通道。“三区”是基于黄河流域地理环境及水文特征划分的上中下游三大开发片区,上游涵盖青海、四川、甘肃、宁夏、内蒙古五省区;中游主要分布在山西、陕西省;下游包括河南和山东两省。“七群”是基于中高适宜等级进行城市群划分,主要集中于以兰州—西宁为发展核心的兰西城市群、陕西关中平原城市群、以济南为中心的山东半岛城市圈、呼包鄂榆城市群、围绕郑州市为中心的中原城市圈、以太原为中心的晋中城市群以及宁夏沿黄城市圈建设。这些城市群发展都依托良好的地理区位以及现有的交通通道，有着极大的规模优势以及发展潜力。其中，兰西城市群以兰州和西宁为中心，向达州、内江、宜宾等周边城市辐射，依托成渝线以及西部各线，进一步连接西安、宝鸡、兰州等临省城市，向东北方向辐射；关中平原城市圈以西安、宝鸡两个城市为主，辐射周边安康、延安城市，并依托现有的陇海线，向西延伸连接兰州，向东部延伸，途经洛阳、郑州、开封、商丘等城市，最东至连云港进行港口运输交通枢纽；山东半岛城市群以济南—青岛为双中心，依托京九线以及山东地区内部干线，南北连接衡水、泰山、菏泽、商丘，向东接轨青岛、威海连接海岸线；呼包鄂榆城市群有效打破陕西与内蒙古两省之间的区位界限，以鄂尔多斯以及榆林市分别连接；豫南地区城市圈以郑州市为中心，依托陇海线、京广线呈十字状发散，带动洛阳、漯河、开封、商丘等周边城市发展；宁夏沿黄城市群以银川—吴忠为核心，依附纵向包兰线，并借助“一带一路”“海上丝绸之路”等的互联互通道路的构建，打通海外贸易路线。

表 4.6　城镇化分区功能定位

区域名称	发展功能定位
兰西城市群	全国重要的循环经济示范区，新能源和水电、盐化工、石化、有色金属和特色农产品加工产业基地，西北交通枢纽和商贸物流中心，区域性的新材料和生物医药产业基地。强化向西对外开放通道陆路枢纽功能，提升交通通道综合能力
宁夏沿黄城市群	全国重要的能源化工、新材料基地，特色农产品加工基地，区域性商贸物流中心。加强宁东能源化工基地建设，建成全国重要的大型煤炭基地、“西电东送”火电基地、煤化工产业基地和循环经济示范区
呼包鄂榆城市群	全国重要的能源、煤化工基地、农畜产品加工基地和稀土新材料产业基地，北方地区重要的冶金和装备制造业基地。建成民族特色鲜明的区域性中心城市，统筹煤炭开采、煤电、煤化工等产业的布局，加强农畜产品生产及其加工基地建设
晋中城市群	资源型经济转型示范区，全国重要的能源、原材料、煤化工、装备制造业和文化旅游业基地。强化太原的科技、教育、金融、商贸物流等功能，推进太原—晋中同城化发展。强化城市间经济联系和功能分工，承接环渤海地区产业转移，促进资源型城市转型
关中平原城市群	西部地区重要的经济中心，全国重要的先进制造业和高新技术产业基地，科技教育、商贸中心和综合交通枢纽，西北地区重要的科技创新基地，全国重要的历史文化基地。强化西安科技、教育、商贸、金融、文化和交通枢纽功能，推进西安、咸阳一体化进程和西咸新区建设，加强产业合作和城市功能对接，建设全国重要的科技研发和文化教育中心，高新技术产业和先进制造业基地，区域性商贸物流会展中心以及国际一流旅游目的地

续表 4.6

区域名称	发展功能定位
中原城市群	全国重要的高新技术产业、先进制造业和现代服务业基地,能源原材料基地、综合交通枢纽和物流中心,区域性的科技创新中心,中部地区人口和经济密集区。强化郑州先进制造、科技教育、商贸物流和金融服务功能,重点建设郑汴新区,推进郑汴一体化,建设区域性经济中心和全国重要的交通枢纽。提升洛阳区域副中心的地位,重点建设洛阳新区。建设郑汴洛工业走廊和沿京广、南太行、伏牛东产业带
山东半岛城市群	黄河中下游地区对外开放的重要门户和陆海交通走廊,全国重要的先进制造业、高新技术产业基地,全国重要的蓝色经济区。强化青岛航运中心功能,积极发展海洋经济、旅游经济、港口经济和高新技术产业,增强辐射带动能力和国际化程度,建设区域性经济中心和国际化城市。胶东半岛沿海发展带与青岛共同建设自主创新能力强的高新技术产业带。建设黄河三角洲全国重要的高效生态经济示范区,建设全国重要的循环经济示范区,发展外向型农业,发展渔业及其加工业,构建现代农业产业体系

2. 农业发展区

坚持《全国主体功能区规划》中提出的“七区二十三带”农业整体战略格局,坚守黄河流域中涉及的农业主产区粮食生产底线不动摇,充分发挥各地农业生产优势,发展节水农业,限制农产品主产区进行大规模高强度工业化、城镇化开发,构建黄河流域以甘肃、河套灌区、汾渭平原、黄淮海平原四大农业主产区为主体,同步发展以宁蒙地区引黄灌区地区、汾渭盆地灌区、下游引黄平原地区、上游湟水河谷及陇中地区为代表的黄河流域多个重要灌区节水农业的“四区十带多灌区”农业开发战略格局。具体农业发展区功能定位如表 4.7 所示。

表 4.7　农业发展区功能定位

区域名称	发展功能定位
黄淮海平原农产品主产区	优化发展区,建设优质专用小麦、优质棉花、专用玉米、大豆和畜产品产业带;建设小麦种业科技创新中心
汾渭平原农产品主产区	建设优质专用小麦和专用玉米产业带,升级改造与新建乳品加工厂
河套灌区农产品主产区	建设优质专用小麦产业带
甘肃新疆农产品主产区	建设优质专用小麦和优质棉花产业带,玉米种业科技创新中心

表 4.7 中,甘肃主产区围绕河西走廊呈西北—东南方向条带状分布,沿山麓地带、山前冲击—洪积平原或河流沿岸冲积平原等灌溉水源丰富的地区发展,重点建设以优质强筋、中筋为主的优质专用小麦产业带,围绕酒泉等地建设优质棉花产业带;河套灌区主产区处于中国设计灌溉面积最大的灌区——内蒙古河套灌区,位于黄河内蒙古北岸的“几”

字弯上，建设以优质强筋、中筋小麦为主的优质专用小麦产业带；汾渭平原主产区基于黄河流域中游地区最大的冲积平原——汾渭平原建设，涵盖黄河流域汾河平原、渭河平原及其周边台原阶地，呈西南—东北方向分布，建设以优质强筋、中筋小麦为主的优质专用小麦产业带，并发展以籽粒与青贮兼用型玉米为主的农业产业带；黄淮海平原主产区处于黄淮海平原，南以淮河为界与长江流域主产区相邻，是黄河流域四大主产区中面积最大的主产区，建设以优质强筋、中强筋和中筋小麦为主的优质专用小麦产业带、优质棉花产业带，发展以籽粒与青贮兼用和专用玉米为主的专用玉米产业带，同时建设以高蛋白大豆为主的大豆产业带，以肉牛、肉羊、奶牛、生猪、家禽为主的畜产品产业带。此外，结合黄河流域诸多灌区的人口经济特征和未来发展趋势，重点推进大中型灌区的节水改造，主要针对水利条件较好、农业增产潜力较大的灌区适当划定限制开发区域，保证黄河流域粮食生产的绝对安全和高产、稳产与节约生产。

3. 生态保护区

构建“两屏三带”为主体的生态安全战略格局，构建以三江源草原草甸湿地生态屏障、黄土高原—川滇生态屏障、甘南—祁连山水源涵养带、秦巴生物多样性生态带、呼伦贝尔—阴山北麓草原生态带为骨架的生态安全战略格局，具体的生态保护区功能定位结果如表 4.8 所示。三江源草原草甸湿地生态屏障包括青海南部的可可西里山、唐古拉山脉以及三江源区内的沱沱河、多曲河等多条河流、天然湖泊、天然湿地等重要生态区域，是长江、黄河、澜沧江的发源地，有“中华水塔”之称，是全球大江大河、冰川、雪山及高原生物多样性最集中的地区之一，其径流、冰川、冻土、湖泊等构成的整个生态系统对全球气候变化有巨大的调节作用。目前草原退化、湖泊萎缩、鼠害严重，生态系统功能受到严重破坏。未来应封育草原，治理退化草原，减少载畜量，涵养水源，恢复湿地，实施生态移民。

表 4.8 生态保护区功能定位

区域名称	发展功能定位
三江源草原草甸湿地生态功能区	治理退化草原，减少载畜量，涵养水源，恢复湿地，实施生态移民
甘南黄河重要水源补给生态功能区	加强天然林、湿地和高原野生动植物保护
黄土高原丘陵沟壑水土保持生态功能区	恢复保护植被，防止水土流失
呼伦贝尔草原草甸生态功能区	退牧还草，防治草场退化沙化
秦巴生物多样性生态功能区	恢复山地植被，保护野生物种

黄土高原—川滇生态屏障包括山西高原、陕甘晋高原、陇中高原、鄂尔多斯高原和河套平原以及若尔盖草原、川滇森林等生态区域。黄土高原地带黄土堆积深厚、范围广大，土地沙漠化敏感程度高，对黄河中下游生态安全具有重要作用，目前坡面土壤侵蚀和沟道侵蚀严重，侵蚀产沙易淤积河道、水库。未来应控制开发强度，以小流域为单元综合治理水土流失，建设淤地坝。若尔盖草原位于黄河与长江水系的分水地带，湿地泥炭层深厚，对黄河流域的水源涵养、水文调节和生物多样性维护有重要作用，目前湿地疏干垦

殖和过度放牧导致草原退化、沼泽萎缩、水位下降。未来应停止开垦，禁止过度放牧，恢复草原植被，保持湿地面积，保护珍稀动物。川滇原始森林野生珍稀动植物资源丰富，是大熊猫、羚牛、金丝猴等重要物种的栖息地，在生物多样性维护方面具有十分重要的意义，目前山地生态环境问题突出，草原超载过牧，生物多样性受到威胁。未来应着重保护森林、草原植被，在已明确的保护区域保护生物多样性和多种珍稀动植物基因库。

甘南—祁连山水源涵养带包括青藏高原东端的高原沼泽泥炭湿地、祁连山冰川以及黄河干流水系等重要生态区域。甘南黄河水源补给在维系黄河流域水资源和生态安全方面有重要作用，目前草原退化严重，森林和湿地面积锐减，水土流失加剧，生态环境恶化。未来应加强天然林、湿地和高原野生动植物保护，实施退牧还草、退耕还林还草、牧民定居和生态移民。祁连山冰川储量大，对维系甘肃河西走廊和内蒙古西部绿洲的水源具有重要作用，目前草原退化严重，生态环境恶化，冰川萎缩。未来应围栏封育天然植被，降低载畜量，涵养水源，防止水土流失，重点加强石羊河流域下游民勤地区的生态保护和综合治理。

秦巴生物多样性生态带包括川东北、陕西南以及陇南地区的秦岭、大巴山等亚热带北部和亚热带—暖温带过渡的地带以及区域内的黄河水系、冷杉群系、云杉群系等植被体系。生物多样性丰富，是许多珍稀动植物的分布区，目前水土流失和地质灾害问题突出，生物多样性受到威胁。未来应减少林木采伐，恢复山地植被，保护野生物种。

呼伦贝尔—阴山北麓草原生态带包括内蒙古东北部呼伦贝尔地区以及阴山北麓草原地带，以草原草甸为主，产草量高，但土壤质地粗疏，多大风天气，土地沙漠化敏感程度极高，草原生态系统脆弱。目前草原过度开发造成草场沙化、盐渍化和土壤贫瘠化严重，鼠虫害频发。未来应禁止过度开垦、不适当樵采和超载过牧，封育草原，恢复植被，退牧还草，降低人口密度，防治草场退化沙化。

4. 黄河流域地理功能分区

结合上述基于近邻传播聚类方法的地理坐标辅助分区结果以及梳理各省域范围内的相关政策规划，以一级为流域分区、二级为省域分区、三级为地级市分区的方式，按照人文地理特点、自然地理特点、地理位置以及传统习惯等因素，将沿黄流域各省进行地理功能分区并总结各功能分区的发展定位。结果如表 4.9 所示。

表 4.9　沿黄各省区地理功能分区

流域	省域	地理分区	具体范围	功能定位
上游	青海	东部地区	西宁、海东	全省城镇化发展引领区和新型工业化、农牧业现代化示范区，承接国内外产业转移，参与国内外竞争合作
		柴达木地区	海西州	引导城镇建设与国家循环经济试验区建设相融合，加快发展循环经济和劳动密集型产业，进一步提升区域重要交通枢纽、电力枢纽和资源加工转换中心地位
		环青海湖地区	海北州、海南州	引导城镇功能与国家重要生态功能区、全省旅游和体育赛事黄金区、现代生态畜牧业示范区、特色能源资源开发区相衔接
		三江源地区	玉树州、果洛州、黄南州	引导城镇与国家生态保护综合试验区建设相结合，加快发展“飞地经济”，扶持发展后续产业，打造全省生态旅游型城镇集中发展区
	甘肃	河西	嘉峪关、酒泉、张掖、金昌、武威	河西新能源基地的重要组成部分、陇海兰新经济带重要节点城市和经济通道；国家有色金属工业基地，国家新材料高技术产业基地和循环经济示范区，河西走廊重要的交通枢纽、特色农产品加工基地，历史文化旅游重镇
		陇中	兰州、白银、定西、临夏州	打造西部经济发展核心增长极，“丝绸之路经济带”通道以及沟通西南、西北的交通枢纽，中国向西开放的重要门户和次区域合作战略基地
		陇东	庆阳、平凉	国家西部开发经济区的重要组成部分，甘肃东部重要的经济文化中心和交通枢纽，重要的装备制造业基地
		陇南	天水、陇南、甘南州	国家重要的能源化工基地，区域性交通枢纽和支撑全省经济发展的新型工业化地区

续表 4.9

流域	省域	地理分区	具体范围	功能定位
上游	宁夏	宁夏北部	银川、石嘴山	重点开发区和国家农产品主产区，宁夏现代产业的集聚区，统筹城乡发展的示范区，生态文明的先行区，内陆开放型经济试验区的核心区，国家向西开放的战略高地，能源化工“金三角”重要增长极，保障农产品供给安全的重要区域
		宁夏中部	吴忠、中卫	限制开发区域的防风固沙型重点生态功能区
		宁夏南部	固原	限制开发区域的水源涵养型和水土保持型重点生态功能区，保障国家生态安全的重要区域，西北重要的生态功能区
	内蒙古	蒙东四盟市	赤峰、通辽、兴安盟、呼伦贝尔	各主要中心城市的城镇集聚发展骨架
		蒙中三盟市	呼和浩特、乌兰察布、锡林郭勒盟	突出自治区作为国家重要能源基地和新型化工基地、有色金属加工和现代装备制造新型产业基地、绿色农畜产品生产加工输出基地，北疆特色旅游观光和休闲度假基地、向北开放重要桥头堡、北方重要生态安全屏障和北疆安全稳定屏障的战略地位
		蒙西五盟市	包头、鄂尔多斯、乌海、巴彦淖尔、阿拉善盟	国家资源型地区科学发展的示范区，自治区创新发展的核心区，边疆民族地区统筹城乡发展先行区，黄河上游生态环境保护的示范区，中俄蒙经济走廊的重要支撑区，自治区区域协同发展的样板区。带动覆盖沿黄河沿交通干线经济带规划区域发展，与京津冀城市圈相衔接的西部大开发支点城市群
	山西	晋北	大同、朔州、忻州	打造四城、十镇、新农村塔式结构为主的城镇发展体系
		晋中	太原、阳泉、晋中、吕梁	黄河金三角区域中心城
		晋南	临汾、运城、长治、晋城	面向中原经济区及东部沿海地区开放合作的枢纽型门户区域，国家重要的新型煤化工基地，中西部新兴现代制造业基地

续表 4.9

流域	省域	地理分区	具体范围	功能定位
下游	河南	豫南	南阳、信阳、许昌	沟通南北的产业和城镇密集带
		豫西	三门峡、洛阳、平顶山	带动全省经济发展新的增长极，提升“一带一路”主要节点城市功能
		豫东	周口、驻马店、开封、漯河、商丘	贯通东西的先进制造业和城镇密集带
		豫北	安阳、鹤壁、新乡、焦作、濮阳、济源、郑州	综合运输通道，发展装备制造、能源化工、特色轻工等产业
	山东	鲁北	东营、滨州、淄博、潍坊	黄河三角洲低碳生态城镇化引领区、高效生态经济示范区
		鲁南	临沂、枣庄	落实西部经济隆起带战略、融入丝绸之路经济带的重要空间载体
		鲁西北	德州、聊城、济南	富有齐鲁文化底蕴、山水特色突出、综合实力强劲、高度一体化发展的城镇密集区
		鲁西南	菏泽、济宁	鲁西南快速城镇化引领区、产业转型示范区
		鲁东	日照、青岛	开放合作、陆海统筹、具有较强国际竞争力的城镇密集区
		鲁东北	烟台、威海	沿海城镇密集带、海洋产业基地、滨海休闲度假区、新型城镇化示范区
		鲁中山区	泰安、莱芜	国家历史文化名城和风景旅游名城，鲁中中心城市

三、黄河流域高质量发展应对策略

在黄河流域高质量发展的具体推进过程中，为应对突出的发展制约因素，提出把握“三条路径”同步协调发展的策略，即把控“五对关系”、推动“五个协同”和驱动“五个激活”的同步协调。也就是说，实施黄河流域高质量发展战略，首先，要对黄河流域高质量发展战略的科学内涵和目标任务进行充分论证；其次，要结合区域、城乡、社会各主体协同发展，做好顶层设计，对各地区不同形态的发展模式进行合理定位，驱动组织、市场和政府等各要素深化改革，制订出具体的计划安排，而不宜仓促出台与实施建设项目，以避免走弯路。

(一)把控“五对关系”

黄河流域生态保护与高质量发展战略的实施，要处理好流域资源开发与保护之间的关系、发展规划与环境承载力之间的关系、重点突破与系统统筹之间的关系、顶层战略机制保障与因地制宜之间的关系以及政府宏观调控与市场化改革之间的关系。

1. 资源开发与保护之间的关系

资源的开发与保护关系贯穿于黄河流域高质量发展的整个过程，资源开发与保护是可持续发展的集中体现，也是发展与环境同步向好的必要前提。在黄河流域高质量发展过程中，两者之间是相互联系、相互依存的。黄河流域资源非常丰富，但就目前的技术条件，要很好地进行开发还存在一定难度，因此先行保护是目前最好的方式。开发本身也意味着保护，合理科学地进行资源开发，可以对资源环境进行改善以延长其生命周期，资源开发获得收益也可以通过各种形式返回资源地用于资源环境改造，实现可持续发展。同时，资源的开发与保护也是相互矛盾的，从某种程度上来说，开发也是一种破坏。资源的开发不可避免地会造成某种破坏，尤其是盲目的、掠夺式的开发会造成资源浪费、环境污染以及生态失衡等对资源严重破坏的行为。因此在资源的保护过程中，不能故步自封，要适时、适度、适量地进行资源开发。

2. 发展规划与环境承载力之间的关系

发展规划与资源环境承载力之间的关系是相互关联、相互消长的。发展规划是调节发展与资源环境关系的有效手段，也是影响资源环境承载力大小的重要因素，资源开发利用若不尊重资源环境的客观要求，超出资源环境承载力的极限，则会破坏资源和环境，最终影响发展的可持续性。同时资源环境承载力评价是发展规划编制的重要依据，通过对资源的综合调查和资源环境承载力的综合评价，能够对空间布局、产业布局和保护资源环境发挥重要的导向作用，因此协调好流域内各开发区域、城市群地区的发展规划与资源环境承载之间的关系尤为重要。应加强国土开发的适宜性评价，为发展规划编制提供科学依据；加强资源环境承载力评价的相关理论、方法研究，为发展规划编制提供科学基础；加强生态红线、永久基本农田、城市开发边界、资源利用上线、环境质量底线管理等一系列基础工作，确立合理的承载能力和发展格局。

3. 重点突破与系统统筹之间的关系

“重点突破与系统统筹”具有战略性和统领性，是实现黄河流域“共同抓好大保护，协同推进大治理”和高质量发展目标的方法论和最基本原则。“系统”是整体层面或全局层面，“重点”是局部层面，两者是一个问题的两个方面，是相辅相成、相互促进的关系，同时“重点”是“系统”的产物，也是实现系统统筹的重要途径。在黄河流域发展过程中，高质量发展是系统统筹，全面做好生态修复、产业转型升级、提升创新驱动能力等是重点突破。流域是一个巨系统，不仅包括一般区域所具有的生态、经济、社会三大系统之间的复杂关系，而且由于河流在其中发挥着独特的作用，河流生态系统对三大系统的串联功能更加显著。在这个巨系统中，生态环境的根本性好转和高质量发展是一个渐进的过程，做好黄河流域生态环境保护“重点”工作，需要从全局高度来谋划和统筹，出台相关配套政策和措施，如生态林防护工程、生态补偿制度、产业转移、对口支援、大数据平台建设等，不仅需要全方位推进，同时也需要实施重点突破，以点带面，形成累积效果，逐步实现“绿水青山就是金山银山”的目标。

4. 顶层战略机制保障与因地制宜之间的关系

顶层战略机制保障与因地制宜的关系实际是原则性与灵活性的关系。黄河流域是一个有机整体,顶层战略机制是站在全局角度的总体战略设计,体现了国家治理体系和治理能力的程度。因地制宜则是充分发挥各地优势,积极探索有效合规的支持模式。建立全局统筹的战略机制是保障黄河流域生态保护和高质量发展战略实施的重要举措,黄河流域生态保护和高质量发展战略的深化落实应坚持因地制宜的思路,聚焦解决阶段性问题。上游要围绕涵养水源适度发展生态旅游,推进实施一批重大生态保护修复和建设工程,提升水源涵养能力;中游要围绕蓄水保土大力发展现代农业,抓好水土保持和污染治理;下游要围绕湿地保护提高生物多样性,促进河流生态系统健康。真正做到在战略决策上坚持顶层战略机制,战术选择上坚持因地制宜,以整体性的保障机制引领流域内各种类型区域差异化施策,是推动流域协调发展的有效途径。

5. 政府宏观调控与市场化改革之间的关系

政府宏观调控与市场化改革之间的关系是矛盾且统一、相辅相成的,不可偏废其一。黄河水权转换是政府宏观调控、监管的准市场,政府宏观调控具有前瞻性、针对性和协同性,但长期会形成行政审批过多和微观干预过度的问题,因此在政府监管下的水权交易市场则需进一步建立健全政府管理和市场交易相结合的体制,提高透明度,维护公平公正平等的市场秩序,促进黄河流域水权转换有序、高效发展。市场经济表现为市场机制作用加政府有限干预,但市场在资源配置中起决定性作用。正确处理好政府宏观调控与市场化改革之间的关系,应当建立促进黄河流域内宏观经济稳定、支持流域内实体经济和水权交易发展的现代金融体系,既要更大程度、更广范围发挥市场在资源配置中的基础性作用,又要改进和完善宏观调控。

(二)推动“五个协同”

推进黄河流域生态保护与高质量发展不仅需要牢牢把握五对关系,还需要流域内部九省区、全流域乃至全国多主体、多力量、多机制的共同参与,以区域间、城乡间、内外间、部门间和社会主体间五大协同,作为战略实施的重要推动力量。

1.“区域协同”是黄河流域实现系统治理、人与自然和谐发展、经济结构转型升级有效的基础项,而不是提升项

要使黄河流域内部不同区域间协同成为生态保护与高质量发展的主体基础,必须优先协同抓好生态保护,再协同推进经济高质量发展。第一,需要建立健全流域内部跨区域协同的制度体系,明晰权责关系。通过建立有效、实用的合作协商机制,以城市、生态和农业功能分区为依托,建立区域协同发展框架,建立流域协同的环境管理法规体系、产业进出政策体系、监管制度体系以及多目标导向考核体系,推动黄河流域相关重大区域战略融合发展,从顶层设计层面推动各区域合作联动。第二,需要实现黄河流域生态保护的跨区域协同。黄河流域生态系统是一个差异明显的有机整体,要充分考虑上中下游差异,鼓励上下游区域地方政府形成“成本共担、效益共享”的跨区域协同治理机制。通过推广应用流域生态补偿机制、资源补偿机制、协同监管机制、统一考评机制,实现黄河

流域生态保护方面的跨区域协同发力，达到保护的“不重不漏”。第三，引导黄河流域内部发展实现各“区域间”协同。统筹黄河流域发达地区与欠发达地区协同发展，支持中西部条件较好区域在保护生态环境的基础上承接东部转移产业加快发展，实现上中下三大区域产业定位差异化，实现流域内部“小循环”。此外，需要建立全流域生态旅游长廊，健全市场一体化发展机制，深化较高质量发展区域与较不发达区域的协同帮扶机制，确保发达区域与欠发达区域、产业集聚区与革命老区、高新技术开发区与民族区域共享黄河流域生态保护与高质量发展成果。第四，引导黄河流域内部发展实现各“区域内”协同。加强城市群、重点发展区内部城市间交流合作程度，实现产业差异化、互补化、联动化布局，基础设施、公共服务、环境治理一体化、协调化，引导对外开放、改革创新重点化、倾向化，形成区域内部发展合力。

2.“城乡协同”是解决黄河流域发展不平衡的重要途径，更是补齐高质量发展短板的必经之路

黄河流域要实现城乡协同发展，必须坚持推进乡村振兴战略，破除发展不平衡壁垒，形成良性互补的互动关系。第一，统筹推进黄河流域城乡要素合理配置。结合黄河流域城乡发展特点，需从流域九省区层面统筹推进、协同强化乡村振兴财政金融支持力度，促进城镇工商资本有序下沉，引导乡村冗余要素有序转移。第二，重点推进黄河流域城乡基础设施一体化发展，基本公共服务均等化发展。从黄河流域九省区层面建立城乡基础设施一体化和基本公共服务均等化发展体制机制，以流域七大城市群为试点，推动城乡基础设施统一规划、统一建设、统一管护，逐步实现全流域城乡基础设施一体化发展。第三，提升农业产业竞争力，促进乡村一、二、三产业融合发展。黄河流域经济发展重心需向农业、农村适当倾斜，重点聚焦建设城乡产业协同发展平台、加强乡村新产业、新业态培育，在发展中不仅需要关注区域中心城市的经济增长驱动力量，还要注重实现以县城及中心城镇为重点的城乡融合，补足区域高质量发展短板。重点推进黄河流域四区十带多灌区的现代节水农业建设，加快提升全流域农业产业竞争力。第四，健全黄河流域农民持续增收体制机制，保障城乡收入差距持续缩小。从制度层面和法律层面引导农村房地产市场、旅游市场和金融投资市场建设完善，提高农民财产性收入。

3.“内外协同”是黄河流域要在生态保护和高质量发展中充分发挥开放、协同的力量

黄河流域需要以开放的思想推动改革、促进发展，抓住“一带一路”等对外开放实现“流域内”与“流域外”的协同发展，创造可持续竞争优势。第一，黄河流域城市群与都市圈规划建设应参考国内其他区域经验，加强交流学习。长江经济带、京津冀等地区已开启大都市圈发展过程，探索总结出大量区域协同布局、城市群协同发展等经验。黄河流域重要城市群、都市圈和节点城市需定期组织联动研讨会、企业交流会、考察活动，借鉴过往经验教训，保证资源利用集约、节约，规划建设合理、有效。第二，促进黄河流域融入全国高质量发展格局。要有差异地推动黄河流域融入国内大循环开放协同发展格局，黄河流域西部区域需通过“西电东输”“东数西算”等模式开发西部地区富裕的清洁能源，形成发展物质支撑，并强化其与国家其他区域间的联系。东部区域着重引导山东半

岛城市群、中原城市群连接京津冀、环渤海经济区，打造协同发展示范区。第三，扎根“一带一路”高质量共建，融入国际开放合作、协同发展格局。黄河流域要依托区域优势以及政策优势，培育符合“一带一路”产业分工的国际化龙头企业，融入以“一带一路”为核心的国际供应链、产业链和价值链，稳步提升黄河流域整体企业国际化水平、区域出口水平及出口产品附加值水平。第四，集合全流域资源支持国家 FTA 谈判，在新国际经贸规则制定过程中抓住发展机遇。黄河流域需抓住发展机遇，提供较为有利的资源禀赋、劳动、土地等条件引导人才、科技、资本、龙头企业、产业等要素布局于黄河流域，整合完善流域供应链、产业链和价值链，加快推进黄河流域融入国际国内双循环格局。

4.“部门协同”是政府为实现黄河流域区域协同、城乡协同、内外协同高质高效的必要保障

黄河流域涉及九省区，内部差异巨大，需要整合各部门权责，建立纵向与横向、内部与外部协调的数字化、网络化“协同政府”。第一，黄河流域要建立数字政府，技术上支持政务信息化协同。黄河流域要重构基于大数据、云计算、人工智能等创新技术的数字政府，充分利用数据资源评估与决策行为，将使用行政权力的主体由政府单一部门转变为流域政府整体，推动政府部门间纵向与横向高效协同，进而实现流域内、区域间、地方间多层级、广区域的政府部门高效协同与合作。第二，黄河流域要构建政府整体绩效最大化的部门协同机制。黄河流域政府部门协同还需在体制机制方面实现协同，以全流域政府部门制度、政策与政府战略对接为前提，发挥财政部门对组织协调各级政府部门的“缰绳”作用，建立财政部门与职能部门的有效协同关系。同时黄河流域要从顶层设计的角度出发，结合流域特点现状构建责任主体协同治理关系的框架体系，构建全面联动机制，在制度层面保障思想传达、政策推行和组织安排的一致性与连贯性。

5.“社会主体协同”是黄河流域生态保护和高质量发展的重要力量和关键

黄河流域生态保护与高质量发展应当是在政府主导下的多种社会主体协同参与的利益共同体，通过打造生态、经济、利益与责任等多维度共同体，引入社会力量，协同参与以推进战略实施。第一，积极引入社会资本参与黄河流域生态保护与高质量发展。黄河流域生态保护与高质量发展不仅需要政府各项财政资金的支持，还应当整合社会资本，保障黄河战略实施。引入社会资本的基础是由政府支持金融机构在黄河流域稳定持续发展，引导设立黄河流域生态保护与发展专项基金，给予政策资源倾斜，优先保障黄河流域生态保护相关资金需求，并有倾向、有层级地引导社会资本助力高质量发展。第二，完善智库协助机制。黄河流域在加强自身建设的同时，应逐步建立健全黄河流域不同区域智库的长效协同机制，推动政府部门、重要企业决策制定与智库研究的有效对接，搭建全流域和区域性开放共享的智库交流互动平台，辅助黄河流域生态保护与高质量发展过程中的角色定位、方向路径、总体格局和发展理念步入正轨。

（三）驱动“五个激活”

推进黄河流域高质量发展，必须做到组织激活、要素激活、产业激活、市场激活、政策激活。这“五个激活”要通过深化改革来实现。换言之，黄河流域高质量发展战略必须靠

改革来驱动,这是最重要的战略推进路径。

1. 组织激活

健全生态管治、流域合作等组织结构。面对整体性的黄河流域生态治理形势,现阶段有待形成全面统筹的全流域治理机制。流域内区域生态环境协同治理机制、跨界治污机制的构建,旨在全方面管控流域内各地区之间的生态环境治理工作。针对当前生态保护与治理的重点难点问题,应当以问题导向为切入点,在开展黄河流域生态保护与治理的顶层设计时,坚持政府主导、企业主体、社会共治、全民参与,构建参与主体多元化的黄河流域生态保护与治理体系。另外,加强黄河流域上中下游政府合作。为建立健全黄河流域各地方政府间合作机制,在资金方面,建议设立地方各级政府就黄河流域区域环境协同治理的专项资金,协同流域内政府间财政合作预算,以财政预算形式保障地方政府能够提供充足的环境治理专项资金。注重流域内跨区域人均环境保护支出协同,根据区域人口总量与财政支出挂钩,以有效合理安排不同区域政府财政支出责任,强化区域环境支出结构协同。在地方政府间明确财政支出的事权和责任,保证地方政府都能各司其职,共同形成合力为黄河流域生态环境保护提供有力的财政支持。

2. 要素激活

协调各要素融合发展,挖掘文化要素。基于黄河流域自然生态环境脆弱、工业化基础薄弱的问题,加强创新政策和资源倾斜,加快构建数据共享交换、数据流通交易、数据确权仲裁等数字经济关键基础设施平台,以信息流优化物流、人流、资金流,扶持引导传统产业数字化转型,力争走出独具特色的数字经济创新发展之路。运用科技建设"数字城乡"聚焦黄河流域城乡区域差距,打破智慧城市以城市为中心的模式制约,开展数字城乡建设,统筹考虑城市及周边县城乡村的一体化数字转型,促进协同发展。引导知名高校及科研机构和黄河流域共建人才智库,通过师资、数字化科研资源,带动各地创新发展。加强数据资源的汇聚和开发利用,支撑网上丝绸之路建设,积极面向"一带一路"沿线国家开展国际性数据中心服务。在文化要素方面,挖潜黄河文化思想精髓,弘扬历史上"车同轨、书同文""丝绸之路""齐民要术"等开拓创新精神,发扬延安艰苦奋斗优良传统、红旗渠艰苦奋斗精神等,构建国家战略引领、"一带一路"开放需求拉动、黄河文化思想和社会主义核心价值观支撑的高质量发展新动力系统。

3. 产业激活

因地制宜创新产业转化机制,积极扶持新型战略性产业。要因地制宜统筹产业发展路径,引导黄河流域内产业项目规范有序发展,同时提高流域沿岸居民环保意识及其生活保障。在进行组织构建时重点向环境保护型、生态友好型的绿色产业倾斜,鼓励低碳产业与循环经济发展,在不同流域因地制宜发展不同产业,突出生态产业化、产业生态化特征,实现产业发展与生态环境保护的有机结合。此外,应当把黄河流域生态产业化和产业生态化建设与民生工程有机结合起来,转变居民对黄河流域水资源及周边林木矿产等自然资源作为排他性生计资源的依赖,拓宽居民生计来源,全力保障和改善民生。还应利用资源优势和现有技术积累,推进资源产业深加工,逐步完成能源产业结构的调整和升级换代。发挥可再生能源和矿产资源、生物资源、自然和文化景观等比较优势,壮大太阳能、水能等可再生能源开发规模,加快矿产资源绿色开采和加工技术升级改造,形成绿色基础产业体系。应用数字技术,弘扬黄河文化。创新文旅场景,发展新兴旅游业。基于黄河文明深厚的历史文化底蕴,以"文化+科技"大力发展数字文创产业,促进产业重构、价值重构、文化重构,带动经济发展、激发文化自信。

4. 市场激活

消除区域壁垒,创新市场机制。流域现阶段已经形成独立的竞争式区域单元,应打破行政单元逐步重构有利于协同的经济体系,将各地财产权益、实施主体需要进行重构。在市场导向方面,应更科学稳健把握宏观政策逆周期调节力度,增强微观主体活力,把供给侧结构性改革主线贯穿于宏观调控全过程,通过改革破除发展面临的市场体制机制障碍,让各类市场主体在科技创新和国际市场竞争中带动市场发展。从价格传递、要素流动、企业主体以及平台联动等方面发挥作用,黄河流域高质量发展战略亟需从分散探索转向政府与市场关系的深层改革,应从供给侧的产业协同转向需求侧的消费导向,在空间上由点状中心转向区域支撑、市场对象由单节点建设转向轴带—节点全域化融合,从而缩小地区差距。新型消费和升级消费不断拓展,直播零售等消费新模式快速发展,信息消费显著增长。紧抓未来依托社交电商等平台的新型消费增长空间,鼓励新消费模式和业态发展,引导相关企业创新服务供给方式,开拓新市场,促进消费潜力持续释放。此外,在黄河流域生态保护治理方面要逐步探索环境治理项目与其他资源开发项目的"生态环保+"组合模式,创新社会资本参与黄河流域保护与治理的投资收益模式。

5. 政策激活

完善生态保护与治理政策体系,构建公众参与机制。对于生态保护方面的政策缺口问题,首先需要加快制定和完善黄河流域保护与治理的规划和扶持政策,可借鉴长江流域大保护的有益经验与探索,吸收相应政策法规治理成效,结合黄河流域的自然资源、地质水文、经济社会状况,由中央部委牵头,流域内地方政府联合制定符合黄河流域特点的综合规划、实施方案、行动计划、专项政策,并联合签署合作协议以深化合作共识,逐步建立健全黄河流域上下游环境保护的共建共享平台与治理机制,真正使得黄河流域生态环境治理工作的开展有规可循、有政策可依、有协议可执行、有治理机制可运行。构建有效的公众参与机制,发挥社会监督对流域治理的正向促进作用,在开展黄河流域生态保护与治理工作中,应设立公众参与通道,并将其制度化、常态化。可通过政府门户网站信息平台等渠道,将流域治理所涉信息公开,发布治理工作动态,保障社会公众的知情权,丰富社会公众参与黄河流域治理的渠道及方式。同时,针对黄河流域河湖管理范围内环境破坏等问题,鼓励社会公众揭发检举,以发挥社会监督对流域治理的正向促进作用。

参考文献

[1]黄敏华. 基于统筹山水林田湖草系统治理思想方法的水环境治理建议:以广佛跨界水环境治理实践为例[J]. 节能与环保,2019(3):48-49.

[2]陈茂山,张旺,陈博. 节水优先:从观念、意识、措施等各方面都要把节水放在优先位置[J]. 河北水利,2018(12):4-8.

[3]郭晗,任保平.黄河流域高质量发展的空间治理:机理诠释与现实策略[J].改革,2020(4):74-85.

[4]左其亭.黄河流域生态保护和高质量发展研究框架[J].人民黄河,2019,41(11):1-6,16.

[5]陈楠.黄河流域生态安全与政府治理:评《黄河流域生态环境十年变化评估》[J].人民黄河,2020,42(4):165-166.

[6]陈晓东,金碚.黄河流域高质量发展的着力点[J].改革,2019(11):25-32.

[7]王国庆,乔翠平,刘铭璐,等.气候变化下黄河流域未来水资源趋势分析[J].水利水运工程学报,2020(2):1-8.

[8]朱伟利.刍议黄河文化的内涵与传播[J].新闻爱好者,2020(1):32-35.

[9]生态保护与协同创新 助推黄河流域高质量发展[N].河南日报,2019-10-29(6).

[10]苗长虹,赵建吉.强化黄河流域高质量发展的产业和城市支撑[N].河南日报,2020-01-15 (11).

[11]谭克龙,任志远,王全九.黄河中上游流域生态综合评价研究[J].水土保持学报,2007(4):173-176.

[12]李海波,孔凡萍.黄河三角洲创新驱动战略的框架体系构建[J].技术经济与管理研究,2014(2):114-118.

[13]李海林,邬先利.基于时间序列聚类的主题发现与演化分析研究[J].情报学报,2019,38(10):1041-1050.

[14]梅洁人.青海省自然生态分区初探[J].青海草业,2003(1):16-20.

[15]傅国斌.引黄灌区节水灌溉分区与节水途径初探[J].地理科学进展,2000(2):167-172.

第五章　黄河流域水—能源—粮食多尺度关联分析与协同调控

水、能源、粮食（water，energy，food；WEF）是维持人类生存和发展的战略性基础资源，亟待开展 WEF 多尺度关联分析与协同调控研究。WEF 关联分析与协同调控是国家重大需求和国际学术前沿问题，WEF 关联分析及调控具有多尺度、跨学科、跨部门属性。黄河流域是典型的 WEF 关系复杂、问题突出的流域，流域内水资源禀赋较弱；能源储量大、质量佳，被誉为我国的“能源流域”；同时该流域也是我国重要的粮食主产区、国家粮食安全的重点保障地区。明晰黄河流域 WEF 现状及其关联特征，探索 WEF 协同调控模型及优化路径，有助于实现黄河流域的资源综合管理及高效利用，能够有效助推黄河流域生态保护和高质量发展重大国家战略的实施。本章在分析黄河流域 WEF 现状、关联特征的基础上，开发黄河流域 WEF 协同调控模型，分别以“基于情景的二型模糊区间规划（STFIP）方法”“多层区间模糊可信度约束规划（MIFCP）方法”为基础，构建“基于 STFIP 方法的混合单层 WEF 协同调控模型”“基于 MIFCP 方法的多层 WEF 协同调控模型”；并将模型应用于黄河河南段，产出协同调控优化方案、优选发展路径，为黄河流域 WEF 协同调控及发展路径提出建议，以期为相关部门制定政策措施提供科学依据。

一、黄河流域水—能源—粮食纽带关系及多尺度关联分析

（一）黄河流域水—能源—粮食现状分析

黄河流域能源丰富，是著名的“能源流域”。黄河流域上游靠近发源地，水能丰富；中下游地区石油、煤炭等资源丰富，拥有多个国家能源战略规划的主要能源基地。黄河流域同时也是我国农业经济开发的重点地区，青藏高原和内蒙古高原是我国主要的畜牧业基地，汾渭盆地以及防洪保护区范围内的黄淮海平原是我国主要的农业生产基地，黄河流域内河南、山东、内蒙古等省区为全国粮食生产核心区。然而，黄河流域水资源禀赋较弱，人均水资源量 408 m^3，仅为全国平均水平的 1/5，低于目前国际公认的人均 500 m^3 的极度缺水标准。

2019 年，国家提出黄河流域生态保护和高质量发展重大国家战略，对资源高效节约利用提出了更高要求。明晰黄河流域 WEF 现状及其纽带关系，开发 WEF 协同调控模型，探索既能节约水资源又能保证能源与粮食供应的协同优化路径，有助于实现资源综

合管理及高效利用,有效助推黄河流域生态保护和高质量发展重大国家战略的实施。

(二)黄河流域水—能源—粮食纽带关系解析

水、能源、粮食三者之间相互依存、彼此制约,关系密切且复杂。水资源的提取、调配和净化需要消耗大量能源,能源从矿产开采到发电的全过程需要水资源的清洗、冷却、传导,粮食从作物种植、生长到食品加工的全过程更离不开充足的水资源和能源供应,而部分粮食又可转化为生物质能。因此,统筹考虑 WEF 纽带关系(water – energy – food nexus,WEFN),对于促进三大基础资源协调发展、保障基础资源战略安全具有重要意义。

然而,水资源短缺是制约黄河流域可持续发展的关键因素。在国家能源安全、粮食安全战略驱动下,黄河流域用水需求将会增加,水资源供需矛盾突出等问题进一步凸显。故本部分主要针对黄河流域 WEFN 中的能源耗水和粮食耗水,总结分析黄河流域能源和粮食生产过程中的用水,以期为促进流域产业结构的优化调整以及 WEF 可持续发展提供参考。根据彭少明等的研究,黄河流域农业用水占总用水量的 71%,其中大部分用于粮食种植;能源开发用水占 13%;供水过程中的能源消耗不足流域能源总产出的 1%,主要用于水输送过程中的多级泵站加压、地下水抽取、矿井水净化、污水处理回用等;流域灌溉地的粮食产量占总产量的 70%,由于枯水年和用水紧张时期供水量不足,农业用水常常被挤占,影响了粮食生产。根据孙才志等的研究,2007—2017 年,黄河流域能源耗水总量多年平均值为 39.40 亿 m^3,由初期的 28.13 亿 m^3,上升至末期的 48.27 亿 m^3;黄河流域虚拟水视角下的粮食生产平均耗水量为 1227.29 亿 m^3。

(三)黄河流域水—能源—粮食多尺度关联分析

黄河流域自西向东横跨青藏高原、内蒙古高原、黄土高原和黄淮海平原四个地貌单元,流经青海、四川、甘肃、宁夏、内蒙古、陕西、山西、河南、山东九个省区;此外,黄河流域河流水系复杂,支流众多。复杂的天然地理特征及行政区划造成了黄河流域 WEF 关联分析的复杂性。黄河流域 WEF 关联分析包含典型粮食产区——黄河河南段、典型区段/流域、黄河全流域等多个尺度,每个尺度下的 WEF 系统又是一个超级复杂的内嵌多个子系统(水资源子系统、能源子系统、粮食子系统)的大系统,每个子系统又包含气候、社会、经济、环境等众多组分。总系统、各级子系统及其组分之间存在不同时空尺度上的复杂的互动响应关系,这些都使得 WEF 系统呈现多尺度、多目标、多层次、交叉和不确定性特征。图 5.1 展示了多尺度下的黄河流域 WEF 关联关系。例如,在粮食生产的各环节(如翻耕、播种、灌溉、施肥、除草、收割)中,需要充足的能源及水资源投入。一方面,水资源有地表水和地下水两种水源,地下水经过抽取,与来自江河湖海的地表水一起,通过灌溉渠道等输送到田间,用于作物灌溉;同时,在水的抽取及输送过程中,使用的农业机械需要相应的能源投入,如电力、柴油等。另一方面,粮食生产过程中的能源投入包括直接能源投入和间接能源投入:直接能源投入主要涉及煤油、柴油等化石能源,以及二次电力能源,这些直接能源投入可用于农业机械;间接能源投入主要指化肥、农药及农用塑料薄膜,贯穿粮食生产的全过程。此外,人口和经济增长等经济社会发展进程会影响三种资源的需求,而水资源开发利用、能源和粮食的生产及消耗也会产生如污废水排放、温室气体排放等问题，进而影响生态环境。

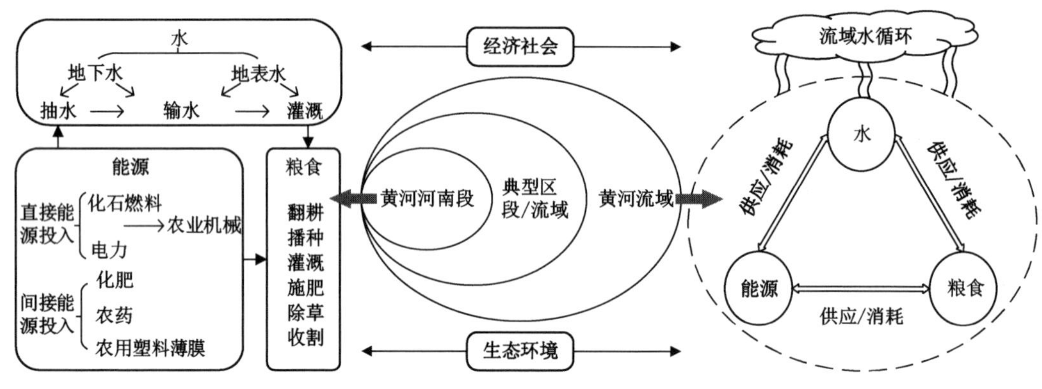

图 5.1　黄河流域 WEF 多尺度关联关系

1. 黄河河南段尺度下研究水—能源—粮食关联关系

河南省位于华北平原南部、黄河中下游，面积约 16.7 万 km^2，是黄河流域关键的经济带和文化带，也是我国重要的粮食生产基地和人口大省。依据黄河重大国家战略，河南省人民政府提出了“在全流域率先树立河南标杆”的目标。然而，近年来，由于经济社会的发展和生活质量的提高，可用于农业灌溉的水资源急剧减少，地表水短缺，进而可能导致地下水的过度开采。与此同时，在气候变化等因素的影响下，有限的土地与庞大的人口之间的矛盾日益突出。此外，化肥和农药使用量的增加引发了环境非点源污染，制约了农业的可持续发展。

2. 黄河流域尺度下研究水—能源—粮食关联关系

黄河流域 WEF 关联关系的分析，需要对流域内的能源和粮食生产全过程，以及其中的水资源和能源消耗等因素进行全面且综合的考虑；同时，需结合流域水文过程的特性，将流域水循环纳入水资源系统，考虑流域水循环机制下的 WEF 关联关系；此外，流域内人口和经济发展等经济社会情况，水资源开发利用、能源和粮食的生产及消耗对生态环境的影响也不容忽视。

因此，本研究将在分析黄河河南段尺度下的 WEF 关联关系的基础上，侧重于河南省农业系统中的 WEF 综合管理，以揭示多重不确定性条件下的河南省 WEF 系统多维平衡关系及协同调控机制。

二、黄河流域水—能源—粮食协同调控优化模型①

（一）黄河流域水—能源—粮食不确定性优化方法

1. 基于情景的二型模糊区间规划（STFIP）方法

在 WEF 系统中，农业系统管理者负责分配多种资源（如土地、水、能源）。线性规划（LP）模型可以有效解决涉及多变量最优决策的问题，然而在实际的农业管理问题中，一些因素（如农产品价格波动、统计数据误差）可能产生不确定性，参数应使用具有上下限（即 LB 和 UB）的区间值来描述。因此，将 LP 模型与区间参数理论相结合可以生成区间参数规划（IPP）模型。

$$\max f^{\pm} = C^{\pm} X^{\pm} \tag{5.1}$$

$$A^{\pm} X^{\pm} \leqslant B^{\pm} \tag{5.2}$$

$$X^{\pm} \geqslant 0 \tag{5.3}$$

式中，$C^{\pm} \in \{R^{\pm}\}^{n \times 1}$，$A^{\pm} \in \{R^{\pm}\}^{m \times n}$，$B^{\pm} \in \{R^{\pm}\}^{m}$；$f^{\pm}$ 表示目标函数值；$X^{\pm}$ 为决策变量；$R^{\pm}$ 表示区间数的集合。

虽然 IPP 能够简单地处理具有不确定信息的参数和变量，但无法反映出其具体的分布信息，如二型模糊信息。因此需要引入二型模糊集（TFS）来具体地处理这种不确定性，其隶属度函数可以表示为：

$$\tilde{u}_{\tilde{B}}(x,u) = \begin{cases} \left(0, \dfrac{x-b_1}{2(b_3-b_1)}, \dfrac{x-b_1}{b_3-b_1}\right), & \text{if } b_1 < x \leqslant b_2 \\ \left(\dfrac{x-b_2}{b_3-b_2}, \dfrac{x-b_2}{b_3-b_2} + \dfrac{(b_3-x)(b_1-b_3)}{2(b_3-b_1)(b_3-b_2)}, \dfrac{x-b_1}{b_3-b_1}\right), & \text{if } b_2 < x < b_3 \\ 1, & \text{if } x = b_3 \\ \left(\dfrac{b_4-x}{b_4-b_3}, \dfrac{b_4-x}{b_4-b_3} + \dfrac{(x-b_3)(b_5-b_4)}{2(b_5-b_3)(b_4-b_3)}, \dfrac{b_5-x}{b_5-b_3}\right), & \text{if } b_3 < x \leqslant b_4 \\ \left(0, \dfrac{b_5-x}{2(b_5-b_3)}, \dfrac{b_5-x}{b_5-b_3}\right), & \text{if } b_4 < x < b_5 \\ 0, & \text{其他} \end{cases} \tag{5.4}$$

根据 Castillo 和 Melin、Figueroa-Garcia 等的研究，TFS 也可以从不确定性足迹（FOU）的概念来描述：

① 本部分内容来源于以下团队前期研究成果：[1] YU L, XIAO Y, ZENG X T, et al. Planning water-energy-food nexus system management under multi-level and uncertainty [J]. Journal of Cleaner Production, 2020, 251, 119658. [2] ZUO Q T, WU Q S, YU L, et al. Optimization of uncertain agricultural management considering the framework of water, energy and food [J]. Agricultural Water Management, 2021, 253, 106907.

$$\mathrm{FOU}(\tilde{B}) = \{(x,u) \mid b_1 + u(b_3 - b_1) \leqslant x \leqslant b_2 + u(b_3 - b_2), 0 \leqslant u \leqslant 1\} \cup \{(x,u) \mid b_4 - u(b_4 - b_3) \leqslant x \leqslant b_5 - u(b_5 - b_3), 0 \leqslant u \leqslant 1\} \tag{5.5}$$

二型模糊规划(TFP)可以通过使用TFS有效地处理参数的二型模糊信息,但无法处理表现为二型模糊区间(TFI)的双重不确定性。此外,在气候变化、人类活动等因素的综合影响下,未来可用于农业灌溉的地表水和地下水资源量可能产生变化和波动,因此,采用情景分析(SA)方法模拟各种地表水、地下水的供水结构来分析农业管理政策变化具有重要意义。基于以上分析,我们将TFP、SA和IPP模型结合起来,以考虑上述多重不确定性。STFIP模型可以表述为

$$\max \tilde{f}^{\pm} = C^{\pm} X^{\pm} \tag{5.6}$$

$$A_1^{\pm} X^{\pm} \underset{\sim}{<} \tilde{B}_1^{\pm} \tag{5.7}$$

$$A_2^{\pm} X^{\pm} \leqslant B_2^{\pm} \tag{5.8}$$

$$X^{\pm} \geqslant 0 \tag{5.9}$$

其中 $\tilde{B}_1^{\pm} \in \{\tilde{R}^{\pm}\}^{s\times1}$,$\tilde{R}^{\pm}$ 表示TFS的集合,$\underset{\sim}{<}$ 为模糊符号。STFIP模型中TFS的隶属度函数和表达式可分别用式(5.4)和(5.5)描述。由于TFP方法的引入,模型求解过程较为复杂,STFIP模型的求解过程如图5.2所示。

2. 多层区间模糊可信度约束规划(MIFCP)方法

在WEF系统中,农业管理决策者以系统收益最大为目标,分配农业水资源;作为可持续农业管理的两个重要因素,能源和粮食的生产不仅会消耗大量水资源,而且还会影响虚拟水的转移。WEF系统中的多个决策部门(水资源部门、能源部门、农业部门)之间存在层级关系,具有优先权的决策部门的决策目标应该被首要满足,而其他决策者应依据优先决策者的决策变动而调整,多层规划(multicevel programming,MP)模型可以按层次结构顺序有效地处理多个决策层之间的层次结构关系,如WEF的相互关系。通常,MP模型可以表示为:

上层目标:

$$\min_{x_1} F_U(x_1, x_2, x_3) \tag{5.10}$$

中层目标:

$$\min_{x_2} F_M(x_1, x_2, x_3) \tag{5.11}$$

下层目标:

$$\min_{x_3} F_L(x_1, x_2, x_3) \tag{5.12}$$

约束条件:

$$G = \{(x_1, x_2, x_3) \mid g_i(x_1, x_2, x_3) \leqslant 0, i = 1, 2, \cdots, m, x_1, x_2, x_3 \geqslant 0\} \tag{5.13}$$

式中,$x_1 \in R^{n1}$,$x_2 \in R^{n2}$ 和 $x_3 \in R^{n3}$,这些变量隶属于不同层次:上层($x_1 \in R^{n1}$),中层($x_2 \in R^{n2}$),下层($x_3 \in R^{n3}$);$F_U: R^{n1} \times R^{n2} \times R^{n3} \rightarrow R$, $F_M: R^{n1} \times R^{n2} \times R^{n3} \rightarrow R$,和 $F_L: R^{n1} \times R^{n2} \times R^{n3} \rightarrow R$ 分别为上层、中层和下层的目标函数; G 是约束条件。在MP中,上层决策者

(UDM),中层决策者(MDM)和下层决策者(LDM)遵循 Stackelberg 博弈的协调与反馈机制。

第 1 步	基于交互式算法和优化降型技术，将STFIP-WEFN模型转化为两个子模型
第 2 步	求解与 f_l^+ 和 f_l^- 对应的上界和下界子模型分别得到 $x_{lj}^+(j=1,2,\cdots,k)$，$x_{lj}^-(j=k+1,k+2,\cdots,n)$，$f_{lopt}^+$ 和 $x_{lj}^-(j=1,2,\cdots,k)$，$x_{lj}^+(j=k+1,k+2,\cdots,n)$，$f_{lopt}^-$
第 3 步	引入惩罚系数 q_{r1u}、q_{r2u} 和中间变量 d_{r1u}、d_{r2u}，求解与 f_u^+ 和 f_u^- 对应的下界和上界子模型，分别得到 $x_{uj}^+(j=1,2,\cdots,k)$，$x_{uj}^-(j=k+1,k+2,\cdots,n)$，$f_{uopt}^+$ 和 $x_{uj}^-(j=1,2,\cdots,k)$，$x_{uj}^+(j=k+1,k+2,\cdots,n)$，$f_{uopt}^-$
第 4 步	基于第 2 和 3 步求解的结果，引入控制变量 λ_1，求解与 f^+ 对应的上界子模型，得到 $x_{jopt}^+(j=1,2,\cdots,k)$，$x_{jopt}^-(j=k+1,k+2,\cdots,n)$ 和 f_{opt}^+
第 5 步	基于第 2—4 步求解结果，引入控制变量 λ_2 求解与 f 对应的下界子模型，得到 $x_{jopt}^-(j=1,2,\cdots,k)$，$x_{jopt}^+(j=k+1,k+2,\cdots,n)$ 和 f_{opt}^-
第 6 步	把第 4 和 5 步的求解结果整理为区间形式，得到 $x_{jopt}^{\pm}=\left[x_{jopt}^-, x_{jopt}^+\right]$，$f_{opt}^{\pm}=\left[f_{opt}^-, f_{opt}^+\right]$
第 7 步	改变 STFIP 模型中的地表水和地下水供给比例 $(x,\ y)$，然后从第 2 步开始重复计算；如果四个情景都已经计算完毕，则停止

图 5.2　STFIP 模型的求解过程

尽管 MP 模型可以有效地解决 WEF 决策者之间的矛盾，但无法处理不确定性条件下的参数和变量，例如作物种子价格的波动、水资源消耗的动态变化；在实际的农业水资源管理中，还有一些参数和变量(如化肥和农药的施用量)需要估算。Liu and Liu(2002)提出的模糊可信度规划(FCP)方法采用模糊理论处理系统中的模糊参数，已被广泛应用。此外，一些经济参数受经济社会、政策和技术因素的影响，难以被量化为模糊集，但可以通过使用区间参数规划(IPP)方法表示为区间值。将 IPP 和 FCP 整合，可以得到区间模糊可信度约束规划(IFCP)方法：

$$\max f^{\pm}=\sum_{j=1}^{n} c_j^{\pm} x_j^{\pm} \tag{5.14}$$

约束为

$$Cr\left\{\sum_{j=1}^{n} a_j^{\pm} x_j^{\pm} \leqslant \tilde{b}^{\pm}\right\} \geqslant \alpha, x_j^{\pm} \geqslant 0 \tag{5.15}$$

在约束中，$\tilde{b}^{\pm}$ 是模糊参数，通过区间模糊隶属度函数表示；$\tilde{b}^{\pm}=(b_1^{\pm},b_2^{\pm},b_3^{\pm})=\{[b_1^-,b_1^+],[b_2^-,b_2^+],[b_3^-,b_3^+]\}$ 和 $a_j^{\pm}=[a_j^-,a_j^+]$ 是区间参数，以上下界表达；α 为可信度水平。方程(5.15)可以转化为以下表达式：

$$Cr\{\sum_{j=1}^{n}a_j^{\pm}x_j\leqslant\tilde{b}^{\pm}\}=\begin{cases}1, & \text{if}\sum_{j=1}^{n}a_j^{\pm}x_j\leqslant b_1^{\pm}\\ \dfrac{2b_2^{\pm}-b_1^{\pm}-\sum_{j=1}^{n}a_j^{\pm}x_j}{2(b_2^{\pm}-b_1^{\pm})}, & \text{if } b_1^{\pm}<\sum_{j=1}^{n}a_j^{\pm}x_j\leqslant b_2^{\pm}\\ \dfrac{\sum_{j=1}^{n}a_j^{\pm}x_j-b_3^{\pm}}{2(b_3^{\pm}-b_2^{\pm})}, & \text{if } b_2^{\pm}<\sum_{j=1}^{n}a_j^{\pm}x_j\leqslant b_3^{\pm}\\ 0, & \text{if } b_3^{\pm}<\sum_{j=1}^{n}a_j^{\pm}x_j\end{cases}\tag{5.16}$$

一般来说，可信度 α 应大于0.5。因此，对于每个 $0.5\leqslant\alpha\leqslant1$，可以得到：

$$Cr\{\sum_{j=1}^{n}a_j^{\pm}x_j\leqslant\tilde{b}^{\pm}\}=\frac{2b_2^{\pm}-b_1^{\pm}-\sum_{j=1}^{n}a_j^{\pm}x_j}{2(b_2^{\pm}-b_1^{\pm})}\geqslant\alpha\tag{5.17}$$

$$\sum_{j=1}^{n}a_j^{\pm}x_j\leqslant b_2^{\pm}+(1-2\alpha)(b_2^{\pm}-b_1^{\pm})\tag{5.18}$$

将 MP 集成到 IFCP 中，可以得到 MIFCP 方法，如下：

上层目标：

$$\min_{x_1^{\pm}}F_U^{\pm}(x_1^{\pm},x_2^{\pm},x_3^{\pm})\tag{5.19}$$

中层目标：

$$\min_{x_2^{\pm}}F_M^{\pm}(x_1^{\pm},x_2^{\pm},x_3^{\pm})\tag{5.20}$$

下层目标：

$$\min_{x_3^{\pm}}F_L^{\pm}(x_1^{\pm},x_2^{\pm},x_3^{\pm})\tag{5.21}$$

约束为

$$G^{\pm}=\{(x_1^{\pm},x_2^{\pm},x_3^{\pm})\mid Cr[A_i^{\pm}(t)X^{\pm}<b_i^{\pm}(t)]>\alpha_i,i=1,2,\cdots,m,x_1^{\pm},x_2^{\pm},x_3^{\pm}\geqslant0,\alpha_i\in[0,1]\}\tag{5.22}$$

通过判别系数与变量的关系、目标函数与约束的关系，提出一种交互式算法来求解模型(5.19 ~5.22)，模型可进一步转化为

$$\min_{x_1^{\pm}}F_U^{\pm}(x_1^{\pm},x_2^{\pm},x_3^{\pm})\tag{5.23}$$

$$\min_{x_2^{\pm}}F_M^{\pm}(x_1^{\pm},x_2^{\pm},x_3^{\pm})\tag{5.24}$$

$$\min_{x_3^{\pm}}F_L^{\pm}(x_1^{\pm},x_2^{\pm},x_3^{\pm})\tag{5.25}$$

约束为

$$G^{\pm}=\{(x_1^{\pm},x_2^{\pm},x_3^{\pm})\mid Cr[A_i^{\pm}(t)X^{\pm}<b_i^{\pm}(t)]>\alpha_i,i=1,2,\cdots,m,x_1^{\pm},x_2^{\pm},x_3^{\pm}\geqslant 0,\alpha_i\in[0,1]\} \tag{5.26}$$

(二)黄河流域水—能源—粮食协同调控模型

1. 基于 STFIP 方法的混合单层水—能源—粮食协同调控(STFIP-WEFN)模型

基于 STFIP 方法,以系统收益最大为目标,综合考虑能源供需、水资源供应、粮食保障、可利用耕地等约束,建立 STFIP-WEFN 模型,优化农业 WEF 资源配置和作物种植结构。彩页图 3 为 STFIP-WEFN 模型的框架,其中考虑了 9 种主要作物(水稻、小麦、玉米、豆类、薯类、油料、棉花、蔬菜、水果)、2 种水源(地表水和地下水)、3 种污染源(化肥、农药、农膜)等其他因素。

模型变量和参数的详细数学关系如式(5.27～5.39)所示,参数和变量的命名见表 5.1。具体而言,以最大系统收益为目标函数,综合考虑了作物生产收益、耗水成本、能源成本和农作物生产成本等。

$$\max f^{\pm}=(1)-[(2)+(3)+(4)+(5)+(6)+(7)+(8)] \tag{5.27}$$

①作物生产收益:

$$\sum_{t=1}^{6}\sum_{v=1}^{9}\mathrm{SAF}_{t,v}^{\pm}\times\mathrm{OMFP}_{t,v}^{\pm}\times\mathrm{OMP}_{t,v}^{\pm} \tag{5.27a}$$

②地表水成本:

$$\sum_{t=1}^{6}\left(\sum_{v=1}^{9}\mathrm{SAF}_{t,v}^{\pm}\times\mathrm{AWQ}_{t,v}^{\pm}\right)\times\mathrm{CSWS}_{t}\times\mathrm{CSU}_{t}^{\pm}\times\delta \tag{5.27b}$$

③地下水成本:

$$\sum_{t=1}^{6}\left(\sum_{v=1}^{9}\mathrm{SAF}_{t,v}^{\pm}\times\mathrm{AWQ}_{t,v}^{\pm}\right)\times\mathrm{CGWS}_{t}\times\mathrm{CGU}_{t}^{\pm}\times\gamma \tag{5.27c}$$

④化肥成本:

$$\sum_{t=1}^{6}\left(\sum_{v=1}^{9}\mathrm{SAF}_{t,v}^{\pm}\times\mathrm{CCFA}_{t,v}^{\pm}\right)\times\mathrm{CFP}_{t}^{\pm}\times\alpha \tag{5.27d}$$

⑤农药成本:

$$\sum_{t=1}^{6}\left(\sum_{v=1}^{9}\mathrm{SAF}_{t,v}^{\pm}\times\mathrm{CCPA}_{t,v}^{\pm}\right)\times\mathrm{CPP}_{t}^{\pm}\times\vartheta \tag{5.27e}$$

⑥农膜成本:

$$\sum_{t=1}^{6}\left(\sum_{v=1}^{9}\mathrm{SAF}_{t,v}^{\pm}\times\mathrm{CAF}_{t,v}^{\pm}\right)\times\mathrm{PFAP}_{t}^{\pm} \tag{5.27f}$$

⑦能源消耗成本:

$$\sum_{t=1}^{6}\left(\sum_{v=1}^{9}\mathrm{SAF}_{t,v}^{\pm}\right)\times\mathrm{UAM}_{t}^{\pm}\times\mathrm{CEU}_{t}^{\pm}\times\varphi \tag{5.27g}$$

⑧种子成本:

$$\sum_{t=1}^{6}\sum_{v=1}^{9}\mathrm{SAF}_{t,v}^{\pm}\times\mathrm{SEDP}_{t,v}^{\pm} \tag{5.27h}$$

系统收益将受到生产资源(如水、能源、粮食和土地)的影响和限制。因此,对上述资源进行综合管理时,应避免盲目追求农业净利润,应通过设置约束条件形成内部自我调节机制。约束条件主要包括能源供需、水资源供应、粮食保障、可利用耕地等生产条件限制。具体如下:

①农业机械用电保障约束:

$$\sum_{v=1}^{9} \mathrm{SAF}_{t,v}^{\pm} \times \mathrm{UAM}_{t}^{\pm} \times \varphi \leqslant \mathrm{PAME}_{t}^{\pm} \tag{5.28}$$

②化石燃料供需约束:

$$\sum_{v=1}^{9} \mathrm{CFF}_{t,v}^{\pm} \leqslant \mathrm{AFF}_{t}^{\pm} \tag{5.29}$$

③地表水和地下水供给约束:

$$\sum_{v=1}^{9} (\mathrm{SAF}_{t,v}^{\pm} \times \mathrm{AWQ}_{t,v}^{\pm}) \times \mathrm{CSWS}_{t} \times \delta \underset{\sim}{<} \widetilde{\mathrm{SWA}}_{t}^{\pm} \tag{5.30}$$

$$\sum_{v=1}^{9} (\mathrm{SAF}_{t,v}^{\pm} \times \mathrm{AWQ}_{t,v}^{\pm}) \times \mathrm{CGWS}_{t} \times \gamma \leqslant \mathrm{GWA}_{t}^{\pm} \tag{5.31}$$

④农业灌溉用水保障约束:

$$\sum_{v=1}^{9} \mathrm{SAF}_{t,v}^{\pm} \times \mathrm{AWQ}_{t,v}^{\pm} \leqslant (\mathrm{WPSW}_{t}^{\pm} + \mathrm{WPGW}_{t}^{\pm}) \times \theta \tag{5.32}$$

⑤土地利用约束:

$$\mathrm{SAF}_{t,v}^{\min} \leqslant \mathrm{SAF}_{t,v}^{\pm} \leqslant \mathrm{SAF}_{t,v}^{\max} \tag{5.33}$$

⑥农作物总播种面积约束:

$$\sum_{v=1}^{9} \mathrm{SAF}_{t,v}^{\pm} \leqslant \mathrm{TSAF}_{t}^{\pm} \tag{5.34}$$

⑦农作物生产条件限制约束,涉及化肥、农药和农膜三方面:

$$\sum_{v=1}^{9} (\mathrm{SAF}_{t,v}^{\pm} \times \mathrm{CCFA}_{t,v}^{\pm}) \times \alpha \leqslant \mathrm{TEF}_{t}^{\pm} \tag{5.35}$$

$$\sum_{v=1}^{9} (\mathrm{SAF}_{t,v}^{\pm} \times \mathrm{CCPA}_{t,v}^{\pm}) \times \vartheta \leqslant \mathrm{TEC}_{t}^{\pm} \tag{5.36}$$

$$\sum_{v=1}^{9} \mathrm{SAF}_{t,v}^{\pm} \times \mathrm{CAF}_{t,v}^{\pm} \leqslant \mathrm{TEAF}_{t}^{\pm} \tag{5.37}$$

⑧粮食需求保障约束:

$$\mathrm{SAF}_{t,v}^{\pm} \times \mathrm{OMFP}_{t,v}^{\pm} + \mathrm{PAJ}_{t,v}^{\pm} \geqslant \mathrm{FD}_{t,v}^{\pm} \tag{5.38}$$

⑨非负约束:

$$\mathrm{SAF}_{t,v}^{\pm} \geqslant 0 \tag{5.39}$$

表 5.1　参数和变量的命名

参数	变量的命名
±	具有下界和上界的区间值
~	模糊集
t	规划期，$t=1\sim5$ 代表 2020—2025 年
v	作物种类，$v=1\sim9$ 分别代表水稻、小麦、玉米、豆类、薯类、油料、棉花、蔬菜、水果
δ	地表水有效利用系数
γ	地下水有效利用系数
α	化肥有效利用系数
ϑ	农药有效利用系数
φ	农业机械用电有效利用系数
θ	农业用水控制比例
$f^{\pm}$	规划期内系统收益/(10^{12}元)
$AFF_t^{\pm}$	可利用化石能源量/(kW·h)
$AWQ_{t,v}^{\pm}$	作物 v 的灌溉需水定额/(m^3/km^2)
$CAF_{t,v}^{\pm}$	作物 v 的单位面积农膜消耗量/(kg/km^2)
$CCFA_{t,v}^{\pm}$	作物 v 的单位面积化肥消耗量/(kg/km^2)
$CCPA_{t,v}^{\pm}$	作物 v 的单位面积农药消耗量/(kg/km^2)
$CEU_t^{\pm}$	电价/[元/(kW·h)]
$CFF_{t,v}^{\pm}$	作物 v 的化石能源消耗量/(kW·h)
$CFP_t^{\pm}$	化肥单价/(元/kg)
$CGU_t^{\pm}$	地下水单价/(元/m^3)
$CGWS_t$	地下水供给比例
$CPP_t^{\pm}$	农药单价(元/kg)
$CSU_t^{\pm}$	地表水单价(元/m^3)
$CSWS_t$	地表水供给比例
$FD_{t,v}^{\pm}$	作物 v 的需求量/kg
$GWA_t^{\pm}$	地下水可利用量/m^3
$OMFP_{t,v}^{\pm}$	作物 v 的单位面积产量/(kg/km^2)
$OMP_{t,v}^{\pm}$	作物 v 的产品单价/(元/kg)
$PAME_t^{\pm}$	农业机械可利用总电量/(kW·h)

续表 5.1

参数	变量的命名
$PAJ_{t,v}^{\pm}$	作物 v 购买量/kg
$PFAP_{t}^{\pm}$	农膜单价/(元/kg)
$SAF_{t,v}^{\pm}$	作物 v 播种面积/km^2
$SAF_{t,v}^{min\pm}$	作物 v 的最小播种面积/km^2
$SAF_{t,v}^{max\pm}$	作物 v 的最大播种面积/km^2
$SEDP_{t,v}^{\pm}$	作物 v 的种子单价/(元/km^2)
$SWA_{t}^{\pm}$	地表水可利用量/m^3
$TEF_{t}^{\pm}$	化肥消耗限制总量/kg
$TEC_{t}^{\pm}$	农药消耗限制总量/kg
$TEAF_{t}^{\pm}$	农膜消耗限制总量/kg
$TSAF_{t}^{\pm}$	可利用耕地面积/km^2
$UAM_{t}^{\pm}$	单位面积农业机械耗电量/[(kW · h)/km^2]
$WPSW_{t}^{\pm}$	地表水供给量/m^3
$WPGW_{t}^{\pm}$	地下水供给量/m^3

2. 基于 MIFCP 方法的多层水—能源—粮食协同调控(MIFCP-WEFN)模型

实际的 WEF 系统管理涉及多个部门的决策者,受经济发展、人类活动等多种因素影响。在 WEF 系统的优化过程中,不仅要考虑整个系统的效益,还要根据不同的决策顺序来平衡农业、水资源和能源部门之间的矛盾。此外,在农产品市场价格波动、生产条件不稳定等因素的共同作用下,WEF 系统存在着诸多不确定性。本研究基于 MIFCP 方法,开发 MIFCP-WEFN 模型,以实现多重不确定性条件下的 WEF 系统协同规划。MIFCP-WEFN 模型重点考虑了四种农业活动(即作物种植、作物加工、粮食生产、粮食运输),以水资源消耗量最小为上层目标,能源消耗量最小为中层目标,系统收益最大为下层目标,并设置了化肥利用、农药利用、农业能源消耗、灌溉用水等约束条件。模型框架如彩页图 4 所示,涉及三个决策者:上层负责灌溉水管理,中层侧重于农业生产活动的能源分配,下层负责实现农业部门的最大系统收益。模型参数和变量命名详见表 5.1 和具体公式中的补充说明。

LDM 的目标是在一系列约束下最大化农业生产的系统收益。该系统收益涉及多种因素,包括农产品的收入,化肥、灌溉用水、农药、农膜、种子和能源消耗的成本。下层的目标函数为

$$\max f_1^{\pm} = (1) - [(2) + (3) + (4) + (5) + (6) + (7)] \tag{5.40}$$

①农产品收入：

$$\sum_{t=1}^{6}\sum_{v=1}^{9} \mathrm{SAF}_{t,v}^{\pm} \times \mathrm{OMFP}_{t,v}^{\pm} \times \mathrm{OMP}_{t,v}^{\pm} \tag{5.40a}$$

②灌溉用水成本（式中，η 为灌溉用水的有效利用系数，$\mathrm{WP}_t^{\pm}$ 为灌溉水价格）：

$$\sum_{t=1}^{6}\sum_{v=1}^{9} \mathrm{SAF}_{t,v}^{\pm} \times \eta \times \mathrm{AWQ}_{t,v}^{\pm} \times \mathrm{WP}_{t}^{\pm} \tag{5.40b}$$

③化肥成本：

$$\sum_{t=1}^{6}\sum_{v=1}^{9} \mathrm{SAF}_{t,v}^{\pm} \times \alpha \times \mathrm{CCFA}_{t,v}^{\pm} \times \mathrm{CFP}_{t}^{\pm} \tag{5.40c}$$

④农药成本：

$$\sum_{t=1}^{6}\sum_{v=1}^{9} \mathrm{SAF}_{t,v}^{\pm} \times \vartheta \times \mathrm{CCPA}_{t,v}^{\pm} \times \mathrm{CPP}_{t}^{\pm} \tag{5.40d}$$

⑤农膜成本：

$$\sum_{t=1}^{6}\sum_{v=1}^{9} \mathrm{SAF}_{t,v}^{\pm} \times \mathrm{PFAP}_{t}^{\pm} \tag{5.40e}$$

⑥农业机械用电成本：

$$\sum_{t=1}^{6}\sum_{v=1}^{9} \mathrm{SAF}_{t,v}^{\pm} \times \varphi \times \mathrm{UAM}_{t}^{\pm} \times \mathrm{CEU}_{t}^{\pm} \tag{5.40f}$$

⑦种子成本：

$$\sum_{t=1}^{6}\sum_{v=1}^{9} \mathrm{SAF}_{t,v}^{\pm} \times \mathrm{SEDP}_{t,v}^{\pm} \tag{5.40g}$$

MDM 的目标是最大程度地减少农业生产活动的能耗，φ 为能源综合利用系数，$\mathrm{PAM}_t^{\pm}$ 为单位面积的能源消耗。

$$\min \mathrm{PAM}_2^{\pm} = \sum_{t=1}^{6}\sum_{v=1}^{9} \mathrm{SAF}_{t,v}^{\pm} \times \varphi \times \mathrm{PAM}_{t}^{\pm} \tag{5.41}$$

UDM 的目标是最大程度地减少农业生产活动消耗的灌溉水。

$$\min \mathrm{ITW}_3^{\pm} = \sum_{t=1}^{6}\sum_{v=1}^{9} \mathrm{SAF}_{t,v}^{\pm} \times \mathrm{AWQ}_{t,v}^{\pm} \times \eta \tag{5.42}$$

约束条件包括水、能源、粮食、土地和环境等多方面。

①土地利用约束：规划期内，分配给每种作物的土地面积应小于可利用的播种面积，但应大于保障粮食生产的基本面积。

$$\mathrm{SAF}_{t,v}^{\min\pm} \leqslant \mathrm{SAF}_{t,v}^{\pm} \tag{5.43}$$

$$\mathrm{SAF}_{t,v}^{\max\pm} \geqslant \mathrm{SAF}_{t,v}^{\pm} \tag{5.44}$$

②作物灌溉用水约束：确保所有作物的总灌溉水不得超过总可利用水量（$\mathrm{IWS}_t^{\pm}$）。

$$\sum_{v=1}^{9} \mathrm{SAF}_{t,v}^{\pm} \times \mathrm{AWQ}_{t,v}^{\pm} \times \eta \leqslant \mathrm{IWS}_{t}^{\pm} \tag{5.45}$$

③化肥施用约束：化肥会造成氮磷污染，应控制在标准范围（$\mathrm{TC\tilde{F}}_t^{\pm}$）内。将此约束设置为模糊不等式，以表达决策者的主观满意度（$\alpha^{\pm}$）。

$$Cr\{\sum_{v=1}^{9} SAF_{t,v}^{\pm} \times CCFA_{t,v}^{\pm} \times \theta \leqslant \tilde{TCF}_{t}^{\pm}\} \geqslant \alpha^{\pm}$$
$$\sum_{v=1}^{9} SAF_{t,v}^{\pm} \times CCFA_{t,v}^{\pm} \times \theta \leqslant TCF_{t}^{\pm} + (1-2\alpha^{\pm})(TCF_{t}^{\pm} - \underline{TCF}_{t}^{\pm}) \tag{5.46}$$

④农药施用约束：喷洒农药会造成COD（化学需氧量）和富营养化环境污染，其喷洒量不得超过允许值（$\tilde{TEC}_{t}^{\pm}$）；同样，将此约束设置为模糊不等式，以表达决策者的主观满意度（$\alpha^{\pm}$）。

$$Cr\{\sum_{v=1}^{9} SAF_{t,v}^{\pm} \times CCPA_{t,v}^{\pm} \times \vartheta \leqslant \tilde{TEC}_{t}^{\pm}\} \geqslant \alpha^{\pm}$$
$$\sum_{v=1}^{9} SAF_{t,v}^{\pm} \times CCPA_{t,v}^{\pm} \times \vartheta \leqslant TEC_{t}^{\pm} + (1-2\alpha^{\pm})(TEC_{t}^{\pm} - \underline{TEC}_{t}^{\pm}) \tag{5.47}$$

⑤粮食安全约束：确保当地粮食的供给稳定，保障人民正常生活。

$$SAF_{t,v}^{\pm} \times OMFP_{t,v}^{\pm} + PAJ_{t,v}^{\pm} \geqslant FD_{t,v}^{\pm} \tag{5.48}$$

⑥能源安全约束：农业活动的总能源消耗不超过分配给农业部门的总可利用能源（$EPAM_{t}^{\pm}$）。

$$\sum_{v=1}^{9} SAF_{t,v}^{\pm} \times PAM_{t}^{\pm} \leqslant EPAM_{t}^{\pm} \tag{5.49}$$

⑦耕地总面积约束：所有农作物的总播种面积不得超过总可利用耕地面积。

$$\sum_{v=1}^{9} SAF_{t,v}^{\pm} \leqslant TSAF_{t}^{\pm} \tag{5.50}$$

⑧农膜消耗限制约束：农膜覆盖会造成白色污染，其使用量必须低于限制值。

$$\sum_{v=1}^{9} SAF_{t,v}^{\pm} \times CAF_{t,v}^{\pm} \leqslant TEAF_{t}^{\pm} \tag{5.51}$$

⑨农业机械电力约束：供应农业机械的电力必须控制在可利用的总电力之内。

$$(\sum_{v=1}^{9} SAF_{t,v}^{\pm}) \times UAM_{t}^{\pm} \leqslant PAME_{t}^{\pm} \tag{5.52}$$

⑩农田灌溉的能源供应约束：保证作物灌溉水供应的机械耗电（$EWW_{t,v}^{\pm}$）低于总电力供应（$EAW_{t}^{\pm}$）。

$$\sum_{v=1}^{9} EWW_{t,v}^{\pm} \leqslant EAW_{t}^{\pm} \tag{5.53}$$

⑪非负约束：决策变量应为非负值。

$$SAF_{t,v}^{\pm} \geqslant 0 \tag{5.54}$$

三、黄河河南段水—能源—粮食协同调控优化方案及发展路径

(一)黄河河南段水—能源—粮食混合单层协同调控

1. 情景设计及数据来源

选择河南省为研究对象,将 STFIP-WEFN 模型应用于河南省。根据《河南省“十三五”农业和农村经济发展规划》及最严格水资源管理制度的要求,在水资源开发利用过程中,必须重视地下水的保护,逐步归还超采地下水。因此,WEF 系统中农业地表水和地下水的供给比例应该是动态的。综合考虑河南省地表水和地下水禀赋、农业灌溉现状和未来水资源管理政策取向,模拟了 4 种情景。在这 4 种情景中,农业灌溉地表水和地下水的供给比例分别为(0.60,0.40)、(0.55,0.45)、(0.50,0.50)和(0.45,0.55),依次定义为情景 1 ~4(简写为 S1、S2、S3 和 S4)。上述比例的具体参数为 CSWS 和 CGWS,见式(5.30)、(5.31)。

数据主要来源于河南统计年鉴、河南省水资源公报、相关政府规划报告及相关文献。例如,表 5.2 列出了约束右侧农作物生产条件(化肥、电力、农药、农膜)的历史消耗量,河南省 2006—2017 年的水资源数据如表 5.3 所示,河南省农作物播种面积从河南统计年鉴中整理得到。考虑城镇化、工业化、种植方式和区域规划的影响,可通过实证分析得出规划期内每种作物播种面积可达到的最大比例,将现有播种面积与该比例相乘,确定每种作物的最大播种面积,并以区间数表示,如表 5.4 所示。此外,与作物相关的参数(如单位播种面积的种子成本、农药和化肥消耗等)来自相关文献,每种作物的耗水量取自河南省农业用水定额。其他能源和经济数据来源于河南统计年鉴和各部门的规划数据。

表 5.2　农业生产条件消耗量

年份	化肥施用折纯量/(10^9 kg)	农村电力消耗量/(10^9 kW·h)	农药消耗量/(10^6 kg)	农业用塑料薄膜/(10^6 kg)
2006	5.40	18.88	111.6	118.4
2007	5.70	22.34	118.0	126.6
2008	6.02	23.74	119.1	130.7
2009	6.29	25.78	121.4	141.4
2010	6.55	26.94	124.9	147.0
2011	6.74	28.18	128.7	151.6
2012	6.84	29.00	128.3	155.2
2013	6.96	30.54	130.1	167.8
2014	7.06	31.32	129.9	163.5
2015	7.16	32.10	128.7	162.0

续表 5.2

年份	化肥施用折纯量/(10^9 kg)	农村电力消耗量/(10^9 kW·h)	农药消耗量/(10^6 kg)	农业用塑料薄膜/(10^6 kg)
2016	7.15	31.72	127.1	163.1
2017	7.07	32.88	120.7	157.3

表 5.3 水资源有关数据 单位:10^9 m^3

年份	地表水总供水量	地下水总供水量	水资源总消耗量	灌溉水供给
2006	9.01	13.65	22.70	14.02
2007	8.34	12.55	20.93	12.01
2008	9.27	13.44	22.75	13.35
2009	9.43	13.90	23.37	13.81
2010	8.86	13.51	22.46	12.56
2011	9.69	13.13	22.91	12.46
2012	10.05	13.72	23.86	13.55
2013	10.11	13.88	24.06	14.16
2014	8.86	11.94	20.93	11.76
2015	10.06	12.07	22.28	12.59
2016	10.50	11.98	22.76	12.56
2017	11.31	11.55	23.38	12.28

表 5.4 规划期内作物最大的播种面积 单位:10^3 km^2

作物	时期 1	时期 2	时期 3	时期 4	时期 5	时期 6
水稻	[6.56,6.95]	[6.36,6.74]	[6.31,6.69]	[6.25,6.62]	[6.19,6.56]	[6.14,6.51]
小麦	[54.26,57.51]	[54.30,57.56]	[54.32,57.58]	[54.35,57.61]	[54.37,57.64]	[54.41,57.67]
玉米	[33.44,35.44]	[33.11,35.10]	[32.92,34.89]	[32.73,34.69]	[32.48,34.43]	[32.31,34.24]
豆类	[4.14,4.38]	[4.12,4.37]	[4.08,4.32]	[4.04,4.28]	[4.00,4.24]	[3.96,4.19]
薯类	[3.54,3.76]	[3.51,3.72]	[3.45,3.65]	[3.42,3.62]	[3.40,3.60]	[3.34,3.54]
油料	[16.01,16.97]	[16.04,17.01]	[16.10,17.06]	[16.13,17.10]	[16.15,17.13]	[16.17,17.15]
棉花	[1.20,1.27]	[1.15,1.22]	[1.11,1.18]	[1.08,1.15]	[1.04,1.11]	[0.99,1.05]
蔬菜	[17.52,18.57]	[17.61,18.67]	[17.71,18.77]	[17.79,18.85]	[17.80,18.87]	[17.83,18.89]
水果	[3.45,3.65]	[3.50,3.71]	[3.53,3.74]	[3.58,3.79]	[3.60,3.81]	[3.60,3.82]

2. 优化结果

(1)作物种植结构与系统收益

河南省是农业大省,粮食产量占全国的1/10以上,小麦产量占全国的1/4以上,耕地面积占全国的6%,为保障国家粮食安全做出了突出贡献。彩页图5为求解STFIP-WEFN模型得到的不同情景和规划期内作物的播种面积。在整个规划期内,作物总播种面积将增加(2.0~2.7)×10^3 km^2。而不同情景下的作物播种面积变化量很小,这主要是由于在规划前期,水稻播种面积主要受灌溉水量(特别是地表水)的影响,而在规划后期,由于供水技术升级等因素,电力和化肥消耗量的约束将取代地表水成为种植结构的决定因素。相反,不同情景下棉花的播种面积在规划期间将分别减少(183~194)km^2(情景1)和(189~200)km^2(情景4)。这将说明在相同的农业生产条件下,棉花的种植收益低于其他作物。综上所述,为了获得最大的经济效益,种植结构应向高利润作物(如水稻、小麦、蔬菜和水果)倾斜。此外,结合研究区历史发展和未来规划对STFIP-WEFN模型的研究结果进行了验证:如彩页图5,小麦面积将从(48.7~50.0)×10^3 km^2增加到(54.4~57.7)×10^3 km^2,可以满足产量增长的需求;而棉花产量则与历史趋势保持一致,并在整个规划期内持续下降。

彩页图6给出了不同情景下系统收益的优化结果,其中下界、线性规划和上界的优化结果分别简称为LBB、MV和UBB。在整个规划期内,系统收益显著提高,但地下水供给比例从50%提高到55%时系统收益仅略有提高,如第六时期系统收益均值分别为0.59×10^{12}元(情景3)和0.61×10^{12}元(情景4)。通过分析结果可发现,水资源短缺会导致农业系统收益的轻微下降,而充足的供水会促使农业系统收益大幅增加。此外,STFIP-WEFN模型优化求解得到的系统收益在规划期内将增加6.67%~6.83%,能够较好地满足《河南省"十四五"乡村振兴和农业农村现代化规划》中年均经济增长3%的目标要求。比较不同区间值发现,UBB意味着更快的国民经济增长,但代价是更多的水资源消耗和对环境保护的相对忽视;而LBB模型获得的系统收益将有助于缓解地下水过度开采和能源供应压力。综上,作物种植结构优化方案可以为农业管理者科学合理地调整作物种植结构提供支持和选择,同时本优化结果也有助于协调灌溉效益、资源供给安全和环境污染之间的冲突。

(2)水、能源的消耗及粮食的供给

彩页图7为不同情景和规划期内作物的水资源量分配结果。图中左、中、右三栏分别为平均消耗水资源量(包括地表水和地下水)、不同时期内不同作物的分配水量。规划期内所有作物平均分配地下水量为21.56×10^9 m^3(情景1)和35.45×10^9 m^3(情景4);平均分配地表水量为32.34×10^9 m^3(情景1)和29.01×10^9 m^3(情景4)。在不同的情景下,分配的水资源总量也会有所不同。例如,第一时期的总分配水量分别为8.85×10^9 m^3(情景1)、9.67×10^9 m^3(情景2)、10.53×10^9 m^3(情景3)和10.48×10^9 m^3(情景4)。分析结果可以发现,随着地下水供给比例的增加,水资源短缺将不再限制作物的生产,而化肥和农药消耗将起到主要作用。综上所述,农业发展应优先考虑使用地表水,避免过度开采地下水资源,以有效地限制水资源消耗,缓解不断增长的资源需求和有限的供应能力之间的矛盾。

彩页图 8 为整个规划期内的农业机械用电量,同样分析了四种情景。小麦因其播种面积大、产量高,用电量远高于其他作物。随着地下水供给比例的增加,小麦用电量的占比也会上升,不同情景下小麦用电量所占比例分别为 37.58% ~38.28%(情景 1)、38.71% ~39.06%(情景 2)、38.70% ~39.07%(情景 3)和 38.92% ~39.15%(情景 4)。而大豆的用电量比例则从 2.70% ~2.82%(情景 2)变化到 2.89% ~2.93%(情景 4)。可以看出,当地下水成为主要水源时,豆类因其能值较低,将成为高效益的优势作物。因此,为了追求农业效益最大化和减少能源浪费,应鼓励决策者根据水资源供应结构进行科学的电力配置。

在本研究中,作物产量是确保区域粮食安全和支持社会发展的重要因素。彩页图 9 展示了不同时期和情景下作物产量的优化结果。例如,情景 1 下水稻产量在第二时期为 4.53×10^9 kg,第四时期为 4.83×10^9 kg,而第六时期为 5.03×10^9 kg。与情景 2、情景 3 和情景 4 相比,情景 1 下的产量变化较大,这是由于其对供水比例的敏感性较强。随着地表水供给量的增加,当地表水成为主要的水源时,水稻的播种面积必然会挤压除水果以外的其他作物;而水果的产量基本保持不变,原因在于其效益高、生产要素(如水、种子)消耗少。结果表明,一些作物(如油料和蔬菜)的产量会受到多种因素的约束,仅仅通过增加供水量来最大限度地提高作物产量是不可取的,即便供水量充足,作物产量还可能受到耕地面积、农药和化肥消耗量的限制。此外,不同作物的热值或营养值差异可以更好地反映资源消耗和作物产量之间的相互作用;但受数据可获得性的限制,难以量化各种作物单位热量或营养价值的水及能源消耗,故在 STFIP-WEFN 模型中难以建立相应的约束。

(3)化肥和农药消耗

施用化肥能够保障作物产量,但也会产生氮、磷等排放,造成面源污染,破坏生态环境。彩页图 10 展示了规划期内化肥消耗量在各种作物间的分配比例。小麦在化肥消耗中占据了主要地位,情景 1 下小麦化肥用量占 35.07% ~35.76%,情景 4 下增加到 36.45% ~36.67%。可以看出,在水量充足的条件下,环境污染的控制使得小麦并不具有优势。与水稻、豆类等其他作物相比,在同样程度的污染控制下,小麦获得的收益较少;而随着地下水供给比例的提高,这一状况将得到改善。相比之下,油料作物的化肥施用比例分别为 5.62% ~5.78%(情景 1)和 5.42% ~5.46%(情景 4)。可以看出,环境目标会改变作物种植的优先次序,因此,决策者应倾向于选择化肥消耗比例具有下降趋势的作物(如棉花)。虽然蔬菜播种面积较小,但在不同情景下,其化肥利用比例分别为 21.59% ~21.77%(情景 1)、21.22% ~21.96%(情景 2)、21.38% ~21.50%(情景 3)和 21.31% ~21.97%(情景 4)。因此,应积极采取措施减少蔬菜的化肥消耗,如使用农家肥和提高化肥利用技术水平。

彩页图 11 展示了不同时期和情景下农药的施用量。例如,第一时期油料作物的农药施用量为 1.55×10^6 kg(情景 1)和 1.74×10^6 kg(情景 3),相应地在第二时期时分别为 1.67×10^6 kg(情景 1)和 1.64×10^6 kg(情景 3)。可以看出,油料作物的农药消耗量对供水结构的变化较为敏感。相比之下,由于水果具有较高的经济效益和生态效益,水果的农药施用量在不同情景间变化不大。

(4)优化方法和不同情景对比分析

彩页图12展示了情景2下线性规划(LP)、区间参数规划(IPP)、区间模糊线性规划(IFLP)和基于情景的二型模糊区间规划(STFIP)的水资源分配及系统收益的结果对比。在整个规划期内,LP、IPP、IFLP、STFIP计算得到的系统收益分别为2.968×10^{12}元、$(2.851\sim3.337)\times10^{12}$元、$(2.879\sim3.435)\times10^{12}$元、$(2.861\sim3.372)\times10^{12}$元。结果表明,STFIP的数值略高于IPP,而IFLP的数值略高于STFIP。这是因为IPP只能用区间值处理参数的不确定性,而不能反映地表水可利用量的模糊性,导致决策者对地表水可利用量保持一种保守态度。如彩页图12所示,情景2下地表水消耗量分别为$(28.15\sim36.28)\times10^9\ m^3$(IPP)、$(28.52\sim37.48)\times10^9\ m^3$(IFLP)、$(28.29\sim36.84)\times10^9\ m^3$(STFIP)。IFLP可以很好地处理地表水可利用量的模糊性,但却忽视了WEFN系统中多方面、多约束所产生的冲突。在STFIP方法中,满意度λ可以度量满足目标和约束条件的可能性程度。当地下水供给比例达到45%时,STFIP在求解上、下界时得到的λ分别为0.581和0.562,说明STFIP既能有效处理地表水供给量的模糊性,又能协调河南省WEF生产和环境保护,实现可持续发展。因此,STFIP方法优于LP、IPP和IFLP方法,能够克服上述方法的局限性,有效地处理实际农业系统管理中存在的不确定性和复杂性。

此外,通过4种情景研究了作物种植结构、系统收益与供水结构之间的关系。例如,在整个规划期内,作物播种面积从$(0.789\sim0.813)\times10^6\ km^2$(情景1)增加到$(0.821\sim0.863)\times10^6\ km^2$(情景4),系统收益分别为$(2.846\sim3.262)\times10^{12}$元(情景1)和$(3.015\sim3.499)\times10^{12}$元(情景4)。结果表明,随着灌溉水供给的增加,作物的播种面积和系统收益也会增加。如彩页图12所示,但当地下水供给比例从40%增加到55%时,总分配水资源量从$53.9\times10^9\ m^3$(情景1)增加到$64.64\times10^9\ m^3$(情景4)。由于电力、农药、化肥和可利用耕地面积等其他因素的限制,情景4分配的水资源量仅比情景3增加0.63%。由此可以得出,地下水的高供给比例(即超过50%)会带来更高的效益,但代价是环境污染和水资源浪费。因此,宜将地表水作为河南省农业灌溉的主要水源,利用优质地下水保障人类生活,以获得更大的综合效益。同时,决策者还应高度重视供水管网的改造和节水灌溉技术的提高。

(二)黄河河南段水—能源—粮食多层协同调控

1.情景设计

选择河南省为研究对象,将MIFCP-WEFN模型应用于河南省。如表5.5所示,考虑了5个情景:情景1(S1)将最大农业系统收益作为下层目标;情景2(S2)和情景3(S3)分别将最小农业用水量和最小农业能源消耗量作为上层和中层目标;情景4(S4)旨在实现情景2和情景3之间的最大满意度;情景5(S5)旨在获得情景1、情景2和情景3之间的最大满意度。规划期为六年,对应2020—2025年。此外,本研究还选取了5种可信度水平($\alpha=1,0.9,0.8,0.7,0.6$)。表5.6列出了与作物有关的参数,如灌溉用水定额、农作物价格、种子成本、农作物的农药和化肥施用量。表5.7、表5.8分别为农作物的播种面积和单位播种面积的作物产量。

表 5.5　规划情景的设置

情景	描述
S1	下层目标：农业系统收益最大化
S2	上层目标：农业耗水最小化
S3	中层目标：农业耗能最小化
S4	双层目标：水—能耦合系统满意度最大化
S5	多层目标：水—能—粮耦合系统满意度最大化

表 5.6　作物相关参数

作物	农作物成本/（元/kg）	种子成本/（10^3元/km^2）	作物的农药需求/（10^3 kg/km^2）	作物的化肥需求/（10^3 kg/km^2）	作物的水资源需求/（$10^3 m^3/km^2$）
水稻	[3.82,3.98]	[48.76,49.75]	[1.450,1.540]	[73.13,76.12]	[360.1,375.1]
小麦	[3.68,3.83]	[92.35,94.22]	[1.450,1.540]	[73.13,76.12]	[172.8,180.0]
玉米	[2.63,2.73]	[73.88,75.37]	[1.450,1.540]	[73.13,76.12]	[64.8,67.5]
豆类	[9.80,10.20]	[1.48,1.51]	[0.362,0.384]	[36.57,38.06]	[115.2,120.0]
薯类	[2.45,2.55]	[66.49,67.84]	[0.145,0.154]	[36.57,38.06]	[144.0,150.0]
油料	[9.80,10.20]	[258.60,263.80]	[0.145,0.154]	[36.57,38.06]	[86.4,90.0]
棉花	[5.88,6.12]	[44.33,45.22]	[7.240,7.690]	[73.13,76.12]	[72.0,75.0]
蔬菜	[0.98,1.02]	[29.55,30.15]	[1.450,1.540]	[146.30,152.20]	[230.4,240.0]
水果	[1.47,1.53]	[110.80,113.10]	[1.490,1.560]	[146.30,152.20]	[124.8,130.0]

表 5.7　农作物的播种面积

单位：10^3 km^2

作物	年份					
	2011	2012	2013	2014	2015	2016
水稻	6.38	6.48	6.41	6.50	6.56	6.55
小麦	53.23	53.40	53.67	54.07	54.26	54.66
玉米	30.25	31.00	32.03	32.84	33.44	33.17
豆类	5.06	5.20	5.04	4.54	4.14	4.16
薯类	2.99	3.12	3.02	3.48	3.54	3.49
油料	15.79	15.74	15.90	15.98	16.01	16.25
棉花	3.97	2.57	1.87	1.53	1.20	1.00
蔬菜	17.20	17.30	17.46	17.26	17.52	17.73
水果	3.29	3.31	3.36	3.26	3.25	3.51

表 5.8　单位播种面积作物产量　　单位:10^3 kg/km^2

作物	年份					
	2011	2012	2013	2014	2015	2016
水稻	743.70	759.90	757.50	813.60	810.20	827.70
小麦	586.70	595.00	601.20	615.70	645.30	634.10
玉米	560.80	563.80	560.80	527.40	554.40	528.50
豆类	188.10	162.50	156.50	130.00	129.90	131.10
薯类	466.30	393.10	371.40	312.60	312.70	323.70
油料	337.20	361.91	370.51	365.62	374.65	381.03
棉花	96.40	100.10	101.60	95.90	105.30	101.00
蔬菜	3900.80	4052.34	4074.11	4214.40	4256.85	4404.78
水果	4802.20	5034.81	5087.44	5098.43	5375.11	5544.41

2. 优化结果

(1)不同情景下农作物种植结构

彩页图 13 展示了 5 种情景和 6 个时期下各种农作物的播种面积。规划期内,水稻、玉米、豆类、薯类和棉花的播种面积将减少,而小麦、油料、蔬菜和水果的播种面积将增加。如彩页图 13(a)所示,在情景 1 下,水稻的播种面积将减少 369.35 km^2,而蔬菜的播种面积将增加 348.04 km^2。这是因为不同作物的利润和成本会受到居民生活需求变化的影响,决策者也需要根据土壤肥力、气候条件、农业补贴政策以及灌溉基础设施变动来及时调整种植策略。此外,农作物总播种面积将显著增加,带来更多的收益,也将增加农业资源的消耗。在彩页图 13(h)中,情景 1 和情景 2 下,第一时期的蔬菜播种面积分别为 1.65×10^4 km^2和 1.49×10^4 km^2。这是因为情景 1 和情景 2 的决策目标不一致,分别旨在实现农业系统的最大系统收益和最小灌溉水量,此结果可以为单层的决策者提供决策参考。但实际上优化结果可能会受到多层次结构中不同领导层和从属关系的影响,而单层无法缓解多个层次间的矛盾。与情景 2 和情景 1 相比,情景 4 下的蔬菜播种面积将分别增加5.79% 和减少 4.36% ,水资源部门(上层)可以指导农业部门(下层)的决策,而农业部门可以制定相应的反馈机制来调整种植结构,最终达到各部门之间的最大满意度。此外,蔬菜的播种面积将从 1.51×10^4 km^2(情景 3)增加到 1.54×10^4 km^2(情景 5),而从 1.58×10^4 km^2(情景 4)减少到 1.54×10^4 km^2(情景 5),这是由于情景 5 旨在通过水和能源部门的领导来最大化整体的系统利益。与单层模型相比,多层模型将能够提供有效的策略来缓解各部门在不同层次结构下的矛盾。

(2)水资源分配情况

农业的发展离不开稳定的水资源供应。彩页图 14 为不同时期和情景下不同作物的灌溉水量分配方案。作物种植结构的调整将改变灌溉水量,如彩页图 14(b)所示,在情景 1 下,小麦的灌溉水量将从 4.87×10^9 m^3减少到 4.82×10^9 m^3,这表明灌溉效率的提高对灌溉水量的减少具有积极影响,即使扩大播种面积,灌溉技术的改进也可能导致灌溉水量的减少。彩页图 14(h)给出了第一时期的 6 个情景下蔬菜的灌溉水量。结果表明,决策目标的变化会影响蔬菜的灌溉水量,蔬菜的灌溉水量为 2.00×10^9 m^3(情景 2)和 2.21×10^9 m^3(情景 1),这意味着以最大农业系统收益为决策目标将提高灌溉水量。此外,情景 4 中的蔬菜灌溉水量比情景 2 中的灌溉水量多约 5.79%,这是因为情景 4(双层目标:水、粮食部门的满意程度最大)将在最大农业系统收益和最小灌溉水量之间取得平衡。而从情景 4 到情景 5,蔬菜的灌溉水量将减少 41.99×10^6 m^3,这是因为情景 5(多层目标:水、能源、粮食部门的满意程度最大)采用多层规划,将在最大系统收益、最小灌溉水量和最小农业系统能耗之间获得权衡的优化方案。

(3)化肥和农药消耗情况

不合理的化肥和农药施用可能会造成面源污染。彩页图 15 展示了在不同时期和情景下每种作物的化肥施用方案。在规划期间,蔬菜的总化肥消耗将从 8.06×10^9 kg 增长为 8.10×10^9 kg。由于较高的系统收益和较低的水资源消耗,将优先给蔬菜施用化肥。彩页图 16 展示了情景 1 下不同时期不同作物的农药消耗比例和数量。如彩页图 16(a)所示,小麦、玉米和蔬菜的农药施用比例将相对高于其他农作物。在规划阶段,由于肥料利用率的提高,蔬菜的农药施用量将减少 2.75×10^6 kg。环保部门将规范污染物排放政策,严格控制农药的喷洒量,在确保粮食安全的前提下,保障生态环境安全。同时,由于各个部门(即水资源部门、能源部门和农业部门)对农药施用持有不同态度,因此不同情景将产生不同的农药施用方案。例如,第一时期的农药总施用量分别为 126.13×10^6 kg(情景 1),119.11×10^6 kg(情景 2)和 120.51×10^6 kg(情景 3),在情景 5(多层目标:水、能源、粮食部门的满意程度最大)下,农药的总消耗量将比情景 1 降低约 3.40%,比情景 4 降低约 0.90%。

(4)作物播种面积

彩页图 17 展示了作物播种面积的变化。如彩页图 17(a)所示,当 $\alpha=1$ 时,总播种面积分别为 $(125.87\sim133.92)\times10^3$ km^2(情景 1),$(118.92\sim126.06)\times10^3$ km^2(情景 2)和 $(122.71\sim130.34)\times10^3$ km^2(情景 4),这表明不同的决策目标将导致总播种面积的波动。此外,第一时期的总播种面积将从 $(122.71\sim130.35)\times10^3$ km^2(情景 4)减少到 $(121.63\sim129.07)\times10^3$ km^2(情景 5),而从 $(120.32\sim127.55)\times10^3$ km^2(情景 3)增加到 $(121.63\sim129.07)\times10^3$ km^2(情景 5);这是因为,情景 3 的决策目标可能受到电力供应的限制,进而导致农业机械的动力不足。结果也表明,减少农业用电量将实现最大的系统收益和最小的灌溉用水量。如彩页图 17(c)所示,在规划期内,情景 1 下的总播种面积将从 $(126.40\sim134.70)\times10^3$ km^2 减少到 $(124.83\sim133.45)\times10^3$ km^2,农药和化肥消耗的限制将对播种面积起到约束作用。

(5)系统收益

彩页图 18 展示了在不同情景、可信度水平下规划期内的系统收益。结果表明,系统收益将从 $(300.08\sim351.54)\times10^9$ 元增长为 $(532.93\sim623.94)\times10^9$ 元。如彩页图 18(a)所示,在情景 1 且 $\alpha=0.6$ 时,系统收益最高;相反,在情景 2 且 $\alpha=1$ 时,系统收益最低。此外,系统收益会随着作物产量的增加和化肥消耗量的减少逐渐增加。彩页图 18(d)详细展示了当 $\alpha=1$ 时,5 个情景和 6 个时期内系统收益的变化。例如,第一时期的系统收益将从$(320.89\sim375.91)\times10^9$元(情景1)降低至$(300.08\sim351.54)\times10^9$元(情景2);这主要是因为情景1的决策目标旨在实现最大系统收益,而情景2的决策目标是寻求最小用水量。此外,与情景1和情景2相比,情景5下的系统收益也有较大差别,第一时期情景5的系统收益为$(307.87\sim360.67)\times10^9$元(情景5),这是因为情景5的决策目标将情景1、情景2和情景3的目标整合在一个框架中,这将在水、能源和粮食部门间产生权衡的决策方案。

(6)结果准确性验证

该模型的结果得到了《河南省"十三五"农业和农村经济发展规划》的验证。例如,在规划期内,灌溉水和农药消耗量将呈下降趋势,符合规划的要求。此外,棉花的产量将保持下降趋势,而谷物,蔬菜和水果的产量将呈上升趋势,这与实际情况相符。根据规划要求,到2020年,粮食(即大米、小麦、玉米、豆类和薯类)的年产量将保持在54.27×10^9 kg,该数值介于MIFCP-WEFN模型的$(50.85\sim57.35)\times10^9$ kg范围内。此外,到2020年,油料作物和蔬菜的年产量将分别控制在50.10×10^9 kg和62.63×10^9 kg之内;而在MIFCP-WEFN模型中,油料作物和蔬菜的产量分别为$(50.52\sim58.87)\times10^9$ kg和$(63.75\sim70.53)\times10^9$ kg;这主要是因为MIFCP-WEFN模型不仅考虑了农业部门的利益,而且考虑了水和能源部门的利益。基于优化结果的准确性验证,可以得出,考虑到系统的复杂性和不确定性,利用MIFCP-WEFN模型可以有效地解决河南省WEFN系统的规划问题,也可以应用于区域等其他尺度的WEFN规划问题。

(7)多层和单层、双层之间的比较

彩页图18(d)展示了当$\alpha=1$时,单层、双层和MIFCP-WEFN模型的系统收益的比较结果。结果表明,双层的系统收益将在单层(包括上、下层)结果范围内。如彩页图18(d)所示,在第一时期,双层的系统收益为$(311.43\sim364.83)\times10^9$元,在情景1下为$(320.89\sim375.90)\times10^9$元,在情景2下为$(300.07\sim351.54)\times10^9$元;这是因为双层的决策者关注最大系统收益和最小耗水量两个目标,而单层的决策者只考虑了单一目标。双层(情景4)和MIFCP-WEFN(情景5)的系统收益分别为$(311.43\sim364.83)\times10^9$元和$(307.87\sim360.67)\times10^9$元;这主要是因为双层的系统收益仅考虑了水资源和农业部门,侧重于水资源消耗和经济效益的平衡,而MIFCP-WEFN模型旨在探索节水、能源消耗和经济效益之间的最佳权衡。换言之,在MIFCP-WEFN模型中,水资源部门作为上层决策者将引导能源部门(中层决策者)和农业部门(下层决策者),同时能源和农业部门将针对水资源部门的决策做出相应的调整和反馈。因此,在处理涉及多层次结构的规划问题时,MIFCP-WEFN模型将优于单层规划和双层规划方法。

(三)黄河河南段水—能源—粮食协同发展优选路径

通过对水—能源—粮食协同调控模型进行求解及分析,得出以下结论:

第一,当采用STFIP-WEFN模型对黄河河南段-河南省进行优化时,优化结果表明:①作物总播种面积从$(129.3\sim133.6)\times10^3$ km^{2}增加到$(132.0\sim135.6)\times10^3$ km^2;其中,小麦播种面积将从$(48.7\sim50.0)\times10^3$ km^{2}增加到$(54.4\sim57.7)\times10^3$ km^2,以满足人民生活对粮食产量的需求;而棉花产量则与历史趋势保持一致,并在整个规划期内持续下降;此外，由于不同作物生产资源消耗定额的不同，玉米、大豆产量减少，薯类和水果产量增加。②系统收益在整个规划期内显著提高，在研究期内将增加 6.67% ~6.83%，能够满足政府规划的要求；水资源短缺会导致农业系统收益的轻微下降，但在供水充足的情况下会导致农业系统收益随着地下水供给比例增加而大幅增加。③随着地下水供给比例的增加，水资源短缺将不再限制作物的生产，而化肥和农药的用量将起到主要约束作用；小麦因其播种面积大、产量高，用电量远高于其他作物，随着地下水供给比例的增加，小麦用电量所占比例也会上升；而当地下水成为主要的水源时，豆类因其能值较低，将取代其他作物成为高效益的优势作物。④小麦在化肥消耗中占据主要地位，超过35%；而在水量充足和环境污染控制的限制下，小麦并不具有优势；在同样的环境污染控制下，与水稻、豆类等其他作物相比，小麦获得的收益较少；而随着地下水供给比例的提高，这一状况将得到改善。

第二，当采用 MIFCP-WEFN 模型对黄河河南段——河南省进行优化时，优化结果表明：①规划期内，水稻、玉米、豆类、薯类和棉花的播种面积将减少，而小麦、油料作物、蔬菜和水果的播种面积将增加；农作物总播种面积将显著增加，这将带来更多的收益并同时引发资源消耗的增长。②未来的总灌溉水量将减少 1.49%，减少农业用电量将实现最大的系统收益和最小的灌溉用水量。③在规划期间，蔬菜的总化肥消耗将从 8.06×10^9 kg 增长至 8.10×10^9 kg；由于较高的收益和较少的水资源消耗，将优先给蔬菜施用化肥；污染物排放控制政策将限制化肥和农药消耗，提高化肥纯度可以减少农业面源污染。④系统收益将从（300.08 ~351.54）$\times10^9$元增长至（532.93 ~623.94）$\times10^9$元，系统收益也会随着作物产量的增加和化肥消耗量的减少而逐渐增加。

四、黄河流域水—能源—粮食协同调控及发展路径建议

针对以上问题，为促进黄河流域 WEF 协同发展，提出如下建议：

第一，合理布局作物种植结构，协调灌溉效益、资源供给安全和环境污染之间的冲突。例如：为寻求最大的经济效益，种植结构应向高利润作物（如水稻、小麦、蔬菜和水果）调整；同时根据当地土壤肥力、气候条件、农业补贴政策以及灌溉基础设施来及时、适时调整种植策略。

第二，地下水供给比例超过 50% 将会带来更高的效益，但需以污染环境和水资源浪费为代价，由此可见需将地表水作为黄河流域农业灌溉的主要水源，避免过度开采地下水资源；利用优质地下水保障人类生活，以获得更大的综合效益。同时，应高度重视供水网络的改造和节水灌溉技术的提高，有效地限制水资源消耗，缓解不断增长的资源需求和有限的供应能力之间的矛盾。

第三，通过不确定性分析，可以发现供水结构的变化、作物生产的市场价格波动以及资源可获得量的变化都会对农业系统收益产生显著影响。建议农业管理者和决策者采取控制措施，维护农产品市场的稳定，建立高效的资源配置体系，逐步使地表水在农业灌溉中占据主导地位。然而，地表水可利用量的高度不确定性将增加农业用水短缺和其他部门粮食短缺的风险。因此，为了实现农业地表水的持续供应，应加强从时空维度上对地表水进行科学调控和调度。

参考文献

[1]马丽,田华征,康蕾.黄河流域矿产资源开发的生态环境影响与空间管控路径[J].资源科学,2020,42(1):137-149.

[2]陈印军,吴凯,卢布,等.黄河流域农业生产现状及其结构调整[J].地理科学进展,2005(4):106-113.

[3]黄河流域生态保护和高质量发展研究院课题组.加强水资源可持续利用 确保黄河国家战略行稳致远[N].河南日报,2020-09-17(8).

[4]彭少明,郑小康,王煜,等.黄河流域水资源—能源—粮食的协同优化[J].水科学进展,2017,28(5):681-690.

[5]孙才志,靳春玉,郝帅.黄河流域水资源—能源—粮食纽带关系研究[J].人民黄河,2020,42(9):101-106.

[6]TONG S C. Interval number and fuzzy number linear programmings [J]. Fuzzy Sets Systems,1994,66: 301-306.

[7]KARNIK N N, MENDEL J M, LIANG Q L. Type-2 fuzzy logic systems[J]. IEEE Transactions on Fuzzy Systems,1999,7: 643-658.

[8]CASTILLO O,MELIN P. A review on interval type-2 fuzzy logic applications in intelligent control [J]. Information Sciences,2014,279: 615-631.

[9]FIGUEROA-GARCIA J C, KALENATIC D, LOPEZ-BELLO C A. Multi-period mixed production planning with uncertain demands: Fuzzy and Interval Fuzzy Sets Approach [J]. Fuzzy Sets Systems,2012,206: 21-38.

[10] CASTILLO O, MELIN P. Optimization of type-2 fuzzy systems based on bio-inspired methods: a concise review[J]. Information Sciences,2012,205: 1-19.

[11]WANG C X,LI Y P,HUANG G H,et al. A type-2 fuzzy interval programming approach for conjunctive use of surface water and groundwater under uncertainty [J]. Information Sciences,2016,340-341: 209-227.

[12]MALDONADO Y,CASTILLO O,MELIN P. A multi-objective optimization of type-2 fuzzy control speed in FPGAs[J]. Applied Soft Computing,2014,24: 1164-1174.

[13]李明,唐秋华,席忠民,等.基于多层规划的单边多目标装配线平衡调度模型[J].系统工程理论与实践,2011,31(11):2185-2190.

[14]LIU B,LIU Y K. Expected value of fuzzy variable and fuzzy expected value models[J]. IEEE Transactions on Fuzzy Systems,2002,10: 445-450.

[15]YU L,LI Y P,HUANG G H,et al. Planning regional-scale electric power systems under uncertainty: a case study of Jing-Jin-Ji region,China [J]. Applied Energy,2018,212: 834-849.

[16]LV Y,HUANG G H,LI Y P,et al. Planning regional water resources system using an interval fuzzy Bi-level programming method [J]. Journal of Environmental Informatics 2010,16: 43-56.

[17] LI M, FU Q, SINGH V P, et al. An optimal modelling approach for managing agricultural water-energy-food nexus under uncertainty[J]. Science of the Total Environment, 2019, 651: 1416-1434.

[18] LI M, FU Q, SINGH V P, et al. Stochastic multi-objective modeling for optimization of water-food-energy nexus of irrigated agriculture[J]. Advances in Water Resources, 2019, 127: 209-224.

[19] ZENG X T, ZHANG J L, YU L, et al. A sustainable water-food-energy plan to confront climatic and socioeconomic changes using simulation-optimization approach[J]. Applied Energy, 2019, 236: 743-759.

第六章　黄河流域高质量发展的产业布局与绿色低碳循环发展途径

一、黄河流域产业发展现状、布局及结构

黄河流域产业发展研究涉及黄河流经的九省区所辖的41个省辖市(自治州)区域(以下简称:产业发展研究界定区域),如表6.1所示。

表6.1　黄河流域九省区产业发展研究界定区域范围

区域划分	省/自治区 (地级行政区域数)	省辖市/自治州
上游前段	青海(4个)	果洛藏族自治州、黄南藏族自治州、海南藏族自治州、海东市
	四川(1个)	阿坝藏族羌族自治州
上游后段	甘肃(4个)	兰州市、白银市、甘南藏族自治州、临夏回族自治州
	宁夏(4个)	中卫市、吴忠市、银川市、石嘴山市
	内蒙古(6个)	阿拉善盟、乌海市、鄂尔多斯市、巴彦淖尔市、包头市、呼和浩特市
中游	山西(4个)	忻州市、吕梁市、临汾市、运城市
	陕西(3个)	榆林市、延安市、渭南市
下游	河南(8个)	三门峡市、洛阳市、济源市、焦作市、郑州市、新乡市、开封市、濮阳市
	山东(7个)	聊城市、泰安市、济南市、德州市、滨州市、淄博市、东营市

黄河流域产业合理布局及优化结构是实现流域高质量发展的重要保障,对黄河流域产业发展现状、布局进行分析和评价,揭示制约产业高质量发展的困局,推动传统产业转型升级、提质增效,培育发展壮大新兴产业,为黄河流域生态保护和高质量发展提供重要经济支撑作用。

（一）黄河流域经济社会发展及生态特征分析

根据2019年统计年鉴及统计公报数据，2019年我国GDP为990 865亿元，黄河流域九省区界定区域内GDP为87 430.5亿元，占九省区全域内GDP总和的35.34%，仅占全国GDP的8.82%。黄河流域青海省、四川省、甘肃省、山西省四省区域内人均GDP分别为30 013元、41 278元、36 179元、32 960元，远低于全国人均GDP(70 892元)；宁夏回族自治区、河南省、陕西省和山东省四省区各区域内人均GDP分别为61 836元、70 722元、76 364元和73 898元，与全国平均水平基本持平；内蒙古自治区区域人均GDP为101 152元，高于全国平均水平。黄河流域九省区生态功能特征与产业结构布局现状，如表6.2所示。

表6.2　黄河流域九省区生态功能特征与产业结构布局

区域	生态功能特征	产业结构布局
青海	特点：(1)三江源地区——"中华水塔"。 (2)我国最为重要的水源地，生态屏障功能区域。 问题：水土流失严重，生态功能退化严重	畜牧业、金属矿采（钾盐等稀贵金属资源）、煤炭
四川	特点：包含生物多样性功能区、草原湿地生态功能区、水土保持生态功能区等多种重要生态功能区。 问题：草场退化、沙化、沼泽干涸	畜牧业为支柱产业，牧业用地占93%。畜肉、奶和毛皮的初制与加工为主
甘肃	特点：(1)祁连山冰川是黄河重要的水源补给区和涵养区。 (2)全国最大的黄土高原流域。 (3)黄河穿越兰州城区，形成内河。 问题：黄河泥沙量主要带入区，水土流失严重	牛羊养殖、优质土豆、中药材、高原夏菜等特色农业；石油化工、有色冶金等传统产业，能源消耗较高、污染排放较大
宁夏	特点：蒙古高原沙尘南侵的重要生态安全屏障。 问题：沙害严重	黄河灌溉特色农业（稻米、西瓜、蔬菜、枸杞、甘草、发菜）； 现代煤化工、现代纺织、电力、冶金、建材
内蒙古	特点：河套地区和土默川平原的主要灌溉水源地。 问题：(1)呼包鄂区域水土流失和荒漠化严重。 (2)冬季河水冰凌封冻造成河道冲刷，产生严重游移。 (3)阿拉善盟、阴山北坡（含浑善达克沙地）是我国四大沙尘暴发源地最接近中东部地区的两大来源地	牛羊肉奶制品、羊毛等农畜产品加工业； 新能源产业（风电、光伏发电）、冶金建材工业（含稀土资源开发利用）、化学工业（现代煤化工、盐碱化工、氟化工、有机硅化工）

续表6.2

区域	生态功能特征	产业结构布局
山西	特点：黄河流域治水节水示范带、华北地区重要绿色生态屏障、黄土高原生态综合治理示范区。 问题：(1)土地贫瘠，地表原有形态破坏，加剧了黄河中游段的水土流失，成为黄河泥沙的主要来源之一。 (2)在中游段还聚集了大量能源重化工基地，其用水和排污对黄河的水量和水质也造成一些负面影响。 (3)废弃矿山沉陷及尾矿堆置的生态修复任务繁重。 (4)大气污染(煤尘、氮硫化物)程度较重	特色农业和农畜产品加工业。主要是食品加工、中药材加工、生物制品、规模种养以及玉米、小杂粮、干鲜果等农畜产品加工。特色面食—调味品—酒产业。 全国主要煤炭能源基地，沿汾河形成以太原为中心的"太原—阳泉—晋中"煤炭、化工、钢铁产业带(太原钢铁是全球产能最大、工艺技术装备最先进的不锈钢企业，包头钢铁是世界最大的稀土钢生产基地和最具竞争力的稀土生产、科研基地)。 临汾、运城钢铁—化工产业区。装备制造业(载重车和汽车零部件、矿山机械、重型机械等)。材料工业(煤矸石、粉煤灰、工业废渣为原料的新型水泥和有色金属新材料)。 第二产业和第三产业比重大，第一产业比重相对较小。"一煤独大"的单一产业结构，倚重高耗能的高收益造成工业经济严重失衡
陕西	特点：黄河流域"中央水塔"、黄河中游重要生态安全屏障、黄土高原水土保持重点防治区。 问题：(1)原始森林破坏严重。植被覆盖率低，荒漠化和水土流失严重。 (2)黄河多沙、粗沙的集中来源区。 (3)地貌形态复杂、土质疏松，土壤侵蚀作用严重	第二产业产值占陕西省工业85%以上。造纸及纸制品业、饮料制造业、化学原料及化学制品制造业、石油和天然气开采业、纺织业、石油加工炼焦及核燃料加工业、交通运输设备制造业、通信设备计算机及其他电子设备制造业、文化旅游产业、科教文化
河南	特点：黄河泥沙主要淤积在河南河段，形成"地上悬河"。 问题：流域湿地生态系统退化严重，湿地不湿趋势明显，河段水生物种群数量大幅减少，部分土壤呈现盐碱化趋势，人湿矛盾突出。滩区功能定位不明晰	农业、养殖业大省，食品加工业(速冻食品)，优质小麦主产区，承载全国1/4的小麦产量和全国1/10的粮食产量，药材加工业。矿产资源种类齐全(煤、铝、钼、天然碱、金银、铅锌、石油)。能源资源产业(煤炭、火电、铝业、钢铁、化工、建材、涂料等)、高端装备产业(汽车、盾构机、起重机)、功能材料(金刚石、多晶硅)、电子通信制造产业、文化旅游产业(自然生态、人文历史：黄帝文化—商都文化—唐陪都文化—宋都文化—禅宗文化—王屋山太行文化)、特色餐饮

续表 6.2

区域	生态功能特征	产业结构布局
山东	特点:地上悬河,广泛分布有细砂、粉细砂和粉土土层。 问题:堤基砂土长期处于饱和状态,砂土液化严重。黄河三角洲及滨海平原盐碱化程度较重。植被退化严重	粮棉油农产品—养殖业基地(小麦产量全国第二)、特色优质林果—药材业(辣椒制品、阿胶、大豆、香瓜)、机械电子加工、石油化工产业(胜利油田、齐鲁石化橡胶产量居全国首位、鲁北/西化工)、钢铁(莱芜钢铁是全国规模最大的 H 型钢和齿轮钢生产基地、济南钢铁)产业、信息技术产业(济南)、新型功能材料产业(淄博)、文化旅游产业(自然、人文:孔孟文化)、医养健康产业

黄河流域经济社会发展现状及存在问题:

①生态环境多样性和脆弱性。以丘陵、高原、草地、荒漠为主;生物多样与脆弱性并存,自然景观独特,具有发展旅游业产业优势;该区域是重要的水源发源区,具有广袤的面积。

②经济发展不平衡性。黄河流域九省区近一半省区区域内 GDP 低于全国人均平均水平。人口众多,经济社会发展水平从下游到上游呈现梯度下降,呈现极度不平衡状态,经济发展水平偏低。

③公共基础设施薄弱。交通、水利、能源、教育、卫生、社会保障等社会事业发展相对滞后;市场发育不够成熟,农村实用技术人才缺乏。

(二)黄河流域产业发展现状及存在问题

黄河流域九省区区域 2019 年三次产业增加值仅分别占全国的 8.1%、9.9%、8.0%,各省区之间差距较大,三次产业增加值见图 6.1。

(1)产业结构相对单一,过度依赖资源能源矿产开发

黄河流域资源能源矿产丰富,形成很多资源能源型产业区,但过分依赖矿产资源初级开发、过度开采导致产业结构单一,精深加工能力薄弱。近十多年来,由于产业技术落后和生态环保要求提高等客观因素,黄河流域内所有省区工业占三产的比例都呈下降趋势。与此同时,地区和部门利益的投资冲动、产业政策不配套等因素,导致黄河中下游产业布局过分趋同,大多数城市的主导产业均以装备制造、传统能源化工为主,同质化情况突出。

(2)传统产业居于主导地位,节能减排任务繁重

黄河流域产业偏重于重化产业,传统产业以高耗水、高污染、高能耗为主,生态保护任务繁重。2017 年,黄河流域上游五省区的产业能耗(全省域)为 43 998.3 万 t 标煤,占五省区总能耗的 70% 以上。黄河流域全流域段能化、有色(包括黑色)金属产业污染源有 279 个,其中重大污染源 28 个,其排污量占调查污染源的 81%。

(3)产业发展关联度低,辐射带动能力薄弱

黄河流域九省区产业布局地理联系较低,黄河流域内不同区域经济发展不平衡现象

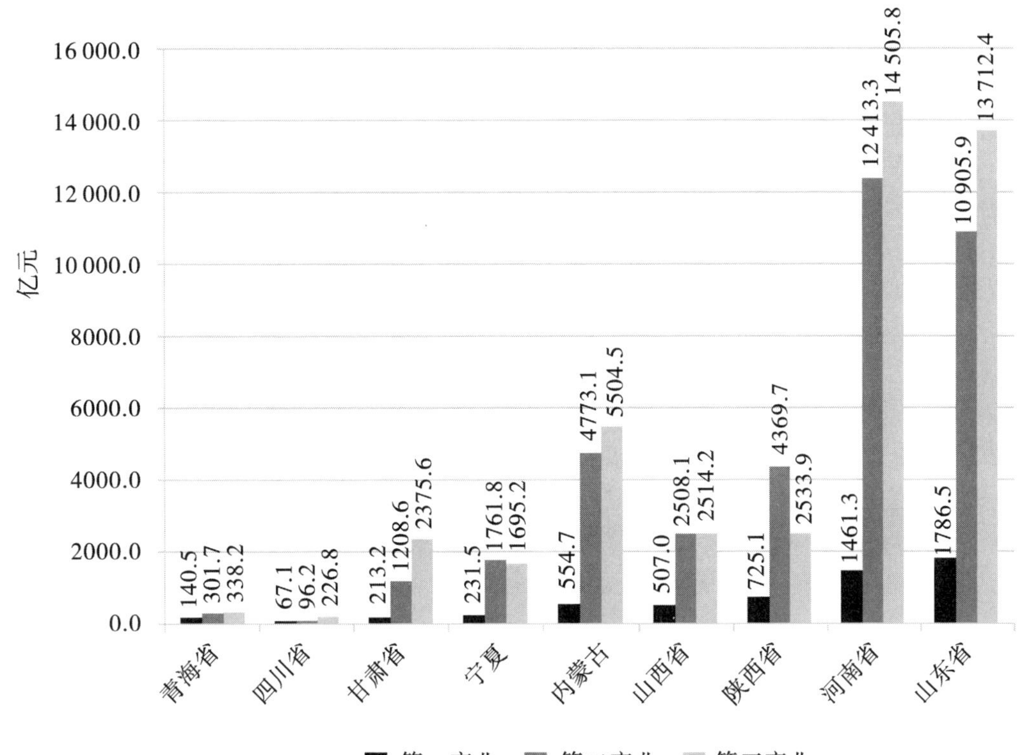

图 6.1　2019 年沿黄九省区黄河流域三次产业增加值

明显。2020 年,在沿黄九省区中,山东经济总量是青海的 24 倍多,山东人均生产总值是甘肃的 2 倍多,这些差距都凸显了黄河流域内经济发展的不平衡。产业发展相对独立,关联性较弱,产业集聚区辐射、带动能力不足,对提升地方经济社会发展水平力度不强。区域内的不平衡固然是由各种主客观因素导致,包括工业基础、资源禀赋、人口基数、生态承载力等,但若放任差距不断扩大,就难以有效推进黄河流域产业协同发展,无法确保沿黄各省区实现互利共赢。

综上分析,黄河流域生态环境的多样性、经济社会发展的滞后性、产业发展的差异性,反映出黄河流域各区域的极端不平衡性,要实现区域协调发展及经济社会可持续发展,需根据自身特点,按黄河流域分为上游(前后段)、中游、下游四区域,建立产业协调联动发展的极端重要性。

二、黄河流域工业发展及转型需求

(一)黄河流域工业发展概述

黄河流域九省区已经形成了较为完整的工业体系,从资产总值、营业收入和利润总额来看,主要支柱工业以电力、煤炭、化工等传统产业为主,新兴工业,如计算机、通信和其他电子设备、汽车制造业,还较为薄弱。

2019 年黄河流域九省区规模以上工业企业数共计 79 650,占全国规模以上企业单位数 377 815 的 21.08%,其中规模以上工业企业数量前三省是山东省 27 100、河南省 19 500,四川 14 600,三省企业数量占黄河流域九省区的 76.78%。

2019 年,黄河流域九省区规模以上工业企业资产总额 339 638.68 亿元,占全国规模以上企业资产总额 1 205 868.92 亿元的 28.17%;营业收入 256 455.1 亿元,占全国规模以上企业营业收入的 24.03%;利润总额 15 220.07 亿元,占全国规模以上企业利润总额的 23.13%。

2019 年,黄河流域九省区规模以上工业企业按照资产排名依次为山东、河南、四川、山西、陕西、内蒙古、甘肃、宁夏、青海。其中:工业企业总资产方面,排名前三的山东(9.56万亿元)、河南(5.27 万亿元)和四川(4.90 万亿元)占黄河流域九省区工业企业总资产(33.96 万亿元)的 58.01%;营业收入山东(8.32 万亿元)、河南(5.00 万亿元)、四川(4.41 万亿元)占黄河流域九省区工业企业营业收入(25.65 万亿元)的 69.12%;利润总额方面,山东(0.36 万亿元)、河南(0.35 万亿元)、四川(0.30 万亿元)占黄河流域九省区工业企业利润总额(1.52 万亿元)的 66.45%。

(二)推动支柱工业绿色转型升级

1. 能源产业

黄河流域也被称为“能源流域”,其流域内原煤、原油、天然气等化石能源资源和水电、风电、光伏等可再生能源丰富,是我国重要的能源生产基地。2019 年黄河流域九省区能源生产总量为 220 701 万 tce(1 t 标准煤当量),占同年全国能源生产总量 397 000 万 tce 的 55.59%。2019 年黄河流域九省区能源消费总量为 130 009 万 tce,占同年全国能源消费总量487 000万 tce 的 26.68%。黄河流域九省区能源生产量大于能源消费量,总体上属于能源输出区域。

(1)黄河流域能源产业现状

从黄河流域九省区的能源构成来看,黄河上游地区以大型水电开发为主,典型代表省份为青海省。黄河中游地区煤炭资源富集,典型代表省份为山西省。黄河下游地区石油和天然气资源丰富,典型代表省份为山东省。黄河流域内原煤的生产和消费占比非常高。煤炭储量占全国一半以上,我国重点建设的 14 个亿 t 级大型煤炭基地有 8 个位于黄河流域及附近地区,9 个千万千瓦级大型煤电基地有 6 个位于黄河流域。能源生产结构方面,以 2019 年为例,宁夏、内蒙古、陕西、山西、河南五省区煤炭生产量占所在地能源总产量的 79% 以上,山西省更是达到了 97.6%。能源消费结构方面,2019 年流域内的甘肃、宁夏、内蒙古、山西、陕西、河南、山东,原煤消费占比均超过了所在地能源消费总量的 55% 以上,其中宁夏最高,达 87%。

能源生产和消费的供需平衡方面(见表 6.3),黄河流域上游地区(青海、甘肃、宁夏)能源生产总量小于能源消费总量,属于能源输入型地区,但能源缺口不大。黄河流域中游地区(内蒙古、陕西、山西)能源生产总量远大于能源消费总量,是我国重要的能源输出地区。黄河流域下游地区(河南、山东)能源生产总量远小于能源消费总量,近半数的能源消费需要外省供应，能源缺口大，属于典型能源输入型地区。

表 6.3　2019 年黄河流域九省区能源结构及能源供需平衡

省区	类型	总量/万 tce	能源构成/%			
			原煤	原油	天然气	一次电力及其他能源
青海	能源生产	3916	14.3	8.2	21.7	55.8
	能源消费	4364	29.9	10.7	16	43.4
四川	能源生产	13 135	46.8	0.1	6.1	47
	能源消费	16 382	32.8	21.6	18.9	26.7
甘肃	能源生产	5734	45	20.6	0.4	34
	能源消费	7538	56.1	16.9	4.9	22.1
宁夏	能源生产	5457	93.4			6.6
	能源消费	6827	87	4.9	4	4.1
内蒙古	能源生产	54 620	90.5	0.3	5.2	4
	能源消费	19 915	79.9	7	2.3	10.8
陕西	能源生产	56 392	79.4	8.9	10.1	1.6
	能源消费	12 900	74.8	8.4	10.6	6.3
山西	能源生产	70 767	97.6		0.9	1.5
	能源消费	16 837				
河南	能源生产	10 091	88.6	4	0.4	7
	能源消费	22 944	73.2	14.1	5.9	6.8
山东	能源生产	13 824	65.2	23.2	0.4	11.2
	能源消费	38 634	70.5	17	4.4	8.1

数据来源：黄河流域九省区 2019 年统计年鉴。

发电结构方面，黄河流域九省区依托当地资源禀赋和发展基础，在装机规模上得到了快速发展（见表 6.4）。其中，黄河流域上游凭借当地丰富的水、风、光资源，可再生能源发电装机得到快速发展，典型代表省份为青海省，其可再生能源发电装机占装机总量的 87.59%，清洁化特征突出。黄河中游地区因煤炭资源丰富，火电装机规模较大，电能以外送为主，典型代表省份为内蒙古、宁夏和山西，其火电发电装机占装机总量的 60% 以上。而黄河下游地区人口多，工业电力负荷需求大，火电占比同样较高，但以电力集中就地消纳为主，典型代表省份为河南省、山东省。

表6.4 黄河流域九省区发电装机及发电形式构成

	青海	四川	甘肃	宁夏	内蒙古	陕西	山西	河南	山东
装机总量(万 kW)	3168	3672	5268	5296	13 049	6242	9249	9306	14 044
其中:水电	1192	3076	943	42	239	391	223	408	108
火电	393	503	2104	3219	8721	4380	6687	7050	10 713
风电	461	73	1297	1116	3007	532	1251	794	1354
光伏	1122	20	924	918	1080	939	1088	1054	1619

数据来源:各省 2019 年统计年鉴。

(2)黄河流域能源产业存在的问题

①黄河流域内能源保障能力增强,但结构性矛盾突出,严重依赖化石能源。黄河流域内九省区经济发展过程中,能源生产、转化和输送能力不断得到加强,但能源结构矛盾突出,流域中下游地区仍以煤炭等化石能源为主,清洁能源消费比重低。电力结构中,流域内火电装机占比高达66%,低碳减排任务较重。长此以往必将影响黄河流域高质量发展的可持续性。

②黄河流域能源强度较低,但能源供应主要依赖外部输入。黄河流域内九省区经济社会的快速发展带来能源需求总量持续增长,从而加剧区域能源供应对外依赖程度,总体呈现偏紧的局面,尤其以黄河中下游为甚。由于黄河中下游的化石能源资源匮乏,区域能源对外依存度较高。随着黄河流域城市群的发展,黄河流域能源需求总量还可能进一步攀升,流域内山东、河南等省能源缺口将继续扩大,能源保供面临巨大压力。

③黄河流域能效水平总体提升,但是能源利用方式粗放,单位能源产出效率不高。在黄河流域部分能矿资源富集区域,由于对能源资源开发长期以采掘和粗加工为主,高附加值和中、高端产业发展力度远远不够。黄河流域以一次能源开发利用为主,且发展方式较为粗放,能源结构仍不够合理,产业布局较为单一、工业污染突出等问题依然存在。在承接东部地区产业转移的过程中,流域多数省份单位能源产出效率不高,发展空间较大,需持续推动产业转型升级,提高单位能源产出效率。

④黄河流域上游地区清洁能源禀赋优势明显,但有效利用不足,新能源消纳通道不畅。黄河流域上游地区水能资源丰富,技术可开发量较大。但自"十三五"以来出现了严重的弃水、弃风、弃光问题。根据发改委、能源局印发的《解决弃水弃风弃光问题实施方案》,2017 年,甘肃弃风率为 30% 左右,内蒙古弃风率为 20% 左右;甘肃弃光率为 20% 左右,青海弃光率在 10% 左右。造成弃水、弃风、弃光的原因有以下几点:一是当地发电建设规模与本地负荷水平不匹配,市场消纳能力有限。二是汛期降水较为集中导致水电消纳不了。三是外送通道能力不畅,省区间和网间外送消纳受限。从电力外送来看,受端省份在经济下行的大背景下往往优先从自身经济发展需要和保护本地企业利益出发,更倾向在其本地建设电源项目,故接纳外来水电、风电、光伏的意愿不强。四是部分地区光伏电站建设缺乏统筹规划,存在一定的无序现象。五是电站建设与配套电网的建设和改造不协调等原因,致使黄河流域内新能源出现了一定程度的弃水、弃风、弃光现象。

(3)黄河流域能源产业升级转型方向

①构建黄河流域能源走廊,按照高值化、多元化、资源化发展思路推进黄河流域能源工业转型发展。黄河流域中下游作为煤炭等化石能源资源型地区,要创新化石能源利用方式,提升清洁高效利用水平,推动能源全产业链发展,打造牵引转型升级新引擎。当前要把资源型产业发展的重点放在资源转化增值上。在优化提升传统化石能源产业的基础上,要因地制宜发展现代化石能源转换产业,加大科技创新组织和投入,努力突破技术瓶颈,提高化石能源资源加工利用产品附加值,减少水耗和碳排放,降低成本,有序发展,科学发展,走出一条差异化、高端化、规模化、国际化的现代化石能源应用的路子。

②推动黄河流域能源富集地区绿色发展,构建能源安全保障基地。提升能源工业科学产能与清洁高效利用水平,科学发展风能和太阳能。重点是加大煤炭去产能力度,坚决淘汰落后产能;有序增加煤炭产能,全部新增产能符合科学产能要求;发展煤炭安全高效智能化开采技术与装备,推进智慧矿山建设;大力发展先进煤炭清洁高效利用技术。重点发展煤炭分级分质利用新技术,新一代超低排放高效煤电技术、高端煤化工技术、煤基高端化学品和新材料技术、煤油共炼等多能耦合技术等。科学发展现代煤炭产业。着力推进煤炭产业基地化发展,重点是建设大型化、集约化的煤电煤化工基地,有序发展煤电产业,差异化协同发展煤制气、煤制油、煤制烯烃、煤制醇等现代煤化工产业。在风能、水能与太阳能资源丰富地区,加快建设大型风能发电基地与大型太阳能光热与光伏发电基地,在较为丰富地区建设小型风电项目及分布式太阳能光热与光电项目,同时多措并举、内外联动扩大风电与光电消纳能力,解决严重的"弃风""弃光"问题。

③合理制定开发时序,优化清洁资源配置,深化消纳机制,推进流域内能源共享发展。合理制定水电风等清洁能源开发时序,推广风—光—水互补综合开发利用。结合流域内经济社会发展需要和节能减排压力,统一对水电、风电、光伏科学发展的认识,把合理有序发展水电、风电、光伏作为流域内能源发展的基本方针。推广风光水互补发电综合开发可再生能源。通过风电、光电、水电互补,有利于发挥流域水电整体调节性能,提升电网对风电、光电的消纳能力。发展可再生能源电解水制氢及相关产业。收集用电低谷时可再生能源产生的剩余电力通过电解水的方式制造氢气,从制氢、储氢、运氢、加氢、到氢的应用,形成一条完整的氢工业产业链,有效带动流域内能源产业升级和经济进步。

推进区域内资源的优化配置。黄河上游各省市能源资源禀赋特征明显,应加强区域间不同能源的互补利用,包括加强电力的共享,打通关键节点,开展区域内跨省通道建设,电力交易,实现水火互济;推进区域电力互补,加强相互支撑。

④加大清洁能源开发力度,积极推进清洁能源基地建设,促进黄河流域上中下游能源生产和消费均衡,实现全流域能源协调发展。通过外电入豫、外电入鲁可以进一步拓展黄河中上游地区清洁电力消纳空间。能源及相关企业可加大流域内清洁能源开发力度,加快推进青海海南州、海西州、陇东地区、鄂尔多斯等新能源外送基地项目开发建设,开展宁夏、晋北、蒙西地区既有外送通道的挖潜,提高河南、山东等地区清洁能源消纳能力,带动流域上游的清洁能源基地开发。通过环保项目与能源项目开发深度捆绑,提供能源项目全生命周期的环保解决方案,以清洁能源基地和"光伏+"生态能源开发等方式,促进生态环境修复和水资源合理利用,进一步提升清洁能源在本地能源消费中的占

比,加快实现碳排放达峰的目标。

⑤多领域探索电能替代新模式新路径。在交通领域,推进用户侧清洁电能替代,助力地方生态治理和绿色发展。如在冷链物流领域推广换电冷藏车业务,将有效降低碳排放,促进清洁能源的就地消纳。以河南省为例,河南省现有冷藏车超 14 000 辆,居全国第二位,每年消耗柴油超 2 亿 L,排放二氧化碳约 56 万 t。到 2025 年,河南省部分冷藏车采用换电模式将增加清洁电力消纳约 3 亿 kW · h,替代标煤 9 万 t,减少二氧化碳排放约 28 万 t。随着该产业的发展和成熟,可逐步复制推广至黄河流域其他地区,促进交通领域以电代油。

在信息领域,积极参与建设大数据中心配套清洁电源。据初步测算,到 2025 年,青海、宁夏、内蒙古三地的数据中心绿电需求量预计达 974 亿 kW · h,可替代标煤 2991 万 t,减少二氧化碳排放量 9714 万 t。在青海、宁夏、内蒙古等资源优势区,可研究大数据中心智慧用能方案,参与建设大数据中心配套清洁电源及相关项目布局。

在工业领域,探索实施矿区零碳智慧方案。黄河流域是我国重要的矿业基地之一,如内蒙古自治区拥有煤矿数量约 550 处、产能 13 亿 t 左右,千万吨级煤矿约 10 座。到 2025 年,预计内蒙古自治区通过矿区电能替代方式就地消纳清洁电力达 4 亿 kW · h,替代标煤 12 万 t,减少二氧化碳排放量约 40 万 t。可积极探索在矿区实施零碳智慧方案,加快推动流域范围内矿区"换电重卡+智慧矿区"服务模式,加强拓展矿区固废处理和生态修复业务,提供涵盖全生命周期的智慧零碳矿区解决方案。

⑥因地制宜推进光伏与乡村产业的有机融合,以新能源工业助力黄河流域乡村振兴。黄河以南流域乡村大多数地区未能实现集中供暖。预计到 2025 年,黄河流域以南地区清洁供暖用电量达 144 亿 kW · h,替代标煤 441 万 t,减少二氧化碳排放 1433 万 t。应探索"光伏+农业""光伏+畜牧业养殖"等多种用能解决方案,因地制宜推进光伏与乡村产业的有机融合。探索智慧清洁供暖方案,促进绿电替代散煤、煤电,拓展清洁能源消纳空间。

2. 钢铁及有色冶金产业

(1)钢铁产业

钢铁产业是以从事黑色金属矿物采选和黑色金属冶炼加工等工业生产活动为主的工业行业,包括金属铁、铬、锰等的矿物采选业、炼铁业、炼钢业、钢加工业、铁合金冶炼业、钢丝及其制品业等细分行业,是国家重要的原材料工业之一。

2018 年黄河流域钢材产量 22 934.7 万 t,占全国的 20.8%。钢铁产业的碳排放量占我国总碳排放量的 10% 以上,降低或减少钢铁产业的碳排放可以减少我国总碳排放量。表 6.5 是 2021 年黄河流域各省区钢铁产量,其中山东、山西、河南产量位居全国第三、第五、第九。

表 6.5 2021 年黄河流域各省区钢铁产量

单位:万 t

四川	青海	甘肃	宁夏	内蒙古	山西	陕西	河南	山东
2788	187	1059	596	3118	6741	1521	3316	7649

数据来源:各省 2021 年统计年鉴。

2020 年 12 月 16 日，工业和信息化部发布公告，已对《钢铁行业产能置换实施办法》进行了修订，形成《钢铁行业产能置换实施办法（征求意见稿）》，并公开征求社会各界意见。2020 年 6 月 29 日，生态环境部印发《重污染天气重点行业应急减排措施制定技术指南（2020 年修订版）》，在重污染天气预警期间，环保绩效水平先进的企业，可以减少或免除应急减排措施，从而鼓励“先进”鞭策“后进”，促进钢铁全行业绿色健康高质量发展。

四川省：截至 2021 年，全国钢铁年产能近 10 亿 t，而四川钢铁年产能只有 2788 万 t 左右。从体量看，在全国大盘中占比有限。从企业看，目前全省主要有鞍钢集团攀钢、川威集团、德胜集团、达钢集团等 4 家长流程钢企和四川省地方冶金控股集团下属的多家短流程钢企等。短流程钢企中，尽管经过前几年推动中小钢企重组整合，形成了一定规模效应，但整体仍存在布局分散、产业集中度较低等问题。从产品看，全省钢材产品结构单一，产品多元化发展也挑战重重。

青海省：2021 年青海省钢材产量为 187 万 t。西宁特殊钢股份有限公司是西北地区最大的特殊钢生产企业，集“钢铁制造、焦化生产、地产开发”三大产业板块为一体的综合开发型钢铁企业。青海省“十三五”期间关停了西宁特殊钢股份有限公司服役 47 年的“功勋电炉”，承担起化解钢铁过剩产能的重任，累计退出钢铁产能 50 万 t。青海省“十四五”期间推动钢铁行业降碳目标，深化钢铁行业供给侧结构性改革，推进存量优化。重视冶炼尾渣、高炉煤气等副产资源的综合利用，提升废钢资源回收利用水平，推行全废钢电炉工艺。开展铁合金行业自动化系统技术升级，促进钢铁行业清洁能源替代，深入开展钢铁行业节能降碳技术改造，探索氢气替代焦炭作为还原剂的技术路径，提升钢铁、铁合金行业整体能效水平，降低碳排放强度。

甘肃省：2021 年甘肃省的粗钢产量是 1059.00 万 t，同比降低 0.02%，其中，酒钢集团钢材产量完成 875.16 万 t，同比降低 0.03%。甘肃省钢铁行业的产品结构开始转向高质量钢材，预期钢铁行业在未来的发展中，该特征会愈加明显。酒钢集团进行科技创新，成功研发高性能建筑结构用钢、汽车结构用高强钢、桥梁用钢、经济型双相不锈钢等产品，以转型升级为主线，围绕“强龙头、补链条、聚集群”的发展战略，通过协同稳链、项目延链、科技强链、招商补链，赋能产业发展，增强内在韧劲，提高核心竞争力。2019 年以来，酒钢集团公司为着力推动传统产业转型升级，大力实施高端化、智能化、绿色化，即“三化”改造，累计开展科技项目 1276 项，新增专利授权 1017 件，获得省科技进步奖 6 项、专利奖 10 项、甘肃省工业优秀新产品奖 7 项。

宁夏回族自治区：2019 年，宁夏回族自治区制定了《宁夏回族自治区钢铁行业超低排放改造实施方案》，力争到 2025 年年底，全区所有钢铁企业，通过全面改造升级，有组织排放颗粒物、二氧化硫、氮氧化物浓度基本达到超低排放指标限值；无组织排放控制措施全面落实；新建、扩建、改建钢铁项目必须全面达到超低排放水平。2020 年，宁夏回族自治区生铁、粗钢、钢材的产量分别为 320.0 万 t、466.6 万 t、482.0 万 t，分别同比增长 23.7%、51.2%、57.4%。宁夏回族自治区钢铁行业体量较小，2020 年其钢铁行业整体处于亏损状态，营业收入为 598.89 亿元，亏损 29.81 亿元。2021 年宁夏区域总的粗钢产量达到 596.33 万 t，相比上年增加 27.8%。2022 年也面临化解过剩产能，产业升级，结构调整问题。

内蒙古自治区:截至 2021 年,内蒙古现有包头钢铁、吉宇钢铁、亚鑫隆顺特钢、远联钢铁、德晟金属、包钢万腾等多家钢铁企业,钢产能超 3000 万 t。2021 年 2 月 25 日,内蒙古自治区发改委发布《关于确保完成"十四五"能耗双控目标任务若干保障措施(征求意见稿)》,要求严格落实目标责任、控制高耗能行业产能规模,从 2021 年起,不再审批钢铁(已进入产能置换公示阶段的,按国家规定执行)、铁合金等新增产能项目,确有必要建设的,须在区内实施产能和能耗减量置换。

山西省:钢铁产业是山西省重要的支柱产业之一,也是继煤炭产业之后,省内工业经济贡献第二大的产业。山西省在产钢铁联合企业共 24 户。2021 年,山西省生铁产量 5988.4 万 t,同比下降 1.6%;粗钢产量 6740.7 万 t,同比增长 1.6%;钢材产量 6173.9 万 t,同比基本持平。2020 年,山西省重点推进 33 个升级改造项目,总投资 323 亿元。通过实施重点项目、推进兼并重组、打造产业集群、优化产品结构、推进超低排放、加速两化融合等,不断推进产业布局优化、产业链延伸、创新能力提升,维护和保持产业链供应链稳定,规范化、绿色化、智能化、高端化的特点日趋鲜明,加快培育产业发展新动能,打造产业发展新业态。山西省工业和信息化厅发布的《山西省钢铁企业改造提升 2022 年行动计划》指出,2022 年对全省 24 户钢铁企业开展入企服务,重点推进 67 个产能置换、节能改造、超低排放等项目建设,总投资达 761.4 亿元,2022 年预计完成投资 258 亿元。产业结构方面力争全省钢铁行业非限制类炼铁先进产能达到 60% 以上,炼钢先进产能达到 50% 以上。产品结构调整取得阶段性成果,非建筑类钢材品种占比达到 30% 以上。对标国际一流,重点打造世界先进企业,培育龙头企业,实现布局优化与集群发展,逐步形成太原不锈钢、运城汽车及工业用钢、晋东南智能装备用钢、临汾型钢及合金钢等四大产业集群。

陕西省:2021 年,陕西省钢材产量为 1520.81 万 t,同比降低 0.05%。2021 年,陕西省制定出台钢铁深加工产业链提升方案、三年行动方案等。三年行动方案重点推出补链强链延链三大任务:构建上游铁矿石、焦炭、熔剂、再生钢铁资源四大保障体系,降低钢铁行业对外部资源的依赖度实现补链;强化中游装备升级、产品结构调整、配套项目建设、绿色低碳发展等六项增效措施,不仅能生产普通钢,还能生产优特钢,增强竞争实力实现强链;加速下游韩城精品钢材生产基地、汉中钢材制品产业集群、西安钢铁产业服务转型三大基地建设,深化与下游企业合作达到延链。

河南省:河南省规模以上工业企业 2021 年钢材产量 4336.0 万 t,比上年同期增长 2.4%,增速较上一年同期低 7.9 个百分点,增速放缓,增速较同期全国高 1.8 个百分点,占同期全国规模以上企业钢材产量 133 666.8 万 t 的比重约为 3.2%。河南省发布《河南省钢铁行业"十四五"转型升级实施方案》。该方案明确提出,到 2025 年,全省钢铁行业绿色化、智能化、高端化、服务化水平进一步提升,生产力布局和产品结构进一步优化,生铁产能控制在 3000 万 t 左右,粗钢产能控制在 4000 万 t 以内,实现"两减、两降、两优"的目标。

山东省:山东是全国重要的钢铁生产基地。长期以来,山东钢铁工业为全省和全国经济建设提供了重要的原材料保障,有力支撑了相关产业发展,推动了全省工业化、现代化进程,促进了民生改善和社会可持续发展。2021 年,山东省钢铁产量 7649 万 t,居全国第三位,实现产值约 5000 亿元。钢材品种齐全,板材和型钢占据重要地位,22 大类钢材品种中，山东企业占有19种。2020年，板材型钢产能4200万t，占比约45%；建筑钢材产能约2800万t，占比约30%；特钢产能1700万t，占比约19%；其他产能占比约6%。济南城区、淄博、聊城、滨州、潍坊等传输通道城市和胶济沿线钢铁企业正加快退出。已初步形成日照—临清沿海先进钢铁制造产业基地、莱芜—泰安内陆精品钢生产基地，以及日照先进钢铁制造产业集群、临沂临港高端不锈钢与先进特钢制造产业集群、莱芜精品钢和400系列不锈钢产业集群、泰安特种建筑用钢产业集群。临沂已形成“红土镍矿—镍铁”“不锈钢轧制—不锈钢板—不锈钢卷—不锈钢制品—批发市场”钢铁产业链条，具备百万吨以上镍铁合金及百万吨不锈钢轧制的生产能力。临清地区已初步形成“轴承钢—轴承加工—装备制造”的产业链条，具备实现“材料—部件—装备”的自循环能力。冠县和博兴地区分别形成了“冷轧—镀铝锌—彩涂”的产业链，钢材深加工能力均达到3000多万t。

钢铁产业面临的问题：

①去产能和供给侧改革不协调。国家在2015年提出了“三去一降一补”为重点的供给侧结构性改革方案，工信部随后出台了《钢铁工业调整升级规划》，拉开了钢铁去产能的大幕。“十三五”期间，我国累计压减粗钢产能超1.7亿t，出清超1.4亿t“地条钢”，“僵尸企业”和落后产能应退尽退，市场环境有效改善，优势产能充分发挥。

②产业结构和市场竞争不协调。钢铁行业长期存在产能布局不合理、集中度低等问题，导致其在产业布局调整和市场有序竞争等方面缺乏优化升级的能力，成为钢铁行业健康发展的瓶颈。一方面，产业集中度长期提不上去。“十二五”“十三五”两个五年规划都未完成集中度目标。另一方面，产业布局仍不合理。产业布局失衡，呈现“区域集中、整体分散”的发展格局。

③绿色发展水平和生态环境需求不协调。近年来，资源环境约束趋紧，生态文明建设被提升到前所未有的高度，作为能耗和排放大户，钢铁工业高速发展掩盖下的环保欠账日益凸显。

钢铁产业升级的策略：

①大力发展循环经济。国家产业政策提出：鼓励推广以废钢铁为原料的短流程炼钢工艺及装备应用，到2025年，中国钢铁工业炼钢废钢比不低于30%，废钢铁加工配送体系基本建立。用废钢铁直接炼钢可以节约60%能源，其中每用1 t废钢铁，可节约焦炭0.4 t或原煤1 t，可减少1.6 t CO_2排放，减少固体废物3 t的排放。发展废钢铁产业，增加废钢铁供应能力是降低对铁矿石依赖的重要途径。我国钢铁产业的粗放式发展模式加剧了我国自然环境的日益恶化以及能源的短缺。为推动我国钢铁行业的可持续发展，钢铁企业必须大力发展循环经济，坚持减量化、再利用、再循环的经济发展原则，减少能源消耗和污染物排放，实现钢铁产业的循环发展。

②控制产能，完善产业结构。我国钢铁产业产能过剩的现象非常严重。控制产能总量是解决产能过剩问题的首要策略，要以严格的环保标准要求钢铁产业的发展，推动钢铁企业的发展与环境保护紧密结合，使我国的钢铁产能逐渐合理化。逐步调整钢铁产业结构，放弃粗放式的经济发展模式，减少技术含量低的钢铁产品生产，提升产品的质量，促进经济结构的优化升级，推动我国钢铁企业朝着集约型生产迈进，实现钢铁产业的可持续发展。

③加大研发力度,推动技术创新。技术创新是改变我国钢铁产业现状的关键。加大研发力度,借鉴国外先进企业经验,充分结合我国实际情况,推动我国钢铁产业的健康发展。

(2)有色冶金产业

有色冶金产业是指除黑色金属之外的所有金属的生产,包括对有色金属矿产的开采、选矿、冶炼、加工成材的工业部门。按生产性质分为:①重金属的生产,如锌、铅、铜、镍等;②轻金属的生产,如镁、铝、钛等;③贵金属的生产,如钨、钼、金、银、铀、钍、铍、锢、锗和稀土金属等。有色金属具有独特性能,在现代化工业中被广泛使用,是工业生产中很重要的一个部门。

矿产资源是有色冶金产业的基础原料,有色冶金产业要依托地域性矿产资源的优势进行建设。黄河流域的矿产资源丰富,使得有色冶金产业成为其主导工业。

黄河流域已被探明的矿产有 37 种,约占全国的 82%,其中稀土、石膏、玻璃用石英岩、铌、煤、铝土矿、钼、耐火黏土等 8 种矿产储量占全国矿产总储量的 32% 以上,被认为具有全国性优势。黄河流域的矿产受成矿条件多样化的影响,广泛聚集在各个区域,使其利于开发利用。现阶段,黄河流域对矿产资源进行集约化开采并利用的区域主要为兴海—玛沁—迭部区、西宁—兰州区、灵武—同心—石嘴山区、内蒙古河套地区、晋陕蒙接壤地区、陇东地区、晋中南地区、渭北区、豫西—焦作区及下游地区等 10 个地区。这些地区矿产资源集中,根据各地的规模、特色形成了特定的矿产生产基地。

青海省:2019 年青海省十种有色金属的产量为 250.93 万 t,同比增长 10.26%。到 2025 年西宁将基本建成化工新材料和有色合金千亿级产业集群,有色金属精深加工能力达到 200 万 t。

四川省:2018 年四川省十种有色金属的产量为 78.75 万 t,同比增长 17.05%。

甘肃省:甘肃是我国"有色金属之乡",在"一五"期间,甘肃就被列为我国重要的有色冶金产业基地。截至 2021 年,已形成电解铜 120 万 t、电解铝 300 万 t、电解铅锌 50 万 t、镍 20 万 t 的生产能力,具有工业底子厚、冶炼产能强、资源品种多、成本要素低、产业基础好等突出特点,培育了铭帝铝业、东兴铝业等一批优秀企业。

宁夏回族自治区:2020 年,宁夏云耀再生资源有限公司年产 10 万 t 再生铜资源综合利用项目在银川高新区再生资源产业区试车投产,该项目投产后将年回收处理废铜 11 万 t,实现产值约 50 亿元,利税约 7 亿元。

内蒙古自治区:内蒙古除了煤炭储量全国首屈一指以外,有色金属储量也十分惊人,开发和勘探潜力较大,尤其是大兴安岭南麓一带,已被国家确定为有色金属矿产战略接续基地。内蒙古十种有色金属矿产已查明资源储量总计 2539.45 万 t,其中铜、铅、锌、钨、钼矿查明资源储量分别位居全国各省区市的第 4 位、第 2 位、第 2 位、第 10 位、第 6 位。内蒙古是我国百万吨级有色金属生产基地之一。内蒙古自治区规模以上工业企业 2021 年十种有色金属产量 745.8 万 t,比上年同期增长 2.8%,增速较上一年同期低 11.5 个百分点,增速放缓,增速较同期全国低 2.6 个百分点,占同期全国规模以上企业十种有色金属产量 6454.3 万 t 的比重约为 11.6%。

山西省:2021 年山西省十种有色金属产量为 126.12 万 t,同比增长 29%。山西省鼓励现有优势铝企业与煤炭、电力等企业以资本和产业链为纽带实施联合重组,培育煤、电、铝、加工材料于一体的企业集团。着力构建“煤炭—电力—电解铝”“铝土矿—氧化铝—电解铝—铝深加工”“氧化铝—电解铝—区域电网—铝深加工”等完整产业链。

镁产业鼓励中条山有色金属集团在探明白云石资源的基础上，实施进军镁产业发展战略，全力打造具有资源优势、技术领先，创新性和影响力的新型镁合金研发和生产企业。鼓励镁产业以市场为导向，坚持以自主创新和引进吸收为技术依托，努力提升新合金的开发水平和合金的深加工能力，形成国内最大的镁合金材、宽幅板材、压铸件、汽车轮毂等终端产品的生产企业。

铜产业以提高铜深加工能力为方向，延伸产业链，开发技术含量和附加值高的铜加工产品，形成铜板带、铜箔加工—覆铜板、铜杆—铜线、特种铜材铜加工等产品链。

陕西省：2019 年陕西省十种有色金属产量为 205.4 万 t，累计增长 3.79%。陕西有色金属集团具有很多优势资源，如钼、钛等稀有金属产业在世界上均排在前列。其中，钛制品供应量约占全国的 40%，占军工高端市场近 90%。2019 年，陕西有色金属集团实现营收 1371 亿元，利润 15 亿元，上缴税费 40 亿元，完成工业总产值 1088 亿元，资产总额达 1399 亿元。

河南省：2020 年，河南省十种有色金属产品产量 418.62 万 t，同比增长 1.84%，全国第五位；其中电解铝产量完成 176.48 万 t，同比增长 4.36%，排全国第八位；铅产量完成 148.00 万 t，同比上升 4.82%，位列全国第一位；铜产量 54.25 万 t，同比下降 4.10%，排全国第九位；锌产品产量完成 35.49 万 t，同比下降 9.84%，全国排名第八位。全年氧化铝产量完成 1010.86 万 t，同比下降 6.52%，全国第三位。全年铝材完成产量 1031.56 万 t，同比增长 18.09%，位列全国第二位；铜材产量完成 67.65 万 t，同比增长 26.03%，全国第七位。

山东省：山东省工业实力雄厚，尤其在铝加工产业方面，具有产业链完善、产业集中、技术领先等优势。截至 2020 年年底，全省氧化铝企业 5 家、产能 2670 万 t，电解铝企业 4 家、产能 845.5 万 t，铝材加工重点企业 70 余家、加工能力 1200 余万 t，产能均居全国第一位。全省氧化铝产量 2800 万 t、电解铝 807.9 万 t、铝材加工量 1138 万 t，分别占全国的 38.3%、22.3% 和 19.7%。山东省重点企业“南山铝业”生产的航空铝材、“魏桥铝电”生产的易拉罐料等高端合金制品占国内 40% 以上的市场份额。

有色冶金产业面临的问题：

①产业链供应链安全风险凸显，拓展国际市场难度明显增加。面对经济全球化逆流和新冠肺炎疫情广泛影响，世界各国经济社会发展的不平衡性与贸易保护、技术封锁、资源民粹等相互交织，正在改变全球有色金属工业发展格局，多元竞争的新时代已经来临，“十四五”时期，我国有色金属产业发展将面临更加复杂的竞争与角力。

②资源能源和生态环境的强约束，碳达峰碳中和的硬任务。2020 年，我国有色金属产量首次突破 6000 万 t，其中精炼铜产量 1003 万 t，电解铝产量 3708 万 t。面对高质量发展新阶段的新形势，面对资源能源和生态环境的强约束、碳达峰碳中和的硬任务，“十四五”期间，我国大宗原生有色金属需求将达到或接近峰值平台期，规模数量型需求扩张动力趋于减弱，冶炼产能“天花板”将基本形成。

有色冶金产业升级的策略：

①不断提升供给高端化水平。要通过强化行业共性关键技术研发,加强创新平台载体支撑,优化完善创新机制生态,健全产业的创新体系。要密切跟踪新型结构铝电解槽、电解法钛生产技术、氢冶金等变革性、颠覆性研究,增强技术创新活力,占领未来竞争高地。要坚持材料先行和需求牵引并重,聚焦国防建设、民生短板和锻造竞争长板的重大需要,突破航空轻合金材料、超高纯稀土金属及化合物、集成电路靶材、人工晶体等关键材料,为强国建设提供支撑。要围绕提高产品质量,加强质量管理和过程管理,推进产品标准和品牌建设,健全质量评价和认证体系。

②大幅提升发展绿色化水平。要坚决贯彻执行国家"双碳"行动方案,争取有色金属产业在2025年前后基本实现碳达峰,2030年前全面实现碳达峰;争取在2050年基本实现碳中和,2060年全面实现碳中和。要研究推动电解铝、铜冶炼、铅锌冶炼等重点行业实施超低排放;加强产业重金属污染治理,无害化处理砷冶炼渣、铝灰等危险废物;禁止非法生产添汞产品。要提升资源综合利用水平,重点围绕尾矿、废石、赤泥、冶炼渣等,建设一批工业资源综合利用基地。要大力发展再生有色金属,以及促进钢铁有色协同处置含锌二次资源。

3. 石化产业

我国石油和化工产业是国民经济重要支柱产业之一,主营收入占全国工业的10%以上,以石油、天然气、煤炭等为原料生产的化工产品广泛用于工农业生产、交通运输、人民生活、国防科技等各领域。石油和化学工业产业链从原材料到市场终端分为五个产业结构层次,见表6.6。

表6.6 石油和化学工业产业链层次结构

结构层次	产业	特色	代表产品
第一	石油、天然气和化学矿山开采业	石油和化学工业产业链始发端	—
第二	基础石油化工原材料加工业	石油和化工产业发展的原材料基础	三酸两碱、三烯三苯等
第三	一般石油和化工加工制造业	石油和化工深加工的初级阶段	合成氨、合成树脂、合成纤维、合成橡胶等
第四	化工新能源、化工新材料、高端精细化学品及现代煤化工等高精尖技术和新市场用途的石油化工产品	高端石油和化工制造业引领产业竞争优势和经济增长点(高端化工原材料和先进生产加工技术)	纳米材料、电子信息制造技术等
第五	战略性新兴石油和化工产业(包括生命科学、生物工程、化学制药、高端新材料、环境工程、新材料产业园等)	石油和化学工业发展方向和新技术领先探索(包括工艺技术创新性和产业技术引领性)	—

(1)我国石油和化工行业现状

我国石油和化学工业5个结构层次中,以低端的资源依赖型产业为主,对技术依赖性强的高端产业结构层次产品占比很低,产品结构矛盾突出。

2019年我国石油和化工行业规模以上企业24 773家,其中全国油气开采板块规模以上企业119家,炼油板块(含生物质燃料248家)1322家、化工板块(增煤化工674家)22 270家,专用设备板块1062家;全行业资产总计13.28万亿元,增幅约7.4%。2019年石油和天然气开采业、精炼石油产品制造和化学工业利润总额同比均有下降,分别为1630.34亿元、910.87亿元和3797.48亿元。2019年全行业营业收入12.50万亿,实现利润总额6780.78亿元。

我国石油和化工产业结构以化学工业、炼油业为主,低端产品产能过剩,高端制造产品很少,2019年高端专用材料进口依存度接近80%,进出口贸易逆差达2683.2亿美元。其中高端材料、专用化学品、医疗测试化学助剂、电子化学品、高纯度化学品等缺口较大,石化产业链、供应链亟待重构。2018年我国部分高端化工产品自给率和对外依存度见表6.7。

表6.7　2018年我国部分高端化工产品自给率和对外依存度

产品名称	自给率/%	产品名称	对外依存度/%
高性能纤维	< 50	己二腈、聚烯烃弹性体(POE)	100
工程塑料	56	乙烯-乙酸乙烯共聚物(EVA)	60.02
高端膜材料	67	聚碳酸酯(PC)	59.72
电子化学品	67	合成橡胶	49.90
		电子化学品:光刻胶、硅晶体、高纯磷烷特气、CMP抛光型材料	100

(2)黄河流域石油和化工行业现状

根据2020年黄河流域九省区各地市统计年鉴数据,2019年黄河流域九省区界定区域石油和化工规模以上企业3303家,占全国石化行业24 773家的13.33%;营业收入18 954.16亿元,占全国全行业12.50万亿元的15.16%;利润总额892.65亿元,占全国全行业利润总额6780.78亿元的13.16%。

2019年黄河流域九省区界定区域,石油和化工行业营业收入排名前三的是山东、陕西、河南,内蒙古略低于河南,排名第4,陕西、宁夏和甘肃分列第5~7位,青海、四川黄河沿岸区域没有石化产业。

2019年黄河流域九省区界定区域石油和化工行业中,石油、煤炭及其他燃料加工业,化学原料和化学制品制造业,橡胶和塑料制品业,化学纤维制造业营业收入占黄河流域九省区界定区域的比例分别为47.44%、46.63%、0.75%和5.18%,前两个主导产业(石油、煤炭及其他燃料加工业,化学原料和化学制品制造业)占比高达94.07%,橡胶和塑料制品业、化学纤维制造业企业少、资产低,经济效益不佳。其中石油、煤炭及其他燃料加工业企业数 425 家,营业收入 8992.41 亿元,利润 331.79 亿元;化学原料和化学制品制造业企业数 2092 家,营业收入 8837.88 亿元,利润 498.68 亿元;橡胶和塑料制品业企业数 727 家,营业收入 981.33 亿元,利润 64.38 亿元;化学纤维制造业企业数 59 家,营业收入 142.53 亿元,利润-2.19 亿元。

(3)化工园区(集聚区)建设进展

化工园区(集聚区)是全球石油化工行业转型升级的重要方向,园区化管理具有规模宏大、产业集聚、治理完善、管理统一、服务高效的体制优势。石化产业覆盖石油炼制—大宗化学品—聚合物生产全链条,生产链长,涉及面广,企业、园区数量多,黄河流域九省区界定区域的石油和化工产业在区域经济中占有举足轻重的地位。

据应急管理部数据,截至 2021 年 8 月,我国近 30 个省级单位已认定公布超过 600 个化工园区,其中黄河流域九省区化工园区(含化工集中区)初步统计为 244 个,占全国约 40%,其中青海(未公布)、四川(未公布)、甘肃 15 个、宁夏 10 个、内蒙古 58 个、山西(未公布)、陕西 21 个(第一批)、河南 55 个(第一、二批)、山东 85 个(第一至四批)。

截至 2021 年 8 月,黄河流域九省区界定区域化工园区数量共计 115 个,约占全国 19%,占黄河流域九省区的 47%,其中甘肃 4 个、宁夏 10 个、内蒙古 25 个、山西(未公布)、陕西 16 个、河南 26 个、山东 34 个。黄河流域九省区及界定区域化工园区数量见表 6.8。

表 6.8　黄河流域九省区及界定区域化工园区数量

黄河流域	省域化工园区数量		各地级市化工园区数量	
上游前段	青海、四川	—	—	—
上游后段	甘肃(15)、宁夏(10)、内蒙古(58)	83	甘肃(4)、宁夏(10)、内蒙古(25)	39
中游	山西(未公布)、陕西(21)	21	山西(未公布)、陕西(16)	16
下游	河南(55)、山东(85)	140	河南(26)、山东(34)	60
合计		244		115

注:根据黄河流域九省区公布化工园区(集中区)名单公示整理,截至 2021 年 8 月。

黄河流域九省区界定区域石化行业整体产业结构层次呈现低端、落后和同质化特征,其中黄河流域以 7.8% 的国土面积集中了全国约 40% 的煤化工项目,化工新材料、高端精细化学品是产业结构中两大突出短板。

黄河流域上中下游的石化产业分析:①黄河上游前段的青海、四川仅有 5 个州(市)位于黄河流域,该区域生态环境约束性强,人口稀少,基本没有石化工业。②黄河上游后段区域的甘肃、宁夏、内蒙古,以及黄河中游的山西、陕西区域是我国化工产业转移的重要承接地和煤化工生产基地,主要以煤化工、石油化工、氯碱、精细化工等为主导。③黄河流域下游的河南、山东区域均为化工产业重地,界定区域内已建在建化工园区 60 家占黄河流域的 52%,2 省化工园区 140 个占黄河流域九省区的 57.38%;其中河南黄河界定区的洛阳与三门峡、济源等均为产煤耗煤地区,洛阳市(2020 年高端石化产业主营业务收入1500亿元)正在打造中西部地区最大的石油化工产业基地,向规模化、系列化、精细化发展;山东省化工产业占其全省工业产值20%左右,是世界第三大炼油中心,集聚40多家地炼和石化产业,总炼油能力12 410万t,产能占全国地炼企业产能总量的70%以上,其黄河流域化工园区34家占全省的40%。

(4)绿色转型升级优化发展策略

在双碳、两高、双循环背景下,黄河流域石化产业绿色转型升级优化,应针对我国石化产业存在的低端产能过剩、高端供给不足的结构性矛盾,特别是高端合成材料、功能材料、医用材料、高端电子化学品等供给不足,严重影响产业链稳定安全的关键问题,依托化工园区建设,紧密结合黄河流域生态保护与高质量发展国家战略,大力推进绿色化工、清洁化工、循环化工发展,以实现黄河流域石化产业高质量发展战略目标。石化产业绿色转型升级优化发展策略:

①调整产品结构,优化产业布局,提高产业竞争力。坚持大型化和炼化一体化发展方向,加快淘汰低效落后产能,实现产业结构、原料结构、装置结构和产品结构优化,形成一批布局合理、本质安全、具有世界先进水平的大型炼化一体化企业和产业集群。

坚持用高新技术改造提升黄河流域石化传统产业,大幅增加高端石化产品比例,加快传统产业结构调整及转型升级、精细化工、化工新材料产业等的产业布局,补长产业结构短板。其中煤化工加强创新,研究发展清洁高效的新型集成技术与过程,实现节能减排;推动黄河流域现代煤化工与可再生能源多产业融合,联合制氢、制材料和化学品等,实现产品的精细化、差异化、绿色化,建成创新能力强、质量效益好、结构优化、资源节约和环境友好型石化工业,提高黄河流域石化产业竞争力。

②建设一流石化园区,促进产业绿色低碳发展。对标世界一流石化园区,提升黄河流域石化园区规模、效益、集约化和产能结构。充分利用化工园区聚集力,整合入园企业用热、用电、用水、用气需求,集中规划建设热力、天然气和电力基础设施,进一步加强园区余热利用、节能改造和综合能源服务,深挖跨部门、跨行业节能潜力,实现多能互补和智能化管控,降低企业用能和污染物治理成本。

在黄河流域发展国家重点鼓励和高成长性化工新材料,重点发展"高、精、尖"化工项目,以高端石化创新创业园区推进产业技术进步,推动产业链上下游关联企业集聚发展、优势产业向下游延伸,使产品向精深加工发展。

以国家生态文明建设为指导,严格执行环境保护法,加强园区排污、碳排放标准和要求,着力打造高端绿色一流化工园区(集聚区),推广节能新技术、新模式、新业态,推动黄河流域石化企业节能减排、产业绿色低碳发展。

③构建互联智能工厂,加快智慧园区建设。加快提升黄河流域石化产业及化工园区(集聚区)创新能力,加快产品创新与智能制造,支持化工园区智能化改造与建设,利用互联网+智能制造,互联构建智能工厂,实现柔性生产。

建立化工园区大数据库,共建共享综合信息平台数据,强化园区封闭管理,以信息化手段提升园区安全、管理质量水平;石化企业与电商深度融合,加快产业智能化、营销电商化发展,建成黄河流域智能高效、绿色低碳的现代化智慧园区。

④培育战略性新兴产业,实现产业绿色低碳发展。面向"双碳"目标,强化科技创新

引领,探索石化节能新工艺、新材料、新设计思路;加快提升产业及化工园区(集聚区)的创新能力,加强产、学、研结合,攻克一批领先关键技术,使产业结构向高附加值、低能耗方向转变,加速重构产业价值链、供应链,构建循环经济产业生态链。

大力发展新兴高端产业,加快培育、壮大信息技术、高端石化、新能源汽车储能、节能环保等战略性新兴产业,形成从原油炼制到化工新材料、专用化学品完整产业链的现代石化工业体系,提高黄河流域石化产业竞争力,实现黄河流域石化产业绿色低碳高质量发展。

4. 建材产业

建材行业是中国重要的材料工业。建材产品包括建筑材料及制品、非金属矿及制品、无机非金属新材料三大门类,广泛应用于建筑、军工、环保、高新技术产业和人民生活等领域。

(1)我国建材行业发展概况

到2013年,中国已经是世界上最大的建筑材料生产国和消费国。国家统计局数据显示,2019年规模以上建材行业营业收入4.8万亿元,同比增长11.5%;实现利润总额4291.5亿元,同比增长13.5%;规模以上建材行业销售利润率为8.9%。主要建材产品水泥、平板玻璃、建筑卫生陶瓷、石材和墙体材料等产量多年居世界第一位。在建材行业的细分市场中,2019年规模以上水泥行业实现营业收入10 126.5亿元,同比增长12.5%;实现利润总额1866.8亿元,同比增长19.6%。规模以上平板玻璃行业实现营业收入842.9亿元,同比增长9.8%;实现利润总额98亿元,同比增长16.6%。混凝土与水泥制品、防水建筑材料、特种玻璃、纤维增强塑料制品等行业营业收入年增长速度超过10%,砖瓦和建筑砌块、石灰石和石膏制造、玻璃纤维及制品、建材非金属矿采选业、石棉和云母制品业等行业营业收入同比下降,其他行业营业收入保持中低速增长。

虽然近年我国建材工业取得了快速发展,主要建材产品产量已居世界领先地位,但同时我国建材行业也面临新的挑战和矛盾,结构调整、科技创新、节能减排、资源配置、产业链拓展和国际合作成为行业可持续发展的六大挑战,而产能过剩、创新支撑力不足、节能减排约束性压力不断增大又成为现阶段行业自身发展的三大突出矛盾。

(2)黄河流域建材产业现状

黄河流经区域的七省区(除去青海省、四川省)所辖的设区市(自治州)非金属矿物制品企业数见图6.2。

对应的黄河流经区域的七省区(除去青海省、四川省)所辖的设区市(自治州)非金属矿物制品产业经济指标见图6.3。

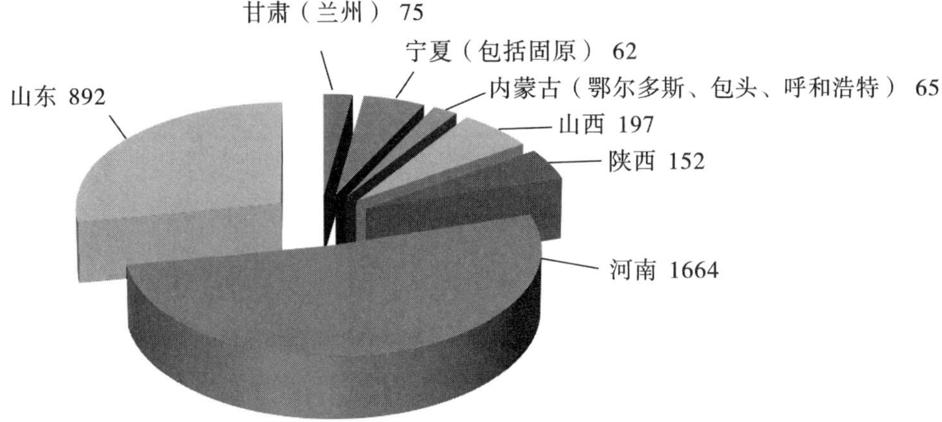

图 6.2　2019 年黄河流域各省区设区市非金属矿物制品企业数

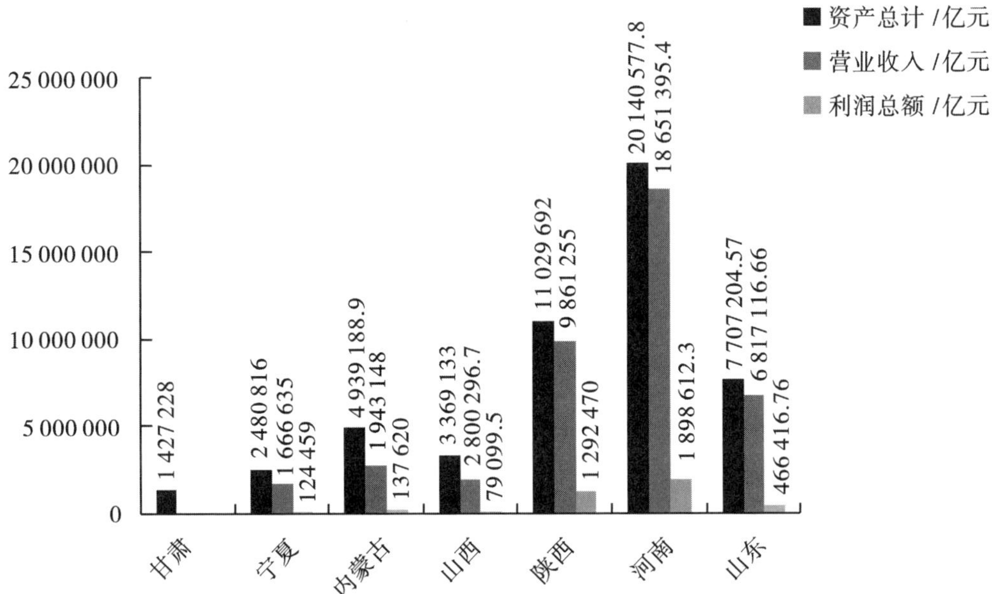

图 6.3　2019 年黄河流域各省区设区市非金属矿物质品产业经济指标

注：宁夏回族自治区数据包括固原市数据；内蒙古数据为鄂尔多斯市、包头市、呼和浩特市；甘肃数据为兰州市的数据。

由图 6.3 可知，黄河流经区域的七省区（除去青海省、四川省）所辖的设区市（自治州）非金属矿物制品企业，以河南省最多，占比为 51.89%，相应的非金属矿物制品产业的资产总计、营业收入、利润总额分别达到 20 140 577.8 亿、18 651 395.4 亿、1 898 612.3 亿元；其次为山东、山西、宁夏、陕西，占比分别为 27.81%、6.14%、5.05%、4.74%。

黄河流域范围涉及设区市及自治州进入《2019 中国建材企业 500 强榜单》的企业共有 48 家：山东省上榜企业较多，有 22 家企业上榜，占黄河流域上榜企业的 45.8%；其次为河南，上榜企业达到 13 家，占黄河流域上榜企业的 27.1%；甘肃、内蒙古、宁夏分别有 6

家、4家、3家企业上榜,分别占黄河流域上榜企业数的12.5%、8.3%、6.3%。处于上游前段的甘肃省、四川省没有企业上榜;上游后段的甘肃、宁夏、内蒙古共有13家企业上榜;中游段的山西和陕西没有企业上榜;下游段的河南和山东共有35家企业上榜,约占黄河流域总上榜企业的73%。原因主要有:一是山东、河南两省所处黄河流域的市区较多;另一方面,山东、河南两省处于黄河中下游地区,经济与上游地区相比较为发达。

黄河流域建材企业产品多是水泥、混凝土、玻璃等传统建材产品,新型产品较少,能源消耗大,规模、技术、产品结构等方面与世界水平相比,存在差距,缺乏竞争力。

(3)黄河流域建材产业升级转型方向

①促进与战略性新兴产业融合。战略性新兴产业是传统产业与高新技术融合的产物,建材产业作为国民经济重要的基础原材料工业,与战略性新兴产业具有一定的关联性,与节能环保、新一代信息技术、生物、高端装备制造、新能源、新材料和新能源汽车等战略性新兴产业均可相融合,是支撑战略性新兴产业发展的重要产业,其许多技术、材料和装备等可直接应用于战略性新兴产业,为其发展提供支撑和保障。与此同时,战略性新兴产业的发展离不开建材产业的支撑,其发展也为建材产业提供广阔的新的市场空间,在一定程度上带动建材产业的发展。

建材产业通过与节能环保、新一代信息技术、生物、高端装备制造、新能源、新材料和新能源汽车等战略性新兴产业融合,可以实现产业共同发展。因此建材行业应转变产业发展方式,抓住战略性新兴产业发展契机,加快进入新产业,促进建材产业与战略性新兴产业的融合,大力发展适应战略性新兴产业要求的建材技术、装备、材料和服务,促进建材产业转型升级。

②努力发展绿色建材、生态建材、环保建材。未来建材行业的发展趋势有以下几方面:高质量的节能、保温材料产品将大量应用,如新型墙体材料、高质量门窗、中空玻璃;提高材料性能、使用寿命;与环境、社会和生态相协调;向智能化方向发展;向复合化、多功能化方向发展。开发绿色建材产品以适应市场需要,提高产品质量,增加产品品种,走可持续发展之路是我国建材工业发展的必由之路。

5.机械加工及装备产业

(1)机械加工及装备产业现状

机床行业是关系国家经济的战略性产业,是装备制造业的加工母机,也是加工制造的关键装备,几乎所有金属切削、成形过程均需借助机床实现。金属切削机床是机床行业中的重要组成部分。从机床供给市场来看,2020年全球机床行业产值为578亿欧元,中国产值位居世界第一位,产值为169.5亿欧元,在全球市场中占据的份额为29%。从机床需求市场来看,2020年全球机床行业消费额为573亿欧元,其中中国消费额位居世界第一位,消费额为186.1亿欧元,在全球需求市场中占据的份额为32%。

图6.4为2020年我国金属切削机床产量前十的省市,从图6.4可以看出,在黄河流域九省区中,只有山东省和陕西省位列前十名。图6.5给出了2015—2020年黄河流域九省区金属切削机床产量对比。黄河流域九省区金属切削机床的产量占比呈逐年下降趋势,由2015年的28.5%降低至2020年的18.8%。此外,在黄河流域九省区,2020年山东省的金属切削机床产量远高于其他省区,占九省区产量的58.7%。从图6.5还可以看

出,陕西省金属切削机床产量的增速较高。

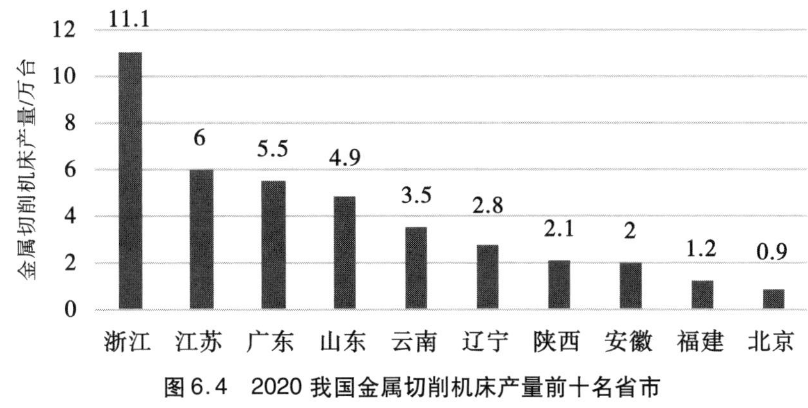

图 6.4　2020 我国金属切削机床产量前十名省市

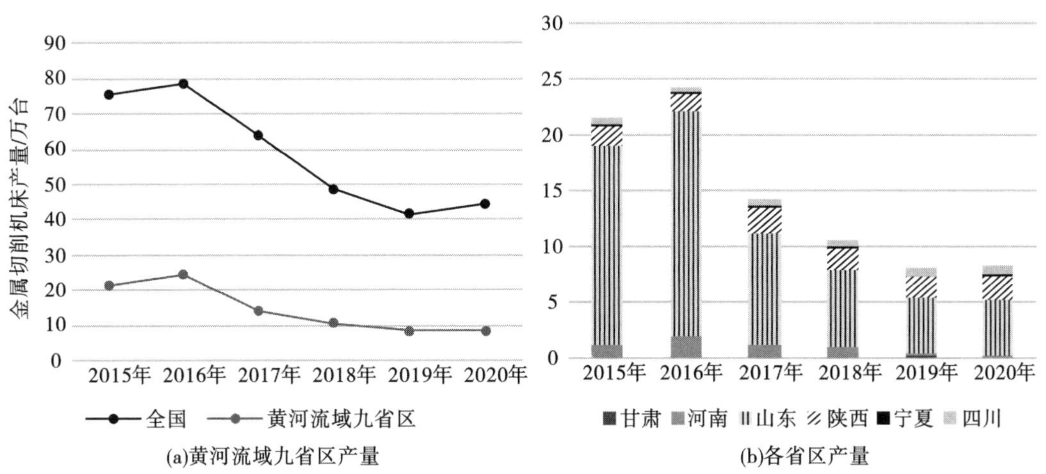

图 6.5　2015—2020 年黄河流域九省区金属切削机床产量对比

随着电子信息技术的发展,世界机床业已进入了以数字化制造技术为核心的机电一体化时代,其中数控机床就是代表产品之一。数控机床是一种高效能的、装有程序控制系统的自动化机床,能较好地解决复杂、精密、小批量、多品种的零件加工问题,代表着现代机床控制技术的发展方向。

图 6.6 为 2020 年我国数控机床区域分布,可以看出数控机床主要集中分布于华东地区、中南地区和东北地区。黄河流域九省区中,只有山东省位于华东地区,但华东地区的销售收入主要集中于江苏省、安徽省、浙江省和上海市;只有河南省位于华南地区,但华南地区的销售收入主要集中于广东省、湖北省和湖南省。因此,数控机床在黄河流域九省区中的分布较少。

通过对我国数控机床上市企业中 8 家上市企业(华明装备、秦川机床、创世纪、亚威股份、沈阳机床、海天精工、华中数控和华东数控)的经营情况进行分析,可以看出我国数控机床上市企业营收差距十分明显,其中营业收入较高的主要为秦川机床(陕西)、创世

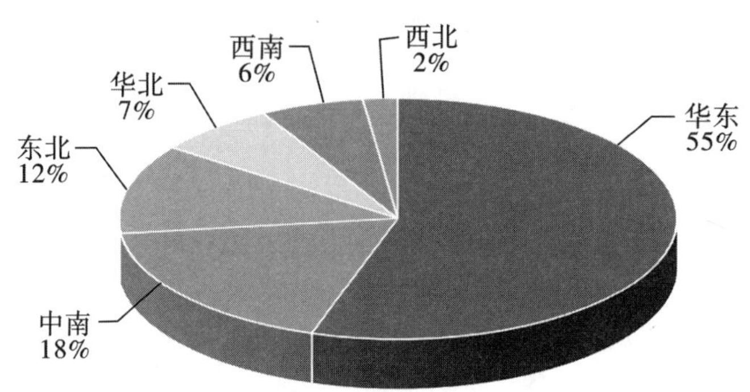

图 6.6　2020 年我国数控机床区域分布

纪(广东)、亚威股份(江苏),且秦川机床 2020 年的营业收入位于八家上市公司之首。此外,从 8 家上市企业营业利润上来看,除华明装备外,其余企业利润总额均小于 3 亿元,可以看出我国数控机床行业整体收益情况有待提高。综上可以看出,黄河流域九省区的数控机床产业发展较慢。

(2)黄河流域机械加工及装备产业存在的问题

通过黄河流域九省区与全国机床产量及销售收入的对比,可以看出:

①黄河流域中游和下游的机械加工及装备产业发展较快,已形成产业集聚现象(其中,山东省数控机床行业企业达 1000 余家,以济南第一、第二机床厂为代表;陕西省机床行业企业达 500 家,以秦川机床厂为代表)。② 黄河流域上游的机械加工及装备产业发展较为滞后。但随着政府的政策激励,黄河流域上游涌现了一些创新企业,比如青海省中国第二重型机械集团公司开发了全球最大万航模锻 8 万 t 级模锻压机,宁夏回族自治区大河数控机床有限公司自主研发了数控珩磨机床技术,打破了高档数控珩磨机床进口的垄断局面。然而,黄河流域上游各省区的机械加工与装备行业尚未形成产业集聚现象。

通过对黄河流域九省区的机械加工与装备产业现状进行深入分析,总结出机械加工与装备行业存在以下弊端:

①高端产品国产化率低。受我国宏观经济放缓与全球政治局势动荡等因素的影响,在 2015—2020 年期间我国数控机床的进出口量呈波动性下降趋势。出口产品以低端数控机床为主,而进口产品以高端数控机床为主。由于我国数控机床产品集中于中低端产品市场,其高端产品的技术竞争力较低,导致高端数控机床依赖进口度较大且出口产品以低端数控机床为主,整体进口额为进口额的 3 倍左右。

②行业整体分散无法集中。机床行业的下游是零件加工企业,企业需求千差万别,即使是同类型机床需要加工的产品也完全不同,加工需求的不同,出厂前的机床定制需求也就千差万别,所以整个机床行业无法形成一个大型统一的公司,以生产一件单一的产品供不同企业使用。我国机床行业的现状是分别给不同企业生产不同型号的数控机床,整个机床行业较为分散、没有统一的产业模式。

③专业人才问题亟待解决。作为技术密集型产业,中国机床行业特别是高档数控机床行业人才一直紧缺。理论知识扎实,实际经验丰富,知识面广,适合担任企业技术负责

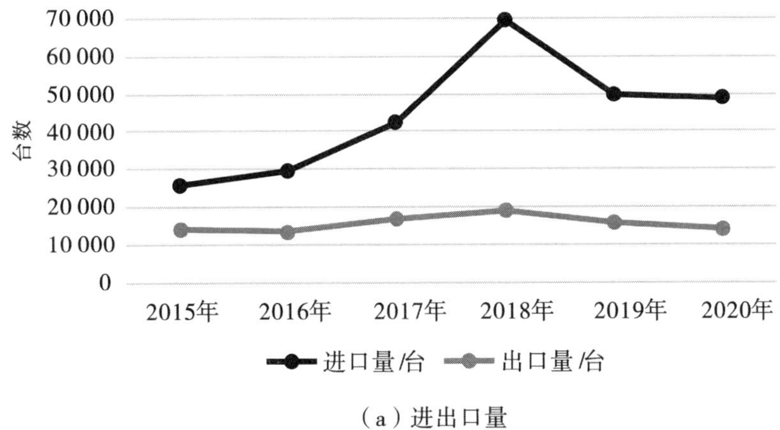

（a）进出口量

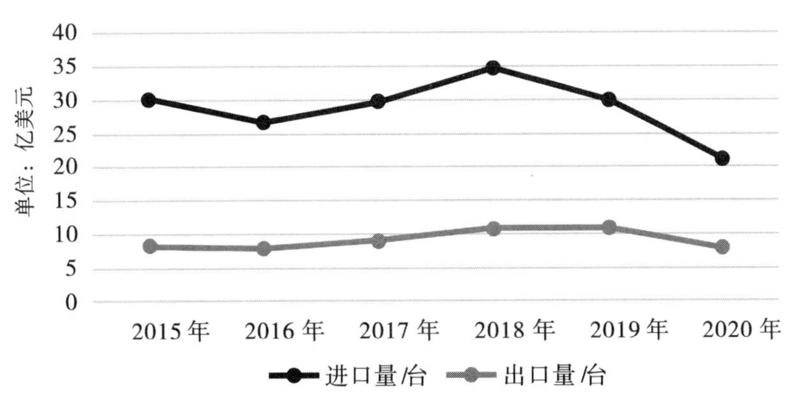

（b）进出口额

图 6.7　我国数控机床进出口情况

人或机床厂数控机床产品开发的人才分外抢手。技术人才流失，应届毕业生忽略传统行业的尴尬，让数控机床技术人才的匮乏日益凸显。

（3）黄河流域机械加工及装备产业发展对策

2018—2021 年，国家发改委、工信部以及国家标准化管理委员会等部门相继出台将数控机床产业列入国家重点发展产品的政策，其行业在此背景下将迎来发展良机。《中华人民共和国国民经济和社会发展第十四个五年规划和 2035 年远景目标纲要》中明确提出，将进一步推动制造业优化升级，培育先进制造业集群，推动集成电路、航空航天、工程机械、高端数控机床等产业创新发展。

①继续提升机床数控化率。我国机床行业数控化水平与发达国家仍存在较大差距。在《中国制造 2025》战略纲领中明确提出“2025 年中国的关键工序数控化率将从现在的 33% 提升到 64%”，我国机床数控化率仍有广阔的提升空间，并将带动数控机床行业的蓬勃发展。黄河流域九省区应该深入贯彻落实《中国制造 2025》方案，继续推动机床数控化率的快速提升。

②加快机床关键部件国产化。我国机床关键部件的国产化率较低，中高档数控系统

以及配套的主轴、伺服电机等均依赖进口。《中国制造 2025》重点领域技术路线图对机床关键部件国产化提出了明确的国产化目标。随着国家政策支持力度的加大，国内主要机床企业也在加大对机床关键部件的研发，国产化水平将逐步得到提高，但仍存在较大差距。黄河流域九省区应该加强对重点机床企业的创新资金投入及政策激励，加快机床关键部件国产化。

③推进机床行业整合步伐。机床行业是集劳动密集、资金密集和技术密集于一身的产业，行业进入壁垒较高，即便进入的企业如果不能达到一定的规模，很难产生盈利。黄河流域九省区的机床企业多数为小型企业，亟须进行有效整合（地域整合、产业链整合和战略整合），通过大规模采购和生产降低成本，通过协调不同子公司或事业部产生协同效应，建立一支全球化的销售队伍将产品覆盖到不同的地域和市场。

6. 轻纺产业

轻纺工业，包括食品、饮料、烟草加工、服装、纺织、皮革、木材加工、家具、印刷等，是生产消费资料的工业部门，担负着人民生活消费品的生产、出口创汇和为国家经济建设积累资金的重要任务，其发展在民族地区经济建设中具有十分重要的意义。

（1）黄河流域轻纺工业发展现状

2019 年黄河流域轻纺工业指标见图 6.8。

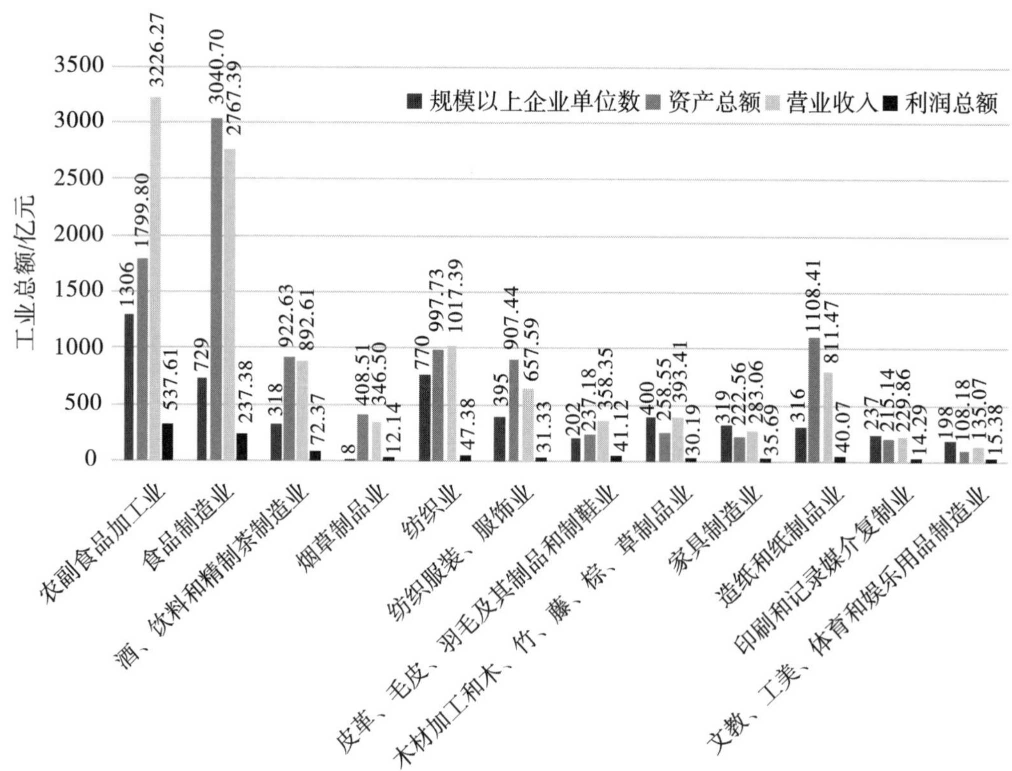

图 6.8 2019 年黄河流域轻纺工业经济指标

注：数据来源于各地市 2020 年统计年鉴，其中青海省 11 个县、阿坝藏族羌族自治州、白银市、乌海市、巴彦淖尔市由于没有统计年鉴，未统计。

黄河流域轻纺工业资产总额为10 226.82亿元(统计范围内),占黄河流域各地市统计范围内各行业资产总额(126 762.5亿元)的8.07%,所占比重相对较小。黄河流域轻纺工业共有企业5198家,占各行业企业总数(22 828个)的22.77%,行业总体规模较小。资产总额超过500亿元的为食品制造业(3040.70亿元),农副食品加工业(1799.80亿元),造纸和纸制品业(1108.41亿元),纺织业(997.73亿元),酒、饮料和精制茶制造业(922.63亿元),纺织服装、服饰业(907.44亿元)。食品工业(农副食品加工业,食品制造业,酒、饮料和精制茶制造业,烟草制品业)资产总额占黄河流域轻纺工业资产总额的59.45%,营业收入为7232.77亿元,占黄河流域轻纺工业营业总收入(11 118.97亿元)的65.05%。

(2)黄河流域轻纺工业发展存在的问题

①企业规模偏小,自动化水平低。黄河流域轻纺工业企业数占全国各行业企业总数的22.77%,但资产总额仅占8.07%。轻纺工业以来料加工为主,属于劳动密集型企业,智能制造技术的应用程度极为有限。随着工农业原辅材料成本以及劳动力成本日益攀升,轻纺工业靠廉价的原料、能源及劳动力发展的阶段已经成为历史。

②工业产业结构层次低,精深加工产品有限,产品附加值低。黄河流域食品工业发展具有丰富的资源优势,但仍然是农副食品加工企业较多,2019年黄河流域各地市食品工业大类中,农副食品加工业营业收入占44.60%,食品制造业占38.26%,酒、饮料和精制茶制造业占12.34%,烟草制品业占4.79%。食品工业主要还是以农副食品原料的初级加工为主,精深加工程度低,附加值低,造成农副产品资源浪费。目前纺织业主要集中在国际价值链低端的加工型制造业,急需向具有产业核心竞争力和自主品牌创造力的创新型制造业转变。

③高能耗、高污染。纺织业是国家监控的高耗能、高耗水及高污染行业之一。造纸业是耗水大户,其生产过程中产生的废水污染物浓度高,波及范围广,是威胁我国水环境的主要污染源之一,废气、固体污染物及噪声污染也很严重。在政府低碳发展的倡导下,纺织工业和造纸工业受冲击较大,通过淘汰落后产能,引进新技术、新设备以实现资源的高效有序利用,从而达到减少污染和节约资源的目的,但仍存在较多环境问题。

(3)黄河流域轻纺工业发展途径

“十四五”是新的发展起点,行业要开好局,起好步,坚持科技、时尚、绿色,高质量发展为主题,实现行业发展新目标。

①培育龙头企业,增强企业竞争力。一个国家,一个地区工业发展的水平是由它所拥有大型企业(集团)的数量和整体经济实力、市场竞争能力、可持续发展能力决定的。应挑选一批创新能力突出、规模效益显著、辐射带动能力强的大型企业,鼓励其通过收购,兼并等形式进行资源整合,走集团化道路;对于优秀中小企业,加大政策整合和扶持力度,帮扶其做大做强。

②加强智能制造技术与轻纺工业的深入融合,提升行业的自动化水平。企业应加强工业互联网、大数据、人工智能、工业机器人、区块链等智能制造应用关键供应技术与行业的深入融合,通过数字化系统监管全生产流程,自动化导入提高效率,降低损耗,减少用工成本,降低员工劳动强度。

③大力发展具有高新技术和高附加值的产品,提高行业竞争力。构建食品工业科技创新体系,加大农产品加工深度,延长农业产业链。伴随生活水平的日益提高,人们对纤维制品的使用数量不断增长,对衣着品质和审美时尚有更高追求。消费水平和审美需求的提高,促使纺织行业在加速转型,整合国际资源,增加科技和品牌附加值,向产业链高端迈进。中国纺织工业联合会发布的《纺织行业“十四五”发展纲要》提出:推进产业基础高级化,加快突破碳纤维、对位芳纶、聚酰亚胺等高性能纤维及其复合材料领域的尖端技术空白,推进生物基纤维和原料关键技术研发及其终端产品应用。

④加强可再生能源利用。对纺织业造纸和纸制品业等重点高能耗行业,企业可通过在屋顶设置分布式光伏电站等方式提高太阳能、风能等可再生能源利用水平,减少化石能源消耗。

7. 交通运输设备制造业

交通运输设备制造业在国家或地区工业化过程中的地位和作用非常重要,其核心竞争力在很大程度上代表了该国家或地区的装备制造业水平。一个国家或地区走新型工业化道路,必须有交通运输设备制造业核心竞争力的迅速提高为支撑。近年来,我国交通运输设备制造业得到了快速发展,已形成了门类齐全、具有相当规模的交通运输设备制造体系,取得了令人瞩目的成就,尤其是其中的汽车制造业、船舶制造业及航空航天器制造业,发展势头更是迅猛。我国已成为交通制造业大国,但还不是交通制造业强国,存在产业规模偏小、产品结构不合理、自主创新低等问题。因此,加快交通运输设备制造业转型升级非常重要。

按照国民经济行业分类,交通运输设备制造业包括汽车制造业、摩托车制造业、自行车制造业、铁路运输设备制造业、航空航天器制造业、船舶及浮动装置制造业、交通器材及其他交通运输设备制造业;按照统计年鉴规模以上工业企业行业分类,交通运输设备制造业包括汽车制造业,铁路、船舶、航空航天和其他运输设备制造业。

(1)黄河流域交通运输设备制造业产业现状

黄河流域具有丰富的自然资源,是新中国成立后的工业布局重镇,且目前已形成门类齐全、较全面的现代化制造业体系。2019 年,黄河流域九省区交通运输设备制造业规模以上企业资产总计为 16 175.96 亿元,占全国交通运输设备制造业资产总计的 15.5%;营业收入为 15 083.32 亿元,占全国交通运输设备制造业营业收入的 15.9%;利润总额为 806.53 亿元,占全国交通运输设备制造业利润总额的 13.7%。

黄河流域九省区交通运输设备制造业主要分布在黄河流域中下游。在黄河流域上游,青海省、甘肃省、宁夏回族自治区、内蒙古自治区交通运输设备制造业各项指标占比均极低,利润总额为负值,而四川省交通运输设备制造业规模以上企业资产总计 3083.95 亿元、营业收入 3149.51 亿元、利润总额 159.55 亿元,但在以地市界定黄河流域时,四川省只有阿坝藏族羌族自治州在黄河流域范围内,该省交通运输设备制造业主要分布在以成都为中心,资阳、南充为两翼的产业集群带;黄河流域中下游以交通运输设备制造业资产总计排名由大到小分别是山东省、陕西省、河南省、山西省。

黄河流域交通运输设备制造业发展极不均衡,一方面源于黄河流域的自然特征;另一方面也与中华人民共和国成立初期的工业布局有关,具有鲜明的能源型经济特征。

(2)黄河流域交通运输设备制造业存在的问题

①制造业竞争力弱,核心竞争力不足。根据制造业竞争力综合评价模型计算出的全国不同省区及地区的制造业竞争力排名可以看出,黄河流域中制造业竞争力最强的是山东,其综合竞争力的值为1.1464,位居全国第3位,河南竞争力值为0.3234,位居全国第5位,在黄河流域中仅有这2个省的制造业竞争力排名居全国前10位。四川的制造业竞争力值为0.0090,在全国排名为第12位,除了山东、河南、四川3省之外,黄河流域其余各省区制造业竞争力的值为负值,且排名靠后。从整体看,黄河流域绝大多数地区制造业竞争力较弱,且处于不平衡发展状态。

②自主创新能力不足,研发投入少。黄河流域交通运输设备制造业核心的零部件和核心的技术均对外有较高的依存度,与国内发达地区和国外发达地区的新能源、智能装备制造业等相比,缺乏具有技术创新优势的带头企业,企业自主创新能力不足,研发投入少,吸收的高素质技术人员数量明显低于东部沿海地区,也低于周边的江苏、湖北、河北等省份。

③产业布局缺乏系统化,区域协同发展能力不足。黄河流域是我国重要的传统工业基地,山东、河南、四川、陕西等在中华人民共和国成立之初作为重要的重工业发展基地以及国防科技产业的重镇,目前在专用设备制造业、化学原料和化学制品制造业、电子信息技术制造业等新兴产业已形成颇具规模的产业园区,但在空间上缺乏系统化、整体性的产业布局,各省区在如何高效率地开发黄河流域、如何拓展和优化现有产业空间发展模式方面缺少必要的全面性分析及规划。

(3)黄河流域交通运输设备制造业转型升级方向

①黄河流域交通运输设备制造业优化空间发展,差异化发展。黄河流域的经济主要呈现出沿铁路线分布的特征,且由于黄河上中下游地区经济发展中存在的巨大差异,不同区域交通运输设备制造业分布呈现出不同的特征。黄河中上游地区可围绕几个中心城市,如海西、兰州、西宁等,改变原有粗放的经济发展方式,将原有的资源简单加工,向深加工延长,以延长产业链,提高交通运输设备制造业的附加值,且应以“以点为主,点轴结合”的原则进行空间布局。黄河下游地区经济发达,具有多种优势资源,是全流域经济发展水平最高、潜力最大、活力最强的经济区域,可推动交通运输设备制造业向重点开发集聚地区转移。

②加强黄河流域交通运输设备制造业创新能力。黄河流域交通运输设备制造业为当地经济发展提供了强大的支撑,但行业中多数企业创新能力不足,研发投入较低,如果能充分激发中低技术型企业的创新力,将极大地促进制造业质量的整体提升。对黄河流域交通运输设备制造业进行转型升级改造,一是加大新兴产业基础与核心技术的研发投入;二是从产品创新、工艺创新、管理创新等多个方面进行创新。

③竞合协同,从各自为政转向合作共赢。黄河流域各省区应树立竞合协同发展理念,创新探索破除阻碍要素流动的体制机制障碍。一是创新整车和零部件企业的协同模式,发挥行业组织的协调作用,探索构建区域合作的利益分享、风险共担机制;二是建立数字化服务平台,打造制造业和服务业融合的平台载体;三是建立交通运输产业技术联盟,构建有利于融合发展的生态系统,推动产业链上下游制造服务企业协同创新,最终形

成一体化发展的交通运输设备制造业服务生态圈。

三、黄河流域农业转型发展

(一)黄河流域农业发展概况

黄河流域从西到东横跨青藏高原、内蒙古高原、黄土高原和黄淮海平原4个地貌单元,是我国重要的生态屏障和经济地带,也是重要的粮食主产区,在促进我国经济社会发展、保障生态安全和粮食安全方面具有十分重要的战略地位。黄河流域大部分属于干旱半干旱地区,水资源缺乏,第一产业占比高于全国平均水平。宁蒙河套平原、汾渭盆地和下游沿黄地区是黄河流域三大农业生产基地,也是重要的商品粮基地。黄土高原和宁蒙河套地区大部分为一年一熟,汾渭盆地和下游沿黄地区为两年三熟或一年两熟农作区,主要作物是玉米、小麦、马铃薯、蔬菜、水果等。2019年,黄河流域粮食作物播种面积6.27亿亩、总产2343.5亿kg,均占全国的36%。其中,小麦播种面积2亿亩,占全国的56%;玉米播种面积2.62亿亩,占全国的42%。黄河流域上中游是我国主要的旱作农业区,宁蒙河套、汾渭平原和黄淮海是主要的黄河灌区,占全河灌溉面积的70%,占全河农业灌溉用水量的80%。各地区因生态环境的差异,其农业总产值构成也有所不同,2019年黄河流域九省区农业总构成如表6.9所示。

表6.9 黄河流域九省区农业总产值构成

黄河流域划分	省(市、自治区)	农业总产值构成/%	农业占比/%	林业占比/%	牧业占比/%	渔业占比/%	辅助占比/%
上游前段	青海	100	39.89	2.48	55.20	0.86	1.57
	果洛藏族自治州		16.5	0.6	80.5		2.6
	黄南藏族自治州		18.1	2	75.6	0.8	3.5
	海南藏族自治州		25.7	4.6	63.2	4.9	1.6
	海东市		57.7	2.2	38.1	0.5	1.5
	四川	100	57.7	5	31.2	3.4	2.7
	阿坝藏族羌族自治州		40.2	5.3	50.2		4.3
上游后段	甘肃	100	69.2	2	20.9	0.1	9.8
	宁夏	100	63.2	2	26.7	3.4	4.7
	内蒙古	100	50.6	3.2	43.8	0.9	1.5

续表 6.9

黄河流域划分	省(市、自治区)	农业总产值构成/%	农业占比/%	林业占比/%	牧业占比/%	渔业占比/%	辅助占比/%
中游	山西	100	57.6	6.2	29.4	0.4	6.4
	陕西	100	55.7	4.72	33.56	3.33	2.68
	榆林市		61.9	2.5	30.9	0.6	4.1
	延安市		83.5	2.4	11.4	0.3	2.4
	渭南市		74.3	1.4	18.8	1.3	4.2
下游	河南	100	63.3	1.6	27.1	1.4	6.6
	三门峡市		76.5	6.8	14.6	0.6	1.5
	洛阳市		61.1	3.7	24.6	1.1	9.5
	济源市		43.9	4.1	43.7	5.8	2.5
	焦作市		66.9	1	21.7	0.3	10.1
	郑州市		65.2	1.9	23.4	4.6	4.9
	新乡市		61.4	0.9	31.7	1.1	4.9
	开封市		63.3	0.9	27.6	1.1	7.1
	濮阳市		58.2	0.9	28.9	0.6	11.4
	山东	100					

(二)制约黄河流域农业发展的问题

1. 水土流失

黄河流域水土流失面积 43.9 万 km^2,占流域总面积的 59%,主要集中分布在中、上游的黄土高原地区。由于气候、地质、地貌和人类经济活动等诸多因素,使得黄土高原成为世界水土流失最严重的地区,水土流失面积比例高达 70%。据有关资料记载,年冲刷量大于 1000 tk/m^2的水土流失面积 28 万 km^2,占黄土高原地区面积的 45%,年冲刷量大于 5000 tk/m^2的水土流失面积约 14 万 km^2,占整个黄土高原的 23%。中、上游地区水土流失严重破坏了农牧业生产的基本条件。

2. 水资源短缺

黄河流域水资源禀赋差,干旱缺水是制约该区域农业发展的主要瓶颈。从供给端来看,黄河流域水资源量总体上呈现下降趋势,1956—2000 年黄河流域多年平均天然径流量为 535 亿 m^3,而进入 21 世纪以后持续衰减,2000—2019 年下降到 482 亿 m^3。从需求端来看,随着黄河流域经济社会发展以及人口数量的增加,水资源消耗量逐年增加,2000—2019 年黄河流域年均耗水量为 314.7 亿 m^3,比 1990—1999 年增加 33 亿 m^3,供需矛盾愈发突出。研究表明,黄河流域刚性缺水量为 63.1 亿 m^3,占流域缺水总量的

55.4%；弹性缺水量为 51 亿 m^3，全部为农业缺水。总的来看，黄河流域缺水问题突出，缺水量占流域用水量的比例高达 28.8%，水资源紧缺已成为黄河流域农业绿色发展面临的最大难题。

3. 生态环境脆弱

黄河流域生态环境脆弱，生态保护指数和高质量发展指数都低于全国平均水平，且流域内空间发展不均，生态退化和环境污染已经成为当前限制黄河流域绿色高质量发展的主要因素之一。在众多问题中水土流失无疑是最为严重的，“黄河之患，患在多沙”。黄河中游的黄土高原土质疏松，易于侵蚀，又地处季风气候区，年降水主要集中在夏季且多以暴雨出现，致使黄河在年均径流量只有 428 亿 m^3 的情况下，年均输沙量高达 16 亿 t，黄河流域水土流失面积 27 万 km^2，成为世界上水土流失最为严重的区域之一。严重的水土流失导致土壤侵蚀加剧、土壤肥力退化，农业基础条件愈加恶化。每年在下游河床淤积的泥沙量约有 4 亿 t，使黄河下游形成了千里“悬河”，潜在的洪水灾害直接威胁着黄淮海地区农业生产安全。

4. 土壤盐碱化严重

黄河流域土壤盐渍化问题严重，黄河三角洲 80% 的土地是盐碱地，严重影响了土地资源的高效利用，成为威胁我国粮食安全的一大隐患。黄河上游的宁夏平原和内蒙古河套灌区是我国土壤盐碱化较为严重的区域之一，盐碱化耕地总面积分别为 275 万亩和 484.5 万亩，占我国土壤盐渍化总面积的 20%。除了气候、地形地貌、土壤母质、耕作方式等因素外，引黄漫灌是造成该地区土壤盐渍化的主要原因。

5. 生产性投入大

黄河流域是国家重要的粮仓之一，分布着以河套灌区和汾渭平原为代表的 4 个粮食主产区，占全国粮食主产区总数量的 31%。2000—2018 年，黄河流域的化肥施用量和农药使用量明显增加，分别从 2000 年的 1231 万 t 和 28.7 万 t 增长到 2018 年的 1805 万 t 和 35.9 万 t，增长幅度分别达到 47% 和 25%。在引黄灌区，氮肥用量约为全国平均的 1.6 倍，化肥利用率不足 40%，农膜残留量达到 3.9 kg/亩。除化肥、农药、农膜外，水资源、土地、劳动力和机械等农业要素投入量同样很大，但受管理粗放等因素影响，资源利用率和贡献率不高，加重了黄河流域资源环境压力，农业绿色高质量发展面临严峻挑战。

6. 农业产业薄弱

黄河流域经济发展相对滞后，农业产业基础较弱。2008 年国际金融危机后，黄河流域经济增速明显放缓，经济总量占全国的比重也持续降低，由 2008 年的 23.2% 降至 2018 年的 22%。黄河流域农产品以小麦、玉米等粮食作物和猪、牛、羊等畜牧产品为主，整体竞争力不足，2018 年中国谷物和畜产品的显示性比较优势指数均小于 0.8，不具备国际贸易比较优势。受人才、土地、生态等因素影响，农业产业发展缓慢，上中下游利益链接机制尚未有效形成，“三产”融合程度有待提高，农业产业振兴缺乏有效支撑。

（三）绿色农业发展途径

1. 加快农业现代化步伐

坚持质量兴农、品牌强农，深化农业供给侧结构性改革，构建现代农业产业体系、生产体系、经营体系，推动农业发展质量变革、效率变革、动力变革，持续提高农业创新力、竞争力和全要素生产率。加快农业现代化步伐，一要夯实农业生产能力基础，包括健全粮食安全保障机制、加强耕地保护和建设、提升农业装备和信息化水平；二要加快农业转型升级，包括优化农业生产力布局、推进农业结构调整、壮大特色优势产业、保障农产品质量安全、培育提升农业品牌、构建农业对外开放新格局；三要建立现代农业经营体系，包括巩固和完善农村基本经营制度、壮大新型农业经营主体、发展新型农村集体经济、促进小农户生产和现代农业发展有机衔接；第四个方面要强化农业科技支撑，包括提升农业科技创新水平、打造农业科技创新平台基地、加快农业科技成果转化应用；第五个方面要完善农业支持保护制度，包括加大支农投入力度、深化重要农产品收储制度改革、提高农业风险保障能力。

2. 建设生态宜居的美丽乡村

牢固树立和践行“绿水青山就是金山银山”的理念，坚持尊重自然、顺应自然、保护自然，统筹山水林田湖草沙系统治理，加快转变生产生活方式，推动乡村生态振兴，建设生活环境整洁优美、生态系统稳定健康、人与自然和谐共生的生态宜居美丽乡村。建立生态宜居的美丽乡村，一要推进农业绿色发展，包括强化资源保护与节约利用、推进农业清洁生产、集中治理农业环境突出问题；二要持续改善农村人居环境，包括加快补齐突出短板、着力提升村容村貌、建立健全整治长效机制；三要加强乡村生态保护与修复，包括实施重要生态系统保护和修复重大工程、健全重要生态系统保护制度、健全生态保护补偿机制、发挥自然资源多重效益。

参考文献

[1]李凯娟.甘肃省钢铁行业去产能状况分析[J].社科纵横,2019,34(2):40-44.

[2]李寿生.创新引领　高端突破　开创新时代石油和化工行业高质量发展新局面[J].中国石油和化工,2020(1):4-9.

[3]申志明.经营模式创新引领传统建材行业转型升级[J].中国市场,2013(12):73-74,77.

[4]李慧芳,富丽,秦杰.推动建材产业转型升级　促进与战略性新兴产业融合的探讨[J].建材发展导向,2013,11(4):32-36.

[5]王博,赵崴.中国建筑材料发展趋势[J].科技成果纵横,2007(3):56-57.

[6]周清香,何爱平.数字经济赋能黄河流域高质量发展[J].经济问题,2020(11):8-17.

[7]王丽敏,王庆丰.河南生物质能发电产业发展困境及解决对策研究[J].能源技术与管理,2021,46(2):1-3.

[8]范德增.逆全球化环境下新材料产业发展趋势与建议[J].新材料产业,2020(5):

27-31.
[9]孟丽丽,王静,李洁.包头稀土资源保护及战略储备的思考[J].包钢科技,2009,35(6):6-8.
[10]彭少明,郑小康,王煜,等.黄河流域水资源—能源—粮食的协同优化[J].水科学进展,2017,28(5):681-690.
[11]马诗萍,张文忠.黄河流域电力产业时空发展格局及绿色化发展路径[J].中国科学院院刊,2020,35(1):86-98.
[12]电力规划设计总院.中国电力发展报告2018[M].北京:中国电力出版社,2019.
[13]王远进.纺织业污染及清洁生产研究[J].轻纺工业与技术,2019,48(12):44-45.
[14]吴波亮,谷湘琼.纺织行业"碳达峰碳中和"现状分析及建议对策[J].电子产品可靠性与环境试验,2021,39(5):99-102.
[15]张建辉.低碳经济背景下我国造纸行业的发展分析[J].造纸科学与技术,2022,41(1):79-81.
[16]安黎哲,林震.黄河流域生态文明建设发展报告(2020)[M].北京:社会科学文献出版社,2021.
[17]韩海燕,任保平.黄河流域高质量发展中制造业发展及竞争力评价研究[J].经济问题,2020(8):1-9.

第七章　黄河流域高质量发展的产业转型升级战略

一、黄河流域产业高质量发展战略分析

针对黄河流域上中下游生态功能不同特点及产业发展现状，黄河流域绿色高质量发展产业结构布局和发展战略如下。

（一）黄河流域产业高质量发展战略

1. 强化生态保护，发展特色产业

在黄河流域上游前段（青海、四川）区域，强化生态保护、水源涵养，创造更多生态产品。投入草场生态恢复建设、适度禁牧/休牧，恢复草场生态，限制牲畜的过度繁殖。应建设高标准的畜牧业基地，有序放牧。开展废弃矿山及尾矿库的生态修复，改建成绿色休闲矿山公园，减少水土流失，消除废弃矿山、矿洞引发的地质灾害。发展高山冰川的纯净水经济，优质优价，筹集资金，作为草场发展基金的筹措渠道。开展基于卫星遥感的水体监控，确保水质清洁；科学调控小浪底水利工程，调节生态流量，放淤固堤，利用生物手段强化悬河防沙，减少沙尘侵害，减少水土流失，保证黄河安澜。

大力发展高原特色种植业，尤其是民族医药和林果产品。提高产品附加值，生产特色医药产品。适度发展旅游产业，黄河是中华文明的发祥地，拥有甘青文明、关陇文化、中原文明、齐鲁文化等，历史文化资源丰富，具有发展文化旅游的先天优势。应统筹规划，实施好生态保护与修复工程，以提升、展示黄河文明为核心，加快生态资源、自然景观与文化资源、文化创意深度融合，建设黄河生态保护和高质量发展主题文化公园，结合国家乡村振兴战略，建设具有中原历史、儒家孔孟等文化特色的黄河旅游小镇（黄帝文化—商都文化—唐陪都文化—宋都文化—禅宗文化—王屋山太行文化/孔孟文化），将资源优势转化为实实在在的产业优势，大力发展文化旅游，打造沿黄文化旅游带，推进文旅产业发展。

2. 发展现代农业，促进传统产业转型升级

在黄河流域上游后段（甘肃、宁夏和内蒙古）区域，发展现代农业，提升农产品质量，保障国家粮食安全。发展现代农业，推广机械化、滴喷灌、水肥一体化及特色林果业等现代高效农业，提高农产品质量，大力发展优质小麦、水稻、玉米、马铃薯等优质粮食作

物，保障国家粮食安全。大力发展生态环境保护，种草种树，减缓风沙危害及水土流失，创建西部秀美山川。

在黄河流域中游（山西、陕西）区域，发展节水农业，推广机械化、滴喷灌、水肥一体化及特色林果业等现代高效农业，提高农产品质量，发展优质小麦、小米、玉米等优质粮食作物，保障国家粮食安全。

在黄河流域下游（河南、山东）区域，推广集约节水农业模式，大力发展优质强筋小麦、大蒜、瓜果、黄河水产养殖业。种植耐盐碱水稻、芦苇、生态菌草、泡桐，提升土地利用效率。

通过实施绿色改造、智能改造、技术改造等工程，提升资源型产业的技术水平和深加工程度，延伸产业链条，促进资源能源的清洁高效利用。提高煤炭等矿产资源的清洁利用水平，大力发展现代煤化工，强化智能制造，转型提升原有传统产业向绿色低碳高效的新生产业转变。强化各类资源或伴生资源的分离和高效利用，如稀土、白银、钽、铌、铍、钛稀贵金属。在9个战略性新兴产业领域，新一代信息技术、高端装备制造、新材料、生物、新能源汽车、新能源、节能环保、数字创意、相关服务业等，根据自身条件和优势，选择性推进培育发展壮大相关产业。

3. 发挥科技创新优势，优化产业结构

改变“一煤独大”的单一独霸的产业结构，发展绿色煤化工，并延伸产业链。促进钢铁企业智能制造，提质增效、转型升级，制造多系列耐极端条件的钢铁制品，提高产品附加值。加强地质勘探，强化陕北和晋北地区油气开发力度，发展清洁能源及高附加值石化产品。在9个战略性新兴产业领域，新一代信息技术、高端装备制造、新材料、生物、新能源汽车、新能源、节能环保、数字创意、相关服务业等，根据自身条件和优势，全面规划、选择性分期分步骤加快推进培育发展壮大相关产业，特别是要通过推进互联网、大数据、人工智能与实体经济的深度融合，促进跨界融合创新，使创新创业形成燎原之势和新动能，为黄河流域培育新的经济增长点。

4. 发挥中心城市辐射带动作用，提高经济社会发展水平

发挥兰州—西宁城市群、呼和浩特—包头城市群、银川等中心城市的科教、技术研发和辐射带动优势，促进产业技术水平提升。按照新时代国家西部大开发战略构建双循环格局的要求，西部大开发促进面向欧亚大陆桥的开放，促进中国与“一带一路”国家之间的经济循环。同时在西部打造新的产业基地，能够促进不同区域间的经济内循环。鼓励企业走出去的同时，亦鼓励产业往中西部梯度转移，避免重蹈部分国家的制造业空心化覆辙、防止全产业链优势被削弱。

发挥中原城市群（郑州等）、郑州国家中心城市、山东半岛国家自主创新示范区（济南等）、黄河三角洲农业高新技术产业示范区等国家战略政策支持优势及中心城市的科教、军工、技术研发、交通区位优势，增强辐射、带动能力，促进产业技术水平提升。

发挥关中平原城市群（西安等）、太原等中心城市的科教、军工、技术研发和辐射带动优势，产—学—研—教结合，促进产业技术水平提升。

5. 发展现代生产性服务业，推动实体经济高端化

黄河流域生产性服务业发展较弱，成为产业转型升级的阻碍因素，也难以发挥对制

造业高级化的支撑作用。黄河流域要以服务实体经济、延伸重要产业链为着力点，重点发展现代物流、金融保险、商务服务和科技服务等生产性服务业，加快建设米字形高铁、内陆国际航空港/公路港等交通/物流枢纽、中欧班列国际陆港、现代冷链物流（速冻汤圆、水饺），培育一批专业性强的研发设计、现代物流、商务咨询等生产性服务企业，加强电商平台的建设，促进牦牛肉、乳制品、高原特效药材等地产特色商品进入内地市场，推动产业向专业化和价值链高端延伸，发挥生产性服务业对实体经济和产业升级的支撑作用。

（二）黄河流域产业高质量发展规划

1. 建设黄河流域优质农产品带

黄河流域上中游区域日照充分、国土面积辽阔，应积极推动仿效美国西部、以色列等国机械化大农业发展为基础的特色优质农业蔬菜、林果业、畜牧业等产业的集约发展，解决我国第一产业（农、牧、渔业等）的脆弱局面。

2. 打造黄河流域中华文明文化长廊

黄河流域中下游区域历史、人文积淀雄厚，应积极梳理、打造黄河流域中华文明历史、文化和生产、生活长廊画卷“中华文明画廊”，形成现实版的“清明上河图”旅游线路，推进文旅产业发展，促进中华一体多元文化中“一体”文化发扬光大，促进民族自信和复兴伟业，促进黄河流域文旅产业蓬勃发展。

3. 构建黄河流域“973+N”高质量发展集群

以国家建设的区域性城市群：关中平原城市群、中原城市群，山东半岛城市群+引导培育的地区性城市群：呼包鄂榆城市群、晋中城市群、宁夏沿黄城市群、兰西城市群等7个城市群为经济社会发展增长极、产业集群区发展区，合理化、差异化定位各城市群主导产业（如青海的钾盐金属产业、白银—贺兰山—包头的稀贵金属产业、陕北榆林的煤化工产业），建立上中下游不同产业发展带，即“9省区—7大城市群—3大产业带+N协同产业区（973+N）”，实现集群化差异化高质量发展，实现以城市群的产业集群为基础，经济社会可持续发展的态势。

4. 加快黄河流域域内互联互通能力建设，强化发展集群间联系

各城市群之间及内部交通（高铁、民航、高速、信息网络等）建设，提高经济和人口承载能力，利于各城市群的人员定居集聚、产业集群，以及人流、物流、资金、产业在区域内的快速流动和协作，强化内需，应对外部市场的封堵。

5. 促进黄河流域域外经济圈联系，加快产业梯度转移力度

按照西部大开发3.0的目标和国家“双循环”经济发展战略，在互惠互利的基础上，进一步推进东部沿海地区的适宜型产业向黄河流域转移的梯度和力度，大力开展传统产业转型升级，加快新兴产业培育壮大发展，形成强有力的辐射、带动作用。

6. 消除制约产业高质量发展的水资源短缺困局，尽快启动补水工程建设

鉴于黄河流域发展“以水定产”的强约束特征，适时启动“南水北调”西线工程建

设，降低水资源约束困局，消除制约产业高质量发展困局，促进黄河流域优势特色一、二和三及融合新兴产业发展。

（三）黄河流域产业高质量发展模式和措施

黄河流域产业高质量发展不仅需要加强传统产业的转型升级和提质增效，还应建立现代产业发展体系，积极培育发展壮大战略性新兴产业。

1. 黄河流域产业类型定位和布局优化模式

黄河流域的产业高质量发展应遵循生态保护和高质量发展重大国家发展战略、关于新时代推进西部大开发形成新格局的指导意见（西部大开发 3.0 版）、关于建立更加有效的区域协调发展新机制的意见、全国乡村产业发展规划（2020—2025 年）、国家“双循环”经济发展战略等相关政策措施，并将上述政策措施全面结合，以制定符合黄河流域特点的具体发展任务。

目前，我国面临着新的发展机遇，政策、市场和技术驱动力显著增强。“新基建”改善信息网络等基础设施，城乡融合发展进程加快。消费结构升级加快，居民消费需求呈现个性化、多样化、高品质化特点，休闲观光、健康养生消费渐成趋势，产业发展的市场空间巨大。

因此，黄河流域产业高质量发展，应在强化生态保护前提下，紧密结合地区经济社会发展水平，分 3 个层次迈向绿色低碳高效的循环经济发展道路。总体要求如下：

第一，加强传统产业转型升级和提质增效。充分利用当地资源禀赋条件，发挥原有产业基础，责无旁贷地紧紧抓住世界新科技革命浪潮、新一轮产业革命和技术革命方兴未艾的机遇，在条件成熟的地区，在生物技术、人工智能、5G、云计算、物联网、区块链等方面积极与传统产业交互联动，引领产业转型升级。

第二，积极促进新产业新业态新模式不断涌现。发展多类型融合业态，引导各类经营主体以加工流通带动业态融合。要以功能拓展带动业态融合，推进农业、工业与文化、旅游、教育、康养等产业融合，以信息技术带动业态融合，促进农业、工业与信息产业融合，发展数字农业、工业，智慧农业、智能制造等。

第三，积极培育、发展壮大战略性新兴产业。各省区还应根据自身科技、人才和资源禀赋条件，按照国家《战略性新兴产业分类（2018）》目录 9 大产业要求，从高成长绿色服务型产业入手，加快培育发展壮大战略性新兴产业。

2. 黄河流域产业发展措施

在黄河流域九省区现有产业基础上，结合黄河国家战略对流域各区域的整体发展布局理念，进行产业转型升级的谋划，对黄河流域九省区的重点产业发展规划如表 7.1 所示。

表 7.1　黄河流域九省区转型升级产业

省区	转型升级产业
青海	高原民族特色产品(青稞、藏红花、牦牛肉)加工,医药药材,水资源开发,钾盐资源开发、光伏风能等新能源产业、新材料产业、高技术制造业、高原体育训练、藏羌土族等少数民族风情文化旅游
四川	优质农牧产品精深加工、交通运输业、文化旅游业(藏羌文化)
甘肃	特色农产品储存—保鲜—加工、风电新能源开发、煤炭洁净化利用、现代煤化工发展、油气资源深度开发、稀贵及有色金属的精深加工等新能源产业、新材料产业、高技术制造业(含军工产业),西部交通、物料枢纽节点建设,文化旅游业(多民族融合)
宁夏	草畜、马铃薯、中药材、冷凉蔬菜及小杂粮加工等绿色农产品加工业,特色食品及民族用品,生物产业,钽、铌、铍、钛稀有金属提纯及精加工,先进装备制造,电子信息,新材料、新能源和清洁能源
内蒙古	草原乳制品产业升级,生物科技(蒙中医药)、高端装备制造业、重点发展新材料、新制品(稀土、石墨烯、光伏)、大数据产业、新基建产业(5G)
山西	高新技术产业(电子信息、生物技术和新能源等);服务业(物流、金融、证券、中介和信息咨询等现代服务业);传统钢铁化工产业智能转型;文化旅游产业(祖根文化、古城大院文化、晋商文化、黄河壶口、三晋文化片区);着力发展生态环境产业(矿山、地下水修复)
陕西	高附加值的高新技术产业;煤油气混炼等能化项目建设;电子信息、高端装备制造产业;冶金、建材、食品、纺织等传统产业注入新动能;文化旅游产业(黄河文化、红色革命文化、黄河生态文化)工程
河南	高端装备制造(智能传感器)、新能源、新材料产业开发、现代物流、现代通信(5G)、交通运输(高铁、航空、高速公路、网联汽车)、现代生物健康产业、大数据产业、黄河国家实验室(筹)、黄河文化公园
山东	重点发展信息技术(量子科技应用)、高端装备、新能源新材料、医养健康、提升转型绿色化工、现代高效农业、文化创意、精品旅游、现代金融

二、绿色低碳循环产业发展

(一)黄河流域产业实现双碳目标途径

1. 黄河流域产业碳中和途径

2020 年 9 月 22 日,中国在第七十五届联合国大会上郑重承诺,将提高国家自主贡献力度,采取更加有力的政策和措施,二氧化碳排放力争于 2030 年前达到峰值,努力争取 2060 年前实现“碳中和”。黄河流域是全国石油、煤炭等能源资源的主要供应基地,亦是连接青藏高原、黄土高原、华北平原的生态廊道,流域经济社会发展与生态环境保护矛盾极为突出。随着2019年黄河流域生态保护与高质量发展提升为国家区域发展战略,以碳减排为目标的流域综合治理与可持续发展成为统筹与协调该地区不平衡、不充分“保护与发展”之间矛盾的重要突破路径。

产业是发展的根基。为更好地实现黄河流域生态保护和高质量发展,就要大力推动沿黄各省区产业高质量发展。分析黄河流域产业消费碳排放,为制定、实施黄河流域碳减排策略提供科学依据。产业绿色低碳循环发展存在以下问题:

①产业发展乏力,辐射带动能力薄弱。黄河流域九省区产业布局差别很大,区域协作效率较低,现有增长极的辐射、带动能力不足。

②产业结构单一,布局趋同严重。黄河流域矿产资源丰富,形成很多资源型产业区,但过分依赖矿产资源开发、过度开采导致产业结构单一。地区和部门利益的投资冲动、产业政策不配套等因素,导致黄河中下游产业布局过分趋同。

③产业门类以高污染、高能耗为主。黄河流域产业偏重于重化产业,传统产业以高耗水、高污染、高能耗为主,生态保护任务繁重。黄河流域规模以上六大高能耗行业企业有38 074家,占总工业企业的55.28%。

综上分析,黄河流域产业高质量发展不仅需要加强传统产业的转型升级和提质增效,还应建立现代产业发展体系,积极培育发展壮大战略性新兴产业。

2. 黄河流域农业碳排放途径

黄河流域农业碳排放与农民人均收入存在相关性,随着农民人均收入的不断增长,黄河流域农业碳排放也相应地从上升阶段转为下降阶段。农业生产效率是黄河流域农业碳排放增加的最重要抑制剂,减排效果趋于增强;农业生产结构对黄河流域农业碳排放影响较大,总体上保持了排放增加的作用;农业经济发展水平提高是我国黄河流域农业碳排放增加的主要原因,但其作用趋于减弱;农业劳动力规模对黄河流域农业碳排放的增加有一定的抑制作用。

农业灌溉也是导致农业碳排放的一个因素。农业灌溉的影响具有双重性:一方面,灌溉过程将利用电能间接消耗化石燃料并产生碳排放,直接增加非期望产出,但灌溉所导致的碳排放量较小,在农业碳排放结构中的占比很低;而另一方面,灌溉是农用生产的必要投入,有效灌溉率的提高意味着技术进步与农田水利设施的改善,其覆面与规模将直接影响作物的产出和收益,农业碳排放效率由投入、期望产出和碳排放量共同决定,取决于增产与增排两种力量的对比,从结果来看,有效灌溉率的直接影响表现为正,表明其对作物产出和经济效益的正面作用较增排效应更为显著。受灾程度对农业碳排放效率呈显著负向作用,尽管受灾程度的提高将直接减少作物播种面积而缩减农业碳排放规模,但同时也将严重影响农业生产效益,更重要的是,农田大面积损坏将直接影响农业生产根基,总体对农业碳排放效率表现为消极影响。最后,城镇化进程的推进将带动过剩农业劳动力转移至非农行业,有利于农业生产规模化、集约化程度的提高,在优化农业产业结构与资源配置效率的同时,产生规模经济效应,使得单位碳排放所对应的农业产出不断增加成为可能,有利于农业碳排放效率的提升。

3. 黄河流域工业碳排放分析

黄河流域矿产资源丰富,是我国主要能源供应地与消费地,是重要的基础工业基地,因而也是我国能源消费碳排放的重要地区。黄河流域碳排放变化趋势见图 7.1。

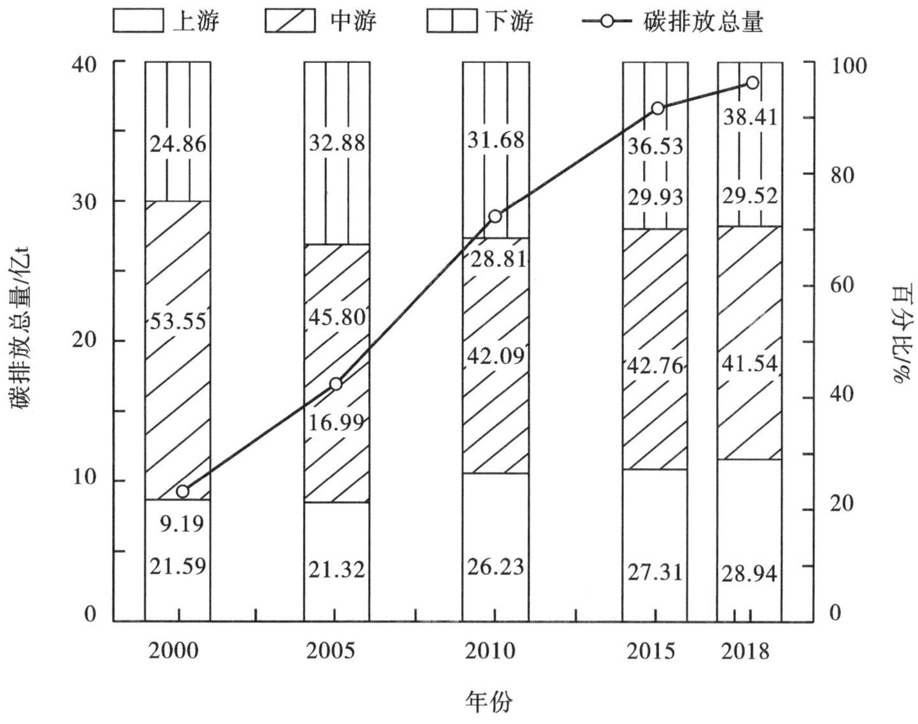

图 7.1　黄河流域碳排放变化趋势

黄河流域碳排放沿黄河干流及主要支流(如汾河、渭河等)呈"几"字形串联,以太原、西安、郑州、济南等省会城市及包头、大同、淄博等主要工业城市为依托,呈向心集聚与外围扩散并存态势,并形成了若干大小不一,规模不等的高密度碳排放中心。

具体来分析,中上游晋陕蒙地区是中国主要能源基地,榆林、鄂尔多斯等市是继山西省的煤炭后备基地,伴随着煤炭工业的迅速发展及其粗放的经营模式与落后的技术水平,导致能源消耗大,碳排放高—高集聚。低—低集聚则始终呈规模分布,且空间分布范围相对稳定,主要分布在甘青宁地区,形成了以西宁、海东、甘南、固原、天水等城市为主的低—低连绵区。甘青宁地区主要位于青藏高原东侧及黄土高原西南侧,该地区生态环境约束性较强,人口稀少,中心城市自身发展不足且与周边城市联系作用较弱,致使其碳排放处于低—低集聚。兰州市作为西北工业重镇,其碳排放则远高于其他地市,属于长期稳定状态的高—低集聚。低—高集聚则没有表现出一定的规律性。

不同时期,对黄河流域碳排放起主导作用的因素大致相同,经济发展水平对碳排放空间分异的影响力始终最强,城镇化水平与人口规模对碳排放的影响也作用显著,能源结构、能源强度与第二产业占比对碳排放的影响相对较弱,流域分域对碳排放的影响较为稳定。

(1)经济发展水平

经济发展水平对碳排放解释力先增强后减弱。2000 年后推进西部大开发、促进中部地区崛起、鼓励东部地区率先发展等战略的实施，致使黄河流域进入快速发展阶段，从而带来大量能源消耗拉动了碳排放的增长。2009 年哥本哈根会议将碳减排纳入经济发展指标中，黄河流域在“绿色”“低碳”背景下，碳排放增速迅速放缓，经济增长对碳排放的解释力也相对减弱，但经济发展带动的能源消耗仍旧是黄河流域碳排放的主要来源。

(2)城镇化水平与人口规模

人口规模和城镇化过程中本身具有阶段性，从而对碳排放的影响也表现为阶段性特征。城镇化主要通过人口规模效应、城镇规模扩张、产业集聚致使能源消耗增加，碳排放也随之增加。人口增加会促使用电量和交通等需求增大，同时，改变居民生产和消费方式，从而导致化石能源消耗增加，促使碳排放增加。黄河流域沿线城市人口膨胀，而下游地区更是以 10.17% 的面积承载了 40.36% 的人口，山东、河南劳动密集型城市数量占流域的 76%。人口数量、结构、质量及空间分布决定了黄河流域经济社会的产生与发展，城镇空间结构制约了工业生产活动的效益，密集的人口及生产活动决定了黄河沿线城市及下游地区是碳排放的高密度区。

(3)能源结构、能源强度与产业结构

黄河流域晋陕蒙地区煤炭消费比重高达 70% 以上，能源结构始终处于缺油、少气、相对富煤状态，而煤炭燃烧是主要碳排放源。能源强度对碳排放也具有显著性影响。能源强度表征了能源利用效率，能源强度低，则单位能源消耗产生的碳排放越少，提高技术水平，降低能源强度可以对碳排放产生抑制作用。工业的化石能源消耗是碳排放的主要来源，工业发展是经济早期崛起的引擎和保障，第二产业占比升高必然引起碳排放增加。随着部分城市“退二进三”，产业结构优化与调整可以有效抑制碳排放。

(4)流域划分

流域作为自然、生态、经济等要素综合划分区域，由于河流的串联，既存在流域地理单元上资源环境的空间关联性，又由于干支流、左右岸形成了不同的区域地理环境。而产业的空间分布与人口分布更倾向于资源富集的中游地区与自然条件优越的沿海平原区，从而影响碳排放的空间分异。

早期经济发展水平与城镇化建设共同作用对碳排放的贡献度最高，之后产业结构与能源的作用则突显出来，能源驱动型经济、第二产业驱动的城镇化发展占据了主导地位，成为影响黄河流域碳排放持续增长的主要推动力。黄河流域中上游以化石能源为主的资源型城市众多，且有不断向山西、内蒙古集聚态势。能源供给与使用成本具有比较优势，经济发展受能源驱动，大量开发和粗放利用必然引起碳排放增加。同时，伴随着产业由东部地区向中西部地区转移，黄河流域沿线城市凭借能源禀赋优势，主要承接了能源密集型产业，能源优势促使高耗能产业集聚，产业同构现象显著。而经济结构转型、产业结构升级、新旧动能转换短期内较难改变，黄河流域依靠能源禀赋推动经济发展的同时，其以煤炭为主的能源结构、以二产为主的产业结构也成为制约其“低碳”“绿色”发展的瓶颈。

通过黄河流域碳排放影响因素解析对接流域碳减排政策，未来黄河流域低碳发展需要重点关注以下方面：

①黄河流域作为以河流串联的流域生命共同体，需协同发展，统筹规划，根据上中下

游的特征,制定碳减排政策及碳交易额,通过实施系统化、差异化减排政策,争取尽快达到碳峰值。

②从碳排放的空间分布及集聚状态来看,城市仍旧是未来碳减排的基本实施单元,而中上游以能源驱动型经济为主的城市则是减排重点区域,突破以煤炭、重工业为主的传统经济发展路径,尤其关注呼包鄂榆及吕梁、朔州等典型城市,促进化工、电力、钢铁等高耗能产业转型升级,提高能源利用效率,优化产业结构与能源结构。

③经济规模增长与城镇化建设仍旧是黄河流域碳排放增长的主要原因,碳减排政策的实施需从流域发展的视角出发,在保持经济稳步增长的前提下,实现流域低碳、绿色发展。同时,结合区域资源环境承载力与国土空间规划,合理控制人口规模与城镇开发力度,优化城市空间发展结构和产业布局。对于经济基础较好的下游地区,充分发挥人力资本与经济资本优势,发展清洁能源,绿色产业,在技术创新方面起到引领作用。

(二)黄河流域绿色低碳循环产业发展途径建议

1. 构建绿色低碳循环发展经济体系

构建绿色低碳循环发展经济体系,可以从生产、分配、流通和消费环节,助力绿色发展动能、优化需求、促进生态经济良性循环,推动形成需求牵引供给、供给创造需求的更高水平绿色动态平衡。

在生产环节,以结构优化、技术升级为重点,推动绿色低碳循环发展。绿色产业是经济社会绿色转型发展的重要基石,产业结构是决定资源消耗、环境污染的关键变量。针对产业能耗和物耗高、煤炭消费比重大的现实,积极发挥政府引导作用,发挥财政政策的杠杆作用,重点扶持低碳环保产业,同时引导社会资本进入绿色产业或者低能耗产业,加强“产学研”合作,加快传统产业技术改造,共同推动产业结构的绿色升级;控制能源消费总量,调整能源消费结构,提高能源效率,降低对化石能源的依赖,推进太阳能、风能、水能等低碳能源的利用。

在分配环节,以完善生态补偿机制为抓手,推动绿色低碳循环发展。利用市场化手段提高资源配置效率,深化价格改革,构建碳排放交易、排污权交易、水权交易等环境资源交易市场;综合考虑经济发展质量、产业空间布局、生态环境质量等因素,建立健全生态补偿机制,坚持“谁受益,谁补偿”的原则,将生态环境治理成本内部化,建立高质量发展考核体系,优化区域之间的利益共享和成本共担机制,最大限度调动各地政府和各经济主体环境治理的积极性。

在流通环节,以建设绿色清洁运输体系为核心,推动绿色低碳循环发展。绿色清洁运输体系的核心在于提高交通运输的能源效率,改善交通运输的能源结构,优化交通运输的发展方式。推进货运铁路扩能、多式联运提速,促进大宗货物、集装箱等货种逐步“公转铁”,充分发挥各种运输方式的比较优势,促进交通运输结构性减排。促进各种旅客运输方式的有效衔接和深度融合,推动实现乘客出行“零换乘”,深入推进公交优先战略,进一步提高公交出行分担率,让客运更绿色。健全绿色交通法律、法规、政策和标准,着力优化交通能源结构,加大新能源和清洁能源的应用,提升交通运输装备能效水平和运输效率,降低交通运输发展的环境成本。

在消费环节，以营造绿色生活方式为根本，推动绿色低碳循环发展。消费是经济循环的最终环节，通过调控消费者的购买倾向，可以影响生产者的供给总量、供给质量和供给方式。生活方式绿色化是一个从观念到行为全方位转变的过程，人人都是践行者和推动者。加大宣传教育力度，让绿色低碳循环的生活理念深入人心，不断提高人们参与绿色发展、践行绿色生活方式的主动性，积极开展创建节约型机关和绿色家庭、绿色学校、绿色社区等活动，完善政府绿色采购制度，积极发挥政府购买的引导作用。完善公众参与制度，健全举报、听证、舆论和公众监督等机制，构建全民参与的社会行动体系。

(1)转变经济发展方式

黄河流域沿线城市的经济发展，对提升产业绿色低碳循环发展效率具有促进作用。但目前促进作用发挥不足，究其根本是经济发展方式存在问题，推动经济发展方式由注重规模速度为主转向量与质并进，是加快产业绿色低碳循环发展的有效途径。具体而言，第一，切实转变发展理念。落后的发展理念是制约城市经济高质量发展的根本，必须将经济高质量发展理念贯彻到各个经济发展领域，破除惯性思维，彻底摒弃唯 GDP 论的做法，避免依靠大量生产、消耗、污染拉动经济增长，推动经济发展方式向内涵增长型转变。第二，保证经济合理高效增长。实现高质量发展的前提是经济的稳定增长，且经济的稳定增长能促进产业和消费“双升级”，产业绿色化和消费绿色化都能够提升产业绿色发展效率。第三，注重经济发展质量。黄河流域沿线城市应通过提高产业生产过程中的劳动、资本利用效率，加快产业转型升级，推动产业绿色发展效率提升。黄河流域上中下游城市之间经济社会发展不均衡，地处黄河流域上游的沿线城市，产业绿色发展效率虽然较高，但经济发展相对落后，转型压力大，加之该地区是重要的生态保护区，生态比较脆弱，未来在提升经济发展时更应该注重生态环境的保护，才能大幅度提升产业绿色发展效率；地处中游的沿线城市，作为资源型城市，以能源供给结构转型为重点，对现有资源型产业进行延伸、更新，实现清洁化、高端化转型升级；地处下游的沿线城市，当前经济发展势头强劲，应在经济传统增长动力和新模式之间找到均衡点，加快建立系统完整的促进产业绿色发展的制度体系，树立绿色发展观、生产观和消费观，实现产业生产全过程的可持续发展，提升产业绿色发展效率。

(2)调整优化产业结构

黄河流域沿线城市产业的发展状况对产业绿色低碳循环发展具有重要影响，尤其是第三产业的发展对其具有显著的促进作用，通过调整优化产业结构有助于实现流域产业绿色健康发展。结合黄河流域各城市的资源禀赋、产业基础和外部条件的差异，因地制宜，统筹优化产业布局，建立健全以产业生态化和生态产业化为主体的生态经济体系。一方面，产业生态化要求促进传统产业生态化转型，对钢铁、石化、建材、有色金属等传统产业积极改造升级，推动实现产业绿色发展；另一方面，生态产业化要求生态环境保护也要产业化，通过开发利用新能源，培育生态旅游等手段，提高城市的经济发展和生态效益。具体而言，结合不同地区产业的空间布局定位和现有基础，制定相应的产业绿色发展战略，推动产业结构转型升级。黄河流域上游地区作为重点生态功能区，应加快培育生态农牧、生态文化旅游、清洁能源等绿色产业，构建低碳循环产业体系。黄河流域中游地区作为重点开发和生态功能服务区，应坚持产业发展和环境保护并重。对农牧业生产地区,通过发挥比较优势,打造富有区域特色和竞争优势的农牧业生产基地,在推进农业现代化的同时,因地制宜、积极承接东部产业转移,发展现代制造业和高端服务业;对于资源型城市,如渭南、运城等城市则要加快调整"一煤独大"的产业结构,发挥资源优势,以循环经济、生态工业和清洁生产的理念打造绿色煤炭产业,完善产业配套体系,提升产业绿色化、自动化、智能化水平。对于黄河流域下游地区,应发挥高级生产要素集聚效应,积极应用先进技术改造提升传统制造业,推动产业转型升级,同时着力培育和发展战略性新兴产业,使其以领头羊的角色带动黄河流域产业结构优化升级,促进产业绿色发展。

(3)推进工业绿色转型

黄河流域沿线城市多为重要的工业基地,但是当前的工业化水平对产业绿色发展效率起到抑制作用,这是由于当前工业尚未摆脱资源能源消耗大的发展方式,且黄河流域面临的生态环境问题较为突出,须对现有工业进行绿色化改革,构建科技含量高、环境污染少、资源消耗低的工业绿色生产体系,推动工业绿色化发展。具体而言,第一,提高黄河流域资源利用效率。黄河流域中以能源生产加工为主的城市,要优化能源消费结构,严格控制高耗能工业的扩张,对钢铁、石化等重点高污染的工业及高耗能通用设备进行技术改造,同时加大资源加工转化深度并提高资源综合利用能力,从投入的角度提升产业绿色发展效率。第二,推进黄河流域工业清洁生产。引导黄河流域沿线城市围绕重点行业展开清洁生产技术改造,尤其是钢铁、煤炭、化工等行业,建立严格的污染排放标准,避免工业生产过程中排放大量的污染物,从产出角度提升产业绿色发展效率。第三,加快黄河流域开发绿色产品。结合黄河流域各城市的工业基础,以最小化能源资源消耗和环境污染、最大化资源利用率为标准,开发具有节能、环保、低耗等特征的绿色产品,促进居民绿色消费,带动工业绿色转型发展,提升产业绿色发展效率。第四,发挥科技在黄河流域工业转型中的作用。一方面,对于黄河流域传统的工业,加快研发工业绿色转型的核心关键技术,研制清洁高效可循环生产工艺装备,支持传统工业技术改造升级;另一方面,对于黄河流域新兴产业,尤其是新能源汽车、新材料、新能源装备等绿色制造产业,应大力支持相关产业的核心技术研发,构建绿色创新技术体系以支持绿色制造产业发展。

(4)构建绿色创新体系

黄河流域沿线城市科技创新水平对产业绿色低碳循环发展具有正向促进作用,应加快构建绿色技术创新体系,提升城市科技创新水平。第一,着力培育绿色技术的创新主体,实现多方协作与深度融合。强化作为绿色技术创新主体的企业的内源力,激发高校、科研院所对绿色技术创新起支撑作用的协同力,构建由企业牵头,联合高校、科研院所、金融资本、中介机构等多主体构成的绿色技术创新联盟,避免出现"创新孤岛"现象,实现创新主体之间跨界合作、多方协同和深度融合。第二,合理增加绿色技术创新资源投入,加快推进绿色技术创新成果转化。注重培养和引进绿色技术创新人才,构建多元化绿色技术创新经费投入机制,支持企业、高校、科研机构等建立绿色技术创新项目,鼓励高校和科研院所增加对绿色技术研发投入,引导社会资本、民间资本投入绿色技术研发,支持绿色技术创新成果转化应用。除此之外,结合黄河流域实际发展情况,建设绿色技术交易市场，利用市场手段加快绿色技术创新成果转化。第三，优化绿色技术创新环境，激发绿色技术创新主体积极性。绿色技术创新环境会影响知识、技术等创新要素的创造、流动和应用能力，对其进行优化有助于绿色技术创新主体加强合作交流，有效统筹利用绿色技术创新资源，并加速绿色技术创新要素在黄河流域的流动。一方面，运用信息化手段，构建开放共享的绿色技术信息平台，推动区域间绿色技术信息流动与合作交流，实现信息互通、资源共用、知识共享，以此提升绿色技术创新效率，缩小区域绿色技术创新差距；另一方面，通过优化促进科技创新的法律“软环境”，健全绿色技术知识产权保护制度，为绿色技术的研发和应用创造良好的创新环境。

2. 黄河流域行业碳减排对策建议

(1)关于黄河流域农业碳减排的对策建议

①优化农业产业结构，加快推进向低碳农业发展模式的转变。尽管近年来黄河沿岸农业碳排放呈下降趋势，但农业碳排放强度依然存在下降空间。由于区域经济社会结构和发展水平的差异，黄河流域各地市农业碳排放强度存在区域差异，各地区应根据实际情况出台相关政策和措施，以提高农业碳减排效率。同时应建立黄河流域九省低碳农业协同管理中心，以整体发展方向为指导，制订低碳农业发展计划，尽快实现国家低碳农业发展的整体目标。

②积极发展农业碳市场。中国 2030 年碳达峰、2060 年碳中和目标一经宣布，就引起了国际碳市场的高度关注，随着 70 多个国家和地区承诺 2050 年实现净零排放，全球碳市场积极扩张。作为重要的市场化减排工具，中国碳市场发展潜力巨大，从 2013 年正式开始交易到 2020 年年末，中国的试点碳交易市场经历了 7 个履约期，已成为配额成交量规模全球第二大的碳市场。2021 年 7 月 16 日，全国碳排放交易市场正式启动上线交易，从试点到全国统一开市，这是我国碳市场发展具有里程碑意义的一件大事。发电行业成为首个纳入全国碳市场的行业，纳入的发电行业重点排放单位超过 2000 家。但农业尚未纳入碳市场范围，要充分利用农业减排成本相对较低的优势，将农业碳减排纳入碳交易市场。各地区应根据实际发展情况，首先厘清农业碳排放的关键影响因素。初期可在农业绿色发展基础较好、营商环境优良、改革动力足的地方，以县为单位，选择村集体经济组织、专业大户、合作社、农垦、社会化服务组织等规模较大、组织程度较高、市场意识强的主体，率先开展试点。

③用好财政手段推广低碳农业技术，加大政府农业科技创新投入，探索低碳农业发展新思路。建立健全以绿色发展为导向的农业补贴制度和农村金融制度，财政和金融支持“三农”的资金要进一步密切与化肥农药减量、秸秆利用、地膜回收、国土绿化等环境友好行为的联系程度，为农业减排和固碳持续提供激励。从农业碳排放的结构来看，化肥、农膜等化学投入品是主要碳排放源，应加大财政对农业科技创新的支持力度，推行有机肥替代化肥、测土配方等技术，提高资源利用效率。推广土壤少耕、免耕技术，增加土壤有机碳储量，通过减少农地耕作幅度与强度，尽力减轻土壤的物理性扰动，提高稳定性，增进土壤结构中稳固的土壤有机质比例；在农药和化肥施用方面，提倡用生物学方法控制病虫害，限制化肥的施用量，重视生物固碳和有机肥施用；通过植树造林、保护森林资源、加强土地管理等促进碳固定；在农机购置补贴目录中，增加对农机节能性能的要

求，支持节能农机的研发和推广。

（2）黄河流域煤化工行业碳减排对策建议

考虑到黄河流域9个省区能源消费碳排放的时空差异性，应分区域制定差异化的减排措施。山东位于我国东部地区，碳排放量在全国处于高位，重点减排地区中的枣庄为煤化工和能源基地，济宁和济南为我国重要的装备制造业基地，因此减排策略应侧重于产业结构调整。山西、河南、四川、内蒙古、陕西和宁夏则是我国中西部地区主要的能源资源省区，其中内蒙古的乌审旗是煤炭和天然气主产地，准格尔旗是我国煤炭开采及煤化工的重要基地；山西清徐煤化工产业密集；四川广元和内江矿产资源储备丰富，由此能源结构调整和能源利用效率提升是降低该区域碳排放的重要途径。甘肃和青海则应主动承接东部优势产业，继续保持低碳优势。

①从绿色低碳的角度优化存量，严控增量。对已建的重点项目进行跟踪评估，综合评估碳排放、水消耗和废物产生以及各过程的污染影响。组织总结现有项目的防控措施和经验教训，以此为基础加快气化工艺、节水、碳减排、固废处理等领域的产业研究，加强各种技术间的耦合集成，提升现代煤化工技术水平和能源转化效率。新的现代煤化工项目应优先部署在水资源相对丰富、环境容量较好的地区，新建项目需要综合考虑耗水量和碳排放量，三废排放等管理要求，采用先进的绿色技术和低碳技术。

②大力开发碳减排和资源化利用技术和工艺，制订行业达峰行动计划。研究二氧化碳捕集、利用、封存技术，积极拓展二氧化碳资源利用方式和领域，将二氧化碳作为工业资源利用，促进二氧化碳资源化利用生产高附加值烯烃、甲醇等化工产品。通过整合最先进的煤化工、石化和可再生能源生产流程来减少碳排放。重点研究煤炭转化、油气联合生产燃料和大宗化学品的新路线，促进煤炭和石化产业融合发展。协调煤化工产业，利用作为现代煤化工基地的可再生能源优势，如太阳能资源、高温核能等制取的低碳氢，耦合煤化工，部分替代煤制灰氢，可以大幅度减少二氧化碳排放。

③加大对废水处理技术和装备的扶持力度，推动节水试点建设。利用财政手段鼓励企业研发、引进和使用先进适用的节水技术、工艺和设备，鼓励企业和工业园区阶梯式循环利用高盐废水或开展高盐水深度处理，降低企业和工业园区的高盐废水治理成本。组织现代煤化工行业开展节水企业建设试点工作，试点应涵盖节水技术普及、节水管理、节水意识树立等方面，创新节水管理模式，实现节水管理水平及效益提升，加强用水计量及信息化管理，提高节水智能化管理水平。推动节水技术改造，推动采用高效节水工艺技术，因地制宜积极推广空冷、闭式循环水系统等节水技术的应用。加强非常规水资源的开发利用，比如推进再生水和苦咸水的利用，有效收集雨水等。

④开展固体废物污染特性调查，开发固废大规模综合利用途径。一是对煤气化、液化、煤制化学品等产生的各类固体废物开展系统调查和分析，掌握各类煤化工固体废物的主要物质组成特性、污染物含量，以及不同煤种对污染物物质组成特性、污染物含量的影响，为进一步开展现代煤化工固体废物资源化和处置技术的可行性研究奠定基础。二是现代煤化工行业一般工业固废的资源化利用应采用以“规模化消纳为主+高值化利用为辅”的处置思路，开发过程简单、适应性强、具有一定经济效益的煤气化渣综合利用技术路线，拓宽下游应用市场，探索气化炉渣等高附加值利用技术路径。

三、培育发展壮大新兴产业

（一）新一代信息技术产业

发展“新一代信息技术产业”的主要措施是，“加快建设宽带、泛在、融合、安全的信息网络基础设施，推动新一代移动通信、下一代互联网核心设备和智能终端的研发及产业化，加快推进三网融合，促进物联网、云计算的研发和示范应用。着力发展集成电路、高端软件、新型显示、高端服务器等核心基础产业。提升软件服务、网络增值服务等信息服务能力，加快重要基础设施智能化改造。大力发展数字虚拟等技术，促进文化创意产业发展”。2019 年政府工作报告明确指出要“深化大数据、人工智能等研发应用，支持新业态新模式发展，壮大数字经济”。

从数字经济的增长可以看出服务业与新一代信息技术具有高度融合的可能性。应加速流域内传统产业转型，建立完整的流域产业链。首先，要推动新一代信息技术与制造业深度融合。包括采用先进的智能制造设备，提高产品品质、提高生产效率、提升企业竞争力；积极研发人工智能技术，推动企业关键核心技术突破；加大工业互联网的应用范围，推进制造业培育新服务、新模式、新业态；强化工业互联网安全，提高产业支撑能力；深化国际合作，共同构建开放共享的工业互联网生态体。其次，促进新一代技术与农业融合。我国工业级无人机市场快速扩张，各型无人机特别是多旋翼无人机在农业植保、农业监测、地理测绘、海洋巡查、消防救援、交通执法、影视拍摄等领域得到了广泛应用。

（二）生物产业

1. 生物医药产业

生物医药指人们运用现代生物技术生产用于人类疾病预防、诊断、治疗的医药产品，包括基因工程药物、基因工程疫苗、新型疫苗、诊断试剂、微生态制剂、血液制品及代用品等。

与其他药物相比，生物医药具有显著优势：①生物医药药理活性高、针对性强、副作用小、疗效可靠、营养价值高；②化学结构与人体正常生理物质接近，更易为机体吸收利用；③生化机制更合理和特异治疗更有效。同时生物医药在传染病的预防、疑难病的诊断和治疗上起着不能替代的作用。

根据国家统计局公布的《战略性新兴产业分类（2018）》，生物医药产业是中国战略性新兴产业之一。在中国“十四五”规划和 2035 年远景目标建议中提到，推进生物医药产业发展，重点发展化学原料药及生物制药、现代中药等生物医药产业，培育发展高端医学影像等先进医疗器械。我国生物医药产业已经成为一个具有极强生命力和成长性的新兴产业，也是医药行业中最具投资价值的子行业之一。随着行业整体技术水平的提升以及整个医药行业的快速发展，生物医药行业仍具备较大的发展空间。

（1）我国生物医药产业发展现状

我国生物医药产业从 20 世纪 80 年代起步，虽然起步较晚，但发展速度较快。截至

2020 年 12 月 30 日,我国生物医药行业上市企业市值排行榜上共 11 家企业超 1000 亿元,两家企业市值在 5000 亿元以上。其中恒瑞医药列医药生物行业第一位,市值达到 6008.85 亿元;迈瑞医疗排名第二,市值为 5082.32 亿元;药明康德排名第三,市值 3177.28亿元。市值排名前十的企业还有爱尔眼科、智飞生物、长春高新、片仔癀、云南白药、泰格医药、康泰生物。

(2)黄河流域生物医药产业发展现状

生物医药产业的特点包括高风险、高投入、高技术、周期长等,这一特性决定了其集聚化发展的优势;通过以园区的形式聚集,可帮助生物医药企业快速获取人才、资本、研发和企业资源,从而促进其成长。

《2021 生物医药产业园区百强榜》(赛迪顾问医药健康产业研究中心与新浪医药)发布,黄河流域仅有 6 个园区入选生物医药百强园区榜单(见表 7.2),占比 6%,占黄河流域国家级园区(26 个,19 个国家级高新区和 7 个国家级经开区)的 23%,集中在山东、河南和甘肃。在企业集聚、龙头带动、产值贡献、空间承载能力、研发创新、生活舒适度、交通便捷度和社会关注度八个子榜单中,上榜的国家级园区集中在河南和山东。

表 7.2　2021 年黄河流域(界定区域)国家级园区进入《2021生物医药产业园区百强》名单

地市	排名	园区
济南	19	济南高新技术产业开发区
郑州	22	郑州高新技术产业开发区
淄博	27	淄博高新技术产业开发区
兰州	71	兰州经济技术开发区
德州	75	德州经济技术开发区
兰州	88	兰州高新技术产业开发区

(3)黄河流域生物医药产业发展途径

①黄河流域下游(山东、河南)生物产业园区应充分发挥自身交通便捷、空间承载能力强、社会关注度高的优势,承接传统优势园区因空间承载能力下降、生产生活成本上升等问题而出现的外溢企业。黄河流域上游和中游应立足区位优势和产业基础,充分发挥中药材种植优势,挖掘并重点扶持一批有实力、有潜力的创新型中药企业发展壮大,培育具有自主知识产权的医药品牌。

②加大研发投入,着力突破高端装备及核心部件国产化的瓶颈问题,实现高端主流装备、核心部件及医用高值材料等产品的自主制造,大力推进医学影像设备、手术实时成像、医用机器人、家庭医疗监测和健康装备、可穿戴设备等高端医疗器械开发。

③加快生物医药与人工智能产业融合,加大药品生产过程中的可追溯性和药品数据的可靠性;朝着专业特色化、数字智能化、绿色环保化和“产业融合、产城融合、区域融合”多维融合化方向加速发展。

2. 生物质能源产业

生物质能,具有绿色、低碳、清洁、可再生等特点,其技术成熟,应用广泛,在应对全球气候变化、能源供需矛盾、保护生态环境等方面发挥着重要作用,是全球继石油、煤炭、天然气之后的第四大能源,成为国际能源转型的重要力量。随着“二氧化碳排放力争于2030年前达到峰值、努力争取2060年前实现碳中和”目标的设定,发展生物质能源已成为减碳的最佳选择,将在未来低碳能源结构中发挥重大作用。

(1)我国生物质能源发展现状

我国生物质资源丰富,能源化利用潜力大。全国可作为能源利用的农作物秸秆及农产品加工剩余物、林业剩余物和能源作物、生活垃圾与有机废弃物等生物质资源总量每年约4.6亿t标准煤。

生物质发电装机容量世界第一。截至2020年年底,全国已经投产生物质发电项目1353个。生物质发电新增装机543万kW,累计装机达2952万kW。我国生物质发电装机容量已经连续三年位列世界第一。生物质发电结构中,垃圾焚烧发电累计装机容量占比最大,达到51.9%;其次是农林生物质发电,累计装机容量占比为45.1%;沼气发电累计装机容量占比仅为3.0%。全国生物质发电在建容量1027.1万kW,垃圾焚烧发电624.5万kW,占在建容量的60.8%。黑龙江(13%)、广东(9%)、河南(8%)、山东(8%)、吉林(7%)在建容量位列前五。

生物质发电量稳定增长。2020年,我国生物质年发电量达到1326亿kW·h,同比增长19.35%(见图7.2)。从发电量结构来看,垃圾焚烧发电量最大,2020年我国垃圾焚烧发电量为778亿kW·h,占比为58.6%,发电量较多的省份为广东、浙江、江苏、山东、安徽等;农林生物质发电量为510亿kW·h,占比为38.5%,发电量较多的省份为山东、安徽、黑龙江、广西、江苏等;2020年沼气发电量为37.8亿kW·h,占比为2.9%,发电量较多的省份为广东、山东、浙江、四川、河南。

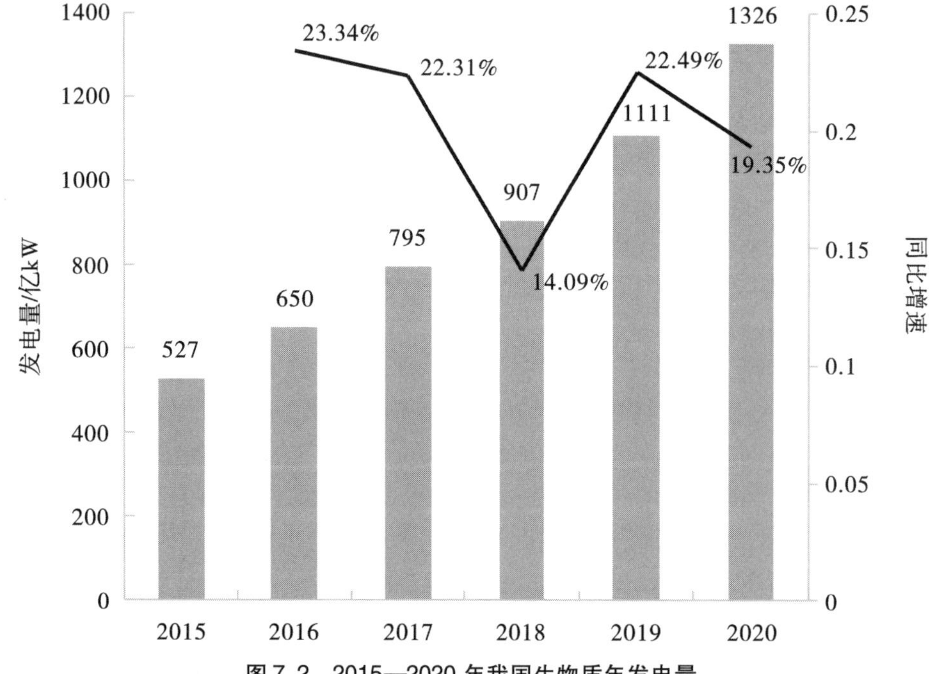

图7.2 2015—2020年我国生物质年发电量

生物质发电在我国可再生能源发电中的比重呈逐年稳步上升态势。截至2020年年底,我国生物质发电累计装机容量占可再生能源发电装机容量的3.2%;总发电量占比上升至6.0%(见图7.3)。生物质能发电的地位不断上升,反映生物质能发电正逐渐成为我国可再生能源利用中的新生力量。

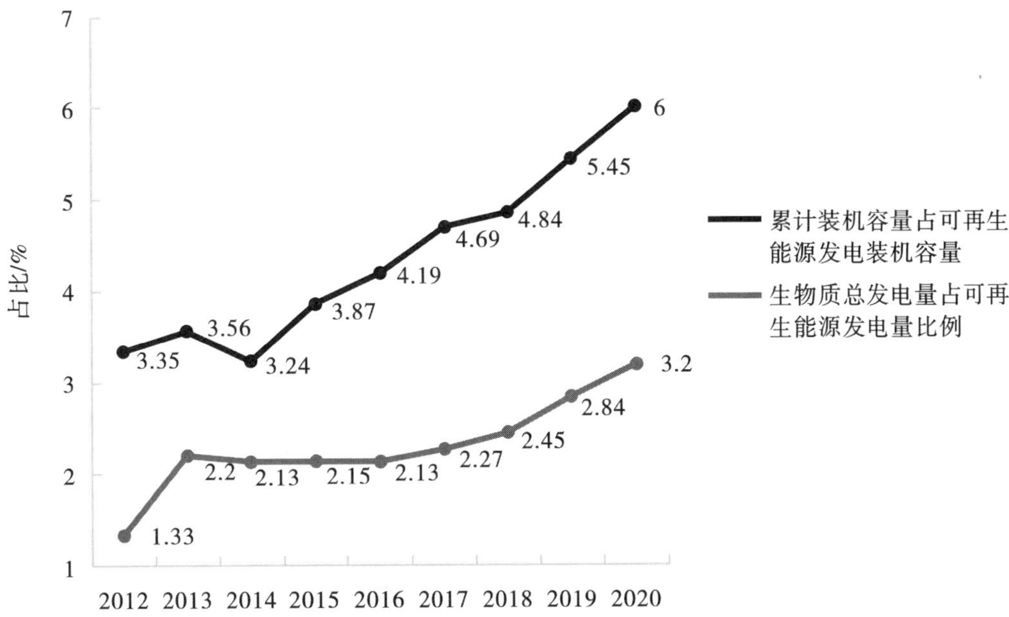

图7.3　2012—2020年我国生物质发电累计装机容量及发电量占可再生能源发电比例

(2)黄河流域生物质能源发展现状

2017年,国家能源局官网发布的《国家能源局关于可再生能源发展"十三五"规划实施的指导意见》规定2017—2020年黄河流域九省区生物质发电指标分别为四川省48万kW、甘肃省51万kW、宁夏回族自治区8万kW、内蒙古自治区34万kW、山西省55万kW、陕西省92万kW、河南省223万kW、山东省224万kW。黄河流域生物质能发电产业分布不均,下游(河南、山东)水平较高,上游、中游相对落后。

2020年黄河流域有37个项目纳入生物质发电中央补贴范围(见表7.3),占总项目(77项)的48.05%。其中山东13项,占黄河流域总纳入项目的35.14%;河南9项,占比为24.32%。农林发电项目9项,垃圾发电项目20项,沼气发电项目8项。

表7.3　黄河流域有37个项目纳入生物质发电中央补贴范围

省区	个数	农林发电	垃圾发电	沼气发电	项目装机容量/万kW
青海	1			1	0.15
四川	7	1	4	2	11.263
甘肃	1		1		1.2

续表 7.3

省区	个数	农林发电	垃圾发电	沼气发电	项目装机容量/万 kW
内蒙古	1	1			3
山西	1	1			1.5
陕西	4		3	1	15.156
河南	9	3	3	3	14.75
山东	13	3	9	1	23.44

(3)黄河流域生物质能源发展建议

黄河流域中上游地区生物质发电产业相对较落后,应充分发挥其农业及畜禽养殖优势,统筹农作物秸秆及农产品加工剩余物、林业剩余物、生活垃圾与有机废弃物等原料收集,推进生物质直燃发电全面转向热电联产;垃圾焚烧发电更能契合当前碳达峰、碳中和的政策方向,同时也更能有效地实现国家部委提出的"减量化、资源化、无害化"的目标,因此在经济较为发达地区,应合理布局生活垃圾焚烧发电项目;在秸秆、畜禽养殖废弃物资源比较丰富的乡镇,应因地制宜推进沼气发电项目建设。

(三)新能源汽车

1. 黄河流域新能源汽车产业现状

黄河流域新能源汽车生产企业主要分布在甘肃省、内蒙古自治区、陕西省、山西省、河南省、山东省,其中甘肃省、内蒙古自治区、山西省新能源汽车发展势头相比其他省份较为缓慢,陕西省新能源汽车产业发展势头良好,但主要集中在西安市及周边城市,河南省新能源汽车生产企业主要集中在郑州市、洛阳市、新乡市、焦作市,山东省新能源汽车生产企业主要集中在济南市、聊城市等。具体分布见表 7.4。

表 7.4 黄河流域新能源汽车产业现状

省区	地级市	代表性企业	产业园区
甘肃	兰州	兰州亚太新能源汽车有限公司、兰州广通新能源汽车有限公司、兰州知豆电动汽车、兰石兰驼新能源电动车、甘肃建投新能源专用汽车等	兰州新能源汽车文化产业园
内蒙古	乌海 鄂尔多斯 包头 呼和浩特	乌海海易通银隆新能源汽车有限公司 奇瑞汽车股份有限公司鄂尔多斯分公司 内蒙古青杉汽车有限公司 开沃汽车集团	包头装备制造产业园区 土左旗金山开发区新能源汽车产业园
山西	运城	大运汽车股份有限公司	大运新能源汽车产业生产基地
陕西	榆林	陕汽榆林东方新能源专用汽车有限公司	榆阳区新能源汽车产业基地

续表 7.4

省区	地级市	代表性企业	产业园区
河南	三门峡 洛阳 济源 焦作 郑州 新乡	三门峡百姓汽车科技有限公司、锐意泰克（三门峡）新能源汽车有限公司、三门峡速达交通节能科技股份有限公司 中国一拖、中集凌宇、中建二局、埃文海姆朗宸、洛阳广通等 力帆河南济源新能源汽车、江森自控济源工厂 多氟多新能源公司、焦作龙瑞新能源汽车有限公司等 宇通客车、少林客车、郑州日产、郑州海马、郑州红宇、郑州比亚迪汽车有限公司 新乡市新能电动汽车有限公司、河南锂动电源公司	银隆新能源（洛阳）产城融合产业园 国家汽车零部件特色产业基地 郑州新亚汽车产业园等 正威新能源全球总部基地
山东	聊城 济南	时风集团、中通客车 中国重汽集团、山东豪驰智能汽车有限公司、吉利汽车（济南）	聊城经济开发区新能源汽车产业园、东昌府区新能源汽车零部件产业园 吉利智慧新能源整车工厂（济南基地）

2. 黄河流域新能源汽车存在的问题

（1）黄河流域新能源汽车发展不协调

新能源汽车产业已在全国范围内形成了六大产业群，分别是长三角、珠三角、京津冀、东北地区、西南地区、中部地区。其中长三角地区凭借着多年传统造车底蕴，其企业数量及市场推广数量雄踞新能源汽车榜首，中部地区、京津冀紧随其后，东北地区与西南地区整体资源较前几大产业群有所落后。而黄河流域新能源汽车制造业在全国的比重较小，尚未形成大的产业集聚带；区域内“整零”企业协同发展不足。

（2）黄河流域新能源汽车核心技术问题

黄河流域新能源汽车技术研发问题：一是研发经费投入不足。我国在新能源汽车技术研发方面，投入的成本与国外发达国家相比，存在较大的差距，从而导致我国新能源技术始终无法实现弯道超车；二是基础研究不足。现阶段，我国新能源技术研发，深受专利壁垒的限制，很多实验设备无法购买，造成我国新能源核心技术的缺失。

（3）黄河流域新能源汽车产业相关政策标准不完善

我国新能源汽车产业，还存在标准不一和多样冗杂的问题，主要体现在新能源汽车的电池规格、充电设备等，都没有形成统一的标准。

3. 黄河流域新能源汽车发展方向

①建立配合联动机制，统筹布局规划，优化资源配置。将黄河流域上中下游原材料、

科技资源、管理模式相结合,真正实现资源的最优分配。由政府牵头搭建区域产业技术平台,加强统筹协调,将研发与工程化应用相结合,推进供应链体系创新,发挥产业联盟作用,进而建成产品开发数据库,实现行业内部共享。积极培育产业集聚区,促进“整零”企业协同发展。

②需围绕产业链、供应链、关键环节创新链等方面支持新能源汽车关键技术研发,支撑和引领我国新能源汽车产业的高质量发展,如围绕动力电池、新能源汽车产业链核心的燃料电池和储氢系统以及固体氧化物电池等核心技术、新能源汽车产业链共有环节等方面。

③完善政策标准,构建市场发展环境。落实新能源汽车技术标准,一是控制进入市场车企的质量,只有技术达标的企业才能从事生产。二是控制汽车生产的流程,用以提高产品的质量。标准缺乏统一性问题的根源仍然是技术问题。政府和车企要充分地认识到,只有在大量的数据支持下,才有助于实现标准统一化。

(四)高端装备制造

1. 黄河流域高端装备现状分析

黄河流域九省区高端装备制造业呈现出加速崛起状态,逐渐形成了各具特色的航空、轨道交通、海洋工程、智能制造等高端装备制造产业集群。

黄河流域上游前段:①青海省主要形成了以数控机床为代表的高端装备制造产业,比如青海康泰铸锻机械有限责任公司的世界首台 6.8 万 t 具有挤压和模锻双功能重型压机,填补了国家对大口径火电、核电用管的生产空白;青海一机数控机床有限责任公司的高精密型卧式加工中心,解决了国家高精度零件加工设备的需求,填补国内高精度零件机械加工的空白。②四川省在工程机械、智能制造装备等领域获得了一系列成果,比如四川宏华石油设备有限公司设计制造的极地钻机是国内自主研制的首套可在零下 50 ℃环境作业的极地钻机;中国第二重型机械集团公司打造的全球最大万航模锻 8 万 t 级模锻压机是我国“大飞机”项目配套建设的关键锻造设备;东方汽轮机研发的国内首台 F 级 50 MV 重型燃气轮机实现满负荷稳定运行,效率和能耗控制达到世界领先水平。

黄河流域上游后段:①甘肃省在海洋工程和轨道交通等领域不断取得突破,比如海默科技自主研发的水下多相流量计产品,解决了我国海下石油钻采计量设备长期受国外“卡脖子”问题,并用于南海东部海域的流花 21-2 油田项目,首次打破了国外大公司在该领域的垄断;中车兰州机车有限公司自主研发的工矿内燃机车和液铝轨道运输车填补了国内空白。②宁夏回族自治区形成了以智能制造装备为代表的高端装备制造产业,比如宁夏共享集团实现了国内铸造业 3D 打印技术产业化应用“零的突破”,建立了世界首个万吨级铸造 3D 打印智能工厂;吴忠仪表有限责任公司自主研发生产的天然气调压撬打破了我国这一领域关键设备长期被国外企业垄断的局面,并率先全面建成智能控制阀数字化工厂;大河数控机床有限公司自主研发的数控珩磨机床技术,打破了高档数控珩磨机床进口的垄断局面。③内蒙古自治区初步在轨道交通装备、工程机械等领域发挥着引领示范作用,比如北重集团建设的 3.6 万 t 黑色金属垂直挤压大口径厚壁无缝钢管生产线项目,打破了美、德在该技术上的垄断;北重集团研发的 NTE360 电动轮矿车,是国内首次批量出口的 360 t 级大型电动轮矿,技术和性能均处于国内顶尖和世界领先水平。

黄河流域中游:①山西省在矿山机械、轨道交通领域持续发力,比如晋能控股集团开发了山西省首套高端智能化煤机成套装备;由西南交大与中车大同联合研制的我国首台氢燃料电池混合动力机车;太重集团自主研制的“TZ-400”海上石油钻井平台,实现核心部件国产化;太重集团自主研制的高端液压柱塞泵,已通过 5000 h 满载寿命试验和 20 万次冲击试验,达到世界先进技术水平,打破了我国高端液压零部件市场被国外垄断的局面;太重集团自主研发 350 km/h 中国标准动车组轮轴,是我国高铁装备自主创新的重要成果。②陕西省形成了航空航天、智能装备等高端装备制造集群。在航空装备原材料方面,宝钛股份实现了 4500 m 深潜器钛合金载人球舱的自主设计制造、国产 C919 大飞机用钛合金板材研制;三角防务成功研制出世界上单缸压力最大的 4 万 t 大型模锻液压机。在机载设备制造方面,天和防务研发了众多综合电子信息“阵地”高精尖产品,如国内首款移动塔台指挥车、我国第一款稀疏阵场监雷达、50 kg 便携式水下无人自主航行器等。在数控机床方面,秦川机床工具集团研发的高端磨齿机进入了国内高端汽车制造领域,机床可靠性与精度稳定性达到当前国际同类产品水平,公司成为国内机器人“关节”减速器最全的供应商。

黄河流域下游:①河南省形成了以轨道交通为代表的高端装备产业集群。其中,中铁工程装备集团洛阳公司生产的首台盾构机“京成号”成功下线,设备将服务于北京地铁建设;洛阳拓博尔铁路设备有限公司与中车洛阳机车有限公司联合研发了世界首台双动力钢轨铣磨车,助力我国铁路钢轨铣磨重大设备实现国产化替代;洛阳 LYC 轴承有限公司与中铁隧道局联合研制成功国内首台 11 m 级盾构机国产主轴承,打破大直径主轴承技术壁垒;中信重工建成了全国最大的消防机器人研发生产基地,并实现了矿山粉磨装备智能化的共性关键技术突破,填补了国内空白;中科慧远发力工业外观检测,其产品检测精度达到微米级别,已经完全实现国产替代,并解决了光源控制器依赖进口的“卡脖子”问题;②山东省形成了以海洋工程为代表的高端装备制造业,如中集来福士自主研发了全球最大、作业水深最深、钻井深度最深的海上钻井平台“蓝鲸 1 号”;山东海洋蓝鲲运营有限公司设计研发的双船起重装备“蓝鲲号”,是全球首制的超大型海洋设施一体化拆解和安装多功能装备,是世界海上双船起重领域的重大技术突破;中车青岛四方机车公司研制的时速 400 km 动车“复兴号”,是具有完全自主知识产权、达到世界先进水平的动车组列车;山东普利森集团是深孔类加工机床、油缸车床国家行业标准编制单位,其深孔机床关键技术研发与世界一流企业保持同步。

黄河流域中游和下游的高端装备制造业已经形成产业集群,具有鲜明的特色(比如山西省以矿山机械装备为代表,陕西省形成了航空航天装备为代表,河南省以轨道交通装备为代表,山东省以海洋工程装备为代表),构成了“特色产业+新兴产业”协同发展的新格局。黄河流域上游的高端装备制造业发展较为缓慢,上游前段的青海省(以数控机床为代表)和后段的宁夏回族自治区(以智能制造装备为代表)已经初步形成了产业集群,但上游其余省区的高端装备制造业还存在较大差距。黄河流域九省区的高端装备制造产业存在以下几方面问题。

①产业利润率低。高端装备制造业作为技术和资本密集的资本型产业本应当有可观的收益，但目前很多高端装备制造企业的利润率越来越低。一方面，同质化竞争严重，企业盈利能力明显下降。另一方面，技术的发展多采用“逆向”策略，即先开发设备，满足应用需求，再对原材料或零件进行研发。这使得基础材料和工艺已经远远落后于高端装备制造产业的整体发展。高端装备材料和零件的高额进口费直接导致了较低的利润率。

②产业集群效应不明显。近年来，针对我国经济转型升级、高质量发展的客观需要，我国政府大力推动一批高端装备制造业产业集群的建设。在强有力的政策推动下，涌现出长环渤海、长三角、珠三角等一大批“产业集群”，而黄河流域九省区的基础配套设施却跟不上发展的步伐。此外，在黄河流域九省区内初步形成的集群内企业之间协作配套效率低，企业间技术、人才、平台、服务也未能实现有效融合和共享。

③缺乏持续创新驱动力。我国高端装备制造业企业大而不强，自主研发能力弱，关键技术对外依存度高，黄河流域九省区同样面临这种挑战。此外，高端装备制造企业与高校和科研院所的合作亟待加强，企业缺少与高校、科研院所共建的产业技术创新战略联盟、新型研发机构等，导致企业内掌握高端装备技术发展前沿的研发骨干队伍薄弱。同时，黄河流域九省区的高端装备制造专业技术人才培养平台还亟待快速建设。

2. 黄河流域高端装备产业发展对策

(1)进一步加强产业集聚效应

以园区和龙头企业为依托合理推动形成的产业集聚，已经成为我国高端装备产业发展的一项重要特征。黄河流域九省区政府应加强特色高端装备制造产业集聚，主导建设各具特色、优势互补的高端装备制造产业园区与特色小镇，进一步促使产业集聚。

(2)加快打造服务信息共享平台

构建技术服务共享平台有助于打通高端装备产业发展中技术研发与产业之间的关键闭环路径，培育相当规模的高端装备产业发展集群，形成新的业务增长点和产业新业态。

(3)加快培育研发应用型人才

人才缺口不断加大，重研发轻应用的人才培养一直是我国高端装备产业发展的一大限制。近年来，黄河流域九省区已经出现了一批政府与高校、研究机构共建的高端装备领域应用工程师培训中心，人才培育逐渐向研用并重方向发展。

(4)打造智能装备制造产业新增长点

在多科学领域前沿技术的交叉融合作用下，智能装备将不断衍生进化出更多复杂功能和新型功能，应用领域持续拓宽，激发出更加多元化的消费需求。这将带动智能装备产业新兴增长点的形成，为我国高端装备产业发展另辟蹊径、换道超车提供了充足动能。

（五）新材料

1. 我国新材料产业发展现状

（1）产业规模不断扩大

我国拥有全球产业门类最全、规模最大的材料产业体系，钢铁、有色金属、稀土金属、水泥、玻璃、化学纤维、先进储能材料、光伏材料、有机硅、超硬材料、特种不锈钢等百余种材料产量达到世界第一位。在雄厚材料产业基础的支撑，以及下游市场需求的带动下，我国新材料产业发展取得长足进步。在“十二五”规划期间（2011—2015 年），中国新材料产业规模一直保持稳步增长，由 2010 年的 6500 亿元增长至 2015 年的 2 万亿元，年均增速约 25%。在“十三五”规划期间（2016—2020 年），中国新材料产业规模持续稳步增长，工信部预计在“十三五”规划期结束时，中国新材料产业规模将达 6 万亿元人民币，但由于 2020 年新冠肺炎疫情对中国宏观经济的影响，中国新材料产业规模达 5.3 万亿元。伴随新一代信息技术、新能源、高端装备制造等应用领域的快速发展和材料基础研究及技术创新的稳步推进，中国新材料产业获得了发展动力。根据工信部预计，在产业政策的促进下，中国新材料产业将保持良好发展势头，预计在“十四五”期末产业总产值将达到 10 万亿规模，规划时期年均复合增长率达 13.5%。

（2）创新能力显著提升

我国新材料产业研发应用能力在不断积累中逐步增强，围绕新材料应用技术开发及推广体系的建设，先后启动核能材料、航空发动机材料、航空材料等 15 家国家新材料生产应用示范平台的建设。在关键新材料的制备、工艺流程、新产品开发以及资源综合利用等方面取得一系列重大突破。高温合金方面，研制出 200 多个牌号的合金及零部件，装备水平进入国际先进行列：半导体材料方面，掌握了满足 65 ~ 90 nm 线宽集成电路用 300 mm 硅片制备技术和无位错 450 mm 硅单晶实验室制备技术，第三代半导体材料技术直追国际先进水平应用水平与国外同步。

（3）产业集聚态势明显

在政策、技术及市场驱动下，国内新材料产业已呈现明显集聚发展态势，形成了综合性新材料产业聚集区。目前中国新材料产业已形成以环渤海、长三角和珠三角的产业集群式发展模式，各区域之间产业种类与发展规模均存在差异。其中浙江、江苏、广东和山东四个省新材料产业总产值目标均超万亿，以浙江、江苏为代表的长三角地区专注于新能源汽车、电子信息、医疗和高性能化工等领域新材料的研发生产，以广东为代表的珠三角以高性能复合材料和稀土等领域为主，以山东为代表的环渤海集群更倾向于战略基础材料、特种材料和前沿新材料的研发生产。全国新材料布局呈现差异化发展，各新材料产业集群形成优势互补局面。

2. 黄河流域新材料产业现状

（1）新材料产业发展优势

包头市作为全球重要的稀土资源产地，发展稀土产业具有四大优势：一是稀土资源储量可观，包头白云鄂博矿已探明稀土资源储量 4350 万 t，占全国总量的 83.7%，占全球总量的37.8%,是世界少有的全稀土元素矿。二是产业发展基础扎实,包头市共有各类稀土企业141家,规模以上企业47家,形成了完整产业链条和完整产业体系,实现了稀土功能材料产业全覆盖,“稀土+”产业不断向高端领域拓展,终端应用实现了产业化。三是科技服务体系健全,包头市具有国内最完备的稀土领域技术创新体系,涵盖各个环节,拥有全球最大的综合性稀土专业研发机构包头稀土研究院,内蒙古科技大学稀土产业学院于2021年12月揭牌成立,为包头稀土产业高质量发展提供技术支撑和人才保障。四是政策环境优势明显,包头市出台了稀土产业最优政策,确定了七个方面的政策措施,出台三个专项人才政策,50多项具体措施,全面吸引稀土科技创新人才。“十四五”时期,包头市将围绕稀土产业链、供应链部署创新链,着力构建特色鲜明、结构合理、集约高效、产业共生耦合的稀土产业发展体系,全力推进稀土产业高质量发展。到2025年,力争实现培育上市企业10家,行业单项冠军3家,高新技术企业达到100家,稀土产业产值达到1000亿元,稀土新材料及应用产值比重超过60%。

山东省新材料产业门类比较齐全,在国家划分的特种金属功能材料、高端金属结构材料、先进高分子材料、新型无机非金属材料、高性能复合材料、前沿新材料等6大类新材料中均有分布,聚氨酯、高性能有机氟、有机硅、先进陶瓷、特种玻璃、高性能玻璃纤维、高性能铝合金、石墨烯等领域技术水平较高,已形成较好产业规模优势。

(2)国家重点建设新材料产业基地

黄河流域范围设区市及自治州被《新材料产业“十三五”发展规划》列入重点建设基地的有内蒙古包头、宁夏石嘴山、山东淄博、甘肃兰州、河南洛阳、山东威海、山东泰安等,具体见表7.5。

表7.5 黄河流域范围被《新材料产业“十三五”发展规划》列入重点建设基地的设区市

区域	设区市及自治州	新材料基地名称
甘肃	兰州	特种橡胶基地
宁夏	石嘴山	新型镁合金材料基地
内蒙古	包头	稀土功能材料重点建设基地
河南	洛阳	特种玻璃基地
山东	淄博 威海 泰安 山东全域	高性能氟硅材料基地 碳纤维及其复合材料基地、先进陶瓷基地 高性能玻璃纤维及其复合材料基地 树脂基复合材料基地

《中华人民共和国国民经济和社会发展第十四个五年规划和2035年远景目标纲要》指出,推动高端稀土功能材料、高品质特殊钢材、高性能合金、高温合金、高纯稀有金属材料、高性能陶瓷、电子玻璃等先进金属和无机非金属材料取得突破。加强碳纤维、芳纶等高性能纤维及其复合材料、生物基和生物医用材料研发应用,加快茂金属聚乙烯等高性能树脂和集成电路用光刻胶等电子高纯材料关键技术突破。表7.5中所列基地中的包

头稀土功能材料重点建设基地、威海先进陶瓷基地、泰安高性能玻璃纤维及其复合材料基地所涉及产业均在“十四五”规划重点推动发展领域之内，具有良好的发展前景。

（3）新材料龙头企业

2019 年中国新材料产业细分行业十大企业中，属于黄河流域设区市及自治州的有中国北方稀土（集团）高科技股份有限公司、方大炭素新材料科技股份有限公司、山东国瓷功能材料股份有限公司、濮阳濮耐高温材料（集团）股份有限公司，分别位列有色金属材料行业第二名、有色金属材料行业第三名、有色金属材料行业第五名及新型建筑材料专业第十名。由此可见黄河流域新材料产业在我国占有重要地位，尤其是在有色金属材料行业所占市场份额较大。

中国北方稀土（集团）高科技股份有限公司（以下简称“北方稀土”）拥有 49 家分公司和全资、控股、参股公司，拥有全国最大的综合性稀土科技研发机构——包头稀土研究院，并建有“白云鄂博稀土资源研究与综合利用国家重点实验室”“稀土冶金及功能材料国家工程研究中心”“国家新材料测试评价平台——稀土行业中心”“稀土新材料国际合作基地”等多个国家级创新平台，同时拥有北方稀土国家企业技术中心及国内最大的稀土新材料中试基地。具备稀土冶炼、功能材料、深加工应用完整的产业链生产能力，可生产各类稀土产品共 11 个大类、50 余种、近千个规格。目前，冶炼分离产能 12 万 t/a、稀土金属产能 1 万 t/a，稀土原料产能位居全球第一；稀土功能材料中磁性材料合金 4.1 万 t/a，产能居全球第一；抛光材料产能 2.35 万 t/a、贮氢合金 8300 t/a，占据国内市场份额半数以上；发光材料 100 t/a；稀土基烟气脱硝催化剂 1.2 万 m^3/年。

方大炭素新材料科技股份有限公司（以下简称：方大炭素）总部位于甘肃省兰州市红古区海石湾镇。公司炭素制品综合生产能力达到23 万 t/a，原料生产能力 20.4 万 t/a，其中石墨电极 19 万 t/a、炭砖 3 万 t/a、炭素新材料 1 万 t/a、煤系针状焦 6 万 t/a、低硫煅后石油焦 14.4 万 t/a。产品分为 4 大系列，主导产品有超高功率、高功率、普通功率石墨电极；高炉用超微孔炭砖、高导热超微孔炭砖、微孔炭砖、半石墨质炭砖、高导热炭砖、高耐蚀炭砖、石墨砖、超高导石墨砖；电解铝用石墨质阴极炭块、石墨化阴极炭块；以及各种矿热炉用炭砖、电解镁石墨阳极和中细结构石墨等其他产品；特种石墨制品（超细结构、细结构、中细结构、中粗结构石墨）、核电用炭/石墨材料（高温气冷堆/快堆等核反应堆）、石墨烯及其下游产品、超级电容器用活性炭、锂离子电池用高端石墨负极材料、碳纤维、炭/炭复合材料等炭素新材料产品；煤系针状焦和低硫煅后石油焦、煤沥青等炭素制品生产用主要原料，其中多项为国内首创并打破国外企业垄断。公司在高炉炭砖、核电用炭/石墨材料、石墨烯制备及应用技术的研究和生产方面保持国内领先地位，整体工艺技术能力达到国际先进水平。

山东国瓷功能材料股份有限公司主要产品包括：纳米级钛酸钡及配方粉、纳米级复合氧化锆、高热稳定性氧化铝、氮化铝、蜂窝陶瓷、喷墨打印用陶瓷墨水、陶瓷球及陶瓷轴承等。公司先后荣获工信部第四批制造业单项冠军示范企业、工信部知识产权工业运用试点企业、山东省新材料领军企业 50 强，山东省 5G 产业方向试点示范企业、山东省新材料产业民营企业十强、山东省“十强”产业（新材料产业）集群领军企业、山东省“勇于创新奖”先进集体等称号，承建了“国家企业技术中心”“国家博士后科研工作站”“山东省电子陶瓷材料工程技术研究中心”等国家、省级科研平台,并通过中国合格评定国家认可委员会实验室(CNAS)认可。经过多年发展,公司已成为国内重要的高端功能陶瓷材料制造商。

濮阳濮耐高温材料(集团)股份有限公司(简称濮耐集团)是国内主要的功能耐火材料、不定形耐火材料生产企业,钢铁炉外精炼透气砖国内市场份额第一,国内最大的钢铁行业用耐火材料制品供应商。濮耐集团是科技部认定的国家火炬计划重点高新技术企业,河南省科学技术厅认定的高新技术企业,是河南省 50 家高成长型高新技术企业。公司自成立以来,一直致力于耐火材料新技术、新产品的开发和推广应用,先后取得了多项科研成果。公司拥有高新技术产品 14 个,国家级重点新产品 5 个。承担了国家级、省级、市级科技项目 32 项,荣获国家级、省级、市级科技成果奖 32 项。拥有河南省省级企业技术中心和河南省唯一一家高温陶瓷材料工程技术研究中心。

3. 黄河流域新材料产业发展建议

第一,加强基础研究和前沿交叉研究,创新材料新原理和颠覆性新技术,提高新材料科技创新能力。“十四五”规划表示中国要加快推动新材料产业高质量发展,实现与其他战略性新兴产业深度融合发展,显著提高产业效益。因此,应加强新材料技术与纳米技术、生物技术、信息技术相互融合,研发结构功能一体化、功能材料智能化趋势明显的低碳、绿色、可再生循环材料。

第二,深化机理研究,构建创新基地平台和数据库,实现关键领域核心技术自主可控,彻底解决“卡脖子”问题和“受制于人”局面。中国的新材料产业起步较晚,与美国、日本、俄罗斯及欧洲发达国家与地区相比,在产业规模、研发技术、生产设备等方面仍有较大差距。目前,中国新材料产业在前沿新材料等领域具有优势,但总体仍处于产业价值链的中低端水平。

第三,发展技术产品全生命周期为主线,以数字化研发与先进制造模式相结合的“绿色、智能、健康、可持续”的产业链模式,激发科研人员、企业和社会的创新和投资积极性,充分体现知识参与价值创造和分配。

第四,利用包头稀土矿产资源优势及环渤海产业集群式发展优势,发展高端稀土功能材料、高性能陶瓷、高性能纤维及其复合材料。做好产品精深加工,提高终端产品、名牌产品、高端产品比例,延长产业链条普遍较短,加强上中下游产业协作配套能力。

新材料产业是众多领域的上游环节,其独特的行业属性决定了新材料产业发展的必要性。长期来看,新材料产业是具有发展前景且拥有投资价值的重要战略性新兴产业。其发展将在政策引导以及其余战略性新兴产业的需求驱动下迎来提速阶段。预计“十四五”规划的提出将加快新材料各细分领域产业链的发展,并逐步实现中国新材料产业从追赶到领先的国际地位转变。黄河流域要抓住机遇加快推动新材料产业高质量发展,实现产业布局优化、结构合理,技术工艺达国际先进水平,与其他战略性新兴产业深度融合发展,显著提高产业效益。

（六）新能源

1. 黄河流域新能源发展现状

黄河流域的上游水资源、上中游天然气和煤炭资源、中下游石油资源都十分丰富，被称为我国的“能源流域”，是国家能源产业发展的主体区域。黄河流域是我国重要的煤炭、电力能源及粮食主产地，是“一带一路”沿线和我国经济发展中具有战略性作用的重要区域。但是，在经济发展和生态脆弱性的双重压力下，生态环境与资源成为制约黄河流域发展的关键性因素。

黄河流域能源开发早、规模大，为地区及全国社会经济发展提供了源源不断的动力。目前，流域内已经建成诸多水电基地、光伏发电领跑基地等。2020 年，黄河流域新能源发电量占全国比例达到 26%，有力地支撑了国家经济社会发展。

黄河流域水电发展比较稳定，主要受到黄河水能资源储量和开发强度的限制。流域内水电开发程度已达到 84% 以上，增量空间较小。

《2021 年中国风能太阳能资源年景公报》表明，内蒙古、甘肃、宁夏、青海陆地海拔 70 m 高度年平均风速在全国排名分列第 1、第 7、第 8、第 9；黄河流域内的甘肃、宁夏、晋北、蒙西、青海年水平面总辐射量在每平方米 1400 ~ 2187 kW · h，上述地区太阳能资源优于除青藏高原外的全国大部分地区。广阔的土地资源和良好的太阳能、风能资源禀赋保证了该流域内太阳能、风能的迅猛发展。

2. 黄河流域新能源发展路径

（1）降低化石能源利用，加快新能源并网

随着新能源装机大幅提高，电力系统中灵活调节的电源占比越来越低；再加上用电负荷增速远低于新能源装机增速，电能外送通道建设也未达到预期要求；电力系统中新能源的消纳成为制约电网发展的现实问题。

虽然我国新能源并网的比例在逐渐提高，但受到资源禀赋等因素的影响，新能源装机占比和并网规模在不同的区域差别很大。我国各区域、省级电网的调峰资源极不均衡。开展跨区域、跨省电力系统间多种能源互补调度研究，充分利用电力系统现有灵活性调峰资源，提高电力系统中新能源发电量，降低新能源弃电量和弃电率，实现新能源消纳的“双升双降”目标具有重要意义。

减少新能源弃电量，更好地实现节能减排目标，根本措施是要减少电力系统对传统化石能源的需求，释放新能源消纳潜能。新能源的并网会提高系统运行的复杂性，应在维持系统电力电量平衡、满足系统安全稳定的条件下，合理安排多类型机组的运行，为新能源发电提供足够多的消纳空间，同时需要灵活性电源负担电力系统的变动负荷。新能源并网的关键在于提高多种能源的互补联合调度水平，优化现有调峰资源的运用，用较少的调峰资源支撑起大容量、强波动的新能源并网运行。如何实现新形势下多种能源的协调运行，是能源系统转型升级的关键。

由于水能资源与太阳能资源之间存在较好的客观互补性，启动迅速、运行灵活、适应性强的水电站与间歇性、随机强、波动性的光伏电站互补运行有利于促进太阳能发电消纳。2021 年 12 月,黄河流域装机容量最大的水电站——拉西瓦水电站 4 号机组顺利通过 72 h 试运行,正式投产发电。至此,拉西瓦水电站 420 万 kW 全容量建成投产。拉西瓦水电站共安装 6 台 70 万 kW 发电机组,是黄河流域大坝最高、装机总量最大、发电量最多的水电站,是中国“西电东送”的重要组成部分,也是西北电网 750 千伏网架的重要支撑电源。截至 2021 年 11 月底,拉西瓦水电站累计发电量 1349 亿 kW · h,相当于节约标准煤 4195.39 万 t,减少二氧化碳排放 10 522 万 t,为中国西部经济建设和环境保护做出了突出贡献。

(2)加强新能源技术发展和产业示范

随着太阳能、风能等新能源的迅速发展,我国已经跻身世界太阳能电池生产和风电装机大国的行列,但是由于前期对基础研发的投资不足,无法突破关键技术瓶颈,还未形成成熟的自主技术路线,将可能导致行业陷入“引进—落后—再引进”的境地。风电行业是当前我国发展最快的新能源,但依然没有国家级的风电技术研发平台,缺乏有效的产学研技术开发体系。

建立国家级新能源产业示范点。根据黄河流域的地域特点,从城市发展定位出发,制订发展新能源产业的中长期规划。制订战略性的新能源商业化发展计划,并入到城市经济发展中,列入政府的财政预算。要制订好新能源发展战略和规划,加快新能源的开发利用,充分发挥新能源的经济牵引作用。

(3)因地制宜建设新能源

将新能源建设和环保项目进行捆绑,促进水资源合理利用和生态环境修复,提升新能源在能源消费中的占比,推动碳排放目标的实现。黄河流域内的采煤沉陷区较多,建设光伏发电基地成为采煤沉陷区综合治理的重要途径。黄河流域现已建成山西的阳泉和大同、内蒙古的乌海和包头、山东新泰等采煤沉陷区光伏发电基地,在促进能源绿色发展的同时带动沉陷区的综合治理,产生了良好的经济效益和社会效益。甘肃、青海、内蒙古三地的沙化土地面积近 65 万 km^2,光伏发电装机规模潜力为 3.3 万 GW,若其中 1% 的沙化土地得到利用,新增装机容量约 330 GW。

(4)助力乡村振兴

黄河流域以南的面积约 45.9 万 km^2,有近 5000 万的乡村人口,基本未实现集中供暖。预计到 2025 年,该地区清洁供暖用电量可达 144 亿 kW · h,替代标煤 441 万 t,可以减少二氧化碳排放 1433 万 t。普及该地区的清洁供暖,既可改善乡村人居环境,又可助力当地乡村振兴,而且可以充分利用当地农、林、养殖业等废弃物资源,制定“光伏+农业”“生物质能+畜牧业养殖”等能源方案,推进新能源与乡村产业的有机融合。

因此,新能源产业发展高度契合了黄河流域的产业转型和高质量发展的功能定位。

四、农业转型升级战略

(一)黄河流域农业转型及高质量发展方向

1. 发展盐碱地现代农业,打造黄河流域高质量发展增长极

我国拥有盐碱地 5.2 亿亩,其中黄河流域盐碱地面积 1.04 亿亩;而黄河三角洲 80%

的土地是盐碱地，是世界盐碱地的典型代表之一，其对维护生态平衡和生物多样性具有十分重要的作用。科学研究表明：在盐碱地逆境生长环境中，作物特异性、功能性物质含量丰富，这为发展功能性食品提供了得天独厚的条件。

盐碱地生态高效农业是依据区域盐碱资源分布特点，按照生态学原理设计，依靠现代科学技术充分利用区域盐碱地资源，建立适应生态环境的高效农业体系；其能够有效地推进区域水资源节约、集约利用，保障盐碱地生态系统安全和生物多样性。发展盐碱地现代农业，可有效解决生态与高效矛盾，推动生态文明建设。因此，发展盐碱地农业是保障黄河流域生态安全的内在要求，是加快黄河流域传统农业转型升级的必由之路，也是综合利用盐碱地和推进黄河流域生态保护和高质量发展战略实施的必然选择。

黄河三角洲建设以特色种业、农业智能装备制造、大健康及功能性食品、农业高端服务业为重点的高新技术产业基地，打造以滨海盐碱地生态风貌为特色、农业“新六产”为支撑的乡村振兴样板，建设黄河流域生态保护和高质量发展盐碱地现代农业先行示范区。黄河三角洲布局了科技创新区、乡村振兴样板区、滨海新动能产业区、海洋生态保护区“四个功能分区”，着力实施技术创新中心建设、特色种业发展、农业智能装备制造产业发展、大健康及功能性食品产业发展、农业高端服务业发展、企业转型升级、乡村振兴等“九大攻坚行动”，重点培育壮大“四大新兴产业”。

2. 黄河流域农业绿色生产技术

(1)高效灌溉技术

在黄河流域中上游灌溉区，重点推广膜下滴灌、浅埋滴灌、垄膜沟灌、水肥一体化等高效节水技术；在旱作区针对当地主要粮食作物，重点推广地膜覆盖、集雨补灌、抗旱抗逆、耐旱品种、因水种植等旱作节水技术，全膜覆盖亩均增产粮食 150 kg 以上。在黄河流域中下游，重点推广水肥一体化、测墒节灌、喷微灌、低压管道输水等高效灌溉技术，应用水肥一体化可实现节水节肥 20% 以上，玉米亩增产 200 kg，马铃薯亩增产 1500 kg，冬小麦亩增产 100 ~ 150 kg。

(2)化肥减量增效技术

针对土壤贫瘠、化肥用量大等问题，深入开展测土配方施肥，广泛开展取土化验和田间试验，科学合理设计作物和区域配方，大力推广配方肥、专用肥。改进施肥方式，结合整地播种，推广机械深施、种肥同播等技术，集成推广缓控释肥、长效肥料、稳定性肥料、增效肥料等新型高效肥料品种。结合水肥一体化，应用水溶肥料，实现少量多次精准施肥。增施有机肥料，用有机养分替代一部分化肥养分，推进有机无机配合施用。应用化肥减量增效集成技术措施可实现小麦减氮 20% 左右不减产。

(3)农药减量控害技术

针对流域内小麦蚜虫、条锈病、赤霉病、玉米螟、棉铃虫、草地螟和马铃薯晚疫病等病虫害问题，应用新型高效监测预警设备，构建不同区域尺度的监测预警平台，完善重大病虫数字化监测预警信息系统，提升病虫草害测报的及时性和精准度。应用生物防治、物理防治等绿色防控技术，预防和控制病虫草害发生。推广自走式、风送式、高地隙喷杆喷雾器等大中型植保机械和植保无人机，推进植保机械与农艺配套，大规模开展统防统治，提高病虫草害防治效果，推进统防统治减量。在河西走廊通过合理添加喷雾助剂、改进施药技术和施药装备可减少农药用量 30%。

(4)地膜减量及回收技术

黄河流域地膜应用广泛,用量大、残留污染严重。目前主要围绕地膜减量使用、回收利用两大关键环节开展技术研究集成。开展地膜应用适宜性评价,在适宜地区全膜改半膜、保水剂替代地膜,减少地膜使用。对于普通 PE 地膜,采用一膜两(多)年用、适时揭膜等技术,延长使用时间。采用高强度地膜替代普通 PE 地膜,加快残膜回收机械研发,提高回收效率。应用全生物降解地膜替代普通地膜,减少农田残留。

(二)推动黄河流域农业高质量发展的实现途径

1. 优化黄河流域农业绿色布局

依托黄河流域资源禀赋,突出“量水而行、合理布局”,调优农业结构。上游立足水源涵养和生态保护,以优质小杂粮等特色作物为重点,大力发展旱作农业,适当扩大饲草、青贮玉米面积,促进种养结合、协调发展。中游的河套灌区、汾渭平原地势平坦、光温资源丰富,突出稳粮提质,重点发展现代农业,增加优质水稻、专用小麦、特色果菜等种植,提质增效。下游生态流量偏低,但雨热同季,以节水种植为前提,充分利用自然降水。平原地区推行机械化、信息化、标准化生产,适当发展间作套种,提高夏收作物比重。

2. 调整黄河流域豫西旱作农业区农业结构

“针对豫西旱作农业区,实现经济腾飞、农村振兴和区域高质量发展,必须与当地的资源环境、区位优势相结合,提高降水资源的利用效率,发展区域特色种植、生态型经济林和林下种养业。”河南省农科院植物营养与资源环境研究所二级研究员武继承说。结合自然和人文优势,构建以特色种植为引导的苹果小镇、樱桃谷、牡丹园和养生园。如灵宝的寺河山苹果小镇、洛阳樱桃谷、栾川伊源康养谷、汝阳炎黄文化谷、新安县神仙湾等“沟域+乡村旅游”经济带模式。“可以说,沟域经济是破解丘陵山区发展,推动乡村振兴,促进农业农村深度变革的一种新模式,已形成区域经济发展一大特色,改善了生产要素。”以水资源高效利用为前提,大力推进抗旱节水丰产的农作物新品种、优质小杂粮、烟草、中药材、优质牧草以及富硒农产品的生产,形成区域粮食安全前提条件下的“优质小杂粮、优质中成药、优质草畜、优质瓜菜及优质花卉苗木”等为主导的特色种植业,推进农业产业结构的调整与优化,实现生态保护、资源高效利用的有机协调。

3. 建设黄河滩区生态经济型商品化优质草业带

黄河流域的河南省奶业需要的 80% 的苜蓿和几乎 100% 的饲用燕麦严重依赖进口,牧草本土化生产替代进口潜力巨大。

加快实施土地流转:一是通过土地入股、土地托管等新型机制,由牧草企业统一进行牧草种植生产,农民按股份或托管合同分红;二是让规模化奶牛养殖企业自建规模化牧草种植基地,实现企业内部种养一体化;三是按照“养殖企业+牧草合作社”或“企业+牧草基地+牧草种植农户”、“养殖企业+牧草企业”的方式,实现奶牛养殖企业与牧草种植企业或合作社的种养有效结合。

加快草业专业技术人才的培养,打造河南省草业技术人才队伍。充分利用涉农中、高等职业院校教学资源，设立草业技术工人培养专业，尽快解决河南省牧草产业技工人才短缺问题。

加强草业科技体系建设，依托河南省高校和农业科研机构的草业专家和推广专家，组建黄河滩区草业技术和推广研究中心，为联合攻关、成果共享、知识产权提供制度保障，为发挥牧草专家、草业推广专家的智慧和才能提供组织保障。重点支持在黄河滩区建设河南草种种质资源库、标准化栽培、优质加工和高效转化研究中心，开展系统的草业生产技术研发与示范，为黄河滩区规模化、专业化、全程机械化的优质草业带的发展提供技术支撑。

参考文献

[1]张娉，杨婷. 龙羊峡水光互补运行机制的研究[J]. 华北水利水电大学学报(自然科学版)，2015，36(3)：76-81.

[2]黄江杰，汤永川，孙守迁. 我国数字创意产业发展现状及创新方向[J]. 中国工程科学，2020，22(2)：55-62.

[3]潘云鹤，丁文华，孙守迁，等. 数字创意产业发展重大行动计划研究[M]. 北京：科学出版社，2019.

[4]周叔莲，吕铁，贺俊. 我国高增长行业的特征及影响分析[J]. 经济学动态，2008(12)：21-27.

[5]赵瑞，申玉铭. 黄河流域服务业高质量发展探析[J]. 经济地理，2020，40(6)：21-29.

[6]姜长云，盛朝迅，张义博. 黄河流域产业转型升级与绿色发展研究[J]. 学术界，2019(11)：68-82.

[7]周清香，何爱平. 数字经济赋能黄河流域高质量发展[J]. 经济问题，2020(11)：8-17.

[8]王晓冬，董超. 以数字化转型推进黄河流域生态保护和高质量发展[J]. 中国经贸导刊(中)，2020(1)：4-5.

[9]周牧，陈亚军. 中国城市综合发展指标 2018：大都市圈发展战略[M]. 北京：人民出版社，2019.

[10]杨永春，穆焱杰，张薇. 黄河流域高质量发展的基本条件与核心策略[J]. 资源科学，2020，42(3)：409-423.

[11]李玉梅，纪文婷. 长三角地区高端装备制造业发展现状及对策分析[J]. 现代商业，2017(18)：44-46.

[12]李远景，薛鹏. 中国高端装备制造业的发展现状及路径选择[J]. 现代商贸工业，2018，39(27)：181-185.

[13]彭馨馨，刘一佳. 我国生物产业发展现状与金融支持措施[J]. 经营与管理，2013(4)：61-63.

第八章 黄河流域高成长性产业快速发展研究

一、促进高成长性产业发展

高成长性产业是经济增长过程中出现的一类特殊产业群。由于技术属性与发展起点不同，高增长行业的增长特征具有差异性；另一方面，这些行业在特定的时期又具有一定的共性，它们的高速增长必然是一国在特定发展时期经济结构（包括需求结构和要素结构）特征的反映。因此，保持和推动高成长性产业的可持续发展需要制定合理的发展定位和目标，精准推动产业布局调整，并围绕高成长性制造业发展加大政策支持力度，创新产业发展模式，提高产业的组织程度。

（一）合理确定发展定位和目标，精准推动产业布局调整

一方面是进一步完善集群建设体系。第一批国家级战略性新兴产业集群建设名单中所涉及的战略性新兴产业领域仅是目前产业领域的一半左右，其他如数字创意、新能源汽车等具备高度集群式发展倾向的领域均未出现，这方面的工作还有待进一步拓展。另一方面是进一步完善集群考评机制。国家级战略性新兴产业集群目前尚未明确其进入退出机制。从进入机制看，《“十三五”国家战略性新兴产业发展规划》提出要建设100个左右特色集群，因此下一步尚有较多发展空间。从退出机制看，国家级集群的建设应是一个长期过程，需要有退出机制来更好地适应产业的发展变化。因此，还需进一步明确相关机制才可以更好开展相关工作。

（二）加强产业创新能力建设，加大政策支持力度

一是“补短板”。国际竞争形势的变化要求黄河流域必须高度重视自身的产业链中的核心短板，针对我国战略性新兴产业中的集成电路生产基础工艺与核心设备、高端功能材料等重点“卡脖子”领域，必须发挥举国体制优势，加大投入力度，集中攻关予以突破。二是“促长板”。战略性新兴产业要想在我国国内经济发展方式转型和国际产业竞争力提升方面发挥应有的作用，就必须牢牢掌握住创新主动权、发展主动权，也就必须加快形成能够在国际产业链体系中拥有制衡能力的重点长板。重点在第五代移动通信、人工智能、新能源、新能源汽车等我国已经具备一定竞争实力的领域，加强整体创新体系建设，在一批产业领域形成我国具备引领能力的产业标准与认证体系。三是“强基础”。夯

实产业基础能力是产业市场长期可持续发展的根本。基础研究是整个科学体系的源头，基础材料、基础工艺是整个产业发展的源头，为了保证战略性新兴产业的长期发展能力，需在新材料、量子信息、可控核聚变等重点领域、重点技术方面长期持续投入，以图长远。

（三）强化产业发展环境营造

一是创建有利于战略性新兴产业发展的良好生态环境。进一步深化创新体制改革，破除有碍创新的各类障碍，加快突破新药审批、空域管理、数字产权确权等长期困扰产业发展的体制瓶颈，积极推行敏捷治理、参与式治理，形成包容审慎的适应性监管体系。二是做好资源引导工作。在基础研究等市场失灵领域进一步加大政府投入，争取形成颠覆性突破，加强战略性新兴产业战略性作用的发挥。并进一步加大力度推进创新相关的减税降费工作，利用金融等市场化手段引导社会资源向创新领域集聚。为战略性新兴产业的新兴领域提供充足支撑。三是进一步做好以开放促进发展的相关工作。加大对外开放力度，建立与国际规则接轨的创新政策体系，扫除创新要素流动的制度障碍，为企业引入全球创新资源创造便利条件。同时加强参与国际规则制定，在全球数字贸易规则，平台经济治理等热点领域，积极提出并践行中国解决方案，为我国战略性新兴产业企业发展谋求更为有利的国际发展环境。

（四）持续释放强大国内需求

一是加强体制机制改革，破除制约统一市场形成的障碍。加强政策研究，强化部门协同，积极推动制约全国统一市场形成的各种障碍，重点破除新技术、新产品、新服务的地方保护主义，打造公平竞争市场氛围。二是制定释放新技术、新产品需求的政策体系。配合供给侧高质量发展目标，制定基于供需协同发力的需求侧创新政策。鼓励政府和企事业单位采购新兴产业领域自主的新技术新服务，积极营造产品应用场景。通过更为有效的减税降费手段直接刺激新技术新产品消费。三是加快推动新型消费发展。例如，加速5G网络建设和场景应用，完善配套新型基础设施布局，促进超高清视频、虚拟现实等新型消费发展，扩大电子商务、电子政务、网络教育、网络娱乐等方面消费，把新型消费培育壮大起来，加快释放新型消费潜力。

（五）高效推进对外开放合作

一是鼓励参与有关国际标准制定。鼓励支持企业、高校、科研院所参与战略性新兴产业及其细分领域国际标准的制定，强化国际市场话语权和新兴产业发展引导力。深化技术性贸易措施研究和体系建设，推进国家标准互认。加快推广我国优势产业标准，保持产业标准领域领先地位。二是重点推动自主知识产权国际布局。大力发展重点产业知识产权联盟，鼓励研发具有自主知识产权的技术和装备，鼓励布局和申报PCT国际专利。积极探索完善与国内产业和行业协会的信息沟通交流机制，及时掌握“走出去”过程中遇到的知识产权问题。三是大力发展国际化服务机构。通过政府补贴服务费用等方式，发展一批高水平国际化中介服务机构，推动国际化的金融、人力、知识产权、会计、管理和咨询等服务发展,为战略性新兴产业企业走出去提供高质量服务。

二、黄河流域服务业转型升级发展

(一)服务业经济结构调整转型

现代服务业主要是以数字经济为主,运用知识和高科技来相互促进经济,但是黄河流域仅有郑州和四川两个地区的数字经济所占比重较大,有显著进步提高,其他地区还是以传统服务业为主。这种情况阻拦了黄河流域服务业的高质量迅速发展,转型为现代型服务业需要放在首位。

黄河流域的统一发展是至关重要的,一方发展起来之后要带动多方发展。黄河流域现在仍旧是以传统行业为主,这种影响生态还影响居民生活的行业急需转变,黄河流域周边的服务业都处在萌芽阶段。

金融行业发展迅速,是黄河流域服务业的龙头,也是带动经济的主要行业。但是只有三线以上的城市对于数字经济有较好的发展空间,黄河流域的小城市难以对数字经济进行发展。旅游业等服务业对于黄河流域也十分重要,借助“一带一路”的国家政策,旅游业、商业都得到极高的发展。

(二)高端服务业发展的必要性

黄河流域生态环境具有多样性和脆弱性,自然环境既复杂又脆弱,保护性治理非常重要。保护、治理、开发和利用,都需要借助大量的智力、技术等去完成,发展高端服务业成其必然选择。

近年来,随着高效生态经济的提出,要求把先进制造业、高新技术产业和高端服务业作为发展的重中之重。服务业被公认为绿色产业,是典型的生态产业。高端服务业作为现代服务业的核心,已成为拉动经济社会可持续发展的新引擎。服务业是黄河流域经济发展的“短板”,在高效生态经济区发展高端服务业,是开创高效生态经济发展新模式的有益探索,极具现实意义。

高端服务业产生于工业化较发达阶段,是以信息技术和现代管理理念为主要依托发展起来的,以提供技术性、知识性和公共性服务为主业。居于服务业高端的服务业,其通常具有以下特征:“四化”即智力化、资本化、专业化、效率化;“三密集”即技术、知识、资本密集;“四高”即附加值、聚集性、产业带动力、开放度高;“两低”即资源消耗和环境污染低等。高端服务业通常具有特定的服务主体、对象、内容和方式,应具备以下特性:①服务队伍高端化。从业者必须是熟知高端专业领域知识、善于依据客户诉求把握和解决问题的能力与经验的高端人才。②服务市场高端化。主要针对工农业生产制造的高层环节,在消费者市场以高消费群体为主要对象。③服务手段高端化。通常以现代信息技术、管理技术和电子设备为媒介与载体,为客户提供快捷、准确、缜密的服务。④服务内容高端化。突出高智力、高专业化、高效率、高附加值的特点。⑤服务形态多样性。既有物化服务,又有非实物性服务。⑥服务理念个性化、标准化和可持续性。

高端服务业目前主要包括以下 17 大类:科技、教育、总部经济、金融、三四方物流、休闲旅游业、医疗保健、文化娱乐、咨询信息、创意设计、节庆、展会、IT 资讯、订单采购、商务活动、企业服务业(智力资本、商务活动)、专业中介等。产业合理布局及优化结构是实现流域高质量发展的重要保障。黄河流域产业高质量发展的主要限制因素为人口密集、资源依赖严重,生态环境容量不足,加之科创产业发展水平较低等,严重影响流域高端服务业的发展。因此,亟需推动产业转型升级和提质增效,实现流域产业高质量发展。

1. 发展高端服务业是经济转型升级的最优选择

黄河流域九省区经济社会发展水平从下游到上游呈现梯度下降,总体聚居人口众多,经济社会发展滞后,经济发展水平偏低。高端服务业是现代服务业的核心,具有高产业带动力特点,是服务业内部结构优化提升的重点,同时具有高技术、高智力和高资本密集投入的实力,有集约、高效、高辐射力的特点,对一、二产业的转型升级能起到技术支撑、智力支撑、财力支撑乃至人才支撑的作用。黄河流域必须把积极推进高端服务业的发展作为经济转型升级的一个重要突破口,提升产业内、产业间和区域间协同发展的能力,实现经济和社会平稳、快速、可持续发展。

2. 发展高端服务业是提升黄河流域城市承载力的重要途径

发展高端服务业,将对发展水平形成有力的拉动。高端服务业的发展在带来更多人流、物流、信息流、资金流的同时,也对城市的基础设施、公共服务、人居环境等方面形成更高的要求,有利于城市发展水平的提高。与高端服务业共生发展的总部企业的集聚落户,必将提升城市综合竞争力、辐射力和经济能级。黄河流域各省区应在现有产业基础上,结合黄河国家战略对流域各区域的整体发展布局理念,进行产业转型升级的谋划,促进高端服务业的快速发展。

(三)黄河流域服务业高质量发展的途径

黄河流域服务业的高质量发展是现代社会所需要重视的主要问题,互联网技术、高科技技术以及金融手段等数字经济的迅速发展,不仅可以为传统行业提供新型创新的手段,也可以将许多行业进行转型,与服务业融合,使黄河流域高质量发展需要抛弃旧手段,迎接新手法。另外,在尊重自然保护自然的前提下,需要顺应新时代科技发展的浪潮,将服务业融入各个行业,从而实现高质量发展。

1. 提高对高端服务业的认识水平,加大宣传力度

黄河流域九省区政府应根据自身现状,在发展理念、体制改革、对外开放、资源集聚、创业创新和人才支撑等方面提出一系列有突破性的政策措施。要求地方政府组织开展专题调研活动,加快研究制定地方的配套政策等,为高端服务业的发展创造有利条件。各级各部门要进一步解放思想,更新观念,宣传各级促进服务业发展的优惠政策措施,强化典型培育,及时宣传和推广先进经验,为加快高端服务业发展创造良好的舆论氛围。

2. 深化改革开放,创新发展机制

目前,体制改革进展缓慢,服务业管理条块分割、部门分割问题突出,交叉管理和管理缺位并存;政府职能转变和行政审批改革不到位,服务业领域的各类审批多,资格认证

多;市场化程度不高,服务业对外开放度不高。为了有效提升高端服务产业的快速推进,黄河流域各省区应破除体制机制障碍,深化服务业综合改革试点,在市场准入、对外开放和财税、土地、人才等要素支撑方面,积极进行体制机制和政策创新。围绕建立保障和促进高效生态经济发展的体制与机制进行探索和试验,积极争取国家在某些相关领域的先行先试授权。

3. 服务化融入各产业,提升产业发展效率

当工业发展到一定地步之后,现代服务化比值将不断增高。随着服务化不断融入各个产业,服务业的比值便不断增高,知识积累和科技积累逐渐增多,从而进行知识互换和科学技术的互换,使发展进行高质量的跃进。第一,将服务化融入金融业,运用投资融资与农作物、商品买卖相结合,运用电商将资源进行买卖,不断将产业进行升级。第二,将服务化融入交通,大力促进交通的运行和发展,促进货物和人员的运输效率,将河运进行进一步升级,提高运输效率,河南在这个方面起着主要优势,要大力发挥优势,促进经济发展。第三,将服务化融入科技,通过对科学技术的研究,将科学技术从实验室搬入实际生活,融入日常的经济生活中,提高竞争核心力量,科技不仅可以与服务业相融合,和农业、工业相融合后也会大大增加经济的发展,它是黄河流域发展的创新力量。第四,将服务化融入社会,大大加强对水利、环境设施的建造,对生态环境的修复给予足够的重视,对于水资源的利用实施合适的政策,对污染的水资源进行有效的治理,对于污染的企业进行升级和改造等。

将服务化大力融入各种行业后,会增加产业的发展效率,从而使黄河流域的发展更加高效、有力。

4. 发挥黄河流域的历史文化,增加黄河流域的旅游资源

黄河是中华文明的发源地,许多名胜古迹都在黄河周围,同时黄河也是中原文明诞生和不断发展的地方。黄河流域有着大量的旅游资源,但是因为宣传等外部因素,旅游人口并没有和旅游资源成正比,所以大力发展黄河流域的历史文化,做好宣传,使更多人来黄河流域进行旅游观光,发展旅游服务业的同时,当地的餐饮住宿业也可以得到提升,同时运输业也能得到进步发展。

由于没有优越的经济基础,且部分地区人均 GDP 较低,旅游业与文化领域的耦合度相对较低。要努力推动中心城市文化发展,做好文化领域宣传,如通过综艺宣传、短视频推广、游戏以及直播等形式大力推广中原文化、黄河领域文化(河湟文化、齐鲁文化等),吸引更多的游客前来观光,推动当地服务业经济发展,促进黄河流域整体高质量发展。

5. 运用高科技提升服务业质量,增强信息、教育发展效率

将新型科技运用到黄河领域服务业将促进经济的发展。人工智能、5G、互联网、云收集等技术都将飞速提高经济的提升效率。第一,可以利用大数据进行分析,从而选择对于用户最合适的产品输送,并且及时得到反馈,改变服务业的工作重心,做到因地制宜。第二,可以将在黄河流域各地搜集监控到的大数据信息进行交流互换,更好地促进相互了解。以信息流优化物流、人流和资金流,通过数字经济的发展,使黄河流域周围的产业

逐渐转型,转为服务化产业,投入服务化发展。第三,推动数字化教育的发展,通过线上教学进行名师互换,增加黄河流域的教育质量,为黄河流域地区科研发展奠定良好基础,实现没有地区分化的平等教学,培养高科技人才。

6. 加强上下游联系,优化高端服务业发展环境

黄河流域自然资源分布不均,人口劳动力也分布不均,再加上气候环境的不同,黄河上游的发展远远低于下游的发展。其中数字经济的发展是统筹各个城市统一发展的有效途径,金融业和科技发展以及知识内容的交流更加拉近了各个城市之间的距离。高质量发展服务业将迅速带动中心城市的发展,随后先从省内开始带领发展,进一步扩散到邻省,再到整个黄河流域,最终形成统一的整体,从而实现整个黄河流域的高质量发展。

区域性中心城市是区域内制度管理、科技和观念创新的策源地。城市化水平的提高会促进产业、人才、信息和技术等资源的集聚,进而为生产性服务创造大量的需求和有效的供给。服务业发展需要基础设施、人力和物资投入等硬件,更需要合适的法律体系、营商条件、信用等级、规制程度、监管模式和文化环境等“软件”。

总之,知识产品是创造的源泉和根本。强调提升企业技术创新能力,发展高端服务等新型业态,以科技创新支撑经济转型和产业调整,同时也要引入有竞争力的高端服务业企业参与转型与调整过程,重视培养科技人员,提升高端服务业的生产力和创新力,以促进服务业高端化升级,有效满足居民消费升级的需要。研发创新投入的增加、人力资本的提升、居民消费支出的增加都对高端服务业发展有促进作用。服务业成为我国经济增长的主要来源,其中高端服务业对推动经济带发展起主要作用。

三、黄河流域高成长性服务业发展

服务业按行业类型可划分为生产性服务业、生活性服务业、公共服务业三类,其中生产性服务业包括交通运输、仓储和邮政业,信息传输、计算机服务和软件业,金融业,租赁和商务服务业,科学研究和技术服务业;生活性服务业包括批发和零售业,住宿和餐饮业,房地产业,文化、体育和娱乐业,居民服务、修理和其他服务业;公共服务业涵盖水利、环境和公共设施管理业、教育、卫生和社会工作、公共管理、社会保障和社会组织等。服务业作为我国三大产业的重要构成部分,对国民经济的发展具有重要贡献。“十三五”以来,我国服务业进入快速发展。国家统计局发布国民经济核算数据显示,服务业对经济增长的贡献不断提高,其中2015年服务业增加值占GDP的比重首次超过1/2,到2020年对经济增长的贡献更是提升至55.28%。因此,服务业是促进市场经济发育、优化社会资源配置、提高就业率的重要途径;现代服务业更是衡量生产社会化程度和市场经济发展水平的重要标志,也是当今世界经济增长的重要动力。

“十四五”时期,我国产业结构变化趋势将延续“十三五”的特点,即一产和二产比重不断下降,三产比重不断提升。根据预测,2025年服务业增加值占比为59.05%,比2020年的55.28%提高3.77个百分点,平均每年提高近0.8个百分点。这意味着服务业仍将是我国第一大产业,并很可能是我国下一轮经济增长的新动力。黄河流域作为我国传统

农区以及中华文明发源地，不仅有丰富的煤炭、石油、电力等一次、二次能源，还有大面积的革命老区和丰富的旅游资源。但是，流域生态环境脆弱，水土流失、支流严重污染等问题严峻，并且流域内中西部不发达城市数量较多，区位优势弱，城市之间联系不紧密，龙头城市的辐射带动作用不强。黄河流域要在高水平生态保护中实现高质量发展，一方面要重视制造业的转型升级，另一方面也要充分发挥服务业的引领作用。

（一）高成长性服务业发展概况

从黄河流域九省区全省域看，2020 年服务业增加值超万亿的省区有山东、河南、四川和陕西，分别为 3.76 万亿、2.60 万亿、2.44 万亿和 1.18 万亿；此外，除河南和陕西外，山东与四川两省服务业增加值占地区生产总值的比重均超过 50%。内蒙古自治区、山西省第三产业增加值处于黄河流域九省区中游水平，增加值分别为 0.85 万亿和 0.87 万亿。青海省与宁夏回族自治区增加值相对较低，分别为 0.15 亿元和 0.18 亿元（见表 8.1）。

表 8.1　2020 年黄河流域九省区服务业分行业发展概况

省区	分行业增加值/亿元						占地区生产总值的比重/%
	批发和零售业	交通、运输、仓储	住宿和餐饮业	金融业	房地产业	其他	
青海	—	—	—	—	—	—	50.80
四川	4194.68	1468.52	1149.18	3121.87	3399	10 855.60	52.40
甘肃	646.28	438.39	158.27	862.33	470.5	2182.20	55.10
宁夏	200.85	178.21	53.72	302.01	148.1	981.75	50.03
内蒙古	1448.34	1202.71	361.54	874.88	892.2	3720.60	49.60
山西	1261.61	1006.82	207.05	1174.01	1082	3856.31	51.40
陕西	1880.44	1059.86	428.31	1708.33	1306	5219.97	45.80
河南	4010.8	2970.41	1150.16	2793.94	3420	11 367.80	48.00
山东	9744.83	3636.06	1173.68	4177.35	4349	14 083.40	53.00

从黄河流域各城市角度来看，生产性服务业专业化水平较高的城市主要是 8 个省会城市和晋中、临汾。太原、西宁、临汾、西安、呼和浩特等 10 个城市在交通运输业方面具有专业化水平优势，这些城市应发展更发达的交通网络来带动周边地区；济南、西安、呼和浩特、西宁信息服务业专业化水平相对较高，而其余 53 个城市该行业区专业化水平相对较低。信息服务业是带动产业转型、转变经济发展模式的重要产业，黄河流域受区位条件、人才引进不足等因素影响，信息服务业专业化程度低，仅济南、西安、呼和浩特、西宁专业化水平相对较高。在生产性服务业各细分行业中，金融业专业化水平最高，且将近一半城市都具有专业化水平优势，在其未来发展中要进一步优化金融体系结构，为发展实体经济提供更好的金融服务；东营、兰州租赁和商务服务业专业化水平优势较高；西

安、兰州、呼和浩特等省会城市的科技服务业在各自省份都处于龙头领先地位，其中西安市科技服务业在三年中始终领先其他城市，这与西安市拥有众多高校、科研机构密切相关（见表8.2）。

生活性服务业专业化水平较高的城市较少，主要有陇南、西安、呼和浩特、济南、商丘、宝鸡。生活性服务业细分行业中，文化、体育和娱乐业专业化水平较高的城市最多，有28个，这主要是因为黄河流域自然旅游资源多样，人文底蕴深厚，具有发展文旅产业得天独厚的优势。住宿餐饮业中陇南市发展迅猛，陇南具有优质的旅游资源，相应地与旅游业相关的服务业产业也取得较大发展。房地产业的发展相对较好，专业化水平较高的城市数量持续增加，尤其是三线及以上城市占比增加，但与北京、上海等大城市相比，房价较低，且涨幅较稳定。随着城镇化进程的加快，居民的消费水平提高，对房屋的要求变高，居住周期变短，对房地产的需求增大，促进了房地产业的发展（见表8.2）。

表8.2 黄河流域各行业专业化水平突出的城市分布差异

行业	专业化水平突出的城市
生产性服务业	西安（1.71）、西宁（1.51）、太原（1.47）、呼和浩特（1.44）、济南（1.42）、兰州（1.29）、银川（1.12）、晋中（1.05）、郑州（1.00）、临汾（1.00）
交通运输、仓储和邮政业	太原（2.76）、西宁（2.56）、临汾（1.91）、西安（1.81）、呼和浩特（1.63）、焦作（1.17）、忻州（1.09）、乌兰察布（1.09）、榆林（1.04）、固原（1.02）
信息传输、计算机服务和软件业	济南（2.71）、西安（1.92）、呼和浩特（1.18）、西宁（1.03）
金融业	晋中（2.84）、聊城（2.43）、银川（2.04）、济南（1.99）、呼和浩特（1.48）、巴彦淖尔（1.36）、渭南（1.32）、西安（1.32）、三门峡（1.27）、包头（1.26）、朔州（1.25）、临汾（1.23）、菏泽（1.21）、乌兰察布（1.21）、乌海（1.19）、铜川（1.19）、泰安（1.19）、中卫（1.15）、晋城（1.11）、西宁（1.09）、郑州（1.08）、忻州（1.08）、咸阳（1.03）、济宁（1.01）
租赁和商务服务业	东营（2.72）、兰州（2.05）、石嘴山（1.15）、包头（1.08）、郑州（1.02）、吴忠（1.00）
科学研究和技术服务业	西安（2.91）、兰州（2.36）、呼和浩特（2.21）、西宁（1.96）、洛阳（1.62）、太原（1.59）、郑州（1.25）、济南（1.21）、银川（1.16）、天水（1.04）
生活性服务业	陇南（1.39）、西安（1.29）、呼和浩特（1.26）、济南（1.20）、商丘（1.06）、宝鸡（1.01）
批发和零售业	济南（1.34）、宝鸡（1.27）、陇南（1.24）、开封（1.21）、西安（1.20）、商丘（1.19）、泰安（1.03）、呼和浩特（1.01）
住宿和餐饮业	陇南（2.51）、东营（1.53）、西安（1.51）、宝鸡（1.16）、呼和浩特（1.12）、包头（1.08）、延安（1.01）

续表 8.2

行业	专业化水平突出的城市
房地产业	濮阳(1.70)、商丘(1.68)、兰州(1.55)、西安(1.45)、呼和浩特(1.33)、济南(1.27)、乌海(1.25)、郑州(1.24)、包头(1.22)、银川(1.19)、洛阳(1.04)
文化、体育和娱乐业	呼和浩特(3.21)、中卫(2.72)、延安(2.11)、银川(1.93)、兰州(1.74)、太原(1.62)、西宁(1.59)、乌兰察布(1.50)、运城(1.43)、鄂尔多斯(1.38)、西安(1.36)、巴彦淖尔(1.29)、济南(1.26)、临汾(1.26)、陇南(1.24)、郑州(1.20)、定西(1.17)、庆阳(1.15)、朔州(1.12)、渭南(1.11)、晋中(1.10)、商洛(1.08)、咸阳(1.08)、榆林(1.06)、大同(1.03)、固原(1.02)、吴忠(1.02)、吕梁(1.01)
居民服务、修理和其他服务业	渭南(2.04)、陇南(1.54)

注:数据源自赵瑞,申玉铭.黄河流域服务业高质量发展探析[J].经济地理,2020,40(6):21-29.

(二)高成长性服务业发展现状与问题

从各类发展水平城市的服务业发展差异来看,服务业综合发展高水平城市有西安、郑州、济南,且这 3 个城市发展规模都处于高水平,其服务业生产总值均超过 4000 万元,远高于其他城市。服务业综合发展中等水平城市主要有潍坊、东营、西宁、洛阳、淄博、银川、泰安、济宁、聊城。这些城市在服务业各指标层面发展水平多为中等水平,但其中也有部分城市在某些指标层面较为突出。潍坊、洛阳、淄博、济宁发展规模较好,潍坊市服务业生产总值在整个黄河流域位列第四,仅次于郑州、西安、济南,三产增量位列第三,发展规模较为突出。洛阳、淄博、济宁第三产业产值也相对较高,与服务业综合发展较高水平城市不相上下。西宁、东营生产性服务业从业人员所占比重相对较大,分别为 40.2%、38.0%。服务业综合发展较低水平城市主要有乌海、朔州、滨州、陇南、固原、榆林、安阳等 24 个城市,占到黄河流域地级市的 42.9%,其中 7 个在山西,5 个在河南,内蒙古、甘肃分别有 3 个,宁夏、陕西、山东各有 2 个。这些城市在发展规模、结构、效益三方面大都处于中等及以下水平,但从单个指标来看,陇南、定西、天水的第三产业贡献率较高,陇南市第三产业占 GDP 的比重为 61.61%,仅次于呼和浩特和兰州。服务业综合发展低水平城市主要有新乡、晋城、庆阳、石嘴山、铜川等 16 个城市,主要分布在陕、甘、晋、宁、豫 5 个省区,这些城市服务业总体规模小,发展速度慢,除新乡、咸阳、宝鸡、濮阳这 4 个城市外服务业增加值都小于 500 亿元。总体上,服务业发展还有很大的提升空间。从空间分布上来看,黄河流域地级市服务业综合发展水平与城市定位相一致。国家中心城市、省会城市服务业发展水平显著高于其他地区,国家中心城市西安、郑州都是高水平地区,除位于西部的西宁、银川处于中等水平之外,其他省会城市都处于高水平或较高水平(见表 8.1 和表 8.2)。

（三）高成长性服务业发展的对策建议

黄河流域要在高水平生态保护中实现高质量发展，一方面制造业要转型升级，另一方面要发挥服务业的作用。基于黄河流域服务业发展特征对其高质量发展提出以下建议：

①发挥服务业高水平城市的龙头带动作用，培育现代服务业增长极。从服务业发展水平特征来看，黄河流域服务业发展水平相对高的只有西安、郑州、济南等 8 个省会城市，然而其自身缺乏高端服务业，辐射能力弱，省域之间联系不紧密。在未来发展中要以西安、郑州 2 个国家中心城市为核心，培育现代服务业增长极，充分发挥西安科技服务业，郑州物流业，济南信息业等的优势，加强省会城市与周边地级市以及地级市与周边地区的联系，从上到下紧密结合，形成区域互补的空间格局，进一步加强上中下游联系，实现区域联动发展。

②依托历史文化资源以及独特自然景观发展文旅产业。黄河流域历史文化资源丰富，从最早的仰韶文化开始，黄河文化逐步丰富，也在流域内留下众多文化遗址，分布有银川、张掖、西安、太原、洛阳、济南等众多历史文化名城。在自然景观方面，从青藏高原、黄土高原到华北平原，自然景观种类丰富，壮丽秀美。要充分挖掘这些丰富的文化旅游要素，大力发展绿色环保的生态旅游，通过生态旅游业促进绿色服务业的发展。

③推动制造业和服务业的融合发展。黄河流域资源型城市众多，决定了第二产业在这些城市中的重要作用，但是在未来发展中要实现经济高质量发展就要实现产业转型升级，服务业，尤其是生产性服务业在其中发挥的作用很大，促进二、三产业的融合发展对于黄河流域城市产业转型升级，新旧动能的转化，推动经济高质量发展有着重要意义。

④提升科技服务能力和创新水平。与长江经济带相比，黄河流域科技服务能力弱，仅郑州、西安、兰州、呼和浩特等省会城市具有一定的科技服务能力，且流域整体创新水平不高。应加大人才引进力度，提升人力资源水平，大力发展科教事业，形成良好的科研氛围，逐步提升科技水平来发展现代服务业。

⑤结合黄河流域上中下游服务业发展的特点，上游地区要利用好农业以及生态景观等资源，发展生态旅游带动服务业发展，利用服务业延长农业产业链，发展文旅产业、特色产业等新业态吸纳就业，同时以呼包鄂兰西为重点城市，增强交通网络建设，提高与中下游地区的联系度，寻找优势互补的产业共同发展，提高经济发展水平。对于中游众多资源型城市，现代服务业要发挥其资源消耗低、环境污染少、附加值高等优势来优化产业结构，构建健康绿色的现代产业体系。但也要考虑到黄河流域省区基本处于工业化中后期，第二产业的发展仍是带动其经济发展的中坚力量，服务业发展应顺应各城市经济发展特征，不能急于求成。通过加大对科技、信息服务业的投入，发展数字技术，深度融合二、三产业来提高第二产业的发展效率和服务业的竞争力。下游地区应利用好区位优势，加大人才引进力度，提升科技创新水平，稳步发展现代服务业。黄河流域服务业要朝生产性服务业专业化、高端化，生活性服务业精细化、品质化的方向迈进，努力实现传统服务业的转型升级，着重提高服务业发展效率，带动一、二产业健康绿色发展，从而促进流域生态保护与高质量发展。

四、黄河流域数字创意高成长性产业发展

我国数字创意产业的细分方向包括：设计业、影视与传媒业、数字出版业、动漫游戏业、在线教育、旅游业、人居环境设计业、时尚服饰业、体育健康业、玩具业、文化博物业等，涉及各细分方向的产业数字化、信息装备与软件业。

（一）我国数字创意产业发展格局

近年来，我国数字创意产业发展态势良好，已初步形成六大数字文化创意产业聚集区，包括首都数字文化创意集聚区，以上海、杭州、苏州、南京为核心的长三角集聚区，以广州、深圳为代表的珠三角集聚区，以昆明、丽江和三亚为代表的南部集聚区，以重庆、成都、西安为代表的川陕集聚区，以武汉、长沙为代表的中部集聚区。然而，国内目前尚缺乏权威统计数据反映数字创意产业整体经济规模，主要通过文化及相关产业的发展中了解数字创意产业的总体情况。

文化产业的相关统计显示，2019 年我国规模以上文化及相关产业实现营业收入 86 624亿元，比 2018 年增长 7.0%，略高于同期我国装备制造业的发展速度。这表明，相关产业保持平稳较快增长，产业结构持续优化。从细分行业来看，2019 年内容创作生产和文化消费终端生产行业的营业收入均超过 1.6 万亿元，成为产业发展的头部领域；新闻信息服务、创意设计服务和文化投资运营行业的增长率均超过 10%，成为产业发展重要的增长点（见表 8.3）。按行业类别看，文化制造业和文化服务业均超过 3.5 万亿，占比在 40% 以上；文化服务业增长率超过 10%，成为产业发展的重要增长点（见表 8.4）。

表 8.3　2019 年全国不同活性性质的文化及相关产业营业收入情况

活动性质	绝对额/亿元	比 2018 年增长/%	占比/%
新闻信息服务业	6800	23	7.9
内容创作生产	18 585	6.1	21.5
创意设计服务	12 276	11.3	14.2
文化传播渠道	11 005	7.9	12.7
文化投资运营	221	13.8	0.3
文化娱乐休闲服务	1583	6.5	1.8
文化辅助生产和中介服务	13 899	0.9	16
文化装备生产	5722	2.2	6.6
文化消费终端生产	16 532	5.5	19.1
合计	86 624	7.0	100.0

注：根据国家统计局发布的《中国统计年鉴 2020 年》数据整理。

表 8.4　2019 年全国不同行业类别的文化及相关产业营业收入情况

行业类别	绝对额/亿元	比 2018 年增长/%	占比/%
文化制造业	36 739	3.2	42.4
文化批发和零售业	14 726	4.4	17.0
文化服务业	35 159	12.4	40.6
合计	86 624	7.0	100.0

注:根据国家统计局发布的《中国统计年鉴 2020 年》数据整理。

(二)黄河流域数字创意产业发展概况

2019 年黄河流域九省区规模以上文化及相关产业发展概况见表 8.5。

表 8.5　2019 年黄河流域九省区规模以上文化及相关产业发展概况

省区	营业收入/亿元	规模以上法人单位数/个	从业人员/个	占 GDP 比重/%	主要产业类型
青海	52.459	52	5461	1.769	文化服务业
四川	3608.567	1867	252 690	7.741	文化制造业
甘肃	115.852	198	22 384	1.329	文化批发和零售业、文化服务业
宁夏	47.083	72	9526	1.256	文化制造业、文化服务业
内蒙古	101.034	171	17 239	0.587	文化服务业
山西	236.691	314	37 336	1.390	文化批发和零售业、文化服务业
陕西	1097.324	1682	125 292	4.254	文化制造业、文化服务业
河南	2357.463	2866	345 543	4.345	文化制造业
山东	5130.122	2660	397 608	7.219	文化制造业、文化批发和零售业

作为我国战略性新兴产业之一,数字创意产业有力地推动了黄河流域经济和社会的发展。根据文化产业的相关统计显示,2019 年黄河流域九省区全省域规模以上文化及相关产业营业收入总和为 12 746.60 亿元,占全国规模以上文化及相关产业营业收入的 14.71%,占九省区全省域 GDP 总和的 5.15%。截至 2019 年年末,黄河流域九省区全省域规模以上文化及相关产业法人单位数为 9882 个,从业人数为 1 213 079 人。其中,四川、陕西、河南和山东营业收入均在千亿元以上,占各省 GDP 总和的比重均超过 4%,远高于黄河流域其他省区,该区域的特点是以文化制造业为主要产业。

从整体看,九省区 2019 年全省域规模以上文化及相关产业营业收入相对于 2018 年并未有大幅度增长,除山东有明显下降外,其余省区均保持着平稳的发展态势。此外,青海、甘肃、宁夏、内蒙古、山西五省区文化及相关产业仍维持在相对较低水平,表明该区域存在比较大的发展空间(见图 8.1)。

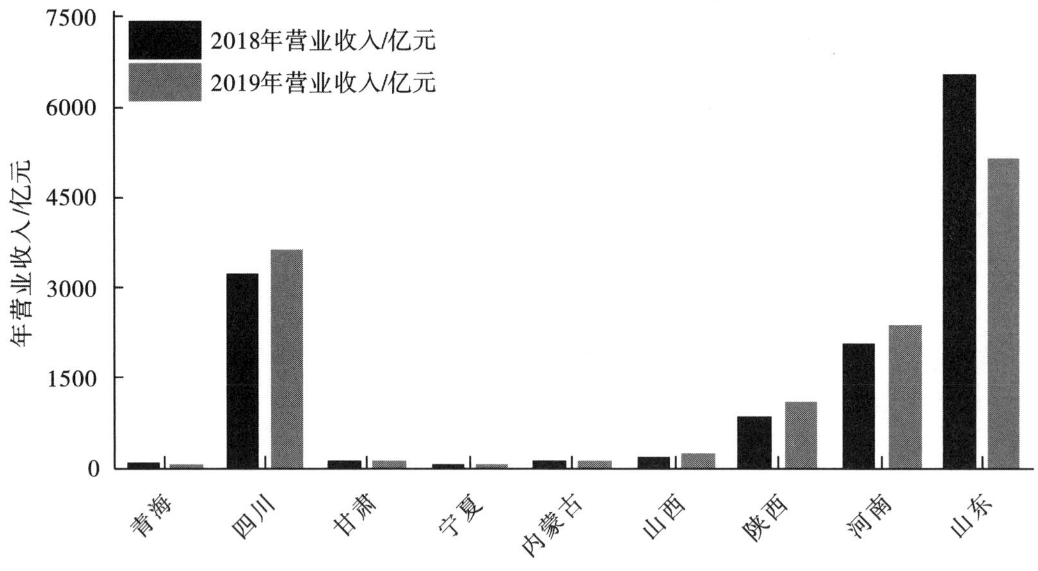

图 8.1　黄河流域九省区 2018 年和 2019 年规模以上文化及相关产业营业收入情况

（三）数字创意产业发展现状与问题

2019 年黄河流域九省区文化及相关产业行业类别间的差异见表 8.6。黄河流域大多省区地理位置比较偏远，国土空间格局存在不均衡性，更需要借助网络经济和数字经济赋能产业发展。尽管近年来一直处于高速发展阶段，但发展瓶颈有所显现，面临的问题主要如下。

1. 青海、宁夏

青海、宁夏两省区数字创意产业发展在黄河流域九省区处于下游水平，文化及相关产业营业收入分别为 52.5 亿元和 47.1 亿元，其中青海省营业收入来自文化服务业，贡献比达到 81%；宁夏回族自治区的营业收入主要来自文化制造业和文化服务业，文化批发和零售业贡献相对较低（约 20%）。此外，两省全域内单位数分别为 52 和 72 个，从业人数较低。总体上，两省区数字创意产业发展水平尚处于初级阶段，特别是文化产品同质化、低端化问题突出，具体表现在产业总量和规模小、产业结构单一、与其他行业深度融合不够。

为推动数字创意产业的发展，青海省和宁夏回族自治区着眼于以文化与旅游为龙头和引擎，推进文化与广电、金融、体育、科技、建筑等产业的深度融合发展。

2. 甘肃、内蒙古、山西

甘肃、内蒙古、山西三省区的营业收入与产业规模在黄河流域九省区处于中等水平，分别为 115.9 亿元、101.1 亿元、236.7 亿元，但对本省 GDP 贡献均较低，不足 1.5%。其中，甘肃省和山西省的营业收入主要来自文化批发与零售业和文化服务业，两类行业合计贡献比均达到 80% 以上，表明两省文化制造业发展较为薄弱；内蒙古自治区的营业收入主要来自文化服务业，贡献达到 51%。此外，三省区单位数和从业人员在三类产业中的配比与营业收入贡献比相似。总体上，三省区数字创意产业程度较低，表现为文化产业企业规模偏小，集约化水平较低；文化产业转型升级慢，新业态特征明显的文化产业法人单位较少，实力较弱。

为促进数字创意产业向好发展，三省区加快引导传统文化产业转型升级，着力发展基于互联网的新业态文化产业，实施“互联网+民族文化”行动，培育本土多媒体、动漫、网络游戏企业，使其做大做强，利用互联网、VR技术将全区民族特色文化搬上互联网，通过网络大力宣传全区特色文创产品和民族旅游产品，实现线上促线下、虚拟助现实的作用。

3. 四川、陕西、河南、山东

四川、陕西、河南、山东四省区数字创意产业发展在黄河流域九省区处于中上游水平，文化及相关产业的营业收入均超过千亿元，且对本省区GDP贡献较高，其中山东省最高，营业收入达到5130亿元，GDP贡献比达到7.2%。四省份统一的特点是文化制造业占据主导地位，对营业收入的贡献均达到50%以上。此外，四省份单位数和从业人员庞大，表现出较好的产业基础和政策体系。总体上，四省份在数字创意产业发展上表现出了较高的发展态势。

为进一步发挥数字文创产业的新经济引领作用，四省区致力于培育影视、动漫、游戏、电竞以及网络文化、数字文化装备、数字艺术展示等数字文创产业内容，同时汇集全国产业资源、弥补产业短板、塑造文创IP品牌。从产业、项目层面嵌入，通过培育、合作、招商、引资等形式，助力推动数字创意产业发展。

整体上，黄河沿域九省区数字创意产业的发展相对于珠三角集聚区、南部集聚区仍十分落后，表现在数字内容创新性质量不高、数字创意技术装备支撑不足、创意整体水平不强。然而，黄河流域大多省区地理位置比较偏远，国土空间格局存在不经济性，这更需要借助网络经济和数字经济赋能产业发展。鉴于黄河流域九省区数字创意产业的现状与发展态势，未来应抢抓数字技术与文化创意加速融合、数字创意产业快速发展机遇，突出地方特色文化创造性转化和现代内容精品制作，推动数字创意在各领域应用渗透，促进数字创意产业创新发展，满足人们快速增长的精神需求和个性化消费需求。

表8.6　2019年黄河流域九省区文化及相关产业行业类别间的差异

省区	规模以上法人单位数/个			从业人员/人			营业收入/万元		
	文化制造业	文化批发和零售业	文化服务业	文化制造业	文化批发和零售业	文化服务业	文化制造业	文化批发和零售业	文化服务业
青海	8	11	33	1166	873	3422	4.05	5.69	42.71
四川	503	304	1060	109 497	16 904	126 289	1919.88	605.37	1083.31
甘肃	19	37	142	2898	3626	15 860	7.87	54.65	53.33
宁夏	14	19	39	3725	570	5231	21.46	9.59	16.03
内蒙古	10	41	120	1778	2117	13 344	19.76	29.03	52.24
山西	45	91	178	7346	5455	24 535	43.61	95.79	97.29

续表 8.6

省区	规模以上法人单位数/个			从业人员/人			营业收入/万元		
	文化制造业	文化批发和零售业	文化服务业	文化制造业	文化批发和零售业	文化服务业	文化制造业	文化批发和零售业	文化服务业
陕西	211	289	1182	31 282	10 296	83 714	419.01	174.16	504.15
河南	883	607	1376	175 225	31 289	139 029	1248.54	392.81	716.11
山东	1139	613	908	237 015	41 278	119 315	2716.25	1679.44	734.44

（四）黄河流域数字创意产业发展对策建议

1. 设立数字创意技术与装备国家科技重大专项

数字创意技术与装备领域的关键核心技术短板一直是限制我国数字创意产业发展的“卡脖子”问题。建议以科技重大专项形式予以攻关突破，着力于数字创意技术与装备领域关键核心技术、元器件、软件平台与工具的研发支持力度，为我国数字创意产业和数字经济的持续繁荣发展储备关键技术潜力。

2. 加强数字创意产业创新力度和人才培养

目前数字创意产业高端人才稀缺，主流人才缺口较大。建议注重从技术研发和内容原创性两个方面提升数字创意产业的创新力度，推行原创作品培育原创人才机制，完善原创作品的保护和激励机制，在数字内容作品创作初期，以市场化方式给予创作人员一定的鼓励，加强知识产权保护以提高作品创造的积极性。同步加强数字创意人才的本土化教育培养，开展国际人才双向交流，共同构建面向数字文化内容和数字技术装备的创新设计人才体系。另外，建议加快实施一流数字创意学院建设示范项目，注重艺术、文化、科技、商业等综合能力锻炼，提高复合型人才的培养质量。

3. 推动数字创意产业的深度融合发展

数字创意产业是科技和文化相互融合的高端产业，其核心不仅在数字创意产业本身，也深入教育、贸易、物流、体育、旅游、健康等多个领域，并与数字创意产业具有深度融合的巨大潜力。数字创意产业跨界融合，不仅体现了文化产业的渗透性，也体现了数字经济的穿透力。在借助数字创意产业的新兴技术和创意创新，进行传统产品和行业的转型升级，将为数字创意产业未来发展提供更大的市场空间和前景。未来的传统行业必定是与数字创意产业协同发展。

4. 培育黄河流域领军型的数字创意企业

黄河流域各省区应注重大力培育符合数字创意产业发展方向、具有巨大潜力的领域，做足地方和区域特色、做强优势、做出竞争力，通过引进培育并重，培育一批高成长性企业，支持一批有条件的企业发展成为“顶天立地”的领军企业。支持和促进中小数字创意企业向“专、精、特、新”方向发展。

5. 加快完善黄河流域数字创意产业服务和模式

加快数字创意产业的专业基础设施建设，降低数字创意产业研发、生产成本。建议一方面加大数字资源和文化资源对普通大众的开放力度，为多样化的创意生产提供更加丰富的资源和宽松的环境；另一方面，加快建设跨部门、跨区域、跨行业的文化资源大数据平台和共享平台，开展文化资源分类与标识、数字化采集与管理、多媒体内容知识化加工处理，支持优秀传统文化资源的创造性转化和创新性发展。此外，在制度方面建立完善的保障机制，在严格执行国家已经颁布的行业管理政策的基础上，不断完善行业管理相关制度和管理办法。同步完善数字内容以及原创设计的版权和知识产权保护法规，推进面向智能设计、智能生成内容的立法建设，保障数字创意产业的健康有序发展。

五、黄河流域城乡基础设施发展

（一）城乡统筹发展模式探索

黄河流域的发展具有层次性，大致可分三个层次：一是生态环境良好，但经济社会发展水平低下，如前工业化社会时期；二是生态环境大幅度退化或生态服务价值弱化，但经济社会快速增长的发展模式，如工业化早期的国家或地区；三是生态环境良好且经济社会发展处于发达状态的发展模式，如当代的欧美发达国家。根据《中国城市综合发展质量报告 2019》，黄河流域在国家层面整体处于落后状态，综合发展质量排名最高的西安仅位于国家的第 13 名，郑州排第 16 名，济南排第 22 名，兰州市第 46 名，城市环境排名均处于 50 名以后。黄河流域经济社会发展呈“上游落后、中游崛起、下游发达”的阶梯状分布形态。

黄河流域整体处于工业化中期到后期的转型发展和区域经济的起飞发展阶段，大体处于集聚功能大于扩散效应的“虹吸效应”阶段和区内发展的激烈竞争时期。高质量的中高速经济增长是黄河流域现代化进程和可持续发展的前提。域内高质量发展的基本条件表现为农业发展的多样性和脆弱性，流域经济联系的松散性，经济发展阶段性及其内部差异性的约束，外部投资和产业转移等动力不足的约束等。这决定了流域高质量发展必表现为长期性、多样性、竞争性、协同性甚至区域化的倾向。因此，黄河流域高质量发展需探索如何“弯道超车”。除了持续探寻域内适合国家需求和地方特色的新型产业转型发展模式，建构适合各地方的特色化产业集群/产业链，提升综合竞争力外，还需一方面探寻同质前提下的协同新模式，谋划流域协同和寻求特色化的新型城镇化模式，包括适合各地的人口城镇化策略和城乡统筹模式，尤其是基于土地流转的乡村人口向河谷/川地/盆地、平原、城镇的持续迁移路径，提高劳动生产率，关注水资源和基础设施建设等问题；一方面实施“中心突破”的体制，寻求中心带动的流域空间重构，推动中心城市和城镇群的健康发展，促进高质量发展。

1. 全力抓好国家、省重大区域发展战略落地实施

坚决贯彻黄河流域生态保护和高质量发展国家战略，提升城市能级，塑强城市功能，强化示范引领，打造黄河流域高质量发展核心增长极。推动省会经济圈一体化发

展,加强与周边经济圈协同协作,在更大范围拓展发展空间、赢得竞争优势,全面提升城市竞争力、综合影响力和辐射带动力,深化更大范围的区域交流合作。

2. 加快推动城乡融合发展,促进城乡共同繁荣

统筹经济、生活、生态和安全需要,推动城市精明增长,提升城市功能品质,积极打造韧性城市。加快补齐县域发展短板,强化基本公共服务保障,推进以人为核心的新型城镇化。全面推进乡村振兴,提高农业质量效益和竞争力,推动农村一、二、三产业融合发展,实施乡村建设行动,推进美丽宜居乡村建设。协调推进新型城镇化战略和乡村振兴战略,创新融合发展体制机制,努力缩小城乡发展差距,促进城乡共同繁荣。

3. 谋划流域协同机制及寻求特色化的新型城镇化模式

黄河流域建设需有系统理念,遵守主体功能区引导,重视区内协调和生态治理等关键问题。基于流域生态系统和资源条件特色、新时代的产业分工和高级化,流域应减小资源要素的盲目流动和重复建设,形成区域间产业合理分布和上下游联动机制,促进域内的经济社会转型和可持续发展。

(1)设立黄河流域规划和建设的高级协调机构,制定有效的关键政策

因为流域高质量发展需“弯道超车”,非强力的流域性协同机制而不能规避各自为政。借鉴京津冀、长江经济带和粤港澳大湾区的经验,建议国务院成立“黄河流域生态治理和高质量发展领导小组”,协调省级层面的关键问题,力图发挥各地的比较优势和资源禀赋,打破行政区划壁垒,合理配置资源,引导产业更合理的布局,有效改善产业结构,推动流域高质量发展。

(2)在国家大力支持下,逐步建立流域性的现代化基础与服务设施

分阶段建立沿河较为发达的“连通性”的交通、管道、通信、社会服务等设施网络,以黄河干流和主要河湖为骨架进行长远规划和建设,促进资源配置和联动发展。此外,可重新恢复部分河运,支持大宗产品运输和旅游休闲产业发展。

(3)统筹流域性生态环境治理和产业合理分布,探索新型城镇化模式

重视水资源开发利用率远超40%生态警戒线的问题,完善水利设施和工业废水处理设施,提高集约利用水平,推动节水型经济体系建设,在水资源、水生态、水环境承载能力约束下提升水资源利用效率。况且,1990年以来生态移民和快速的人口城市化进程已改变了黄河流域的人口分布,如陕北、陕南的人口和企业向关中地区的迁移等。基于产业升级、农民增收和环境保护的多赢目的,尤其是考虑到山区丘陵地区人口承载力依然过高,黄河流域应基于土地流转的持续性的人口迁移过程(如针对不适宜居住地区实施生态移民和生态修复),持续将人口向发展条件较好的河谷、川地、盆地、各级城镇进行有序集中(如坚持分阶段有步骤地把不适宜人居住的乡村人口彻底搬迁),同时继续将产业向园区和城市新区、重点城镇集中,以及土地向适度规模经营、种田能手、特色农业园区有序集中。

4. 寻求中心带动的流域空间重构和竞争力提升

基于国家战略,黄河流域高质量发展应确立“重点投入、中心突破”的方针,提升竞争力和获取发展机会,最终带动流域整体发展,即加大对重点优势产业的投入,在重点发展

领域寻求突破;集中力量培育区域增长极以及重视增长极之间的协同发展,推动区域经济发展及其一体化进程。根据不同区域间自然条件、资源禀赋和经济社会的差异,依托强大国内市场,加快供给侧结构性改革,加大科技创新投入力度,根据各地区资源、要素禀赋和发展基础做强特色产业,加快新旧动能转换,推动制造业高质量发展和资源型产业转型,建设特色优势现代产业体系。流域各地区之间的竞争性远大于其合作愿望,任何强制性超出基本规律的人为的流域性合作或流域性的经济社会规划,都不大可能取得良好成效。迄今,域内核心城市在国家层面的经济联系都以国家级中心为核心,在全球层面是分别进入国际市场。因此,黄河流域至少在今后 10 ~ 20 年内,应将资本、建设用地指标等相对集中使用,着重提升中心城市竞争力,加强城市群建设。加强黄河流域与长江经济带、成渝地区双城经济圈、长江中游城市群的互联互通,深度参与国家层面的区域分工与合作;建立商品、服务产品贸易的国际联系,融入全球产业链和价值链,拓展国际文化交流;通过构建"城市群—发展轴—经济区"的现代化区域发展体系,重构流域高质量发展的空间结构,提升竞争力。城市群及其中心城市建设是推动流域高质量发展的重要动力和现实手段,但需关注它们之间的合理分工和有效合作,应重点建设西安、郑州这 2 个国家级中心城市。

(二)交通基础设施高质量发展

1. 基础设施建设主要任务

黄河流域城市间基础设施的互通互联程度较东南沿海地区差距较大,更不完全与黄河干流相吻合。迄今,黄河干流水运不能全程通航,且因铁路、公路、航空的快速建设,流域经济发展,尤其是促进经济增长的人口越来越集中于陇海—兰西一线,如近 10 年来,流域总人口数量不断增加,但其中度/高度集聚区、集聚核心区几乎都集中在这条线上的中下游地区。山东半岛城市群、中原城市群和关中城市群三者的黄河流域城市的 2005 年、2010 年、2017 年的人口总和分别约占流域 60 个市(州/盟)总人口的 51.9%、51.6% 和 51.7%。这意味着黄河流域的基础设施建设在经济基础相对有限的时候,短期内很难基于黄河干流组织大规模的建设或提升工程。因此,更要统筹黄河流域生态环境保护与交通运输高质量发展,优化交通基础设施空间布局。事实上,这样的"大棋"不仅限于黄河流域。推进中部地区大通道大枢纽建设,更好发挥承东启西、连南接北功能。强化西部地区交通基础设施布局,推进西部陆海新通道建设,打造东西双向互济对外开放通道网络。主要任务如下。

(1)服务大局、服务人民

立足黄河流域生态保护和高质量发展大局,坚持适度超前,推进交通与国土空间开发保护、产业发展、新型城镇化协调发展,有效支撑国家重大战略。坚持以人民为中心,建设人民满意交通,不断增强人民群众的获得感、幸福感和安全感。

(2)立足国情、改革开放

准确把握黄河流域生态保护和高质量发展的要求和各地的资源禀赋气候特征,加强资源节约集约利用,探索黄河流域特色交通运输现代化发展模式和路径。充分发挥市场在资源配置中的决定性作用,更好发挥政府作用,深化交通运输体系改革,破除制约高质量发展的体制机制障碍,构建统一开放竞争有序的交通运输市场。服务“黄河流域生态保护和高质量发展”建设,加强国内、国际互联互通,深化交通运输开放合作,提高黄河流域运输网络和物流供应链体系安全性、开放性和可靠性。

(3)优化结构、统筹融合

坚持系统观念,加强前瞻性思考、全局性谋划、战略性布局、整体性推进。加强规划统筹,优化网络布局,创新运输组织,调整运输结构,实现供给和需求更高水平的动态平衡。推动融合发展,加强黄河流域交通运输资源整合和集约利用,促进交通运输与相关产业深度融合。强化衔接联通,提升设施网络化和运输服务一体化水平,提升黄河流域综合交通运输整体效率。

(4)创新智慧、安全绿色

坚持创新核心地位,注重科技赋能,促进交通运输提效能、扩功能、增动能。推进黄河流域交通基础设施数字化、网联化,提升黄河流域交通运输智慧发展水平。统筹发展和安全,加强交通运输安全与应急保障能力建设。加快推进绿色低碳发展,交通领域二氧化碳排放尽早达峰,降低污染物及温室气体排放强度,注重生态环境保护修复,促进黄河流域交通与自然的和谐发展。

2. 基础设施发展目标

到 2035 年,基本建成便捷顺畅、经济高效、绿色集约、智能先进、安全可靠的现代化高质量黄河流域综合交通网络,实现黄河流域内互联互通以及全国主要城市立体畅达、县级节点有效覆盖,有力支撑“全国 123 出行交通圈”(都市区 1 小时通勤、城市群 2 小时通达、全国主要城市 3 小时覆盖)。交通基础设施质量、智能化与绿色化水平高于全国平均水平。交通运输全面适应黄河流域人民日益增长的美好生活需要,有力保障国土安全,支撑黄河流域生态保护和高质量发展。主要目标如下。

(1)便捷顺畅

享受快速交通服务的人口比重大幅提升,除部分边远地区外,基本实现全国县级行政中心 15 min 上国道、30 min 上高速公路、60 min 上铁路,市地级行政中心 45 min 上高速铁路、60 min 到机场。基本实现地级市之间当天可达。中心城区至综合客运枢纽半小时到达,中心城区综合客运枢纽之间公共交通转换时间不超过 1 h。交通基础设施无障碍化率大幅提升,旅客出行全链条便捷程度显著提高,基本实现“全国 123 出行交通圈”。

(2)经济高效

黄河流域综合交通网络设施利用更加高效,多式联运占比、换装效率显著提高,运输结构更加优化,物流成本进一步降低,交通枢纽基本具备寄递功能,实现与寄递枢纽的无缝衔接。

(3)绿色集约

综合运输通道资源利用的集约化、综合化水平大幅提高。基本实现交通基础设施建设全过程、全周期绿色化。单位运输周转量能耗不断降低,二氧化碳排放强度显著下降,交通污染防治达到国内先进水平。

(4)智能先进

基本实现国家综合立体交通网基础设施全要素全周期数字化。基本建成泛在先进的交通信息基础设施,实现北斗时空信息服务、交通运输感知全覆盖。智能列车、智能网联汽车(智能汽车、自动驾驶、车路协同)、智能化通用航空器、智能船舶及邮政快递设施的技术达到国内先进水平。

(5)安全可靠

交通基础设施耐久性和有效性显著增强,设施安全隐患防治能力大幅提升。交通网络韧性和应对各类重大风险能力显著提升,重要物资运输高效可靠。交通安全水平达到国内先进水平。

六、黄河流域产业与"一带一路"和大运河文化带协同发展

(一)黄河流域产业与"一带一路"协同发展

1.与"一带一路"沿线国家贸易现状

黄河流域是"一带一路"在我国境内陆路的重要空间载体和核心腹地,对接和融入"外循环"要不断融入"一带一路"建设。当前,黄河流域开放型经济发展取得了较快增长,但总体水平仍旧较低,其对国外市场和资源的利用能力和效率都滞后于东部,开放发展的潜能尚未完全开发。新发展格局下,开放领域应向"一带一路"沿线国家延伸。"一带一路"高质量发展下的合作需要有不同的资源禀赋,沿黄各省区的资源禀赋各异,彼此之间存在着有效的需求与供给,经济发展互补性很强,具有很大的分工潜力与合作空间,这为经济带的建设奠定了基础。黄河流域公路、铁路、航路、水路以及管路的铺开带来全域的交通互联,水陆空三位一体的运输体系为经济带建设创造了条件。"一带一路"高质量发展要求信息技术的不断改善,5G 和云服务等高新技术的广泛应用,黄河流域数字化平台的建设有效促进了信息的流动与共享,为经济带建设提供了保障。"一带一路"高质量发展涉及不同的民族国家,需要跨越民族之间的藩篱。黄河流域属于典型的多民族聚居地区,少数民族人口大多居住在青海、甘肃、宁夏、内蒙古等黄河流域上游地区,人口约占黄河流域总人口的 1/10。参与"一带一路"建设不仅有助于促进民族地区的经济发展,巩固多民族团结统一,而且有助于积攒跨民族经济、文化交往的有益经验,探索如何进一步促进民族认同和民族融合,实现涵盖范围更加广阔、受益程度更加深远的经济全球化。黄河流域产业与"一带一路"协同发展中存在的主要问题如下。

(1)参与建设的水平低,差距大

黄河流域九省区由于地理位置差异以及发展禀赋的区别,参与"一带一路"建设的水平层次不一,差距颇大。2019 年黄河流域九省区与"一带一路"沿线国家进出口总额见图 8.2。

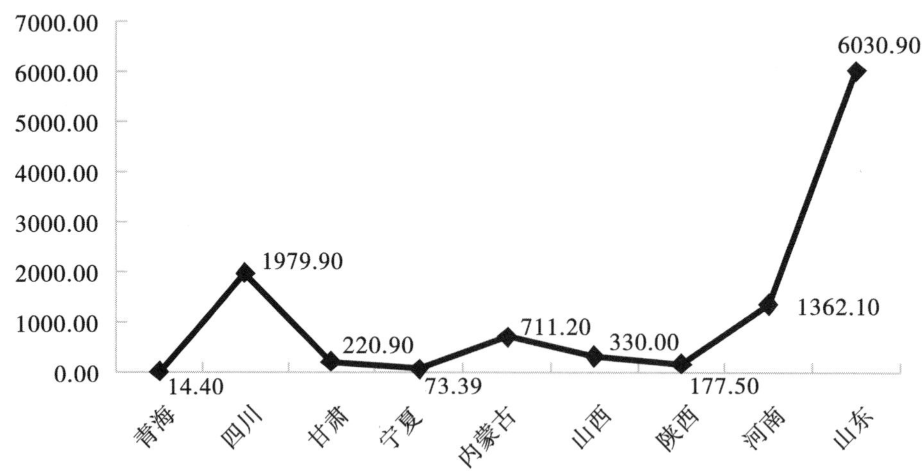

图 8.2　2019 年黄河流域九省区与“一带一路”沿线国家进出口总额

2019 年黄河流域九省区与“一带一路”沿线国家进出口总额为 10 901.29 亿元，占我国与“一带一路”沿线国家进出口总额(9.27 万亿元)的 11.76%，占我国进出口总额(31.54万亿元)的 3.46%。整体而言，黄河流域九省区参与“一带一路”建设的水平较低。2019 年青海省、宁夏回族自治区与“一带一路”沿线国家分别实现贸易额 14.4 亿元与 73.39 亿元，青海省同比增长 13.9%，宁夏回族自治区同比下降 11.4%，两省区尽管地处偏远，与“一带一路”沿线国家进出口总额占黄河流域九省区的末位，但随着交通条件的不断改善，后发力量强劲。甘肃省、山西省和陕西省 2019 年与“一带一路”沿线国家进出口总额分别为 220.9 亿元、330.0 亿元与 177.5 亿元，占当地进出口总额的比率分别为 52.9%、22.8% 和 54.6%，属于黄河流域经济带上参与“一带一路”建设的中等水平，仍然存在着较大的发展空间。内蒙古自治区、河南省和四川省 2019 年对“一带一路”沿线国家进出口总额分别达到 711.2 亿元、1362.1 亿元和 1979.9 亿元。其中四川省与 2018 年同期相比增长 20%，占全省外贸总额的 29.3%，进步显著。内蒙古自治区、河南省、四川省与甘肃省、山西省和陕西省 3 省相比，数量级获得进一步提升，属于中等偏上水平。山东省 2019 年与“一带一路”沿线国家外贸进出口总额达到 6030.9 亿元，超过沿黄经济带其余 8 省区的总和，与 2018 年相比增长 15.9%，占全省进出口总额的 29.5%。其中，出口总额为 2824.0 亿元，同比增长 5.7%；进口总额为 2373.6 亿元，同比增长 9.4%。总体而言，山东省参与“一带一路”建设的范围最广、程度最深、表现最为优异。

(2)产业结构合理化水平低

产业协调发展是实现经济均衡高质量发展的重要基础，“一带一路”倡议的实施促使沿线各国和地区在产业发展方面实现互补，不断通过产业合作来谋求新的发展。

“一带一路”倡议提出前，黄河流域没有省区进入热点区域，仅山东省和四川省属于温点区域，其产业结构合理化与全国总体水平相当；河南省、内蒙古自治区、山西省、宁夏回族自治区、陕西省、青海省、甘肃省 7 省区均处于冷点区域，产业结构合理化水平低于全国总体水平。“一带一路”倡议提出后，黄河流域仅有山东省从温点区域发展进入热点区域,河南省从冷点区域上升至温点区域,产业结构合理化水平实现不同程度发展。

尽管当前黄河流域各省区参与“一带一路”建设的现状并不尽如人意,彼此之间差距明显,但是脱离区域位置、自然禀赋及经济发展的历史背景差异谈论绝对数值只能在一定程度上了解发展的现实,更为重要的是,要着力推动黄河流域各省区进一步融入“一带一路”高质量发展,进行更高水平的经济建设,使得开放的红利释放到中国的每一个角落。

2. 绿色产业与“一带一路”协同发展建议

(1)打开对外开放通道,达成内外联动

推进区域航空枢纽建设,优化至京津冀、长三角、粤港澳大湾区及区域中心城市航线航班,布局开发国内新航点,发挥机场综合交通枢纽带动作用。提升班列服务本地经济能力,加强与东部沿海港口合作,大力发展公铁海多式联运,畅通出境通道。

(2)协调发展,解决不平衡问题

由基础设施建设方面的协调带动经济发展方面的协调,通过运输网络体系的构建形成有机衔接,经济比较发达的下游反哺经济欠发达或者不发达的上游。

(3)发展高水平开放经济

用好外经贸发展专项资金,引导企业拓展对外贸易线上渠道,多元化开拓国际市场。依托国家级开发区和重点园区,发展精深加工、跨境电商和高质量、高技术、高附加值产品贸易,培育具有国际竞争力的品牌,把开发区(重点园区)建设成为吸引外资的主阵地、聚集特色产业的新高地。培育跨境电商、食品加工、电子信息、国际快件分拨、口岸经济等新产业,发展保税研发、保税检测、融资租赁、保税展示交易等新业态。实施外资扩规提质行动,引进一批具有核心技术、成长性好、发展潜力大的外资项目。

(4)营造优化开放环境

全面落实外商投资法及配套法规,实施准入前国民待遇加负面清单管理,健全外商投资服务体系,为外商投资企业提供全方位、多角度、便利化服务。全面推进贸易监管制度创新,提高企业便利化通关应用率,持续做好涉外税收服务,提升进出口整体通关效率。全面提高涉企服务便利化水平,突出产业链招商、以商招商、蹲点招商、委托招商,切实提升招商引资项目质量和实施效果,变“零星投资”为“集聚投资”。

(5)以流域为引带实现生产要素的优化配置

黄河流域各省区要与“一带一路”建设中的不同定位与角色对接,进行生产要素的优化配置,以流域为引带实现上下联动、东西联动。“一带一路”沿线国家向我国出口的主要是资源密集型产品。借助“一带一路”建设的契机,改变当前资源型重化工的特征,把高污染、高消耗产业以及低端制造业等进行转移。我国向“一带一路”沿线国家出口的主要是劳动密集型和技术密集型产品,同时劳动密集型产品的比重下降,技术密集型产品的比重上升。出口结构的变化可以引导黄河流域九省区的发展重心向以知识密集以及资本密集为代表的高附加值产业转移,不断提高企业、科研机构以及高等院校科技创新成果的转化能力和转化效率,形成一批不仅拥有核心技术,而且能够打造独立品牌的龙头企业。

(6)完善评估勉励机制,培养创新创造人才

黄河流域长期存在的一个短板是高层次人才匮乏,自20世纪80年代以来,人才流入量不足人才流出量的1/2。借助"一带一路"建设契机,推动黄河流域经济带开放与发展,优化的生态环境与就业环境可以在一定程度上保障人才队伍稳定。要不断改善传统的评估、勉励机制,完善海内外精英引进方式,培养专业基础扎实、创新创造能力强的后备人才队伍。

3. 绿色产业与"一带一路"协同发展路径

着眼全国发展大局,黄河流域各省区未来的发展要更加深入地融入"一带一路"建设,抢抓黄河流域重大区域发展战略机遇,主动融入区域开放合作大格局,打破行政分割和市场壁垒,促进要素跨区域自由流动,建立健全与重点区域和周边地区的合作协调机制,积极推动流域内外、国内、国际合作。黄河流域九省区绿色产业与"一带一路"协同发展路径如表8.7所示。

表8.7 黄河流域九省区绿色产业与"一带一路"协同发展路径

区域	协同发展路径
青海	以格尔木市和西宁市为核心,发展承东启西、连南接北、面向国际的开放型经济,与"一带一路"沿线国家在经贸、教育、文化等领域实施合作
四川	抢抓新时代重大区域发展战略机遇,积极推动省际区域合作,提升国际互联互通水平,拓展对外经贸产能合作
甘肃	融入国际陆海贸易新通道,形成多维度开放格局,优化口岸营商环境,带动与沿线国家外贸快速增长
宁夏	加大对外招商引资力度,增加境外投资,加快增长对"一带一路"沿线国家出口额
内蒙古	对外贸易主要是对接俄罗斯和蒙古国,加强与俄罗斯、日本和白俄罗斯等国家在能电、新兴行业产业领域、跨境电子商务、自由贸易区建设和通关条件改善等领域的合作,拉动内蒙古经济持续发展
陕西	推进交通商贸物流中心优化升级,加快西安国际航空枢纽建设;推进国际产能合作中心深化拓展;提高科技教育中心影响力,推进数字丝绸之路建设;促进国际文化旅游中心做强做优,精心打造"国风秦韵"对外交流品牌;加快丝绸之路金融中心创新发展;加快上合组织农业技术交流培训示范基地建设,打造西安"一带一路"综合试验区;加强与相关国家间计量技术机构互信,推进陕西省"一带一路"语言服务及大数据平台推广工作
山西	加快交流平台建设,加强与"一带一路"沿线国家的深度交流与合作,构建常态化合作机制;加快通道建设,全方位推进(铁路、航空、海运)互联互通;构建对外合作"大平台",完善多式联运,推进中欧班列常态化开行;加大对外交流平台建设,推动品牌产品和优势产业"走出去"

续表 8.7

区域	协同发展路径
河南	以空中丝绸之路为引领,统筹推进陆上、网上、海上丝绸之路建设,形成“四路协同”发展格局。初步形成横跨欧美亚三大经济区、覆盖全球主要经济体的国际枢纽航线网络;中欧班列(郑州)网络遍布欧盟、俄罗斯及中亚地区 24 个国家 126 个城市;加快建设电子世界贸易平台核心功能集聚区;以铁海联运、内河航运为主要依托,有效连接连云港、黄岛港、上海港等港口
山东	积极发展外贸新业态、新模式,推广“出口产业集群+国际自主品牌+知名电商平台+外贸综合服务企业+公共海外仓”五位一体发展新模式;聚集国际产能合作,推动橡胶轮胎、纺织服装、化工冶金、电子家电、装备制造等领域合作项目在“一带一路”沿线落地;坚持重点工程引领,深化基础设施建设合作,加快推动国际开放大通道建设;注重搭建企业境外发展聚集平台,推进中国—上合组织地方经贸合作示范区建设

在“一带一路”的带动下,黄河流域将逐渐与国际接轨,通过促使大型企业之间开展合作的方式,建成一批具有明显特色的国际产业园区,其优势产业的集聚和带动作用将进一步彰显,产业协调发展逐渐成为常态化,为黄河流域经济的发展提供更好的产业基础。

(二)黄河流域产业与大运河文化带协同发展

1. 大运河文化带发展现状

大运河位于我国中东部,沟通黄河、长江、淮河、海河、钱塘江五大水系。从形成之日起,它就不只是一条连接首都和基本经济区的人工内河,同时也是沟通国内南北东西,将中华文明腹地与亚欧非几大文明进行相互衔接的文明大动脉,承载着中华文明的文化基因,生动体现了中华文明的蓬勃活力。

2014 年 6 月,包括京杭大运河、隋唐大运河和浙东运河在内的大运河文化遗产项目,在第 38 届世界遗产大会上被列入世界文化遗产名录。大运河文化带主要河段文化遗产数据见表 8.8。大运河全长 2700 km(隋唐大运河、京杭大运河、浙东运河),是世界上规模最大的运河。

表 8.8　大运河文化带主要河段文化遗产数据

指标	浙东大运河	京杭大运河	隋唐大运河
河道长度/km	239	1794	2700
途经省市	1 省 3 个市	6 省 18 个市	8 省近 30 个市
遗产河段/个	3	19	5
占总遗产河段比	11	70.50	18.50
世界遗产点/个	5	49	4
占总遗产点比/%	8.60	84.50	6.90

大运河文化带沿线涉及北京、天津、河北、山东、河南、安徽、江苏、浙江 8 个省（直辖市），其中河南、山东位于黄河流域，沿线人口占全国人口总数的 15%，沿线地区创造全国 GDP 的 25%，连接南北数个国家战略（京津冀、黄河经济带、长江经济带、"一带一路"等），可有效填补我国区域发展空白，形成网状发展格局，解决区域经济社会发展不平衡问题，是对区域空间结构的优化。

大运河文化带建设是我国首条以文化建设为主体、以生态建设为基础、以旅游发展为导向，以运河相关文化事业和文化产业为主要载体，以运河物质遗产与运河非物质遗产的保护传承利用为工作重点，文化、生态和旅游"三位一体"统筹推进的带状区域文化发展战略，其关键是做好运河文化遗产的保护、传承和利用。以大运河为核心的历史文化资源，将大运河文化遗产的保护传承融入经济社会发展的总体规划，建立以文化繁荣引领经济转型与社会治理的区域协调发展新机制，已经成为创新治理机制、提高治理水平、增强治理效能的现实选择。

在沟通衔接中华文明与世界其他文明方面，千百年来大运河与丝绸之路两者并行不悖、生生不息，共同滋养了中华文明的传承延续、不断壮大。在运河沿线地区，中国不同地区间的文化融通，全球层面东西文明的交流互鉴始终活跃。一方面，向西通过洛阳、西安等节点城市，辐射效应深入西北内陆的广阔区域，与历史更加悠久的陆上丝绸之路互联互通；另一方面，向南通过密布东南地区的通航河道和扬州、杭州、广州、泉州、南京等江海港口，又和穿越浩瀚海洋的海上丝绸之路相连接。通过大运河的中介，最晚在唐中期，陆上、海上两条丝路在亚欧大陆东端的闭合连接、交叉延伸就已经实现。

大运河文化带是以运河为基础，形成具有综合功能的文化经济综合体。大运河文化带资源禀赋包括运河工程、经济、文化、景观等，大运河文化带作为区域文化平台，结合社会价值取向的影响，以"保护、传承、利用"为基本思想，通过横向拓展与纵向功能联动优化配置资源，引导区域产业结构升级、产业布局优化与增强产业联动效应，如图 8.3 所示。

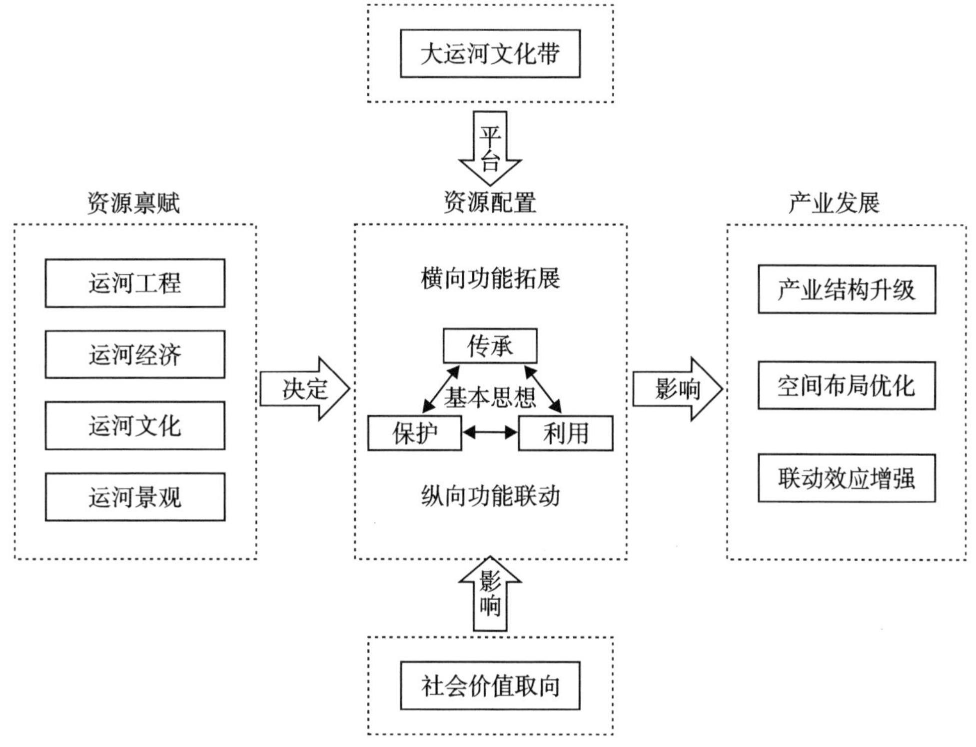

图 8.3　大运河文化带产业发展的内在机理

2. 黄河流域与大运河文化带协同发展途径

从国家经济社会发展的普遍规律看，当人均 GDP 达到 3000～6000 美元时，文化产品与服务的需求量将激增，文化产业进入快速发展阶段。2017 年黄河流域与大运河文化带交叉省市 GDP 与文化及相关产业增加值见表 8.9，文化及相关产业门类发展定位见表 8.10。

表 8.9　黄河流域与大运河文化带交叉省市 GDP 与文化及相关产业增加值（2017 年）

省份	GDP/亿元	文化及相关产业增加值/亿元	占 GDP 比重/%
河南	44 552.8	1341.8	3.01
山东	72 634.1	3018.0	4.16

数据来源：《中国文化及相关产业统计年鉴 2018》。

表 8.10 黄河流域与大运河文化带交叉省市文化及相关产业门类发展定位

省份	文化及相关产业门类发展定位
河南	数字文化创意、数字创意技术装备产业、内容产业、设计服务业
山东	改造提升文化旅游、演艺娱乐、工艺美术、广告会展等传统文化产业，培育创意设计、移动多媒体、网络文化、数字文化服务、动漫游戏等新型业态

资料来源：各省市政府、发改委及文化厅(局)网站有关文化领域“十三五”规划。

参考文献

[1]陆大道，孙东琪. 黄河流域的综合治理与可持续发展[J]. 地理学报，2019，74(12)：2431-2436.

[2]田云，张俊飚，李波. 中国农业碳排放研究：测算、时空比较及脱钩效应[J]. 资源科学，2012，34(11)：2097-2105.

[3]丁宝根，赵玉，罗志红. 长江经济带农业碳排放 EKC 检验及影响因素研究[J]. 中国农机化学报，2019，40(9)：223-228.

[4]杜海波，魏伟，张学渊，等. 黄河流域能源消费碳排放时空格局演变及影响因素：基于 DMSP/OLS 与 NPP/VIIRS 夜间灯光数据[J]. 地理研究，2021，40(7)：2051-2065.

[5]公维凤，范振月，王传会，等. 黄河流域碳排放区域差异、成因及脱钩分析[J]. 人民黄河，2021，43(12)：12-17.

[6]马远，刘真真. 黄河流域土地利用碳排放的时空演变及影响因素研究[J]. 生态经济，2021，37(7)：35-43.

[7]郭承龙，周德群. 二氧化碳排放与经济增长脱钩驱动因素及趋势分析[J]. 数学的实践与认识，2018，48(6)：69-78.

[8]黄国庆，汪子路，时朋飞，等. 黄河流域旅游业碳排放脱钩效应测度与空间分异研究[J]. 中国软科学，2021(4)：82-93.

[9]时朋飞，李星明，熊元斌. 区域美丽中国建设与旅游业发展耦合关联性测度及前景预测：以长江经济带 11 省市为例[J]. 中国软科学，2018(2)：86-102.

[10]齐绍洲，林屾，王班班. 中部六省经济增长方式对区域碳排放的影响：基于 Tapio 脱钩模型、面板数据的滞后期工具变量法的研究[J]. 中国人口·资源与环境，2015，25(5)：59-66.

[11]樊杰，王亚飞，王怡轩. 基于地理单元的区域高质量发展研究：兼论黄河流域同长江流域发展的条件差异及重点[J]. 经济地理，2020，40(1)：1-11.

[12]宋洁. 新发展格局下黄河流域高质量发展“内外循环”建设的逻辑与路径[J]. 当代经济管理，2021，43(7)：69-76.

[13]李曦辉，张杰，邓童谣. 黄河流域融入“一带一路”倡议研究[J]. 区域经济评论，2020(6)：38-45.

第九章　黄河流域中心城市和城市群高质量发展路径研究

中心城市和城市群是经济发展要素的重要载体，对区域协同发展、培育新型增长极具有主导作用。在黄河流域生态保护和高质量发展座谈会上，习近平总书记指出要加快郑州、西安、济南等中心城市和中原等城市群建设；在中央财经委员会第六次会议上，习近平总书记再次强调了加强郑州、西安国家中心城市和山东黄河流域城市群在黄河流域经济社会高质量发展中发挥主导作用，科学系统地认识分析黄河流域城市群协同发展状况，对黄河流域整体乃至全国的区域经济发展具有重要意义。

本章将基于中心城市和城市群发展中存在的低水平空间相关性、中心城市的城市群协同发展水平的不均衡、区域性联系强度较低等问题，采用空间可达性、引力模型、协同度、动态因子模型等方法从以下三个方面对黄河流域高质量发展进行研究：第一，生态保护与高质量发展的协同度研究表明，其发展水平总体呈现自东向西、自下游往上游降低的格局；第二，打造国际化大都市，加强中心城市的带动作用；第三，探究山东半岛与中原城市群发展的动态因子，提出发挥山东半岛的龙头作用，利用山东半岛的首位度视角推动黄河发展，并打造菏濮聊金三角，加强山东城市群与中原城市群的协同作用。

一、黄河流域中心城市和城市群高质量发展现状与问题

（一）黄河流域中心城市和城市群高质量发展现状

截至2019年，黄河沿线规划建设有郑州、西安2个国家中心城市，兰西城市群、关中平原城市群、宁夏沿黄城市群、呼包鄂榆城市群、晋中城市群、关中平原城市群、中原城市群以及山东半岛城市群。2018年7个城市群经济、人口、国土面积占比如表9.1所示。

表 9.1 黄河流域 7 个城市群基本概况

城市群名称	城市构成	国土面积占比/%	人口总量占比/%	经济总量占比/%
兰西城市群	兰州和西宁为中心城市,包括甘肃省白银市、定西市、临夏州和青海省的海东市、海北州、海南州、黄南州共 9 个地市州	15.88	4.36	2.99
宁夏沿黄城市群	银川为中心城市,包括石嘴山、吴忠、中卫、固原共 5 个城市	5.88	1.96	1.89
呼包鄂榆城市群	呼和浩特为中心城市,包括内蒙古自治区的包头市、鄂尔多斯市和陕西省的榆林市共 4 个城市	15.47	2.79	6.79
晋中城市群	太原为中心城市,包括大同、阳泉、长治、晋城、朔州、晋中、运城、忻州、临汾、吕梁共 11 个城市	13.88	10.65	8.45
关中平原城市群	西安为中心城市,包括陕西省的宝鸡、咸阳、渭南、商洛、铜川、杨凌,山西省的运城、临汾,甘肃省的天水、平凉、庆阳共 12 个城市	14.36	12.68	10.39
中原城市群	郑州为中心城市,洛阳为副中心城市,包括河南省全域,山西省的长治、晋城、运城,河北省的邢台、邯郸,山东省的聊城、菏泽,安徽省的淮北、蚌埠、宿州、阜阳、亳州共 30 个城市	25.33	48.41	36.34
山东半岛城市群	济南和青岛为中心城市,包括莱芜、淄博、枣庄、东营、烟台、潍坊、济宁、泰安、威海、日照、临沂、德州、聊城、滨州、菏泽共 17 个城市	14.15	28.78	39.26

沿黄地区城市群是黄河流域生态保护和高质量发展的关键区域,其发展受到各方面的制约,例如,生态环境脆弱和资源环境的高负载、洪水风险和水资源短缺、生态安全与高速发展的制约问题等。其中中心城市和城市群发展中存在的低水平空间相关性、中心城市和城市群协同发展水平不均衡、区域性联系强度较低等问题,更是重中之重。

(二)黄河流域城市可达性

中心城市的带动作用与城市的交通布局通常呈现正向相关作用,在本研究中采用平均最短旅行时间评价黄河流域城市可达性,为流域城市功能定位和区域高质量发展提供理论支撑和决策依据。

黄河流域市、州、盟可达性水平中，郑州市的综合可达性水平最高，这充分说明了郑州市在整体黄河流域交通网络中的优势地位；果洛藏族自治州可达性水平最差，这与其交通区位、经济实力等因素密切相关。基于平均旅行时间的黄河流域可达性呈现出明显的"核心—边缘"空间格局，黄河中下游可达性水平较高，且可达性最好的地市（西安、咸阳、铜川等）集中在陕西省内，河南省地市（三门峡、洛阳等）、山西省地市（晋中、太原等）以及宁夏回族自治区的吴忠市和银川市可达性次之。黄河下游的山东省城市可达性略差，上游除了宁夏的个别地市外，青海以及内蒙古可达性最差。一方面，上游和下游以高铁为代表，铁路发展交通基础设施仍在建设中；另一方面，这些城市处在黄河流域边缘，与核心区相比，其可达性水平自然较差。

借助 ArcGIS 软件对每个城市的综合可达性水平进行克里金插值。①西安市的综合可达性（7.19）最好，说明其在黄河流域有着独特的交通和经济社会发展的区位优势。②与单纯的旅行时间可达性相比，黄河流域城市综合可达性最优的区域明显向东偏移，前者可达性最优地区集中在陕西省境内，而后者则向东偏移至陕西、河南以及山西三省交界处。这种现象是城市地理区位、交通基础设施水平以及生态—经济—社会协同发展的共同结果。

空间自相关用以揭示研究单元间的空间依赖性和异质性特征，采用 LISA 指数来识别局域空间集聚中心；运用 Geo-da 软件对可达性局部空间自相关格局展开分析。全局自相关显示 Moran's I（莫兰指数）值为 0.832，且 Z 值通过了 5% 的显著性水平检验，说明黄河流域各地市综合可达性水平总体呈现空间正相关关系，集聚特征明显。

①空间关联特征：空间分布上高—高值和低—低值集聚均呈现明显的块状形态，集聚区域相对集中在黄河中下游交界处。高—高区为可达性水平的高值集簇区，集中于河南省中部城市（郑州、洛阳、新乡等）、陕西省南部城市（西安、咸阳等）、山西省西部城市（临汾、吕梁等）等黄河中游核心城市。高值集簇区域为多条交通干线的交汇处，依托于好的交通设施及天然地理优势，可达性水平处区域最优状态。

②显著性空间关联特征：黄河流域群可达性水平呈现显著关联特征的城市共有 26 个，其中以显著高—高区和显著低—低区为主。显著高—高区优势明显，集中分布在郑州、西安等城市形成的连片区域内，核心区高水平的城市综合质量对外具有较强的辐射带动作用，高值集聚现象明显。

因此，应当进一步强化西安、郑州国家中心城市的带动作用，推动沿黄地区中心城市及城市群高质量发展。进一步扩大西安中心城市影响范围，建设特大城市和国际大都市，打造西北经济增长极。

二、黄河流域城市高质量协同发展研究

（一）黄河流域城市群生态保护和高质量发展协同量化研究

黄河流域生态保护和高质量发展能否协同发展，将体现在生态环境健康、经济高质量发展、人水和谐共生、人民生活幸福四个方面。因此，分别将生态环境健康、经济高质量发展、人水和谐共生、人民生活幸福作为四个子系统，衡量其发展水平。对于指标的方

向性，需同时考虑研究区域的实际情况及指标的特性。城镇化率、对外贸易依存度等指标理论上应为双向指标，但考虑到黄河流域人口众多、出口能力较弱，因此将其看作单项指标。量化评估结果的准确性与指标权重的科学性和合理性紧密相关。权重作为各指标重要程度的反映，要确保其客观且准确。本文分别采用熵值法和变异系数法两种方法来确定各个指标的权重，然后用两种方法得出权重的算术平均值来确定最终权重。黄河流域生态保护和高质量发展协同发展指标体系及各指标权重计算结果如表9.2所示。

黄河流域城市群的生态保护和高质量协同发展水平及其子系统发展指数水平均存在显著空间差异。2018年协同发展水平排名第一的山东半岛城市群与第七的宁夏沿黄城市群，得分差距明显。其中生态环境健康、经济高质量发展、人水和谐共生、人民生活幸福四个子系统发展指数的首位与末位，经济高质量发展子系统发展指数相差最大，生态环境健康和人水和谐共生子系统发展指数差距相对较小，人民生活幸福子系统发展指数差距居中。

黄河流域城市群和中心城市的生态保护和高质量协同发展水平总体呈现自东向西、自下游往上游降低的格局。中下游的城市群中，关中平原城市群和晋中城市群协同发展水平明显低于东部的山东半岛城市群和西部的呼包鄂榆城市群，中原城市群协同发展水平居中。关中平原城市群整体发展指数较低的原因为甘肃省的天水、平凉、庆阳三个地市和山西省的临汾、运城两个地市拉低了城市群整体协同度排名。

协同发展水平高的城市群亦存在弱项，协同发展水平低的城市群也会有强项，强弱项分析可为城市群提升协同发展水平提供参考。协同发展排名第一的山东半岛城市群，生态环境健康及人水和谐共生发展指数不如上游城市群；综合排名第二的呼包鄂榆城市群，其经济高质量发展指数成为其短板和制约；综合排名第三、第四、第五的中原城市群、关中平原城市群、晋中城市群，亦是生态环境健康及人水和谐共生发展指数亟待提升，同时关中平原城市群和晋中城市群仍需加强基础设施建设，提升人民生活幸福感；综合排名第六的兰西城市群生态环境健康及人水和谐共生发展指数稳居高位，可以利用其生态优势，保护生态，涵养水源，创造更多生态产品来带动经济民生发展；而综合排名末位的宁夏沿黄城市群，生态环境健康、经济高质量发展、人水和谐共生指数均位于后两位，缺少优势项，水资源短缺，生态约束和环境敏感程度最高，其协同发展道路需要黄河流域甚至整个国家的更多关注和扶持。

2018年黄河流域城市群各市州盟的协同发展指数排名前十的城市分别为青岛、威海、西安、济南、郑州、东营、烟台、淄博、潍坊、太原，其中大多数为山东省城市及黄河中下游核心城市。协同发展指数排名后十的城市分别为：平凉、吕梁、定西、亳州、周口、中卫、运城、吴忠、临夏、固原，位于城市群的边缘地带，交通区位条件相对较差。可见，协同发展指数高的城市往往具有较高的城市等级或者优越的城市区位。同时，黄河流域中心城市依托自身等级和区位优势取得的协同发展成效还没有扩散到周边城市，其枢纽带动功能有待进一步发挥。

表 9.2　黄河流域生态保护和高质量发展量化指标体系及各指标权重计算结果

目标层	子系统层	分类层	指标层	单位	方向	编号	权重
黄河流域生态保护和高质量发展协同指数	生态环境健康	生态修复	森林覆盖率	%	正向	X1101	0.018
			本年新增水土流失治理面积	km^2	正向	X1102	0.041
			湿地面积占辖区面积比重	%	正向	X1103	0.041
			人均公园绿地面积	m^2	正向	X1104	0.032
		环境保护	PM2.5 年均值	$\mu g/m^3$	逆向	X1201	0.027
			化肥施用量	万 t	逆向	X1202	0.031
			固体废物综合利用率	%	正向	X1203	0.019
			生活垃圾无害化处理率	%	正向	X1204	0.014
	经济高质量发展	经济基础	人均 GDP	元	正向	X2101	0.020
			人均财政收入	元	正向	X2102	0.026
			经济波动率	%	逆向	X2103	0.047
			第三产业贡献率	%	正向	X2104	0.041
		创新驱动	研发经费投入强度	%	正向	X2201	0.035
			万人从业人员中 R&D 人员数	人	正向	X2202	0.034
			万人发明专利授权量	个	正向	X2203	0.038
		开放合作	对外贸易依存度	%	正向	X2301	0.046
			外商直接投资依存度	%	正向	X2302	0.042
	人水和谐共生	水资源条件	人均水资源量	m^3	正向	X3101	0.069
			供水综合生产能力	万 m^3/日	正向	X3102	0.036
		水环境影响	万元 GDP 废水排放量	m^3	逆向	X3201	0.020
			城市污水处理率	%	正向	X3202	0.012
			地表水水质Ⅰ-Ⅲ类标准占比	%	正向	X3203	0.021
		水资源利用	万元 GDP 水耗	m^3	逆向	X3301	0.031
			水资源开发利用率	%	逆向	X3302	0.044
			用水普及率	%	正向	X3303	0.012
	人民生活幸福	生活质量	城乡收入比	%	逆向	X4101	0.019
			恩格尔系数	%	逆向	X4102	0.017
			城镇登记失业率	%	逆向	X4103	0.010
		人口特征	城镇化率	%	正向	X4201	0.014
			老龄化比例	%	逆向	X4202	0.015
			人均教育经费	元	正向	X4203	0.014
		公共服务	互联网普及率	%	正向	X4301	0.022
			人均城市道路面积	m^2	正向	X4302	0.033
			城乡居民基本养老保险人数占比	%	正向	X4303	0.027
			每千人拥有卫生技术人员	人	正向	X4304	0.030

立足于经济地理学研究基础，考虑协同发展在空间中存在的相互作用和动态复杂联系因素，选取黄河流域涉及的63个市州盟2018年的相关数据，利用已构建的黄河流域生

态保护和高质量发展协同推进评价指标体系测算其协同发展水平,并借助修正引力模型进一步测度各市州盟间的协同发展联系强度,定量分析黄河流域生态保护和高质量发展协同空间关联网络结构特征。具体结论如下。

将黄河流域2018年协同发展联系强度分为四个层级:①第一网络层级是生态保护和高质量协同发展联系强度最高的联系轴线,共有32条。河南14条,陕西6条,山东5条,山西3条,宁夏2条,甘肃1条,青海1条,都集中于各个省区的省会城市和周边城市之间,其中河南省的联系轴线占所有第一层级联系轴线的43.75%,由此可见,河南省在黄河流域的核心地位。②第二网络层级逐渐形成跨省间的联系,西部青海、甘肃两省依然是西宁和兰州与周边城市联系。中部地区宁夏沿黄4地市与内蒙古阿拉善盟和乌海,内蒙古呼和浩特、包头、鄂尔多斯和陕西省榆林、西安、宝鸡、咸阳、渭南、商洛、铜川均产生关联,关联城市与宁夏沿黄城市群、呼包鄂榆城市群、关中平原城市群发展规划相似,证实了城市群发展战略对协同发展关联程度具有一定的影响。总体来看,下游河南、山东两省网络分布最为密集,河南与山西、山东两省间逐渐产生联系,进一步凸显了河南省在黄河流域的交通枢纽及经济地位。③第三网络层级联系曲线明显呈现"几"字形格局,与黄河流域干流流向一致,表明城市群发展规划产生的作用更加明显。兰西城市群、晋中城市群各城市也已形成关联,关中平原城市群中跨省区的城市也逐步产生联系。山东省各城市仅与河南省各城市产生联系,说明仅靠山东半岛城市群还不足以带动黄河流域发展,应与中原城市群紧密结合,起到推进黄河流域生态保护和高质量协同发展的龙头作用;同时可以看出,陕西省与西部地区联系紧密,应着力建设西安超大城市,作为西部地区增长极,辐射带动西北地区。④第四网络层级协同发展联系水平最为微弱,广泛密集分布于黄河流域各地级市单元,空间上"几"字形网络状联系格局更加立体,且分层态势明显,构成了区域内经济联系的基本框架,反映了黄河流域地级行政单元间错综复杂的协同发展联系格局。总体而言,在省级单位行政体制下,省内城市间经济联系最为紧密,相邻省际区域的空间联系次之。青海、甘肃、宁夏、内蒙古跨省区间的联系强度值较低,四川阿坝州与各地区联系强度最低,行政效应使得边缘地区城市在省际经济联系中处于被边缘化状态,协同发展联系有待加强。

(二)山东半岛和中原城市群协同发展研究

山东半岛城市群龙头作用分析。区域科学领域越来越重视识别和区分区域共同因子和空间依赖性的研究。从国家—省级尺度构建多层次动态因子模型,识别山东半岛城市群与各省区之间的空间交互效应,揭示黄河流域城市群之间的竞争—合作关系。通过构建国家—省区多尺度区域经济增长时空影响效应模型,提取区域共同因子,识别区域间经济增长的互补关系和竞争关系,基于经济外部性理论和跨区域产业链理论,考察山东半岛群与黄河流域的其他省区之间的竞合关系,从而验证山东半岛城市群能否作为龙头带动黄河流域城市群的发展。具体研究如下:

黄河流域的各地区的经济动态因子受到共同因子、自身因子和周边省区因子的影响。其中,自身因子和周边因子所占到的比重很大。比如,青海大约67%的动态因子可以由自身因子解释,26%的动态因子可以由周边因子解释,只有6.8%的动态因子由共同因子解释。8个省区中,独立性最强的是内蒙古,自身因子占到最大的77.8%,周边因子的影响为最低的16.8%。其原因在于,内蒙古的产业结构中,畜牧业、能源矿产业的比重较大,制造业的比重较小,因此与周边地区的联系较小。和周边联系最密切的是河南省,作为中西部的经济大省,河南省与周边地区的竞争合作较为密切,表现为周边因子的解释能力占到了65.2%,其中,与青海、甘肃、内蒙古的联系最大。山东省是黄河流域的唯一一个东部省区,受到区域共同因子的影响最大,占到25.9%,周边地区对山东的影响排第二位,占到了59.6%。

图9.1为山东省对黄河流域各省的累积脉冲响应函数,表示来自山东省的一个单位的正冲击对周边省区的动态反应曲线。总体来看,山东对青海、甘肃、宁夏、内蒙古、陕西、山西和河南的影响为负,也就是说,山东对周边地区存在着负的空间溢出效应。这种负的空间溢出效应在时间上存在动态性,山东对甘肃、内蒙古的影响在第一期为正效应,在第二期之后就变为负效应。山东对青海、宁夏、陕西、山西和河南的影响一直都为负效应,其影响的大小在第二期达到最大,之后逐渐减弱。山东对本省的影响为正效应,第一期影响值最大,并随着时间减弱。其背后的原因可能在于:第一,由于黄河流域不通航,省际存在长期的市场分割现象,导致山东与黄河流域的其他省区在产业分布上存在竞争关系,这种竞争关系在空间上的表现就是负的溢出效应;第二,山东在地缘上与黄河流域各省之间的关联不强,交通通达程度低,较高的运输成本使得山东与黄河流域各省没有建立起较强的经济联系,缺少产业链跨省区的延伸。

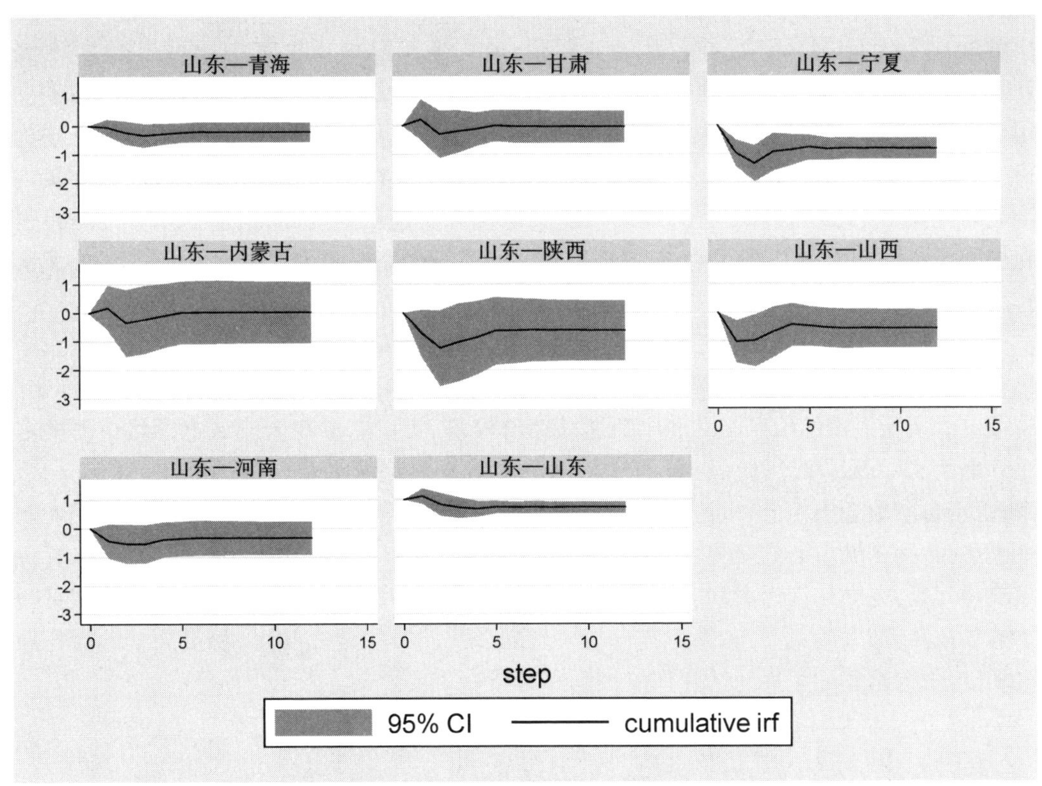

图9.1　山东对黄河流域各省的累积脉冲响应函数

图9.2为黄河流域各省区一个单位的正冲击对山东省的影响。可以看出，黄河流域各省区对山东的空间溢出效应是复杂的，既存在正效应，比如宁夏、陕西、山西和河南的累积脉冲响应为正；又存在负效应，比如青海、甘肃和内蒙古对山东的空间溢出效应为负。综合图9.1和图9.2，山东省在多层次结构下和周边省区的综合交互效应可以由图9.3表示。

通过多层次动态因子模型分析山东对黄河流域各省区的影响发现，山东受到流域共同因子的影响最大，占25.9%，周边地区对山东的影响占59.6%。但山东省对青海、甘肃、宁夏、内蒙古、陕西、山西和河南的影响为负，即山东省对周边地区存在负的空间溢出效应，这表明山东与周边地区表现出显著的竞争关系，这种竞争关系导致山东对黄河流域其他省区带动作用乏力，不能发挥辐射带动作用。由此可见，仅靠山东半岛城市群还不足以带动黄河全流域发展。将河南和山东两省作为一个区域共同体再进行分析，发现由于河南的加入，山东河南受到流域共同因子的影响下降到12.5%，受到周边因子的影响增加到80.9%，流域共同因子和周边因子的比例随时间的变化表现出较为稳定的结构，与周边地区的互动增强，对黄河流域其他省区带动作用明显提高。考虑到山东半岛和中原城市群基本涵盖了山东、河南两省，在全国区域发展格局中具有承东启西、连南贯北、促进从沿海到内陆递次发展的重要战略地位，因此，推进山东半岛和中原城市群协同发展，必将有利于打造黄河高质量发展的龙头，促进区域协调发展。

从首位度视角分析。长三角城市群作为长江流域的龙头，2018年长三角城市群GDP占长江流域11省区GDP的比重为54.90%；而山东半岛城市群GDP占黄河流域九省区GDP的比重仅有32.05%，首位度还比较低；若山东半岛城市群和中原城市群GDP合计，则占黄河流域九省区比重的52.2%，具有与长三角城市群在长江流域相似的带动作用。同样，山东半岛城市群中心城市济南和青岛人口、经济占整个城市群比重分别为18.2%、23.2%，人口聚集城市不明显；2010—2018年山东半岛城市群GDP占整个黄河流域的比重由34.37%下降至32.05%，龙头地位有所削弱。因此，推进山东半岛城市群和中原城市群的协同发展，将能更好地发挥黄河流域生态保护和高质量协同发展的龙头作用。

从打造濮阳菏泽聊城金三角分析。推进山东半岛和中原城市群协同发展且山东半岛和中原两城市群交界的地带正好处于黄河沿岸，涵盖河南的濮阳市和山东的菏泽市、聊城市。黄河下游的山东半岛和中原两城市群经济、人口总量在全流域七个城市群的占比分别为75.6%、77.19%，对黄河流域的高质量发展起着举足轻重的作用。但长期以来，由于自然地理条件、行政区划等多方面的因素，山东半岛和中原两城市群协同发展水平不高，特别是城市群的交界区域经济社会发展水平低，不仅存在生态环境恶化、水资源短缺等问题，也面临确保黄河安澜等挑战。基于此，打造豫鲁交界濮阳、菏泽和聊城黄河下游金三角，加大政策支持、探索建立统一规划、统一管理、合作共建、利益共享的合作新机制，对于探索省际交界地区合作发展新路径具有重要意义。

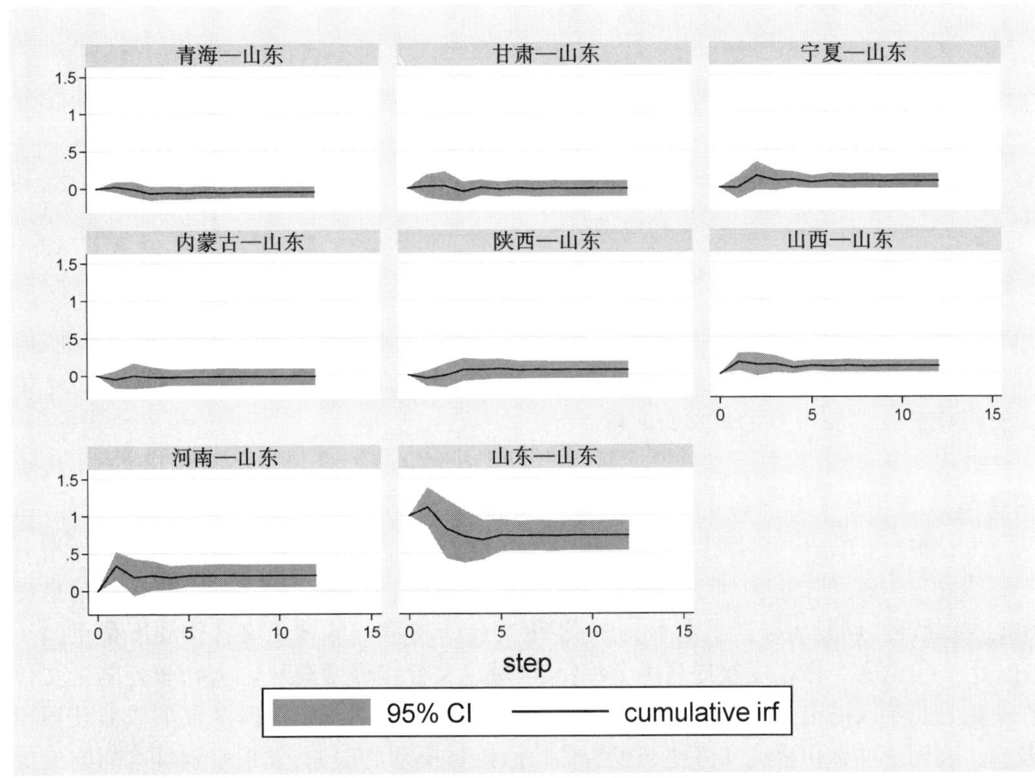

图9.2　黄河流域各省对山东的累积脉冲响应函数

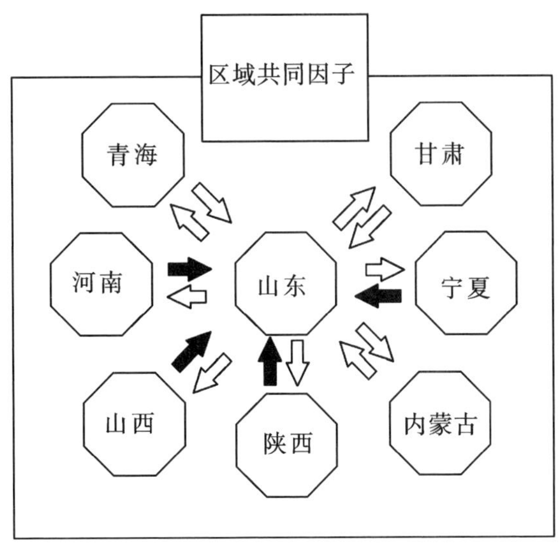

图9.3　黄河流域省区间的空间交互效应

注:空心箭头表明为负效应,实心箭头为正效应。

（三）郑州—洛阳—西安协同发展研究

1. 论文合作程度的计量经济学分析

利用城市 2017—2019 年合作论文数据，通过公式(9.1)计算得到当年城市论文合作程度 Y。利用 EViews 8 建立线性回归模型如公式(9.2)，模型回归系数如表 9.3 所示，其中 X_1X_2 由上述引力模型公式计算得到。

$$Y = \frac{a}{a+b} \tag{9.1}$$

$$Y = 6.97E - 16X_1X_2 + 0.960\,588Y_{t-1} \tag{9.2}$$

式(9.1)中，Y 为当年城市论文合作程度；Y_{t-1} 为上一年城市论文合作程度；a 为城市 a 论文发表数量；b 为城市 b 论文发表数量。

由表 9.3 可知，X_1X_2、Y_{t-1} 该模型通过计量经济学检验的 P 值均小于 0.05，样本决定系数 X_1X_2 大于 0.8，DW 统计量的值处于(1.2,2.8)之间，表明该模型拟合情况较好。回归结果显示：当 Y_{t-1} 不变的情况下，每增加一个单位 X_1X_2，Y 随之增加 $6.97E-16$；当 X_1X_2 不变的情况下，每增加一个单位 Y_{t-1}，Y 随之增加 0.961。区域经济发展水平、科技信息资源的发展程度、创新成果产出水平、上一年论文合作程度与区域论文合作程度呈正向作用。上一年论文合作程度每提高 1 个单位，区域论文合作程度提升 0.966，较好的论文合作基础为当年区域论文合作程度的提高与合作资源的获取提供前提，从而形成循环累积效应。利用论文合作程度实际值与模型估计值计算模型的误差，发现个别城市间的论文合作程度误差较大，分析原因可能是所选城市规模差距较大，造成模型预测有一定偏差。

表 9.3　计量经济学模型回归系数

Variable	Coefficient	Std. Error	t-Statistic	Prob.
X_1X_2	$6.97E-16$	$3.16E-16$	2.207 09	0.0288
X_3	0.960 588	0.036 066	26.634 28	0
R-squared	0.865 999		Mean dependent var	0.002 335
Adjusted R-squared	0.865 129		S. D. dependent var	0.004 922
S. E. of regression	0.001 807		Akaike info criterion	−9.781 059
Sum squared resid	0.000 503		Schwarz criterion	−9.741 958
Log likelihood	764.9226		Hannan−Quinn criter.	−9.765 178
Durbin−Watson stat	2.431 905			

2. 论文合作网络结构分析

郑州—洛阳—西安创新带论文合作网络具有以下特征：

空间分异特征明显，联系水平呈梯度递减。郑州—洛阳—西安创新带的论文合作空间联系网络存在显著的等级特征，且知识创新能力呈现由南向北放射状的梯度衰减。西安与郑州、郑州与新乡、郑州与洛阳是论文合作极强的地区,西安与咸阳、洛阳,郑州与焦作、开封是论文合作较强的地区。高铁对区域空间网络的效率产生积极影响,即在改善区域可达性的同时也能够促进地区综合创新能力的发展。但在区际公平方面却出现了一定的负面效应,在核心城市产生了区域发展的"虹吸效应",从而进一步加剧了核心与外围城市的发展差异。当前,郑州的虹吸效应仍然十分明显,其他区域的基本生产要素和高端创新、金融要素也源源不断地流入郑州,郑州知识创新综合能力迅速提高。此外,城市自身经济发展、科技信息资源发展、创新成果产出水平较高的地区之间论文合作联系密度较高,空间拟合效果较为显著,可以推测城市经济、科技和创新发展水平与城市空间联系水平之间的确存在一定的正向关系,同时验证了上述公式(9.2)线性模型结果。

空间圈层结构特征明显。通过观察郑州—洛阳—西安创新带论文合作空间联系分布情况,可以发现区域具有较为显著的圈层结构特征,依照郑州—洛阳—西安为核心区域,周边城市构成外围。最核心的圈层是论文合作空间联系线最粗的节点城市即郑州、洛阳、西安,其次是周边毗邻的焦作、开封和咸阳,形成第二圈层,再将渭南、三门峡和许昌纳入形成第三圈层。第一圈层和第二圈层内的空间联系密度和强度较高,表现为郑州—洛阳—西安创新带城市之间的紧密联系。第三圈层及外部密度和强度下降明显,也可以理解为郑州—洛阳—西安创新带对周边城市的辐射带动作用并未能得到有效利用,因此内外界限比较清晰。随着经济发展以及5G、城际高速轨道交通、大数据中心、人工智能、工业互联网、新能源汽车充电桩等领域的新基建逐步展开,郑州—洛阳—西安创新带初步形成,城市之间的相互联系已经初具规模。城市间的连线呈现网络状结构,并非以中心城市为放射点向周围城市辐射的放射状结构,但城市空间联系结构需要向成熟的网络状结构进一步演变。

3. 论文合作网络密度分析

改变论文合作网络连接阈值,利用 Ucinet 软件测算城市论文合作网络密度,见表9.4。在连接阈值设定为1时,网络密度为0.6026,表明网络密度一般;在连接阈值设定为3时,网络密度为0.4103;当连接阈值增大至34(原始数据的平均数)时,网络密度降至0.1923;足见郑州—洛阳—西安创新带论文空间联系网络密度稳定性不高,整体水平相对较低,城市之间的联系较弱,仍有较大提升空间。

表9.4　不同连接阈值下的网络密度

连接阈值	≥1	≥3	≥34
网络密度	0.6026	0.4103	0.1923

4. 中心度分析

中心度分析主要是衡量网络结构中节点在网络中"权利"与地位的重要指标,具体主要通过测算网络节点城市对应的节点中心度、接近中心度与中间中心度3个指标,来判断该节点城市在整个网络中所处的地位和影响力,可以有效检验城市在区域中的地位和特征。见表9.5。

表 9.5　中心度分析

节点城市	节点中心度	接近中心度	中介中心度
郑州市	100	100	13.813
西安市	100	100	13.813
洛阳市	91.667	95.833	8.889
开封市	66.667	83.333	2.828
新乡市	58.333	79.167	1.995
咸阳市	58.333	79.167	1.667
许昌市	58.333	79.167	1.237
焦作市	50.000	75.000	0.985
运城市	50.000	75.000	1.136
济源市	41.667	70.833	0.303
三门峡市	41.667	70.833	0.303
渭南市	33.333	66.667	0
临汾市	33.333	66.667	0

点度中心性常用来表示节点在网络中的重要程度。整体而言,郑州、西安和洛阳的点度中心性最大,与 11 个城市均有合作关系。其次是开封、新乡、咸阳和许昌均具有较高的节点中心度,表明这些地区与其他的省区联系密切,居于网络的重要位置。接近中心性衡量的是节点在网络中的自由程度。接近中心性越大,则节点在网络中越容易与其他节点产生联系。可以看出 13 个城市的接近中心都较大,说明这些节点到网络中其他节点的距离很小,与其他城市的合作更为密切。中介中心性考察的是网络中节点的中介“桥梁”作用。在网络中具有较高的中介中心性的省区是郑州、西安和洛阳,在网络中主要引导资源的流通。郑州—洛阳—西安创新带论文合作空间网络的中心势为 46.97%,中间指数为 8.76%,这表明网络中节点中心度较高的城市——郑州、西安(均是最大值 100)和洛阳(91.667)不仅拥有一定的核心支配地位(节点中心度与接近中心度均为最大值 100、较大值 95.833),还在整个网络中扮演中介桥梁的角色(三者中介中心度均大于 8.76)。以上分析结果再次证明郑州、洛阳和西安在整个创新带中的核心地位,具有较好的科研资源与经济实力,掌握着一定的优势。再来看整体的中心度分布情况,不难发现 3 个中心度指标的空间分布情况均存在显著差异,整体表现出一定的等级特征。其中反映节点地位的节点中心度与反映靠近中心程度的接近中心度的空间分布情况基本验证空间分析中的核心—边缘结构特征。

图 9.4、图 9.5 为节点中心度、中介中心度对应的网络图,两个图中的郑州、洛阳与西安 3 个城市节点地位最核心(节点大小),构成整个创新带的核心圈层,连同周边的开封、咸阳、许昌、新乡是城市群的二级圈层,图中节点中心度比较低的城市位于网络结构的最外层,形成外围边缘的三级圈层,整个网络呈显著的核心—边缘特征,且网络密度较低。

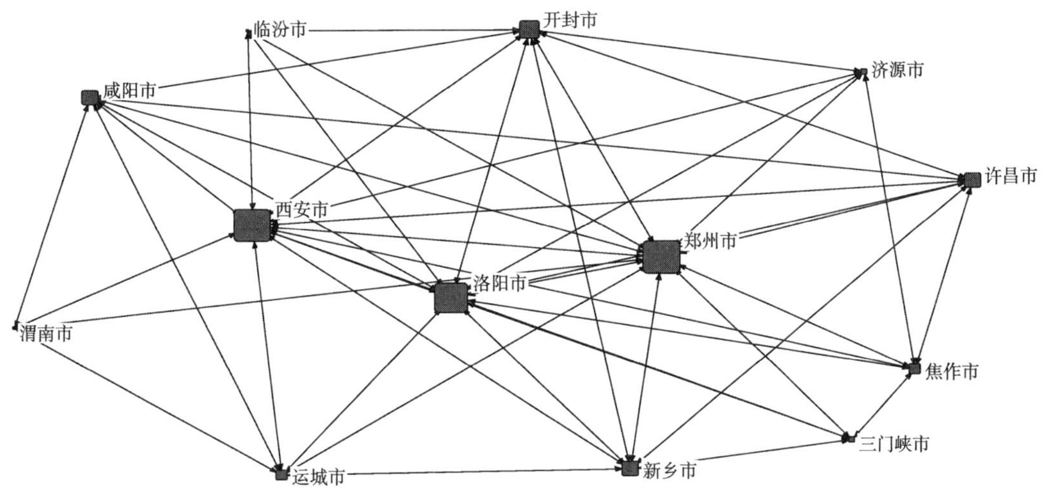

图 9.4　节点中心度网络

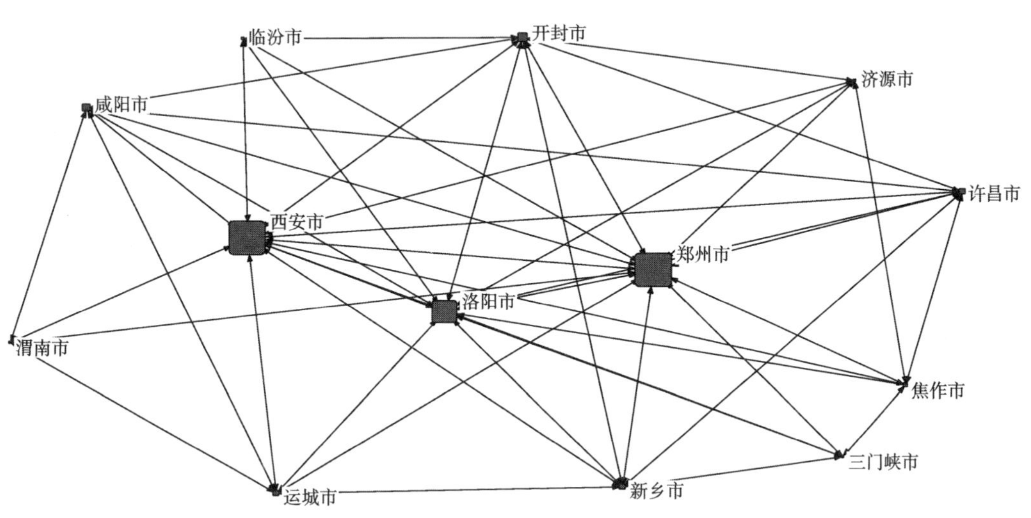

图 9.5　中介中心度网络

对此,本研究采用 SNA 中的核心—边缘结构分析进行验证,首先通过核心—边缘绝对模型对郑州—洛阳—西安论文合作网络进行分析,见表 9.6。整个网络的核心—边缘结构拟合度达到 0.713,大致得到核心区域为郑州、开封、洛阳、新乡、焦作、许昌和西安 7 个城市,其余 6 个城市为边缘区域。更进一步,应用核心—边缘连续模型测算每个城市的核心度来修正绝对模型结果,得到表 9.7。基本可以按照核心度的大小将整个网络划分为 3 个圈层:第一圈层(核心度在 0.3 以上)有郑州、西安和洛阳,是绝对的核心圈;第二圈层(核心度在 0.2 ~0.3)有开封、许昌、新乡、咸阳、焦作、运城和济源共 7 个城市构成半边缘圈层;第三个圈层是剩下的 3 个城市有三门峡、临汾和渭南,核心度在 0.2 以下。

整体网络结构呈"核心+半边缘+边缘"的空间圈层形态分布。

表 9.6　核心—边缘城市结构

序号	城市
1	郑州市、开封市、洛阳市、新乡市、焦作市、许昌市、西安市
2	三门峡市、济源市、咸阳市、渭南市、运城市、临汾市

表 9.7　城市核心度排序

序号	城市	核心度
1	郑州市	0.409
2	西安市	0.409
3	洛阳市	0.383
4	开封市	0.290
5	许昌市	0.270
6	新乡市	0.263
7	咸阳市	0.256
8	焦作市	0.221
9	运城市	0.221
10	济源市	0.200
11	三门峡市	0.197
12	临汾市	0.173
13	渭南市	0.149

5. 凝聚子群分析

郑州—洛阳—西安创新带论文合作网络中的凝聚子群并不代表封闭和保守,而要具体观测哪些城市之间以及城市各子群之间存在包括间接的、直接的,较强的、较弱的,正向的、负向的各种知识创新关系。通过分析可以发现,郑州—洛阳—西安创新带相对"凝聚"的群体,即知识创新关系相对紧密的城市子群。如果郑州—洛阳—西安创新带论文合作网络中的子群较多,不利于整个区域城市网络成员之间的直接互动,使得各子群内部成员之间交流紧密,而与其他子群交流较少,这样的区域城市网络结构不利于郑州—洛阳—西安创新带知识创新发展。

本文主要采用 Ucinet 软件中的 CONCOR(凝聚子群分析)方法进行非重叠性的聚类分析,根据 Ucinet(最大分割深度为 2,集中标准为 0.2)测算结果将郑州—洛阳—西安创新带城市划为 3 个子群组织,(郑州、开封、洛阳、新乡、许昌、西安)为子群 1;(焦作、咸阳、渭南）为子群2，主要分布在子群1周边，属于紧挨中心城市的半边缘区域；（三门峡、济源、运城、临汾）为子群3，主要围绕在子群1、2周边分布，3个子群组织在空间上呈由内向外的圈层结构。

三、黄河流域城市高质量发展对策建议

（一）打造濮阳菏泽聊城金三角，推进黄河流域高质量发展

1.做好顶层设计规划

沿黄各省尽快出台相应规划，借助黄河生态保护和高质量发展上升为国家重大战略的契机，加快建设以高铁、高速公路网络，实现通信网络的同城化，打造黄河流域互联互通的交通网络体系，打破“最后一公里”问题；按照国家生态格局要求，出台沿黄滩区综合治理规划，统筹左右岸、衔接滩内外、协同产城人，以提高滩区群众幸福感为目标，以沿黄生态修复、涵养、重塑为基础，以重构高滩、中滩、嫩滩空间格局为抓手，加强滩区及自然保护区强制性保护；对黄河和各市库区及流域进行综合治理，加强水功能区监督管理，严格入河排污口监管，确保水功能区稳定达标。

2.加大投资力度和政策支持

完善政策保障，加大中央财政投资力度，集中安置，完善医疗等公共服务设施，鼓励黄河流域多提供生态产品，因地制宜加快传统农业向现代农业、生态旅游业、湿地等产业转型；依托资源、区位和交通优势，全力打造山东半岛和中原城市群交界地区物流中心和重要出海通道；投资发展高等教育，汇集创新资源，吸引海外高层次人才，为增强山东半岛和中原城市群内部经济联系提供更好的基础条件；投资建设文旅合作项目，通过实施项目带动战略，加快经济结构调整步伐，把旅游产业作为重要支柱，走区域旅游的产业合作化道路，着力打造国内外知名旅游目的地，加快形成区域旅游经济发展一体化新格局，促进山东半岛城市群和中原城市群推动黄河流域高质量发展。

3.形成有效的协调机制

省域之间政府搭建沟通平台、企业主体深度参与、社会组织发挥积极作用的跨区域合作机制，加强城市群的规划协调与对接，明确区域合作重点领域，形成完善的市场体系；积极推进黄河流域生态保护和高质量发展的法治建设与制度创新，保障省域之间人口资源流动，促进社会资源的互助合作，扩展城市群之间的交往网络；加强共商共建共享，实现区域协同、优势互补、合作共赢。

4.打造黄河下游金三角

打造城市群协同发展的先导区，全面提升整体经济实力和协调发展水平，努力把豫鲁黄河下游金三角建设成为山东半岛、中原两城市群实现一体化发展、跨越式发展及黄河流域生态保护和高质量发展的示范区；在区域内进行综合治理，充分利用现代技术手段延长控制区洪水预见期，发挥防洪效益，加大投资力度，统筹协调滩区和滞洪区的产业布局、生态保护和公共服务，加快滩区居民迁建和提升公共服务能力。

(二)打造国际化大都市,强化中心城市带动作用

进一步强化西安、郑州国家中心城市的带动作用,推动沿黄地区中心城市及城市群高质量发展。进一步扩大西安中心城市影响范围,建设特大城市和国际大都市,打造西北经济增长极。

郑州地处黄河流域中部,承东启西、连南贯北,是沿黄城市重要的铁路、航空、高速公路、电力、邮政电信主枢纽城市。郑州综合交通网络发达,是黄河流域普通铁路和高速铁路网的“双十字”中心;郑州新郑国际机场是中国八大区域性枢纽机场之一,1.5 h航程可覆盖全国2/3主要城市,2022年,已开通客货航线185条,其中货运航线34条(国际货运航线28条)。西安的科技资源、制造业优势、米字形交通优势、一带一路起点等优势,使其具有成为超大城市的发展潜质。2019年,中欧班列长安号共开行2133列,运送货物总重达180.2万t,分别是上年的1.7倍和1.5倍,开行量、重箱率、货运量等核心指标均位居全国前列,蝉联中欧班列高质量发展综合评价全国第一。以“一带一路”为引领,郑州、西安将成为带动中西部地区整体发展的强有力增长极。

以郑州、西安为枢纽,更容易在构建黄河流域中心城市现代化产业体系上,通过实体经济、科技创新、人力资源以及交通通信方面的优势,衔接东部和中西部地区,实现各城市实体经济联动发展。此外,着力发展汽车产业,在有关制造业各细分领域的联合以及教育、医疗、旅游等多个产业方面起到带动作用。

辐射影响兰西、宁夏沿黄、呼包鄂榆和晋中等城市群。通过引力模型测算西安与黄河流域其他中心城市的协同发展关联发现,西安与郑州联系强度最高为3.764,均高于西安与其余各个中心城市、联系强度,其余由强到弱依次为银川、太原、兰州、济南、呼和浩特、西宁、青岛。因此,依托郑州与西安两大中心城市,在今后的发展中,应审时度势、因地制宜,以建设国家中心城市为契机,借助优越的区位优势,加强与黄河流域其余中心城市之间的联系,尤其要加强与兰州、太原、银川、呼和浩特、济南、青海之间的联系,解决城市间的互联互通问题,积极调整优化产业结构,带动整个西北地区协同发展。

(三)推动郑州—洛阳—西安创新带建设

核心城市应当充分发挥自身的优势,加强与其他城市以及区域外部其他城市的合作,促进知识溢出与知识创造。未来应当加强郑州—洛阳—西安创新带城市空间联系基础设施的建设,通过增加高铁布线密度来快速缩短城市间的经济空间距离,培养多个知识创新合作的中心城市,实现中心城市对周边的城市的创新合作辐射,扩大中心城市对周边城市的辐射范围,加大城市间的联系作用强度;此外,城市内部空间可以通过科学合理的空间规划来缩短城市内部空间距离,打破因制度环境的差异形成的各主体知识合作的壁垒,加强城市间高校、企业、研究院的合作,促进城市间深度合作,搭建稳定的知识共享平台,构建并维持良好的合作关系,稳定区域内部的知识创新联系,加快各类资源要素在区域间流通,有效推动整个创新带的一体化融合发展。

加强郑州—洛阳—西安创新带城市空间结构内部的梯度层级建设。促进子群内城市间稳定的创新合作、创新联系的形成,同时要避免子群联系对区域整体联系的阻碍作

用。未来应当根据划分的三个子群形成相应的经济区域,并在每个组织或者经济区内部培植一个或多个中心城市作为梯度增长极,实现组织内的空间结构复杂化演进,加大整个创新带的空间联系密度,促进创新带空间结构由圈层结构向复杂的网络结构特征转变。

参考文献

[1]方创琳.黄河流域城市群形成发育的空间组织格局与高质量发展[J].经济地理,2020,40(6):1-8.

[2]文娉,韩旭.高铁对中国城市可达性和区域经济空间格局的影响[J].人文地理,2017,32(1):99-108.

[3]刘建华,王明照.黄河下游城市群创新能力的空间演变及其影响因素[J].郑州大学学报(哲学社会科学版),2020,53(2):55-60.

[4]刘建华,黄亮朝,左其亭.黄河流域生态保护和高质量发展协同推进准则及量化研究[J].人民黄河,2020,42(9):26-33.

[5]赵滑濮,刘建华.构建黄河下游金三角[N].经济参考报,2020-11-24(7).

[6]鲁渤,汪寿阳,匡海波.基于引力模型的区域物流需求预测研究[J].管理评论,2017,29(2):181-190.

[7]刘建华,李伟.基于修正引力模型的中原城市群创新空间联系研究[J].地域研究与开发,2019,38(5):63-68,90.

[8]王志刚,邱长波.中国内地省区间SCI论文合作网络演化分析[J].情报科学,2019,37(11):163-168.

[9]崔万田,王淑伟.京津冀区域经济联系强度与网络结构分析[J].技术经济与管理研究,2021(4):117-121.

[10]陈小宁,白永平,宋龙军,等.黄河流域中上游四大城市群经济联系和网络结构比较分析[J].地域研究与开发,2021,40(4):18-23.

第十章　郑州国家中心城市发展战略及实施路径实例研究

郑州是国家明确支持建设的国家中心城市，地处黄河中下游分界点，是黄河流域综合优势最明显、经济实力最强、发展潜力最大的区域。但是郑州市在高质量发展方面与国家一线城市或其他区域核心城市相比仍有明显差距，尤其是在紧张的发展空间、加剧的虹吸效应、缓慢的产业调整和单一的城市布局方式等方面表现明显。造成郑州市与国家一线城市或其他区域核心城市差距的因素众多，但是，不论黄河的特殊性如何，郑州市没有跨河布局发展无疑是与其他沿河一线城市或其他区域核心城市的最主要区别之一。

本部分从推动沿黄生态保护和高质量发展的要求出发，从国家战略发展、中部崛起、生态保护、弘扬黄河文化等方面回答了郑州跨河布局的必要性；基于“门槛理论”，从政策条件、经济条件、自然地理及工程技术、沿黄生态保护、黄河文化遗产保护等方面论证了郑州跨河布局的可行性。在此基础上，从统筹跨行政区域融合发展、推动黄河两岸产业优化升级、实现基础设施共建共享、建好黄河沿岸绿色生态廊道、科学规划建设沿黄生态文化旅游带等五个方面提出郑州跨河发展的实施路径，并解释郑州市跨河发展的价值和意义。

一、郑州跨黄河发展现状与问题

（一）郑州跨黄河发展研究和实践现状

郑州跨河布局，无论是沿黄生态保护和高质量发展的要求、中部崛起经济发展的要求，还是中华民族伟大复兴的要求，都显得迫切和必要。从国内外城市发展规律来看，高质量发展与新城建设密切相关，在我国特色社会主义城市建设进程中，形成的经验独特而丰富，并且成效显著。

国外滨河城市发展到一定阶段，基本上都会利用大江大河，从沿河发展走向跨河发展，这方面，西方发达国家意识更强，如莱茵河奇迹和汉江奇迹等，相应沿河城市扩张和高质量发展基本上都采用跨河战略布局。跨河发展已成为滨河城市结构优化、生产空间扩展以及合理利用资源的重要举措，是沿河城市高质量发展的重要战略体现。但是，跨河布局需要具备相应的可行性条件。

当前，相对于郑州市在黄河南布局新区高质量发展战略，郑州国家中心城市建设已具备跨河发展的理论条件和实践条件，跨河发展是郑州市扩张、转型和高质量发展新阶段。通过文献梳理发现,跨河发展是在工业社会之后才上升为城市的发展战略,因此,城市跨河发展需要具备相应的可行性条件,基于此,研究在拓展跨河发展的“门槛理论”基础上,结合中国特色的城市建设经验,对郑州市跨越黄河发展的可行性进行审慎的论证。

改革开放后,我国大城市建设经历了“腾笼换鸟”“新城建设”和“跨河发展”三种模式。这三种模式凸显了中国特色社会主义城市建设经验。比如上海,1990 年以前,上海主要在浦西进行新区建设,因为浦西地理分割性不明显、环境区分度也不高、政策界限不清晰等,浦西新区建设进展与设想差距明显,与国家经济中心城市地位不匹配。国家高层顺势而为,指出黄浦江东岸具有良好的区位、充足的岸线资源和广阔的腹地空间,并且生态优美,为上海城市跨江高质量发展和新产业布局提供了良好基础,经过近 30 年发展,浦东新区顺势而起。南京市和杭州市跨江发展同样经历这一进程。

本来郑州是以轻纺工业和机械制造等为支柱产业,改革开放后集中发展商业,这种“腾笼换鸟”成本极高,实施困难,一定程度上导致郑州纺织业和机械制造被南部省份超越。目前,郑州东、南、西三个板块分别有郑东新区、航空港区、西部新城等战略支点,均有明确的定位与发展载体,不谋而合的是,这些新区都是要布置新产业。郑州市走的是“腾笼换鸟”—“新城建设”(无跨河)的次优路径。相对滨河城市高质量发展而言,“腾笼换鸟”是下策、“新城建设”是中策、“跨河发展”是上策。

因此,郑州跨河布局,无论是沿黄生态保护和高质量发展的要求、中部崛起经济发展的要求,还是中华民族伟大复兴的要求,都显得迫切和必要。黄河流域生态保护和高质量发展,是事关中华民族伟大复兴和永续发展的千秋大计。黄河流域生态保护和高质量发展,同京津冀协同发展、长江经济带发展、粤港澳大湾区建设、长三角一体化发展一样,属于重大国家战略,对提升社会稳定、平衡东西发展、促进民族团结具有重要意义。

(二)郑州跨河发展需要回答的问题

基于以上分析,郑州为什么要跨河布局发展以及郑州如何跨河布局高质量发展,这是本部分的主要研究内容。在此基础上,将主要问题分解为两个问题:其一,论证和回答郑州市为什么要跨河布局发展,也即是跨河发展的必要性。其二,能否实现跨河发展,也即跨河发展的可行性。在此基础上,本部分探讨如何跨河布局高质量发展? 跨河发展的价值和意义怎么体现? 这些具有重要的理论价值和现实意义。

二、郑州国家中心城市跨河布局的必要性分析

针对研究问题,本部分研究方法主要为通过文献收集与整理、专家调研访谈、问卷收集以及比较研究分析等定性方法,通过 CiteSpace 和 Nvivo 等软件对收集的资料进行比较研究,在此基础上,得出郑州市跨越黄河发展的必要性分析结果如下。

(一)跨河布局是国家战略发展的要求

以“跨河发展”凝聚磅礴力量,构建核心发展轴线。黄河流域总体创新活力不足,核心支撑要素不够,与长江经济带相比存在较为明显的差距,研发总投入占比、研发强度,专利授权量在全国范围均处于较低位次,在科技创新活力上存在较大的提升空间。

究其根本原因,在于目前黄河流域缺乏强劲的龙头带动和核心发展轴,虽已初步形成具有一定科技创新能力的区域,但与长江经济带的长三角城市群等相比还存在很大的差距,对黄河流域整体的创新驱动的辐射能力有限,难以成为带动区域整体发展的增长极,目前尚难承担带领黄河流域参与全国甚至全球分工与竞争的重任。应当充分借鉴长江经济带等发展模板经验,以郑州跨河高质量发展为路径,充分利用郑州大学等国家"双一流"建设高校和科研院所智力资源,打造更密切的经贸区域协同体系,形成支撑整个黄河流域发展的经济轴线,促进以郑州为中心的国家城市群科技创新领域区域合作与分工,构建政府协同合作、企业主体深度参与、社会组织发挥积极作用的跨区域合作机制,提升科技创新要素联通效率,加强区域各城市之间的产业、要素、政策的协同,推动区域战略在产业专业、人才交流以及科学技术等方面的合作,提升黄河流域整体的创新环境和氛围,推进产业转型升级,引领新兴战略产业发展。

以"跨河发展"倒逼改革创新,打造内陆对外开放高地。在"一带一路"经济带建设背景下,郑州作为一个不沿海、不沿江、不沿边的内陆城市,只有实施"跨河发展"战略布局,扩大开放,倒逼改革,促进创新,形成"一中心、多腹地"区域经济带,才能引领郑州实现更高层次、更高质量、更大规模的发展,打造内陆对外开放高地。

(二)跨河布局是中部地区经济发展的要求

以"跨河发展"强化中部"龙头"作用,扛牢中原崛起历史使命。目前郑州距离国家中心城市的差距还较大,占地面积、经济总量、人口容量相对较小,2020 年首位度仅为 21.82% ,首位度低(21.36%)是郑州建设国家中心城市的短板,这将势必影响郑州作为核心城市在新时代更好发挥引领全省城镇化高质量发展的功能和作用,具体如图 10.1 和图 10.2 所示。站在新的历史起点上,须牢牢把握郑州建设国家中心城市的战略机遇,着力提高郑州的首位度,引领郑州周边城市群乃至全省城镇化高质量发展。

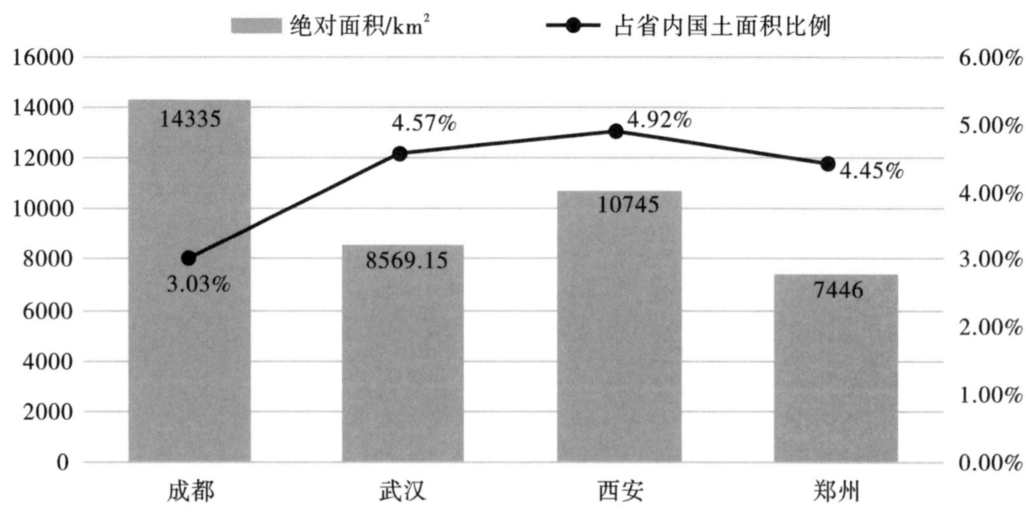

图 10.1 郑州市与同类国家中心城市空间对比

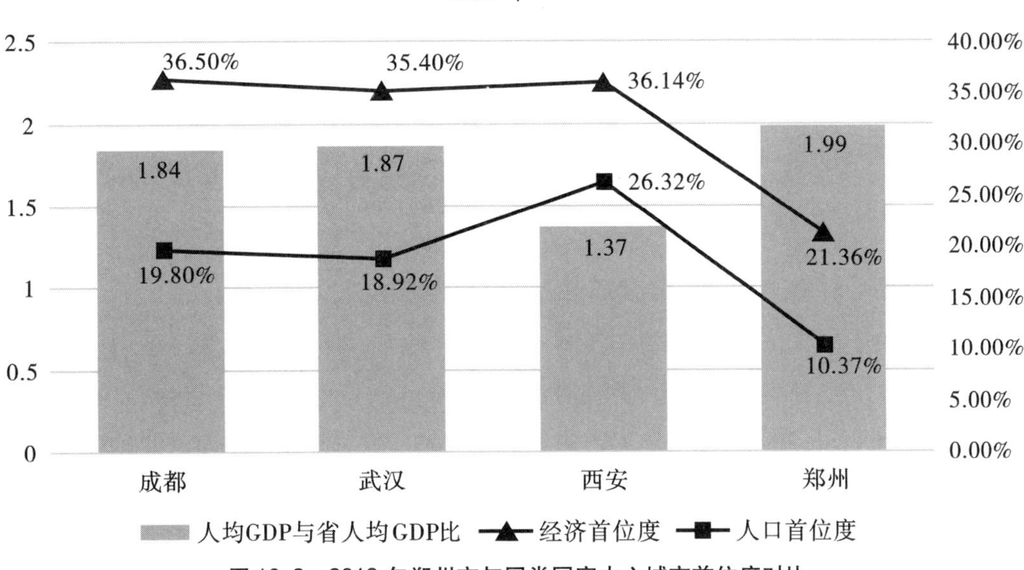

图 10.2　2019 年郑州市与同类国家中心城市首位度对比

以“跨河发展”夯实新亚欧大陆桥经济走廊平台建设，带动中原城市群平衡发展。郑州作为中原城市群核心城市，区位优势明显，腹地市场广阔，人力资源丰富，文化底蕴厚重，具有良好条件和巨大潜力，但经济发展体量、科技创新水平、辐射带动能力等仍需加快提升，支撑中部崛起、服务全国大局历史使命迫切。“跨河”发展有利于将郑州市建设成为具有创新活力、人文魅力、生态智慧、开放包容的国家中心城市，深化与中原、沿海地区的联动，形成新亚欧大陆桥经济走廊区域互动合作的重要平台，辐射带动中原和中部地区开发开放，在引领中原城市群一体化发展、支撑中部崛起和服务全国发展大局中做出更大贡献。

（三）跨河布局是黄河生态保护与黄河流域发展的要求

黄河流域生态环境脆弱，过于宽广的一级大堤和二级大堤导致生态资源利用低，水资源保障形势严峻，发展质量有待提高。郑州国家中心城市跨河布局高质量发展及实施路径研究以郑州为布局枢纽，统筹谋划黄河流域生态保护和高质量发展的具体思路和措施，完善生态环境分区管控体系，开展生态保护红线界定标，促进黄河流域产业结构调整优化，将为黄河流域经济转型提供具有前瞻性的顶层设计，体现出郑州这个中部国家中心城市的发展担当和创新智慧。

（四）跨河布局是传承弘扬黄河文化的要求

黄河是中华民族的母亲河，中华文明历史表明，黄河流域在中华民族形成过程中发挥着关键的凝聚作用，根植于黄河流域的黄河文化是中华文明最重要的直根系，是中华文明中最具代表性、最具影响力的主体文化。从古至今，黄河流域长期居于中华民族的政治、经济和文化活动中心，黄河文明经久不息、历久弥新，是世界上唯一未曾中断的文明，彰显了其在华夏文明中的主体地位、在世界历史上的巨大影响力、在历史长河中历久弥新的顽强生命力和巨大创造力。黄河文化与周边国家及地区的交流交融，为构建人类命运共同体提供了历史范本。

以郑州为中心的跨河布局高质量发展战略，有利于保护、传承和弘扬黄河文化，提升沿黄河文化遗产保护利用水平，大力推动沿黄项目建设，深入挖掘黄河文化蕴含的时代价值，直观展示“黄河故事”，延续历史文脉，坚定文化自信，为实现中华民族伟大复兴的中国梦凝聚精神力量。

三、郑州国家中心城市跨河布局可行性分析

在借鉴国内外滨河城市到跨河布局的经验基础上，结合河南省和郑州市实际情况，特别是黄河的独特属性、中原城市群布局和郑州国家中心城市发展规划，在多次调研和访谈基础上，论证郑州国家中心城市跨黄河布局发展的可行性。主要论证过程及结论如下所示。

（一）“门槛理论”内涵条件一：政策条件可行性

郑州段黄河两侧同属于河南省管辖，行政区划调整阻力相对较小。郑州段黄河南岸老区的配套设施虽然相对完善，文化积淀深厚，发展成熟，但是同时面临老产业凋敝、转移和升级以及新产业培育和创新引领的双重压力。郑州段黄河北岸，虽然也在进行城市建设，属于基础设施刚刚起步，面临路径依赖和产业空洞的双重窘境。跨河发展是中原城市群发展进入新阶段的体现。

2013 年以来，郑州市政策红利凸显，郑州市多次成为国家级战略部署的关键环节，郑州市迎来高质量发展和空间扩展的战略机遇期。政策红利具有严格的地域性和虹吸型，如何实现“以中心城市建设为引领，加快中原城市群一体化”，从政策视角看，郑州市急需跨河发展，使郑州段黄河北部地区享受同样的国家红利。2019 年 9 月，习近平总书记提出黄河流域生态保护和高质量发展，郑州作为黄河流域唯一的特大城市和国际中心城市，又处于黄河中下游过渡地带，承上启下，是黄河流域生态保护和高质量发展先行先试的理想区位选择。

（二）“门槛理论”内涵条件二：经济条件可行性

依据跨河门槛理论，只有城市的经济、空间、人口发展规模和速度达到一定标准，新的城市功能和相应的空间需求得以显现，多中心布局形态才能获得更高的效益。2019 年，郑州 GDP 已经达到了 11 589.7 亿元，财政收入实现了 1222.53 亿元。2018 年郑州成功晋级“万亿元俱乐部”，常住人口突破千万、人均生产总值突破 10 万元。当下的郑州明显优于国内外相关滨河城市实现跨河发展时期的经济条件，已具备跨河发展的有利时机与适宜条件。

（三）“门槛理论”外延条件一：自然地理及工程技术条件可行性

自然因素和历史因素限制了城市的跨河发展，随着现代工程技术、工程材料、城市空

间等学科发展,突破了这一局限,也改变了人类的认知。郑州市由于受到黄河的天然隔断和经济技术的不足,一直以沿河方向东西发展,以及向南布局,并未做出北跨黄河的发展准备。目前郑州市已经建成多条跨河通道,后续规划通道也在快速推进,基本能够克服自然地理和交通成本等相关约束性指标(包括河流宽度、水文条件、地形条件、地质条件、桥梁的数目、水利工程、区域供水、供电系统等),能够支撑郑州市跨河发展。原先处于城市边缘的滨河地带正从劣势区位转变为优势区位,滨河空间的生态价值回归而导致较高的环境溢价,全面贯彻了“两山论”。以上分析具体情况见表 10.1。

表 10.1　郑州市跨河发展可行性判断标准

序号	跨河条件	判断指标	判断依据	实现时间	结论
1	自然条件	黄河南北地形相似	跨河发展“门槛理论”总结	天然形成	可行
		河流宽度最好 1200 m 以内,黄河最宽入海口处为 1500 m		2001 年	基本可行
2	经济条件	连续 20 年 GDP 增长 10% 以上	跨河发展“门槛经验”总结	2001 年	可行
		连续 20 年人口增长 3% 以上		2003 年	可行
		经济首位度 20% 以上		2017 年	可行
3	技术条件	跨河通道 8 个以上	跨河发展“门槛经验”总结	2018 年	可行
		中等城市规模以上		1978 年	可行
		通过多中心城市规划		2003 年	可行
4	政策条件	两岸行政区划要调整	跨河发展“门槛理论”总结	没有实现	不可行
		国家和地方有政策支持		无发文	不明朗
		民间和专家主导支持意见		近十年	可行

(四)“门槛理论”外延条件二:沿黄生态保护可行性

人类历史就是临河而居,进而建城的历史,远离黄河并不利于保护黄河。生态环境是城市和人类最赖以存在和发展的基础,黄河流域生态保护是高质量发展的前提条件。比如,当前城市人造生态水系不如天然河道(跨河发展降低城市生态水系规模,又不改变,更不用破坏河流自成体系的生态系统),人造生态水系经济投入巨大,水资源浪费、水资源污染、水资源争夺、不符合共享理念。目前的黄河保护和发展不平衡,黄河上游、中游和下游,在保护费用、享受环境红利等环节不匹配,导致黄河流域的生态保护和再度返贫面临极大压力,为了更好地贯彻“两山论”,郑州市跨河发展,要形成拥河发展的特大城市和创新高地,利于平衡黄河流域这一现状。

(五)“门槛理论”外延条件三:沿黄文化遗产保护可行性

黄河流域是炎黄子孙的文化发源地,郑州市具有丰富的、亟待保护和宣传的黄河流域文化,同时郑州段黄河两岸连接洛阳和开封两大古都,郑州实现高质量跨河发展有利于黄河文化遗产的系统保护。而郑州跨河发展将快速形成围绕黄河两岸的滨河生态、休闲、旅游和沿河夜景,进而有助于更多组织积极参与挖掘黄河文化蕴含的时代价值,直观展示“黄河故事”,同时,黄河文化的传承与弘扬急需大城市来担当。

(六)实践可行性:“腾笼换鸟”—“新城建设”—“跨河发展”

基于以上分析,理论层次上,政策和经济条件可行是内涵条件,工程技术、地理条件和文化保护是外延条件,这些构成跨河发展的理论基础条件。基于实践层次,中国特色社会主义城市建设的跨河发展战略、腾笼换鸟战略、新城的筑巢引凤战略等构成了丰富的实践条件。郑州市跨河布局的确具备战略可行性,对黄河流域生态保护和高质量发展具有重要的战略价值。具体情况如图 10.3 所示。

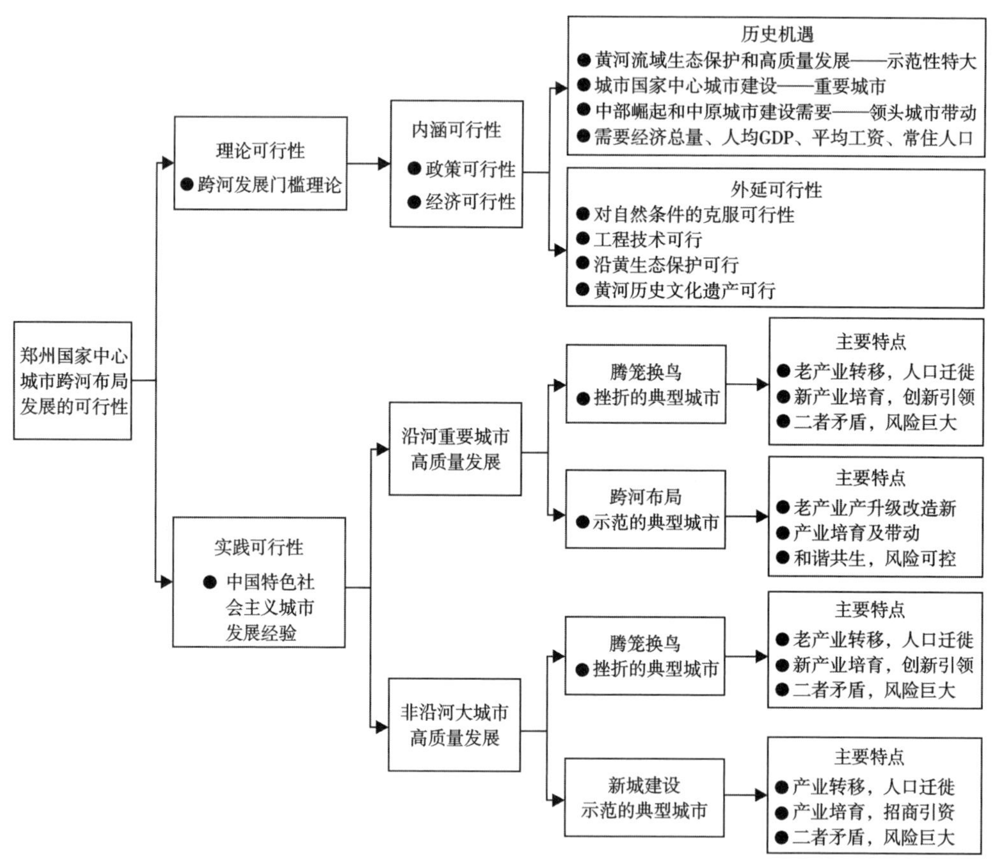

图 10.3 郑州跨河发展的实践可行和价值

四、郑州国家中心城市跨河布局发展总体思路和战略定位

郑州市跨河布局发展涉及黄河流域郑州段生态保护、基础设施或者新基建布局、高质量工业或者战略性产业布局、行政区域划分调整等重大事项,需要做好顶层设计,制定科学的总体发展思路和可行的发展战略,在团队前期调研基础上,本部分对此展开论证。

（一）发展原则

统筹发展。把跨河布局发展战略和郑州市国家中心城市建设统筹协调，跨河布局作为郑州市国家中心城市建设的重要支撑和战略方位。

联动发展。将郑州、新乡、焦作以及沿黄流域统筹考虑，整体纳入跨河布局大局，将城市发展、经济发展以及民生发展纳入一个整体，联动发展。

创新发展。跨河布局要将创新放在经济发展的核心地位。创新发展与绿色发展相统一，相一致，将跨河布局打造成对外合作、产业转移以及产业高质量发展的示范区。

协调发展。将经济、文化纳入跨河布局战略，讲好“黄河故事”，推广黄河文化与产业高质量发展统筹考虑，将物质文明和精神文明统一纳入跨河布局中去。

（二）总体思路

以习近平新时代中国特色社会主义思想为指导，落实习近平总书记关于黄河流域生态保护和高质量发展的重要指示精神，坚持新发展理念，坚持跨河布局高质量发展为主攻方向，坚持文化和经济统筹发展，坚持跨区域融合和基础设施互联互通，推动产业高质量发展，着力补好发展不平衡不充分的短板，推动区域协调发展，加快建设具有发展活力、人文魅力、生态智慧、开放包容的国家中心城市，着力形成“国际一流、中国风貌、郑州特色”的跨河高质量发展新格局。

（三）战略定位

黄河生态保护示范区。将沿黄郑州段通过跨河布局，统一规划，统一理念，统一行动，打破行政区划、各自为政的旧观念，将生态保护和深化改革结合起来，努力打造黄河沿岸绿色生态发展的示范区。

黄河高质量发展示范区。通过跨河布局，统筹考虑产业布局、创新资源布局、新基建布局，将郑州和周边优质资源结合起来，发挥各自优势，体现各自能力，深入推进机制体制改革，将跨河布局打造成黄河高质量发展示范区。

黄河文化传承示范区。通过跨河布局，将黄河作为内河，大力弘扬黄河文化，宣扬黄河精神，建设一批文化载体和公园，将黄河沿岸的文化交流集中展示，打造黄河文化传承示范区。

（四）发展目标

近期目标（2025 年）。建设沟通协调机制，将跨河布局纳入郑州市中心城市建设和黄河流域生态保护和高质量发展建设内容，明确跨河布局的机制体制、重点方向和建设内容。在此基础上，启动跨河布局建设，黄河沿岸绿色生态编制完毕并实施，新基建对接完成并开始逐步实施，黄河文化和精神整体发展战略完成并实施，产业高质量发展互补机制建立，产业合作、资源对接机制完成。将跨河布局建设成为沿黄科创的中心地带，展示形象效果初步显现。

中期目标（2035 年）。跨河布局高质量发展效果显现，黄河作为内河的作用得到充分发挥。基础设施实现互联互通,各种要素集聚能力增强,创新能力显著提升,产业协调发展的局面已经形成,黄河生态廊道中心地位进一步巩固,黄河文化和精神的核心位置进一步加强。黄河生态保护示范区、黄河高质量发展示范区、黄河文化传承示范区的战略定位基本实现。

远期目标(2050 年)。黄河郑州段南北跨河布局充分融合发展,郑州国家中心城市基本建成,郑州在黄河流域经济社会发展的龙头和增长极地位充分体现,黄河生态保护示范区、黄河高质量发展示范区、黄河文化传承示范区的战略定位和示范引领作用充分彰显。

五、郑州国家中心城市跨河布局的建议和对策

基于以上研究结果,本部分提出郑州市跨河高质量发展的 5 项政策性结论和建议,每部分又细分 3 ~ 5 则详细结论和建议。

(一)以"跨河发展"为抓手,全面统筹跨行政区域融合发展

加快形成郑焦、郑新一体化发展的空间格局。当前黄河南北两岸分属于不同的行政区域,协调难度较大。在制定区域发展规划时,各地区都是从本地区利益的角度来思考,缺乏站在整体大局的角度来分析的意识,行政壁垒、市场分割的障碍依然存在。如何打破常规思维,跨越传统城市行政分割,以及整体政策从上层规划到下层执行都有很多难题。郑州跨河发展动力不足,郑州、新乡、焦作三市产业重叠严重,整体规划无法有效实施,很重要的一个原因就是黄河北岸的原阳县与武陟县从行政关系上分别隶属新乡市与焦作市。郑州要成为名副其实的国家中心城市,就要利用沿黄优势,打破行政区划的限制,统一布局、统一规划,努力把黄河变成郑州的内河,将郑州从"沿黄"城市变为"跨河"城市。

明确跨行政区域融合发展中的城市定位。借助于郑州大都市区建设,目前河南省已经明确提出郑焦、郑新融合发展战略。在郑焦、郑新融合发展过程中,首先需要明确郑州、焦作、新乡三座城市的战略定位,这样更有利于布局生产力,充分利用各城市的地理条件、生态资源优势。郑州作为中原城市群的核心,应重点打造区域中心城市、现代物流中心、服务业中心、金融中心,同时积极发展高端制造业、高新技术产业、汽车产业、电子信息产业等。新乡作为黄河北岸区域物流中心,具有良好的产业发展基础,当前要积极发展加工制造业与高新技术产业。焦作作为资源型城市转型发展的突出代表,要重点发展能源化工、汽车零件制造业、文化旅游产业等。通过郑焦、郑新融合发展,形成黄河两岸功能互补的总体布局。在融合发展过程中,要明确核心城市的中心地位,强化核心城市的集聚效应,借助核心城市的带动作用实现抱团发展。同时通过错位发展,积极发挥市场在资源配置中的作用,防止郑州、新乡、焦作一体化发展中产业同质化。

夯实郑焦、郑新深度融合发展的基础。郑州大都市区建设,关键要实现产城融合,提高郑州都市区的经济带动能力和辐射能力。围绕郑州国家中心城市"跨河发展"的总体目标,秉承"合作、联动、协调、共赢"的理念,创新跨行政区域的融合发展模式。以郑焦、郑新融合为契机,以推动郑州跨河布局为突破口,充分发挥区位优势、产业优势、生态优

势和资源优势，加快推进郑州与新乡、焦作的交通对接、产业对接、生态对接和公共服务对接，构建现代化新城区，推动郑州大都市区深度融合。目前，郑州的城市框架已拉大到黄河岸边，为跨河北扩打下现实基础。下一步，郑州需以惠济区、金水区为桥头堡，与黄河北岸各功能要素完备的县区对接，形成跨河连体发展。郑州跨河北扩，解决的不仅是建设用地等生产要素问题，更重要的是重构、优化城市空间结构，实现人口和产业的双聚集，加快产城融合发展。

推进跨行政区域融合发展中的制度创新。郑焦、郑新融合发展符合各个城市的长远利益，但由于三个城市都是独立的经济体，在融合发展过程中，不可避免地会出现损害整体发展的行为，为了约束和规范三个城市的发展选择，当前很有必要制定有约束力的、统一的法规制度。当然，在政策制定中也需要考虑各个城市的现实条件和经济基础，允许合理性政策差异的存在。目前，在郑焦、郑新融合发展中，首先，需要建立一个规范的跨行政区域的联合协调机制和监督机构，有效管理区域内事物、沟通协调各方问题、平衡各方利益。其次，需要建立一个跨河区域综合开发规划协调委员会，用最客观公正的视角解决、协调区域整体中的长期规划。同时还应该成立跨行政区域的省级协调小组，运用制度规范议事流程与协商机制，站在郑焦、郑新融合发展的高度制定有利于优势互补的区域性政策。

（二）以“跨河发展”为支撑，推动黄河两岸产业优化升级

编制黄河两岸产业布局的专项规划。郑州、新乡、焦作三地实现产业协同发展，关键在于从顶层设计上定好位、布好局，统筹谋划，协调发展，这是当前三个地区协同发展的首要任务。郑州“跨河发展”，实现三市产业协同，需要在综合考虑产业要素、环境要素、资源要素的基础上，制定完善的区域产业发展规划，为产业的前瞻性、战略性发展提供引领纲要。郑州、新乡、焦作三市产业发展目标要与黄河两岸产业顶层设计相辅相成，按照黄河南北两岸发展实践要求，构建集产业、交通、政治、经济、生态等于一体的宏伟蓝图，加强郑州、新乡、焦作三个城市产业规划的科学性、宏观性、可操作性。在产业发展规划中还需要统筹优化产业的空间布局，从空间上科学规划黄河两岸重点发展的产业园区、产业集群、产业带等，提高产业发展空间布局合理化程度，加快黄河两岸产业的协同发展。

深入推进黄河两岸绿色生产和绿色发展。郑州、新乡、焦作一体化融合发展中，在科学规划产业布局时，还需要充分考虑生态环境约束。黄河南北两岸产业转型升级，其中一项重要内容就是实现产业绿色化，深入推进绿色生产、绿色发展，对生态保护、资源节约设定严格的红线，发展资源节约型绿色经济。首先，在能源消耗方面，要优化能源消费结构，积极推广绿色清洁能源，发展循环经济，如建立完善的天然气供应体系、提高清洁能源的使用比重。其次，实现产业绿色循环发展、推动绿色生产革命进程，以经济市场为导向，提高绿色技术的开发、创新力度，引导产业趋于环保、清洁方向发展。最后，以绿色消费带动产业的绿色化发展，借助于绿色社区、绿色出行等方式实现黄河两岸消费的绿色化。

大力发展数字经济新模式、新业态。党的十九大报告指出，我国经济已由高速增长

阶段转向高质量发展阶段，我国正处在转变发展方式、优化经济结构、转换增长动力的攻关期。实践表明发展数字经济，是加快新旧动能转换、建设现代化经济体系、推动高质量发展的有效途径。在黄河两岸布局数字经济，运用物联网、人工智能等新一代信息技术改造提升传统产业，加快信息网络等新型基础设施建设，搭建工业互联网平台，通过全链条、全方位、多模式的数字化转型，推进信息通信技术与实体经济深度融合。全面贯彻实施创新驱动发展战略，通过技术创新和应用创新赋能效应不断催生新产品、孕育新业态、培育新模式，构建适应数字经济的新型经济体系，打造高质量发展示范区和先导区。

逐步完善以战略性新兴产业为主体的生态系统。黄河两岸产业布局的优化升级，一方面要站在区域经济发展的角度，充分发挥各地区在资源禀赋方面的优势，明确各地区的优势产业；另一方面要站在国际市场的角度，对区域内产业布局进行整合，提高区域整体竞争力。目前，郑州已经形成电子信息、新材料、生物医药、现代食品制造、家居服装制造、汽车装备制造、铝深加工等七大主导产业；新乡作为豫北重要中心城市，在装备制造、食品加工、纺织服装、现代家居等方面具有产业优势；焦作作为资源型城市经济转型成功案例，近年来在巩固传统产业的同时，大力发展旅游业。“跨河发展”过程中，郑州、新乡、焦作在保持传统产业优势基础上，需要全面提升企业的创新能力和核心功能，逐步向高端新兴产业转型升级，完善产业生态系统。一是加强生产生态建设，以新技术、新业态、新模式改造传统制造业和服务业，推动制造业和服务业的有机融合。二是加强服务生态建设，支持研发设计、知识产权、创业孵化、科技金融、营销等现代服务业发展，培育覆盖全周期、全要素的高新技术服务产业链，鼓励龙头企业建立服务平台，加强现代服务业的发展。三是加强创新生态建设，推动技术创新与产业融合互促共进，大力发展创新联盟、技术中介等新型创新组织，强化创新型龙头企业的引领作用，促进企业间紧密互动联合，推动形成企业主导、产学研用一体发展的创新体系。在黄河南北两岸，开展高端技术产业化的前沿布局，促进以都市圈为核心的先进制造业集群和现代服务业集群融合发展并形成规模效应和辐射效应，快速形成战略性新兴产业示范带。

（三）以“跨河发展”为驱动，全力实现基础设施共建共享

合作共建沿黄综合交通网络。黄河南北两岸融合发展，要坚持交通先行，适度超前构建支撑两岸发展的综合交通体系，重点规划南北两岸轨道交通、高速公路、快速通道，推进黄河客运航线与两岸交通网络互相衔接。首先，加强跨黄河桥梁通道建设，高效利用黄河桥位资源，规划构建多层次和复合化的跨黄河通道，完善跨黄河通道功能，提高通行效率。其次，积极构建黄河两岸综合交通廊道，加强南北两岸互联互通，坚持统一规划、分段分期建设，规划建设郑州—原阳、平原新区、武陟的综合交通网络，加快推进荥阳—焦南（武陟）新区建设，实现黄河南北两岸交通网络无缝衔接。最后，郑州跨河发展要立足于郑州大都市区的整体空间布局，适应交通运输产业转型升级需要，按照网格化布局、智能化管理、一体化服务、绿色化发展要求，构建以轨道交通为骨干的多节点、网格化、全覆盖的交通网络，加快各种运输方式衔接，达到客运“零距离换乘”、货运“无缝隙衔接”，实现交通一体化发展。

优化提升黄河两岸信息基础设施。郑州跨河发展要加强信息基础设施建设，提升黄

河南北两岸联通水平，形成布局合理、功能完善、衔接顺畅、运作高效的基础设施网络。信息通信基础设施是打通经济社会发展的“大动脉”。信息基础设施不同于其他经济变量，不完全是市场行为的结果，而是与国家政策密切相关，且具有投资大、周期长、见效慢等特点。首先，构建新一代信息通信基础设施，建成智慧城市群，加快信息通信基础设施互联互通。加强信息通信基础设施专项规划，在城乡规划、土地规划中同步安排通信光缆、基站等宽带网络设施。加大信息通信基础设施建设资金投入，支持郑州、新乡、焦作光纤到户改造、终端补贴和宽带网络建设运行维护，推动黄河南北两岸互联网间宽带扩容，加快互联网国际出入口带宽扩容。其次，提升网络安全保障水平，加强信息通信网络、重要信息系统和数据资源保护，建立健全网络与信息安全信息通报预警机制，构建网络安全综合防御体系。最后，建设“宽带、泛在、融合、安全”的信息通信基础网络和“集成、综合、共享、可靠”的信息公共服务平台，进一步优化提升郑州、新乡、焦作三市信息通信基础设施，为郑焦、郑新融合发展奠定网络信息基础。

积极布局黄河两岸大数据基础设施建设与应用。以郑州国家大数据综合试验区建设为依托，整合相关数据资源，建设综合大数据平台。郑州、新乡、焦作三个城市应发挥协同发展优势，在大数据基础设施的建设上共建重点项目，协同建设综合大数据平台，加强数据的跨地区共享与应用，实现大数据的价值。郑州、新乡、焦作三个城市要重视大数据应用的顶层设计，深刻理解大数据国家战略，结合自身需求，科学制定大数据发展规划，推动大数据的发展应用。首先，通过构建大数据中心、云计算中心、各类机房数据库，让大数据从概念走进生活，吸引企业与大数据形成用户黏性，创造更大的实际价值。其次，要完善大数据制度保障工作，构建大数据法律体系。一方面，要完善相关法律法规，把政府数据开放与共享的权限、方式以及义务进行法律明确，保证政府的数据开放与共享有法可依；另一方面，通过完善相关法规政策，在促进政府运用大数据提高社会治理水平的同时，保障公众个人的隐私和数据安全。

深入推进黄河两岸水利基础设施网络建设。黄河两岸水利基础设施建设必须坚持创新、协调、绿色、开放、共享的新发展理念，以郑州“跨河发展”为契机，抓好水资源保护工作，强化水资源需求侧管理，合理控制开发强度，努力维护黄河水资源健康，实现水资源可持续利用。推进水利基础设施建设要以水资源治理保护、科学开发、合理调配、节约使用、高效利用为核心，优化水资源配置格局，完善综合防洪减灾体系，提升生态环境保护修复能力。首先，着重关注水利基础设施建设的综合效益，既要考虑黄河防洪、供水、灌溉、发电等水利基础设施的传统功能，还要考虑水利基础设施的生态功能，把水利基础设施网络建设成能发挥综合效益的工程体系。其次，着力解决制约水利基础设施网络建设的体制机制障碍，充分发挥市场机制作用，积极探索创新项目建设管理和运营模式，不断提高工程建设管理水平，推进水利基础设施网络现代化建设。最后，统筹考虑“存量”和“增量”建设的问题，对于已有的基础设施，要按照现代化要求进行完善和改造；对于新建的基础设施，要以全新的要求统筹谋划科学建设。

（四）以“跨河发展”为契机，切实建好黄河沿岸绿色生态廊道

加快构建绿色协调可持续的生态布局。黄河河南段是黄河治理开发中的关键河

段,在黄河整体保护治理中的地位无可替代。在黄河河南段保护治理工作中,郑州要勇挑重担,以"跨河发展"为契机,统筹打造沿黄生态廊道,加快实施沿黄生态廊道示范工程建设。坚持生态优先、绿色发展的原则,根据黄河沿线地形地貌、水库岸线、城镇滩区等不同特色制定沿黄绿色生态廊道建设标准,积极串联黄河河道、黄河滩区、黄河大堤防护林、自然保护地等,逐步形成千里画廊、生态长廊,努力构建"堤内绿网、堤外绿廊、城市绿芯"的区域生态格局。构建黄河沿岸绿色生态廊道要因地制宜,根据黄河沿线具体情况进行生态布局。具体来说,可以根据沿黄地区不同区域的自然条件、资源禀赋和发展特点,因地制宜实施生态涵养、湿地保护、田园风光、文化展示、旅游休闲、高效农业等功能的生态布局。通过高效、可持续的生态布局,将极大地改善黄河河南段的生态环境,进一步筑牢沿黄生态安全屏障,加快黄河流域生态保护和高质量发展,真正让黄河成为造福人民的幸福河。

有序开展区域生态环境合作共治。黄河河南段涉及郑州、开封、洛阳、新乡、三门峡、焦作、安阳、濮阳等八个地区,生态问题是开放性和流动性的,需要全区域、全流域、全社会共同来努力解决。作为国家中心城市,郑州要积极借助河南省大数据研究院,尽快构建黄河流域绿色生态数据中心,实现区域生态环境检测信息共享,严格按照主体功能定位进行生态一体化建设,推动黄河全流域生态治理,建成郑州国家中心城市可持续发展的绿色动能。同时,郑州要以"跨河发展"为契机,积极推动建立黄河流域环境治理联席会议制度,通过多方协商,在环境监管执法、环境质量监测、重点区域污染防治、突发污染事件处理等方面进行沟通合作,提高黄河流域污染治理整体水平。

积极探索黄河流域生态补偿机制体制。要进一步加大纵向转移支付力度,充分发挥市场在资源配置中的基础作用,将排污权交易、生态产品价值实现等以市场配置为主体的创新机制与生态补偿机制有机衔接起来。赋予黄河流域生态环境监督管理局生态补偿的监管职能,统筹生态补偿有关政策。通过生态权属交易、经营开发利用、政策制度激励等方式来实现生态产品价值,开展生态产品价值实现机制试点。建立流域生态补偿标准核算体系,完善目标考核体系、改进补偿资金分配办法,规范补偿资金使用方法。探索生态产品价值核算计量,逐步推进综合生态补偿标准化、实用化,为市场化、多元化生态补偿机制建设提供有力支撑。

重点强化黄河流域生态保护基础保障措施。今年政府工作报告中提出,要编制黄河流域生态保护和高质量发展规划纲要,这必将有力推动黄河流域生态保护和高质量发展各项工作的进程。黄河治理,重在保护,要在治理。从国家层面上来看,要推进黄河保护立法工作。对河南省来说,同样也需要重视法治化途径与方法,将保护治理黄河纳入法治化轨道,以法治化思维与方式推进黄河保护治理工作。河南可以适时编制河南段黄河生态保护与高质量发展的整体规划,把握好河南在黄河治理、保护、开发等方面的特殊性,找准生态保护和高质量发展的平衡点,实现生态优先,绿色发展。系统形成河南段黄河"水资源与水管理"的科技支撑与实践,充分利用5G、物联网、大数据等新技术,构建黄河生态保护数字化平台,推进建设黄河生态空间治理数字化应用体系,为黄河流域生态保护与高质量发展提供坚实的保障。

（五）以“跨河发展”为引领，科学规划建设沿黄文化旅游带

深入挖掘黄河文化的时代价值。黄河文化是中华文明的源头，中国崛起和中原崛起呼唤中原黄河文化的复兴，同时黄河文化复兴又为中原崛起注入灵魂和新动力。黄河不仅是一条自然之河，还是人文之河。黄河文化是中华文明的重要组成部分，是中华民族的根和魂。郑州要以“跨河发展”为契机，从国家的高度、全局的视野深度审视黄河文化，深入挖掘黄河文化蕴含的时代价值，讲好河南“黄河故事”。不忘历史才能开辟未来，善于继承才能善于创新。郑州借跨河发展之机，要尽量为黄河文化的保护、传承与弘扬，注入更多鲜活的生命力，更好地延续历史文脉，让黄河文化更加适应时代、更加顺应潮流、更加贴近群众。当前，应大力发展古都文化、科教文化、历史文化、旅游文化，重点发展文化创意产业、文化旅游产业和双创服务业，建设一批特色黄河文化园区，培育一批黄河文化知名品牌和龙头企业，着力打造世界一流独特的黄河文化带。

积极构建黄河风光旅游线路。文化是旅游的灵魂，旅游是文化的载体。要更好地保护传承弘扬黄河文化，离不开旅游的全面发展。借鉴国家公园建设经验，以郑州“跨河发展”为引领，规划建设黄河国家公园或者黄河湿地公园。利用黄河高滩大堤，规划建设一批黄河生态文化旅游特色小镇。利用滩区居民迁建后的原有村庄，规划建设一批黄河休闲旅游特色民宿村。在不影响黄河生态保护的基础上，还可以规划建设一批特色都市休闲农业观光园、体验园、科普园、种植园，规划建设一批特色田园综合体，如森林公园、自然保护区、黄河地质公园、黄河湿地公园、鸟类保护区等。在郑州段黄河沿岸 70 km 规划建设黄河观光大道、黄河观光步道，推进郑州黄河游览区进入免费模式，规划建设黄河水上观光运动旅游线路。打造集黄河风光、滨水休闲、户外运动、水上运动、养生康体、乡村体验等为一体的黄河风光旅游目的地。

尽快整合黄河丝路文明旅游线路。郑州要以“跨河发展”为契机，加快构建黄河文化传承创新体系，加大与洛阳、开封等黄河沿岸城市合作，整合黄河沿线旅游资源，打造精品黄河丝路文明旅游线路。郑州黄河沿线有康百万庄园、诗圣杜甫故里、北魏石窟寺、北宋皇陵、河洛汇流、楚河汉界、虎牢关、潘安故里、官渡之战、大河村遗址等文化旅游资源。开封有启封故园、朱仙镇、金明园、运粮河、大运河遗址等文化旅游资源。洛阳市黄河沿线有古墓群、小浪底水库等文化旅游资源。焦作市黄河沿线有太极文化旅游区、嘉应观文化旅游区、韩愈文化创意园、妙乐寺宗教文化园等文化旅游资源。新乡市黄河沿线有原武唐宋文化小镇、陈桥驿两宋文化小镇及黄河故道小镇、乡愁文化水镇、人文康养旅游小镇等特色旅游小镇。在以郑州为核心中原城市群建设过程中，要尽快组建沿黄旅游联盟，挖掘历史文化资源，推动文化旅游深度融合，优化沿黄特色精品旅游线路，打造沿黄历史文化旅游目的地。

重点打造郑汴洛古都文化经典旅游线路。郑、汴、洛都是千年文明古都，在历史上都曾经是全国的政治、经济、文化中心，同为历史文化名城，享誉国内外。郑州是三千年前的商都，拥有嵩山少林、黄帝故里、商城遗址、河南博物院等；洛阳是十三朝古都，拥有龙门石窟、白马寺、关林等名胜古迹；开封是八朝古都，清明上河园、龙亭、相国寺、铁塔、开封府等具有宋代特色。郑汴洛要坚持历史遗址保护与开发并重，在保护中开发，在开发

中保护。在黄河文化遗址开发保护中要坚持“保护为主、抢救第一、合理利用、加强管理”的方针，通过黄河古都文化保护与建设，构建中华文明标识体系，建设国家黄河历史文化保护传承示范区，切实加强黄河历史文化的保护利用和文化遗产的保护传承。深度挖掘古都文化资源，打造旅游亮点和知名品牌，不断优化郑—汴—洛古都文化、宗教文化、寻根文化精品旅游线路，打造世界一流的古都文化旅游目的地。

参考文献

[1]中国城市规划学会. 转型与重构:2011 中国城市规划年会论文集[C]. 南京:东南大学出版,2011.

[2]吴巍,赵晓杰,王楠,等. 中国滨江城市跨江发展研究进展与展望[J]. 经济地理,2018,38(5):20-25,43.

[3]徐勤政,吕斌,刘津玉. 我国大城市跨江河发展的特征及门槛分析:以济南为例[J]. 经济地理,2010,30(5):766-772.

[4]桑平起. 跻身特大城市,郑州跨河发展大郑北箭在弦上[J]. 人大建设,2019(2):54-55.

[5]吕斌,王玉娥,张翼. 济南北跨黄河发展的影响因素及作用机制研究初探[J]. 城市发展研究,2007(3):37-41.

[6]张翼,吕斌,罗征. 济南市跨河发展与都市区空间整合研究[J]. 城市规划学刊,2007(5):92-96.

[7]薛松,张麒,段进. 跨越与耦合:滨河城市空间发展新模式探索:以六安市淠河滨水区城市设计为例[J]. 现代城市研究,2014(1):57-61.

第十一章　黄河下游协同治理体系及发展路径优化调控

黄河下游是我国重要的工业和农业基地，在维护国家粮食安全、生态安全、能源安全、产业安全方面的战略地位十分重要，关乎国家发展大局，而黄河下游又是黄河流域水患频发的区域。习近平总书记曾经提出，治理黄河，重在保护，要在治理，要坚持山水林田湖草沙综合治理、系统治理、源头治理，统筹推进各项工作，加强协同配合，共同抓好大保护，协同推进大治理，推动黄河流域高质量发展。在系统剖析黄河下游协同治理关键问题的基础上，从主体、客体两个角度构建了下游协同治理体系框架，并从指导思想、治理目标、基础理论支撑、关键技术支撑、协同治理具体抓手五方面对协同治理体系展开了阐释，从保护发展协同、工程建设协同、金融投资协同、政策制度协同、行政管理协同、文化旅游协同、技术研发协同七个角度提出黄河下游协同治理思路与建议。此外，探索高质量发展路径优化调控方法是实现地区高质量发展的基础性支撑，结合高质量发展理论提出了高质量发展路径的定义，立足于国家重大战略需求和黄河下游地区实际，从研究定位、指导思想、目标任务、重大需求、优化调控原则五方面构建了黄河下游高质量发展路径优化调控理论体系，基于和谐论方法体系探讨了高质量发展路径的非建模优化调控方法，并在黄河下游进行了初步实例应用。

一、黄河下游概况及协同治理关键问题

（一）黄河下游概况及治理历史回顾

1. 黄河下游概况

黄河下游流经河南、山东两省，流域范围涉及郑州、开封、安阳、鹤壁、新乡、焦作、濮阳、济南、淄博、东营、济宁、泰安、临沂、德州、聊城、滨州、菏泽共 17 个城市，包括郑州和济南 2 个中心城市，共涉及 65 个县（区）。

黄河下游是黄河流域乃至全国范围内极为重要的经济带与文化带，涵盖多个重要工农业生产基地和国家重点生态功能区，区位优势明显，工业化城镇化水平较强，同时也是带动黄河流域经济发展的重要引擎，黄河下游在黄河流域生态保护和高质量发展战略布局中具有重要地位。由于气候变化和人类活动的加剧，目前黄河下游地区面临着水资源

短缺、生态功能退化、经济社会发展失衡、洪涝灾害威胁等诸多挑战。黄河下游仍然是黄河流域生态环境脆弱性表现最明显的区域之一，经济社会发展长期遭受水资源严重短缺、生态环境质量恶化等因素制约。尤其是近 20 年来，在经济社会迅速发展的大背景下，黄河下游发展对资源的需求也急剧上升，部分地区生态环境承载能力明显不足等问题仍然突出，如何实现黄河下游地区的资源、生态、经济、社会的全方位高质量发展，成为黄河流域生态保护和高质量发展重大国家战略顺利实施亟需打破的瓶颈。黄河下游地区治理问题复杂多样，需要系统考虑防洪保安、生态保护、产业发展、群众安居乐业的诉求，需要多部门、多行业、多层次、多区域、多学科协同治理。因此，构建一套系统的黄河下游协同治理体系，提出黄河下游协同治理思路和建议，并兼顾黄河流域资源安全、生态健康、经济发展、人水和谐共生、人民生活幸福等各方面同步推进，探索黄河下游高质量发展路径，具有重要的理论价值和现实意义。

2. 黄河下游治理历史回顾

由于黄河下游地区历来是洪涝灾害多发的区域，给人民群众生产生活带来严重威胁。特别是历史时期，生产力水平低，抵御自然灾害的能力很弱，一旦遭遇洪水，就出现民不聊生的灾难场景。因此，治理黄河洪涝灾害历来都是国家安民兴邦的大事，可以说，治理黄河史也是一部治国史。黄河是世界上最难治理的大河，“善淤、善决、善徙”，历史流传着“三年两决口、百年一改道”。为了治理黄河，我国历史上涌现出许许多多可歌可泣的英雄人物和英雄事迹，也创造出许多世界独有的治理黄河思想和实践。回顾黄河下游治理历史，大致分以下 4 个治理黄河阶段。

(1)历史早期(1367 年以前)

传说中最早的治理黄河事业是大禹治水，大禹采用疏导的方法治理黄河，疏通河道，分流洪水，给洪水以出路，取得了治理黄河洪灾的成功，反映了“天人合一”的治水思想。到西汉，黄河治理战略家贾让提出“治河三策”，主张疏、浚、塞并举，但贾让的策略未能全面有效实施。后来，东汉王景基本上采用贾让的治河思想，取得很大成功，黄河下游地区灾害明显减轻。

(2)明清时期(1368—1911 年)

明代潘季驯总结前人治理黄河的经验教训，提出了“以堤束水，以水攻沙”的策略，主张固定河道，堵口修堤，以水攻沙。清代基本沿用潘季驯的治河思想，取得了很大的成功。此外，在修筑堤防方面，明代河官刘天和总结出黄河堤防“植柳六法”，清代民族英雄林则徐提倡用石料修河。

(3)民国时期(1912—1949 年)

中国近代水利先驱、著名水利科学家李仪祉，提出了黄河上中下游并重的治理思想，修建了陕西泾惠渠等水利工程，造福于三秦人民，至今仍发挥着巨大作用。1933 年成立了黄河水利委员会，李仪祉任委员长，1947 年改名黄河水利工程总局。由于当时军阀割据，各自为政，难以实现流域统一管理，主要是在治理河患方面基本实现统一管理。

(4)新中国成立以来(1949 年以来)

新中国成立以来，经过 70 多年的不懈努力，治理黄河取得了卓越成就，洪水流量超过 1 万 m^3/s 时没有决口，自 1999 年 8 月以来 20 多年未断流，水土流失综合防治成效显著,生态环境明显改善。

(二)黄河下游协同治理的关键问题

黄河问题复杂,是世界上最难治理的河流之一。其中,下游治理历来是黄河治理的重点和难点,至今也没有找到十分有效的途径,现将其中的关键问题(见图 11.1)总结如下。

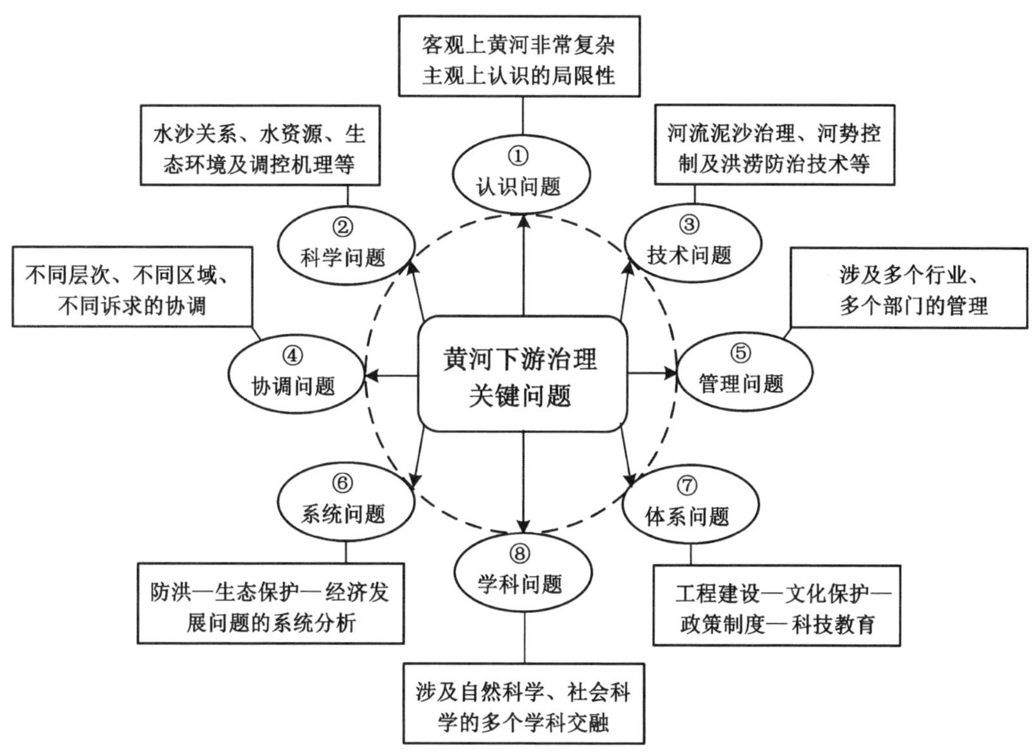

图 11.1　黄河下游协同治理关键问题

1. 黄河复杂问题的客观认识问题

客观上,黄河问题复杂,人水矛盾突出,许多科学问题仍未被人类所揭示,同时又夹杂着复杂的经济发展、社会稳定问题。主观上,存在着人们认识能力的局限,包括专业视角不同、对问题认识的片面性及关注点不同等,往往得到不同甚至相反的结论,有时可能会导致采用不利甚至错误的治理措施。因为所处视角不同,可能更加关注本领域问题,而忽略或轻视其他领域问题。既要强调防洪保安问题以及生态建设的重要地位,又要承认黄河下游居民几百年的发展历史以及居民经济社会发展的需求,需要全面客观认识黄河下游复杂问题形成的自然地理成因、经济社会发展瓶颈形成的历史根源、洪涝灾害的危险性和生态保护的重要性,只有这样才能真正破解黄河下游治理难题。

2. 水沙关系及调控机理等科学问题

有研究总结了推进黄河流域生态保护和高质量发展中存在的主要科学问题,多数也是下游治理亟待解决的科学问题,比如,水沙关系演变规律及调控机制、工程安全风险及防护、生态红线指标及阈值、重点水域保护目标及保护修复标准、水资源集约与高效利用途径优化、水资源配置与空间均衡管控等。另外,也亟须研究水循环、泥沙变化、洪涝灾害、生态保护的相互制约关系、系统耦合机理、协同推进机制、发展路径优化等科学问题。

3. 河势控制及洪涝治理等技术问题

黄河下游治理仍存在许多亟待攻克的技术问题,比如,河流泥沙治理技术、水沙关系调控控制河势技术、工程安全风险评估与防护技术、生态环境保护与修复技术、节水技术、水资源集约与高效利用技术、水资源配置与空间均衡管控技术等。

4. 不同层次、不同区域、不同诉求的协调问题

黄河下游治理涉及的不同层次包括:国家层面、山东和河南两省、17 个市、58 个县(区);不同区域包括:不同行政区、下游的不同河段、距主河槽不同距离的区域、所处的高滩、二滩、嫩滩等;不同诉求包括不同层次的诉求、不同区域的诉求、不同群体的诉求、人类与自然界的不同诉求等。如何协调这些关系,是十分复杂的社会问题,也是难点问题。

5. 涉及多个行业的多部门管理问题

黄河下游治理涉及的行业包括农林牧渔业、水利环境和公共设施管理业、旅游业、建筑业、科学研究和技术服务业、教育业等,涉及水利、农村农业、林业、自然资源、生态环境、文化和旅游、交通运输、住房城乡建设、商务、发展改革委、财政等政府部门,显然会出现“多龙治水”的局面。因此,如何解决“多龙治水”的多部门管理矛盾也是一个关键问题。

6. 实现防洪—生态保护—经济发展目标的系统问题

黄河下游治理涉及黄河下游全滩区及相邻区域,涉及防洪保安、生态保护、产业发展、群众安居乐业等不同目标需求,涉及人类活动与自然界系统。因此,治理下游问题,需要采用系统治理的思想,系统分析各方面的问题,综合考虑实现防洪—生态保护—经济发展目标,寻找最优化的科学治理路径。

7. 工程建设—文化保护—政策制度—科技教育支撑体系问题

黄河下游治理需要一套完善的支撑体系,包括工程建设、文化保护、政策制度、科技教育等。工程建设包括河道治理工程、供水工程、防洪工程、灌溉工程、排水工程、交通等公共建设工程,移民迁建工程以及其他生产生活相关工程建设,是治理黄河的工程措施和硬件条件。文化保护包括黄河文化的挖掘、遗产保护、传承和颂扬,是支撑黄河发展的精神支柱和文化灵魂。政策制度包括黄河流域保护和发展的法律、法规、规章、制度以及各种政策,是治理黄河的非工程措施和法律法规保障。科技教育包括治理黄河的一系列科学技术和宣传教育,反映了依靠科技治理黄河、依靠教育奔小康的思路。

8. 涉及多学科交叉融合的跨学科问题

黄河下游治理是一个复杂的多学科问题,涉及自然科学、社会科学的许多领域,需要多学科共同努力。比如,水科学的 10 个分支,水文学、水资源、水环境、水安全、水工程、水经济、水法律、水信息、水文化、水教育,在黄河下游治理上都有用武之地。

二、黄河下游协同治理体系构建

(一)黄河下游协同治理体系框架

黄河下游流域面积较小,相较于上游和中游更具有协同治理优势。黄河下游协同治理体系是指,以黄河流域下游及涉及行政区为对象,以实现河流安澜、生态环境友好、人民安居乐业、人水和谐相处为目标,在现代区域治理思想的指导下,基于相关理论和技术的支撑,针对下游治理主体存在的多部门、多行业、多层次、多区域、多学科问题,构建协同治理客体体系,包括保护发展协同、工程建设协同、金融投资协同、政策制度协同、行政管理协同、文化旅游协同、技术研发协同。由此构建了如图 11.2 所示的黄河下游协同治理体系的框架。

(二)黄河下游协同治理体系多维阐释

1. 指导思想

①人水和谐思想。无论走什么样的治理路线,必须保证人与自然和谐相处,走人水和谐之路。②可持续发展思想。在下游治理方案选择时既要考虑当代人的发展需求,也要考虑后代人的发展需求,即要坚持可持续发展的指导思想。③习近平生态文明思想。在发展经济和抵抗洪涝的同时,要把生态建设放在优先地位,树立生态兴则文明兴的理念。④系统治理思想。把黄河下游防洪保安、生态建设、经济发展、人民幸福看成一个耦合大系统,统筹考虑各方面的需求和相互制约关系,采用系统的思维和分析方法,综合治理下游问题。

2. 治理目标

首先,确保黄河安澜。这是治理黄河下游的基础,也是保障黄河下游人民群众生命财产安全的前提。其次,生态环境友好。这是新时代建设生态文明的基础,也是使黄河成为幸福河的重要指标之一。再次,人民安居乐业。既要使人民有最基本的生存和生活保障,又要使人民有存在感、荣誉感。最后,实现人水和谐。

3. 理论支撑

黄河下游协同治理也是一个科学问题,必须基于一系列基础理论作支撑,比如,水文学与水资源理论、水工程与水安全理论、水环境与水生态理论、经济法律与社会理论、文化价值理论等。也只有在理论研究的基础上,在理论成果的指导下,才能更好地、科学地治理下游问题。

4. 技术支撑

黄河下游协同治理需要大量的技术攻关,比如,生态环境保护技术、水沙调控与安全保障技术、水资源利用与管控技术、高质量发展路径优化技术、文化挖掘与保护技术等。当然,有些技术已经攻克并在实践中得到应用,取得很好的效果,有些技术还需要再进一步研究和实践检验。

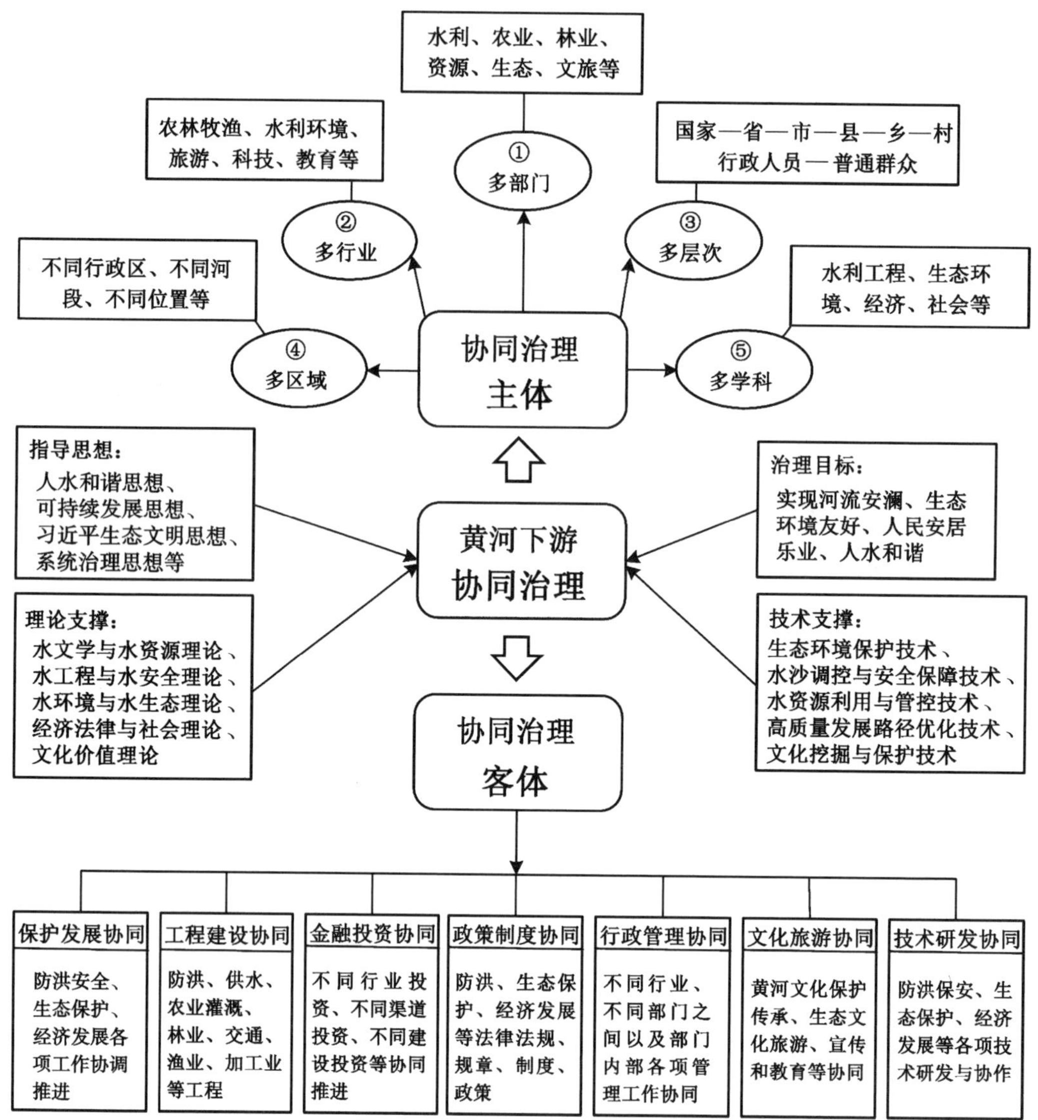

图 11.2　黄河下游协同治理体系框架

5. 协同治理具体抓手

具体到黄河下游，协同治理又可分为保护发展协同、工程建设协同、金融投资协同、政策制度协同、行政管理协同、文化旅游协同、技术研发协同，这些也是协同治理的具体抓手。

（三）黄河下游协同治理思路及建议

1. 保护发展协同

要把防洪保安、生态保护、经济发展各项工作协同推进，不可只顾某一方面，但是，如何能做到协同推进，有许多工作要做。比如，在防洪保安中，一方面，要深入分析黄河下游在上中游治理之后洪水特征的变化，在洪水风险降低的条件下如何更大程度地发展经济、改善易涝地区群众生活水平；另一方面，把防洪与生态保护有机结合起来，在黄河下游一定区域内建设湿地、形成生态廊道，打造黄河生态屏障。

建议：①把黄河下游防洪保安、生态保护、经济发展纳入一体，在国家发改委组织下，黄河水利委员会，河南、山东两省参与，新编制《黄河下游治理综合规划》，实现下游治理和发展的系统性、整体性、协同性。②制定黄河下游防洪安全标准，提高防洪能力，完善基础设施建设，改善群众生活条件。③黄河下游生态廊道建设要与防洪有机结合、要与产业发展有机结合，既要考虑防洪安全的要求，又要发挥生态廊道对防洪的作用。

2. 工程建设协同

将防洪工程、供水工程、生态工程、交通工程及其他基础设施建设工程统一考虑，协同推进规划和建设，不可只顾及单一工程建设，避免出现工程之间“打架”，造成“建了拆，拆了建”的现象。

建议：①把一定规模以上的工程统一纳入《黄河下游治理综合规划》中，实现工程建设统一规划、统一建设。②发挥“一项工程多种用途”，既优化了工程布局，又提高了效益；比如，防洪堤兼做生产堤或骨干公路，生态工程又作为防洪工程的一部分。③建立主要工程协同长效管理机制。

3. 金融投资协同

把不同渠道的资金、投向内容和对象、资金使用及收益分配等各项经济活动或经营活动协同推进，避免出现重复投资、重复建设、风险过大、经营亏损等问题，同时可以使资金使用效益最大化。

建议：①拓展多元融资渠道，实现融资渠道协同。包括政府资金投入、社会资本投入，统一协调，取长补短；②加强资金运行管理，实现资金使用协同。③综合考虑投资方、受益方，实现收益分配协同。④建立补偿机制，实现协同发展。对生态保护区域、水环境治理区域、防洪建设占用区域，进行一定的经济补偿，实现总体效益最大化。

4. 政策制度协同

黄河下游地区综合治理涉及水、环境、防洪、文物保护等法律法规，农业发展、农村建设、农民生活、文化旅游、生态产业等政策制度、政府文件，以及各种工程建设、产业发展、信息系统建设等技术标准。有时这些政策制度性文件或标准存在冲突，比如，《防洪法》《湿地保护条例》要求在河道内或湿地保护区一定范围内不允许生产生活，这与几百年形成的黄河下游居民生活现实相矛盾，也与发展生态经济不相符。因此，需要把方方面面的法律法规、政策制度、管理条例、技术标准等各种规定性文件协调起来。

建议：①基于不同视角，考虑不同行业或专业背景，重新审视或修订有冲突或过时的法律法规、政策制度、管理条例、技术标准等,不要出现政策“打架”现象。②加强政策制度执行部门的协调,或实现统一管理,避免“各自为政”现象。③在编制的《黄河下游治理综合规划》中,专门对保障制度进行规划建设。

5. 行政管理协同

由于下游治理涉及许多方面,涉及多个部门,部门之间有比较大的交叉,各级行政区的管理权限模糊、管理范围模糊,缺乏统一的管理体系。需要把不同管理部门、管理体制、行政管理工作流程及相关事宜协同推进。黄河水利委员会隶属于水利部,从行政权限来看,超出水利部管理范围的事项无法实施有效管理。

建议:①成立黄河下游综合治理领导小组,由黄河流域管理委员会牵头,相关行政部门参与,建立长效的多部门协调机制,定期召开领导小组会议,协调出现的行政管理问题。②制定统一管理的行政管理体系。

6. 文化旅游协同

目前各个地区从本地出发,规划或建设各具特色的文化旅游项目,但已出现各自为政、有特色但又零星分布、难以做大做强的局面,阻碍了文化旅游的快速发展,也不利于黄河文化传承和弘扬。

建议:①由国家文化和旅游部牵头组织,河南、山东两省参与,编制《黄河流域文化旅游发展规划》。②整合黄河下游文化旅游资源,与生态旅游、乡村旅游结合,形成拳头文化旅游品牌,带动文化弘扬和经济增长。

7. 技术研发协同

黄河下游综合治理涉及工程建设、防洪、供水、基础设施建设、农业、林业、生态环境修复和保护等许多技术难题,需不同学科、不同行业学者共同努力。目前存在技术力量分散、技术研发重复投入、不同层面项目重叠等现象,需进行深度合作和协调。

建议:①协调不同层面,组合各方面力量,形成项目库、技术库,随时公布已经攻克的技术难题,避免重复投入,让技术发挥最大效益。②联合相关单位,成立黄河研究科技联盟,交流科技创新成果。③组建黄河实验室,联合攻关难点问题。

三、黄河下游高质量发展路径优化调控

(一)高质量发展路径优化调控的理论体系与量化方法

1. 高质量发展路径优化调控的理论体系

黄河下游地区是黄河重大国家战略的重点实施区域,黄河下游在黄河流域生态保护和高质量发展中具有明确的功能定位,不同地区间存在明显的比较优势,如何根据地域特色为黄河下游不同地区因地制宜地探索出高质量发展新路子,是黄河重大国家战略的重要任务。

高质量发展涉及众多领域,目前不同研究中对高质量发展的定义有较大差别,笔者曾在之前对黄河流域高质量发展水平的研究中探讨了高质量发展的概念,将高质量发展

定义为：以生态保护为基础，实现资源、生态、经济、社会等耦合系统协调性、持续性、绿色性、公平性的高水平发展模式。高质量发展与传统发展模式有本质上的差别，传统发展模式过分强调经济发展而忽略其他方面的发展，高质量发展不仅考虑经济增长，还将资源安全供给、生态健康宜居、社会和谐稳定统筹考虑，具有多维度协同发展的良好特征。高质量发展路径正如其字面含义，是以高质量发展为目标所选取的发展路径，但并非一种固定的发展方向，而是多维的、开放的动态发展过程。在前期对高质量发展定义、内涵及判断准则研究成果的基础上，给出高质量发展路径的概念：以实现高质量发展为目标，在资源、生态、经济、社会等多个维度采取的一系列有效策略和措施的有机结合。

黄河下游高质量发展路径研究涉及范围宽泛，需要明确、科学的理论体系支撑其进一步研究，在深入研读黄河重大国家战略的主要目标任务的基础上，结合黄河下游不同地区的实际情况，统筹考虑路径优化调控研究工作的目标需求和思想原则，构建出一套系统的高质量发展路径优化调控理论体系如图 11.3 所示，以支撑黄河下游高质量发展路径的优化调控，包括研究定位、指导思想、目标任务、重大需求和优选原则，为黄河流域高质量发展路径优化调控研究工作提供部分理论指导。

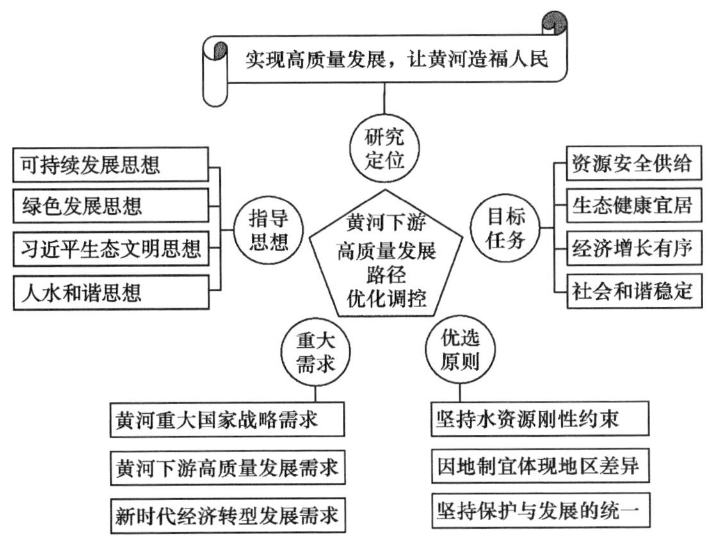

图 11.3　高质量发展路径优化调控理论体系

研究定位，即实现高质量发展，让黄河造福人民。这是黄河流域生态保护和高质量发展重大国家战略的出发点和落脚点，也是开展黄河下游发展路径优化调控的最高目标定位。

指导思想，即可持续发展思想、绿色发展思想、习近平生态文明思想、人水和谐思想。上述思想对开展黄河下游高质量发展路径优化调控工作均具有重要引领作用。

目标任务，即资源安全供给、生态健康宜居、经济增长有序、社会和谐稳定。上述四项目标既是黄河下游地区高质量发展路径优化调控的重要任务，也是高质量发展的显著特征。

重大需求,即黄河重大国家战略需求、黄河下游高质量发展需求、新时代经济转型发展需求。新时代我国经济发展已由高速增长阶段转变为高质量发展阶段,需要探索新的高质量发展路径以适应经济发展模式的转型升级。

优选原则,即坚持水资源刚性约束、因地制宜体现地区差异、坚持保护与发展的统一。推动水资源节约集约利用,以水定发展,将水资源当作最大刚性约束是黄河下游地区路径优化调控需坚持的首要原则。黄河下游地区差异性较大,不同城市各具地域特色,高质量发展路径优化调控要尽可能符合地区实际,探索出富有地域特色的新路子。人与自然和谐共生的理念始终贯穿于高质量发展,路径优化调控的目的是实现高质量发展,需要在保护与发展辩证统一原则的前提下探索出高质量发展路径。

2. 高质量发展路径优化调控的量化方法

结合笔者多年对人水和谐论的研究成果,本研究探讨了和谐论的量化方法体系在高质量发展路径优化调控中的适用性。将和谐评估、和谐辨识、和谐调控中的重要理论和方法应用于高质量发展路径优化调控研究,构成高质量发展路径的非建模优化调控的方法组合,探讨黄河下游高质量发展路径优化调控。

运用上述方法体系进行高质量发展路径优化调控的整体思路如下:①运用和谐评估方法,对研究区多年间的高质量发展指数(记为 HQDI)进行量化评估,形成长时间序列的 HQDI 值,为和谐辨识奠定基础。具体评估方法可选择和谐度评价方法和多指标综合评价方法。②运用和谐辨识方法,从关联性、制约性等不同角度识别对 HQDI 有重要影响的关键指标,为和谐调控提供不同方案。当一个和谐辨识问题转化为一个定量化的辨识计算问题后,就变成一个纯粹的系统辨识问题,因此,具体辨识方法可选择灰色关联分析法、障碍度计算法、相关分析法等。③运用和谐调控方法,构成和谐行为集(即路径优化调控集),通过横向对比不同路径下的 HQDI 值进行高质量发展路径优化调控。

(二)黄河下游高质量发展路径优化调控应用实例

1. 研究尺度与研究方法选择

针对省尺度的高质量发展路径优化调控过于宏观,因此从城市尺度开展黄河下游高质量发展路径优化调控研究,形成对河南、山东两省黄河下游流域涉及城市的高质量发展路径优化调控建议。本研究空间尺度为黄河下游 17 个城市,在本部分内容中,要进行高质量发展路径优化调控,参考黄河流域综合规划,设定调控目标年份为 2030 年,调控起始年份为 2010 年。本章主要采用和谐行为集优选方法对高质量发展路径进行优化调控,按照优选规则,需要保证起始年到现状年和现状年到目标年的时间序列长度一致,因此将 2020 年作为调控现状年,和谐评价时间序列为 2010—2020 年,优化调控时间序列为 2020—2030 年,时间序列长度均为 10 年。

本研究选用非建模优化调控方法进行路径优化调控,其中,和谐评估的具体方法选择"单指标量化—多指标综合—多准则集成"评价方法(SMI-P),SMI-P 评价方法计算步骤如下。

单指标量化:本研究中指标体系含有定量指标和定性指标,且定量指标量纲不完全相同,为了便于计算和对比分析,对单指标的定量描述采用模糊隶属度分析方法,即通过模糊隶属度函数,将各指标统一映射到[0,1]上。其中,正向指标的隶属度计算公式如下(逆向指标计算公式与之类似):

$$\mu_k = \begin{cases} 0, & x_i \leqslant e_i \\ 0.3\left(\dfrac{x_i - e_i}{d_i - e_i}\right), & e_i < x_i \leqslant d_i \\ 0.3 + 0.3\left(\dfrac{x_i - d_i}{c_i - d_i}\right), & d_i < x_i \leqslant c_i \\ 0.6 + 0.2\left(\dfrac{x_i - c_i}{b_i - c_i}\right), & c_i < x_i \leqslant b_i \\ 0.8 + 0.2\left(\dfrac{x_i - b_i}{a_i - b_i}\right), & b_i < x_i \leqslant a_i \\ 1, & a_i < x_i \end{cases} \tag{11.1}$$

式中,μ_k 为第 i 个指标的隶属度值,$i=1,2,\cdots,n$,n 为选用的指标个数;a_i,b_i,c_i,d_i,e_i 分别为第 i 个指标的最优值、较优值、及格值、较差值和最差值。

多指标综合:反映和谐问题的指标一般有多个,可以采取多种方法综合考虑这些指标,以定量描述它们的状态。可以采用多指标加权计算方法,该方法根据单一指标隶属度按照权重加权计算:

$$\mathrm{HD} = \sum_{k=1}^{n} w_k \mu_k \in [0,1] \tag{11.2}$$

式中,HD 为和谐度;μ_k 为第 k 个指标的隶属度;w_k 为权重,$\sum_{k=1}^{n} w_k = 1$。也可根据单一指标隶属度按照指数权重加权计算:

$$\mathrm{HD} = \prod_{k=1}^{n} \mu_k \beta_k \in [0,1] \tag{11.3}$$

式中,β_k 为权重,$\sum_{k=1}^{n} \beta_k = 1$。

多准则集成:可以采用加权平均或指数权重加权的方法计算:

$$\mathrm{HD} = \sum_{t=1}^{T} \omega_t \mathrm{HD}_t \tag{11.4}$$

$$\mathrm{HD} = \prod_{t=1}^{T} (\mathrm{HD}_t)^{\beta_k} \tag{11.5}$$

式中,ω_t,β_t 均为 t 准则的权重,$\sum_{t=1}^{T} \omega_t = 1$,$\sum_{t=1}^{T} \beta_t = 1$,其他符号同前。

结合《中国国民经济和社会发展第十四个五年规划和 2035 年远景目标纲要》以及相关研究,以高质量发展指数 HQDI 为目标,遵循代表性、动态性选取原则,考虑黄河下游实际,从资源、生态、经济、社会四个维度共选择 24 个指标来量化表征发展质量,进而对比不同路径的有效性,建立以目标层—准则层—指标层为框架的城市高质量发展水平评价指标体系如表 11.1 所示。为了体现水资源刚性约束,结合最严格水资源管理制度,在资源准则层中设置了水资源重复利用率指标，以明确“用水效率控制红线”；在生态准则层中设置了万元 GDP 废水排放量和污水处理率指标，以明确“水功能区限制纳污”红线。社会准则层下的“公众幸福满意度”指标是综合性指标，考虑了出行方式快捷、居住环境舒适、休闲娱乐便捷三方面判断标准，选择人均道路面积、人均城市保洁面积、人均公园面积三个代表性指标进行综合量化确定。

表 11.1 黄河下游城市尺度高质量发展水平评价指标体系

目标层	准则层	指标层	性质	数据来源
HQDI	资源	A1 资源供给普及率/%	+	中国城乡建设统计年鉴
		A2 水资源重复利用率/%	+	中国城乡建设统计年鉴
		A3 万元 GDP 用水量/%	−	河南省 & 山东省水资源公报/统计年鉴
		A4 万元 GDP 能耗/tce	−	河南省 & 山东省统计年鉴/中国城乡建设统计年鉴
		A5 万元 GDP 电耗/(kW · h)	−	河南省 & 山东省统计年鉴/中国城乡建设统计年鉴
		A6 单位面积粮食产量/(kg/hm^2)	+	河南省 & 山东省统计年鉴/中国城乡建设统计年鉴
	生态	B1 万元 GDP 废水排放量/t	−	河南省 & 山东省统计年鉴/中国城乡建设统计年鉴
		B2 万元 GDP 二氧化碳排放量/t	−	河南省 & 山东省统计年鉴/中国碳核算数据库
		B3 环保支出占公共预算比重/%	+	河南省 & 山东省统计年鉴/中国城乡建设统计年鉴
		B4 污水处理率/%	+	中国城乡建设统计年鉴
		B5 垃圾无害化处理率/%	+	中国城乡建设统计年鉴/中国城市统计年鉴
		B6 建成区绿地覆盖率/%	+	中国城乡建设统计年鉴
	经济	C1 人均 GDP/元	+	河南省 & 山东省统计年鉴
		C2 第三产业产值占 GDP 比重/%	+	河南省 & 山东省统计年鉴
		C3 城镇化率/%	+	河南省 & 山东省统计年鉴
		C4 城乡居民人均收入比值	−	中国区域经济数据库
		C5 R&D 人员全时当量/(人/年)	+	河南省 & 山东省统计年鉴
		C6 进出口额占 GDP 比重/%	+	河南省 & 山东省统计年鉴/中国区域经济数据库
	社会	D1 农村恩格尔系数	−	河南省 & 山东省统计年鉴/中国城乡建设统计年鉴
		D2 城市防洪排水管道密度/(km/km^2)	+	中国城乡建设统计年鉴/中国城市统计年鉴
		D3 社会保障支出占公共预算比重/%	+	河南省 & 山东省统计年鉴/中国城乡建设统计年鉴
		D4 城镇登记失业率/%	−	河南省 & 山东省统计年鉴/中国城乡建设统计年鉴
		D5 文化体育支出占财政支出比重/%	+	河南省 & 山东省统计年鉴/中国城乡建设统计年鉴
		D6 公众幸福满意度	+	中国城乡建设统计年鉴/中国城市统计年鉴

和谐辨识方法选择了灰色关联分析法和障碍度计算法，从关联性、制约性两个角度识别对高质量发展路径优化调控有重要意义的关键性指标。

和谐调控方法包含基于和谐度方程的优化模型方法、和谐行为集优化调控方法，其中优化模型方法思路在前文已进行了介绍，由于是非建模优化调控，所以此处选择的是和谐行为集优化调控方法（the optimal selection method of harmony actions set）。和谐行为集优化调控方法就是按照不同目的构建和谐行为集，通过对比计算多个和谐行为的和谐度 HD，可以从和谐行为集中找到最优方案或相对最优方案，有助于方案的优化选择。

在本研究中，不同的和谐行为就代表不同的发展路径，如图 11.4 所示。和谐行为集（即路径优化调控集）可表示为式（11.6），若路径 m 为最优和谐行为（The optimal harmony actions）（即最优路径），则其 HQDI 为所有路径 HQDI 的最大值，可表示为式（11.7），若最大值难以寻找，可以选定相对最优路径，即近似最优和谐行为（the quasi optimal harmony actions）。

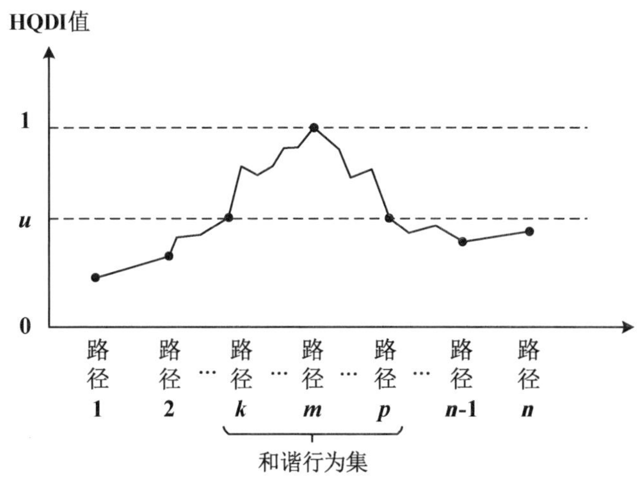

图 11.4　高质量发展路径优化调控集

$$\{路径\ k,\cdots,路径\ m,\cdots,路径\ p\}\ (且\ \mathrm{HQDI} \geqslant u) \tag{11.6}$$

$$\mathrm{HQDI}_m = \max\{\mathrm{HQDI}_k\}\ (k = 1,2,\cdots,n) \tag{11.7}$$

式中，u 代表现状年的高质量发展水平，即 2020 年的 HQDI 值。

2. 路径优化调控结果分析

（1）和谐评估结果

利用 SMI-P 和谐评估方法测算黄河下游 17 个城市 10 年间的 HQDI 值，结果如表 11.2 所示。时间尺度上，17 个城市的 HQDI 平均值多年间呈逐年递增趋势，从调控起始年 2010 年的 0.521 增加至 2020 年的 0.737。说明随着可持续、绿色发展理念的逐步落实，黄河下游高质量发展整体水平在不断提升。其中，河南省的城市高质量发展水平整体提升较快，其 HQDI 在 10 年间提升了接近 70%。从四个准则层探究其原因，发现河南省城市整体上在保持资源、生态、社会三个准则层指数稳定增长的前提下，经济水平在 10 年间得到快速提高，因此实现了高质量发展水平的明显提升。

空间尺度上，17 个城市的高质量发展水平存在较大空间差异，从 HQDI 的多年均值来看，山东省城市的发展质量整体相对较高（HQDI=0.673），河南省城市的发展质量整体相对较低（HQDI=0.603），HQDI 排名前五的城市中，山东省占了 4 个，分别是济南市、淄博市、东营市、泰安市，河南省仅省会郑州市进入前五名，这与黄河下游经济社会发展的区域性阶梯结构基本一致。在调控起始年（2010 年），17 个城市中仅有济南、淄博、东营 3 个城市的 HQDI 高于 0.6，但在调控现状年（2020 年），17 个城市的 HQDI 值均在 0.6 以上，10 年间黄河下游的高质量发展水平取得显著提升。

（2）和谐辨识结果

利用灰色关联度计算方法识别黄河下游 17 个城市高质量发展的重要关联性指标，利用障碍度计算方法识别两省高质量发展的重要制约性指标，计算结果如表 11.3、表 11.4 所示，重要关联性和关键制约性指标均加粗标记以示区分。17 个城市的重要关联性指标分布情况有较大差异，河南省城市的重要关联性指标多分布在资源和经济准则层，山东省城市的经济准则层、生态准则层与高质量发展水平关联性较高。相较于关联性指标，关键制约性指标的分布更为分散，多分布在经济和社会准则层。总体来说，和谐辨识结果具有较强空间异质性，体现了河南、山东两省不同城市不同发展模式间的差异，也为因地制宜地构建路径优化调控集提供了参考。

（3）和谐行为集构建

结合和谐辨识结果，以 10 年为时间跨度，暂时设定了黄河下游两省 17 市 4 条不同发展路径，构建和谐行为集（即路径优化调控集）如表 11.5 所示。

路径 1（维持现有模式的发展路径）：每个指标按照调控起始年到 2020 年 10 年间的增幅去提升。

路径 2（着重提升关联性指标的发展路径）：重要关联性指标（按关联性排序前 1/6 的指标）按调控起始年到 2020 年 10 年间增幅的 2 倍提升，其余指标按原来 10 年增幅的 0.85 提升。这里设置 0.85 是为了确保不同路径下指标的整体增幅基本相同，即在保证地区整体发展能力一定的情况下，部分领域着重提升，其他领域提升幅度相应下降，符合地区发展实际，也遵循了不同路径间的公平性原则。

路径 3（着重提升制约性指标的发展路径）：关键制约性指标（按制约性排序前 1/6 的指标）按调控起始年到 2020 年 10 年间增幅的 2 倍提升，其余指标按原来 10 年增幅的 0.85 提升，路径 3 的设定策略和路径 2 类似。

路径 4（关联性和制约性兼顾的均衡发展路径）：综合考虑关联性和制约性，每个指标以调控起始年到 2020 年 10 年间增幅为基础，按其关联性和制约性的综合表现，上下调整增幅倍数，具体调整策略为：计算每个地区单个指标的关联性、制约性在所有指标中所占比重的平均值，作为单个指标的权重，以此权重为基础在该地区内部分配指标增幅，路径 4 下指标的整体增幅倍数依然保持不变，和路径 1、路径 2、路径 3 相同。该调整策略在保证公平性的同时也体现了地区差异，黄河下游 17 个城市的各个指标增幅倍数分配方案列于表 11.6。

表 11.2　黄河下游 17 个城市 2010—2020 年 HQDI 评估结果

城市	HQDI 值											均值	排名	2020 年排名
	2010	2011	2012	2013	2014	2015	2016	2017	2018	2019	2020			
郑州	0.599	0.651	0.664	0.700	0.719	0.761	0.774	0.781	0.801	0.844	0.868	0.742	3	1
开封	0.398	0.375	0.429	0.448	0.527	0.543	0.556	0.596	0.629	0.654	0.690	0.531	17	14
安阳	0.477	0.518	0.522	0.541	0.562	0.588	0.609	0.631	0.640	0.647	0.679	0.583	13	15
鹤壁	0.464	0.457	0.531	0.525	0.512	0.608	0.640	0.667	0.708	0.723	0.733	0.597	12	8
新乡	0.457	0.491	0.516	0.530	0.544	0.569	0.585	0.596	0.628	0.661	0.672	0.568	14	16
焦作	0.499	0.541	0.571	0.579	0.615	0.639	0.662	0.707	0.731	0.748	0.780	0.643	11	5
濮阳	0.404	0.456	0.465	0.497	0.534	0.575	0.605	0.636	0.645	0.632	0.700	0.559	15	12
济南	0.663	0.685	0.695	0.721	0.753	0.764	0.782	0.776	0.808	0.801	0.820	0.752	1	2
淄博	0.648	0.668	0.687	0.715	0.737	0.755	0.771	0.794	0.819	0.793	0.813	0.746	2	3
东营	0.625	0.640	0.678	0.727	0.747	0.762	0.752	0.758	0.759	0.731	0.798	0.725	4	4
济宁	0.528	0.576	0.606	0.630	0.637	0.688	0.702	0.699	0.721	0.718	0.729	0.658	7	9
泰安	0.586	0.606	0.643	0.677	0.698	0.712	0.728	0.720	0.736	0.721	0.741	0.688	5	6
临沂	0.552	0.580	0.626	0.643	0.660	0.693	0.678	0.682	0.708	0.707	0.741	0.661	6	7
德州	0.504	0.556	0.637	0.631	0.621	0.654	0.674	0.688	0.708	0.697	0.723	0.645	10	10
聊城	0.523	0.570	0.620	0.652	0.647	0.666	0.694	0.694	0.710	0.676	0.697	0.650	9	13
滨州	0.565	0.606	0.640	0.674	0.702	0.654	0.658	0.653	0.684	0.691	0.702	0.657	8	11
菏泽	0.369	0.459	0.482	0.532	0.580	0.596	0.610	0.586	0.613	0.610	0.639	0.553	16	17
均值	0.521	0.555	0.589	0.613	0.635	0.660	0.675	0.686	0.709	0.709	0.737	—	—	—

表 11.3 黄河下游 17 个城市的和谐辨识(关联性)结果

指标	郑州	开封	安阳	鹤壁	新乡	焦作	濮阳	济南	淄博	东营	济宁	泰安	临沂	德州	聊城	滨州	菏泽
A1	0.784	0.878	0.922	0.888	0.885	0.859	0.851	0.776	0.696	0.783	0.624	0.647	0.632	0.678	0.871	0.767	0.755
A2	0.752	0.903	0.587	0.769	0.860	0.719	0.886	0.635	0.542	0.743	0.634	0.691	0.774	0.808	0.773	0.784	0.632
A3	0.924	0.903	0.884	0.916	0.935	0.934	0.929	0.905	0.864	0.826	0.867	0.871	0.888	0.923	0.912	0.868	0.816
A4	0.922	0.843	0.928	0.921	0.938	0.924	0.903	0.848	0.879	0.768	0.897	0.833	0.860	0.885	0.835	0.631	0.716
A5	0.911	0.843	0.803	0.921	0.901	0.923	0.726	0.896	0.887	0.634	0.814	0.805	0.730	0.815	0.774	0.670	0.806
A6	0.810	0.893	0.811	0.833	0.820	0.567	0.856	0.623	0.586	0.533	0.616	0.622	0.727	0.639	0.605	0.670	0.869
B1	0.889	0.793	0.906	0.884	0.910	0.835	0.826	0.835	0.887	0.625	0.797	0.802	0.716	0.618	0.590	0.722	0.722
B2	0.877	0.934	0.899	0.932	0.931	0.899	0.924	0.903	0.903	0.869	0.876	0.903	0.929	0.923	0.896	0.874	0.896
B3	0.803	0.691	0.614	0.773	0.627	0.587	0.679	0.775	0.806	0.707	0.620	0.596	0.598	0.641	0.729	0.703	0.622
B4	0.680	0.791	0.745	0.874	0.913	0.872	0.837	0.796	0.816	0.876	0.800	0.882	0.758	0.835	0.661	0.848	0.875
B5	0.863	0.857	0.807	0.856	0.745	0.825	0.827	0.866	0.707	0.732	0.803	0.714	0.737	0.822	0.724	0.817	0.797
B6	0.871	0.738	0.959	0.788	0.622	0.833	0.613	0.936	0.929	0.854	0.678	0.870	0.598	0.827	0.650	0.892	0.624
C1	0.910	0.925	0.952	0.918	0.964	0.943	0.947	0.938	0.903	0.861	0.892	0.910	0.918	0.933	0.900	0.877	0.868
C2	0.816	0.893	0.939	0.861	0.887	0.864	0.830	0.910	0.951	0.877	0.871	0.905	0.895	0.877	0.818	0.864	0.819
C3	0.927	0.903	0.952	0.923	0.952	0.944	0.878	0.623	0.869	0.901	0.868	0.914	0.867	0.876	0.863	0.865	0.856
C4	0.917	0.854	0.967	0.890	0.941	0.926	0.847	0.714	0.677	0.715	0.873	0.840	0.900	0.858	0.813	0.829	0.875
C5	0.900	0.761	0.720	0.789	0.784	0.817	0.700	0.944	0.835	0.667	0.860	0.859	0.922	0.916	0.743	0.883	0.825
C6	0.790	0.819	0.726	0.779	0.607	0.678	0.690	0.630	0.637	0.754	0.595	0.625	0.675	0.695	0.643	0.769	0.759
D1	0.575	0.527	0.627	0.589	0.675	0.604	0.562	0.614	0.530	0.542	0.531	0.570	0.584	0.567	0.557	0.698	0.533
D2	0.690	0.803	0.864	0.812	0.648	0.854	0.846	0.774	0.850	0.689	0.703	0.689	0.700	0.575	0.640	0.840	0.646
D3	0.582	0.588	0.802	0.690	0.822	0.819	0.609	0.689	0.610	0.827	0.818	0.797	0.875	0.799	0.773	0.771	0.738
D4	0.736	0.825	0.755	0.851	0.701	0.732	0.768	0.8[illegible]9	0.710	0.560	0.802	0.793	0.572	0.795	0.662	0.835	0.805
D5	0.607	0.677	0.674	0.710	0.716	0.646	0.701	0.587	0.817	0.817	0.680	0.720	0.581	0.669	0.547	0.688	0.602
D6	0.794	0.913	0.904	0.879	0.901	0.929	0.917	0.931	0.909	0.864	0.821	0.852	0.806	0.806	0.637	0.843	0.899

表 11.4　黄河下游 17 个城市的和谐辨识(制约性)结果

指标	郑州	开封	安阳	鹤壁	新乡	焦作	濮阳	济南	淄博	东营	济宁	泰安	临沂	德州	聊城	滨州	菏泽
A1	0.778	0.633	0.103	0.799	0.171	0.364	0.651	0.003	0.000	0.081	0.140	0.219	0.076	0.019	0.179	0.000	0.151
A2	3.120	8.091	4.875	0.667	2.720	0.000	0.798	4.139	2.258	3.510	6.886	6.529	7.033	10.265	6.522	9.707	7.950
A3	0.870	4.235	3.511	3.061	4.259	3.453	5.482	1.009	0.758	1.124	3.096	1.967	2.170	4.016	4.087	3.748	4.535
A4	3.501	1.966	6.315	6.059	4.149	5.614	4.215	5.410	11.711	4.113	4.729	5.292	5.133	4.998	6.158	8.509	4.284
A5	4.180	1.294	5.892	2.777	5.028	7.265	2.124	1.095	6.036	3.884	3.215	2.164	5.939	3.309	8.165	8.110	2.720
A6	7.539	2.169	1.306	0.144	0.998	0.000	0.484	3.202	1.363	2.267	0.400	0.176	1.625	0.119	0.868	0.876	1.663
B1	3.082	1.897	1.475	2.261	1.892	1.654	1.097	3.280	3.812	0.569	0.667	0.128	1.754	0.613	0.214	0.557	0.126
B2	2.906	3.642	6.101	5.224	6.639	4.100	5.814	3.156	3.313	4.645	4.334	3.444	6.342	5.616	4.797	6.920	4.810
B3	6.043	6.151	6.614	2.304	5.513	6.799	7.008	9.794	7.010	9.111	7.698	9.738	8.263	5.316	3.565	7.212	7.184
B4	0.810	2.225	0.507	2.878	1.807	2.447	2.782	1.026	1.336	1.864	1.168	1.564	1.072	1.692	1.118	1.577	2.579
B5	2.851	3.424	0.448	2.698	0.110	2.280	1.471	2.904	0.122	0.306	1.592	0.221	0.011	0.624	0.212	0.671	0.591
B6	7.188	5.597	4.134	4.005	3.559	4.779	3.540	7.177	3.679	4.800	4.864	2.907	3.475	3.357	2.781	3.368	3.284
C1	3.769	6.076	6.788	5.588	6.617	4.830	6.514	3.496	3.244	0.194	5.985	5.838	8.400	5.953	6.875	4.656	7.530
C2	2.689	2.899	4.793	8.367	4.343	7.141	5.727	0.911	5.001	9.870	3.803	3.422	2.871	4.016	5.255	3.817	4.289
C3	3.296	6.195	6.576	4.961	5.961	5.734	7.285	3.182	5.812	6.091	7.432	7.529	7.997	7.762	8.450	7.422	6.855
C4	1.378	2.642	3.164	1.356	2.598	1.135	5.105	9.121	4.746	7.858	3.911	3.917	7.045	2.323	3.909	4.255	2.277
C5	1.959	6.506	6.559	9.925	3.916	5.242	7.240	1.976	4.817	6.200	4.793	4.813	5.123	6.649	7.171	5.155	7.050
C6	1.040	8.268	4.138	9.263	6.386	4.094	7.040	4.455	2.393	0.428	4.048	8.818	1.908	4.722	1.814	0.100	2.381
D1	2.931	3.267	3.376	5.639	3.645	3.919	5.213	8.732	7.353	5.433	7.652	8.105	7.333	6.919	7.417	5.156	6.834
D2	6.998	5.203	2.335	6.801	6.570	5.719	4.093	7.361	5.113	5.547	5.579	5.816	1.570	4.409	1.497	2.521	6.180
D3	10.293	1.855	3.751	3.235	3.670	3.399	2.147	4.556	5.644	9.663	5.780	3.397	3.014	3.100	4.016	3.003	1.416
D4	1.359	3.860	5.151	2.021	6.621	7.025	2.260	3.658	4.045	1.232	5.358	2.080	0.660	3.269	4.777	2.154	4.265
D5	10.287	6.275	5.215	6.058	6.366	7.367	6.363	5.848	7.033	10.508	3.699	8.685	7.969	8.450	6.575	7.285	6.788
D6	11.132	5.632	6.873	3.910	6.460	5.640	5.546	4.508	3.401	0.704	3.173	3.230	3.219	2.485	3.577	3.223	4.257

表 11.5　黄河下游 17 个城市不同路径下的和谐行为

城市	路径 1	路径 2	路径 3	路径 4
郑州	所有指标按 2010—2020 年增幅的 1 倍调整	A3,A4,C3,C4 按 2010—2020 年增幅的 2 倍调整,其余指标按 0.8 调整	A6,D3,D5,D6 按 2010—2020 年增幅的 2 倍调整,其余指标按 0.8 调整	综合考虑关联性和制约性确定增幅倍数
开封	所有指标按 2010—2020 年增幅的 1 倍调整	A3,B2,C1,D6 按 2010—2020 年增幅的 2 倍调整,其余指标按 0.8 调整	A2,C5,C6,D5 按 2010—2020 年增幅的 2 倍调整,其余指标按 0.8 调整	综合考虑关联性和制约性确定增幅倍数
安阳	所有指标按 2010—2020 年增幅的 1 倍调整	B6,C1,C3,C4 按 2010—2020 年增幅的 2 倍调整,其余指标按 0.8 调整	B3,C1,C3,D6 按 2010—2020 年增幅的 2 倍调整,其余指标按 0.8 调整	综合考虑关联性和制约性确定增幅倍数
鹤壁	所有指标按 2010—2020 年增幅的 1 倍调整	A4,A5,B2,C3 按 2010—2020 年增幅的 2 倍调整,其余指标按 0.8 调整	C2,C5,C6,D2 按 2010—2020 年增幅的 2 倍调整,其余指标按 0.8 调整	综合考虑关联性和制约性确定增幅倍数
新乡	所有指标按 2010—2020 年增幅的 1 倍调整	A4,C1,C3,C4 按 2010—2020 年增幅的 2 倍调整,其余指标按 0.8 调整	B2,C1,D2,D4 按 2010—2020 年增幅的 2 倍调整,其余指标按 0.8 调整	综合考虑关联性和制约性确定增幅倍数
焦作	所有指标按 2010—2020 年增幅的 1 倍调整	A3,C1,C3,D6 按 2010—2020 年增幅的 2 倍调整,其余指标按 0.8 调整	A5,C2,D4,D5 按 2010—2020 年增幅的 2 倍调整,其余指标按 0.8 调整	综合考虑关联性和制约性确定增幅倍数
濮阳	所有指标按 2010—2020 年增幅的 1 倍调整	A3,B2,C1,D6 按 2010—2020 年增幅的 2 倍调整,其余指标按 0.8 调整	B3,C3,C5,C6 按 2010—2020 年增幅的 2 倍调整,其余指标按 0.8 调整	综合考虑关联性和制约性确定增幅倍数
济南	所有指标按 2010—2020 年增幅的 1 倍调整	B6,C1,C5,D6 按 2010—2020 年增幅的 2 倍调整,其余指标按 0.8 调整	B3,C4,D1,D2 按 2010—2020 年增幅的 2 倍调整,其余指标按 0.8 调整	综合考虑关联性和制约性确定增幅倍数
淄博	所有指标按 2010—2020 年增幅的 1 倍调整	B2,B6,C2,D6 按 2010—2020 年增幅的 2 倍调整,其余指标按 0.8 调整	A4,B3,D1,D5 按 2010—2020 年增幅的 2 倍调整,其余指标按 0.8 调整	综合考虑关联性和制约性确定增幅倍数
东营	所有指标按 2010—2020 年增幅的 1 倍调整	B2,B4,C2,C3 按 2010—2020 年增幅的 2 倍调整,其余指标按 0.8 调整	B3,C2,D3,D5 按 2010—2020 年增幅的 2 倍调整,其余指标按 0.8 调整	综合考虑关联性和制约性确定增幅倍数
济宁	所有指标按 2010—2020 年增幅的 1 倍调整	A4,B2,C1,C4 按 2010—2020 年增幅的 2 倍调整,其余指标按 0.8 调整	A2,B3,C3,D1 按 2010—2020 年增幅的 2 倍调整,其余指标按 0.8 调整	综合考虑关联性和制约性确定增幅倍数

续表 11.5

城市	路径 1	路径 2	路径 3	路径 4
泰安	所有指标按 2010—2020 年增幅的 1 倍调整	B2,C1,C2,C3 按 2010—2020 年增幅的 2 倍调整,其余指标按 0.8 调整	B3,C6,D1,D5 按 2010—2020 年增幅的 2 倍调整,其余指标按 0.8 调整	综合考虑关联性和制约性确定增幅倍数
临沂	所有指标按 2010—2020 年增幅的 1 倍调整	B2,C1,C4,C5 按 2010—2020 年增幅的 2 倍调整,其余指标按 0.8 调整	B3,C1,C3,D5 按 2010—2020 年增幅的 2 倍调整,其余指标按 0.8 调整	综合考虑关联性和制约性确定增幅倍数
德州	所有指标按 2010—2020 年增幅的 1 倍调整	A3,B2,C1,C5 按 2010—2020 年增幅的 2 倍调整,其余指标按 0.8 调整	A2,C3,D1,D5 按 2010—2020 年增幅的 2 倍调整,其余指标按 0.8 调整	综合考虑关联性和制约性确定增幅倍数
聊城	所有指标按 2010—2020 年增幅的 1 倍调整	A1,A3,B2,C1 按 2010—2020 年增幅的 2 倍调整,其余指标按 0.8 调整	A5,C3,C5,D1 按 2010—2020 年增幅的 2 倍调整,其余指标按 0.8 调整	综合考虑关联性和制约性确定增幅倍数
滨州	所有指标按 2010—2020 年增幅的 1 倍调整	B2,B6,C1,C5 按 2010—2020 年增幅的 2 倍调整,其余指标按 0.8 调整	A2,A4,A5,C3 按 2010—2020 年增幅的 2 倍调整,其余指标按 0.8 调整	综合考虑关联性和制约性确定增幅倍数
菏泽	所有指标按 2010—2020 年增幅的 1 倍调整	B2,B4,C4,D6 按 2010—2020 年增幅的 2 倍调整,其余指标按 0.8 调整	A2,B3,C1,C5 按 2010—2020 年增幅的 2 倍调整,其余指标按 0.8 调整	综合考虑关联性和制约性确定增幅倍数

表 11.6 路径 4 下黄河下游 17 个城市的各指标增幅倍数

指标	郑州	开封	安阳	鹤壁	新乡	焦作	濮阳	济南	淄博	东营	济宁	泰安	临沂	德州	聊城	滨州	菏泽
A1	0.58	0.61	0.57	0.63	0.56	0.57	0.61	0.49	0.44	0.53	0.42	0.44	0.43	0.44	0.61	0.48	0.51
A2	0.84	1.53	0.94	0.54	0.85	0.44	0.65	0.90	0.62	0.92	1.24	1.23	1.35	1.75	1.31	1.66	1.37
A3	0.68	1.06	0.96	0.92	1.08	0.99	1.24	0.69	0.64	0.68	0.94	0.79	0.84	1.07	1.11	1.00	1.08
A4	0.99	0.75	1.32	1.28	1.07	1.24	1.07	1.18	1.97	1.00	1.15	1.17	1.18	1.17	1.31	1.42	0.98
A5	1.07	0.67	1.20	0.88	1.15	1.44	0.71	0.70	1.29	0.89	0.92	0.78	1.19	0.92	1.51	1.40	0.85
A6	1.41	0.81	0.65	0.52	0.62	0.35	0.59	0.78	0.54	0.63	0.45	0.42	0.67	0.42	0.52	0.53	0.77
B1	0.92	0.71	0.73	0.80	0.78	0.71	0.65	0.92	1.02	0.48	0.60	0.53	0.68	0.47	0.43	0.52	0.49
B2	0.89	1.01	1.28	1.19	1.36	1.04	1.28	0.95	0.97	1.14	1.09	0.99	1.37	1.26	1.19	1.38	1.16
B3	1.22	1.16	1.17	0.74	1.04	1.18	1.27	1.66	1.36	1.56	1.33	1.55	1.38	1.05	0.92	1.31	1.27
B4	0.52	0.75	0.51	0.87	0.77	0.83	0.86	0.62	0.68	0.81	0.66	0.75	0.63	0.74	0.58	0.72	0.88
B5	0.88	0.94	0.54	0.84	0.47	0.78	0.69	0.89	0.47	0.52	0.72	0.48	0.49	0.60	0.52	0.60	0.59
B6	1.40	1.12	1.08	0.95	0.81	1.09	0.81	1.45	1.03	1.14	1.03	0.91	0.81	0.93	0.78	0.97	0.80
C1	1.02	1.30	1.39	1.22	1.38	1.16	1.38	1.01	0.97	0.60	1.30	1.28	1.61	1.31	1.44	1.11	1.47
C2	0.83	0.90	1.15	1.52	1.06	1.39	1.21	0.68	1.21	1.77	1.03	0.99	0.93	1.04	1.19	1.00	1.05
C3	0.97	1.30	1.37	1.15	1.30	1.27	1.42	0.77	1.25	1.33	1.46	1.49	1.53	1.49	1.60	1.44	1.38
C4	0.73	0.84	0.97	0.70	0.89	0.71	1.14	1.54	1.00	1.42	1.04	1.01	1.44	0.83	1.02	1.03	0.85
C5	0.79	1.25	1.22	1.66	0.95	1.13	1.31	0.83	1.11	1.19	1.14	1.13	1.22	1.38	1.37	1.18	1.39
C6	0.62	1.49	0.94	1.58	1.14	0.91	1.28	0.93	0.69	0.55	0.88	1.46	0.67	1.01	0.66	0.50	0.78
D1	0.71	0.72	0.79	1.03	0.85	0.84	0.98	1.44	1.22	1.01	1.27	1.34	1.26	1.19	1.27	1.06	1.17
D2	1.27	1.12	0.81	1.30	1.18	1.21	1.02	1.37	1.16	1.12	1.13	1.14	0.65	0.90	0.62	0.83	1.16
D3	1.60	0.58	0.94	0.80	0.94	0.91	0.64	0.98	1.07	1.71	1.23	0.92	0.94	0.88	1.01	0.85	0.65
D4	0.62	0.97	1.08	0.75	1.22	1.29	0.75	0.99	0.94	0.52	1.17	0.76	0.46	0.90	1.02	0.79	1.04
D5	1.61	1.17	1.04	1.15	1.20	1.28	1.20	1.07	1.37	1.80	0.89	1.50	1.34	1.44	1.16	1.31	1.21
D6	1.83	1.24	1.37	1.00	1.32	1.25	1.24	1.13	0.99	0.66	0.92	0.93	0.92	0.81	0.86	0.92	1.10

(4)路径优化调控结果

按照上表中不同路径下的和谐行为,以 2010—2020 年为基础(调控起始年到调控现状年),计算未来 10 年(调控现状年到调控目标年)黄河下游 17 个城市的 HQDI 值,结果如表 11.7 所示。17 个城市在不同路径下的 HQDI 值相较于 2020 年均有较大提升。整体而言,路径 4 下 HQDI 值最高,显著高于其他路径,其次是路径 1 和路径 3,路径 2 下的 HQDI 值相对最小,但与路径 1 和路径 3 基本持平,不同城市高质量发展路径优化调控的最终结果如表 11.8 所示。

表 11.7　四条路径下黄河下游 17 个城市的 HQDI 计算结果

城市	2020 年	路径 1	路径 2	路径 3	路径 4
郑州市	0.868	0.904	0.900	0.902	0.903
开封市	0.690	0.831	0.813	0.844	0.846
安阳市	0.679	0.800	0.803	0.805	0.815
鹤壁市	0.733	0.894	0.886	0.892	0.903
新乡市	0.672	0.808	0.799	0.795	0.813
焦作市	0.780	0.892	0.885	0.886	0.899
濮阳市	0.700	0.775	0.785	0.785	0.793
济南市	0.820	0.860	0.861	0.872	0.872
淄博市	0.813	0.918	0.905	0.928	0.934
东营市	0.798	0.817	0.816	0.829	0.831
济宁市	0.729	0.873	0.866	0.863	0.884
泰安市	0.741	0.833	0.836	0.838	0.842
临沂市	0.741	0.845	0.860	0.839	0.858
德州市	0.723	0.880	0.878	0.867	0.885
聊城市	0.697	0.796	0.802	0.799	0.811
滨州市	0.702	0.814	0.824	0.803	0.819
菏泽市	0.639	0.775	0.763	0.771	0.779

表 11.8　黄河下游 17 个城市的高质量发展路径优化调控结果

城市	路径优化调控结果
郑州市	路径 1>路径 4>路径 3>路径 2
开封市	路径 4>路径 3>路径 1>路径 2
安阳市	路径 4>路径 3>路径 2>路径 1
鹤壁市	路径 4>路径 1>路径 3>路径 2
新乡市	路径 4>路径 1>路径 2>路径 3

续表 11.8

城市	路径优化调控结果
焦作市	路径 4>路径 1>路径 3>路径 2
濮阳市	路径 4>路径 2>路径 3>路径 1
济南市	路径 4>路径 3>路径 2>路径 1
淄博市	路径 4>路径 3>路径 1>路径 2
东营市	路径 4>路径 3>路径 1>路径 2
济宁市	路径 4>路径 1>路径 2>路径 3
泰安市	路径 4>路径 3>路径 2>路径 1
临沂市	路径 2>路径 4>路径 1>路径 3
德州市	路径 4>路径 1>路径 2>路径 3
聊城市	路径 4>路径 2>路径 3>路径 1
滨州市	路径 2>路径 4>路径 1>路径 3
菏泽市	路径 4>路径 1>路径 3>路径 2

横向对比不同路径下的 HQDI，得到黄河下游 17 个城市的路径优化调控结果。虽然大多数城市的路径优化调控结果都是路径 4 最优，但也存在较大空间差异性，河南省 7 个城市的路径优化调控结果整体为路径 4>路径 3>路径 1>路径 2，山东省 10 个城市的路径优化调控结果整体为路径 4>路径 1>路径 2>路径 3。

（三）基于优化路径的黄河下游高质量发展布局

基于高质量发展路径优化调控结果，下面从资源、生态、经济、社会四方面提出黄河下游 17 个城市的针对性发展建议。

河南省 7 个城市中，郑州市高质量发展最优路径是路径 1，次优路径为路径 4，应在原有发展模式的基础上，综合考虑主要关联性指标和关键障碍性指标的提升，由于郑州市人口基数较大，部分民生领域存在明显短板，需重点关注社会准则层下的城市防洪、文体发展、社会保障、居民幸福等方面的提升。开封市、安阳市高质量发展最优路径是路径 4，次优路径为路径 3，应在综合发展模式的基础上，侧重关键制约性指标的提升，开封市需要积极推动水资源节约集约利用，适当提高科学研发投入，推动本土优秀产业向国内外扩展；安阳市应加大环保投入力度，继续保持良好的城市生态文明建设。鹤壁市、新乡市、焦作市高质量发展最优路径为路径 4，次优路径为路径 1，应在综合发展模式的基础上，保留原有发展模式优点，不宜过分偏向关联性和制约性指标提升，鹤壁市是国家环境保护模范城市、国家生态文明建设示范市，但经济发展相对乏力，产业结构仍需优化，国际性贸易仍需加强；新乡市和焦作市在资源、生态、经济、社会方面均存在不同程度的短板，能源利用效率、碳排放效率、产业结构布局、城市防洪能力、失业保障力度等方面均需重点提升。濮阳市高质量发展最优路径为路径 4，次优路径为路径 2，应在综合发展模式的基础上,适当侧重高质量发展主要关联性指标的提升,生态和经济方面仍存在较大提升空间,碳排放效率、环保和科研投入等领域需重点加强。

山东省10个城市中,济南市、东营市、淄博市、泰安市4个城市的高质量发展最优路径是路径4,次优路径为路径3,应在综合发展模式的基础上,适当侧重关键制约性指标的提升,4个城市的共同点是环保支出占比较低,仍需加大环保投入力度,同时部分社会准则层指标存在短板,如农村恩格尔系数偏高、文体产业发展财政支持度偏低等问题,济南市城乡居民收入差距依然偏高,在加快城镇化发展的同时也要注重消除城乡差距;淄博市能源利用效率偏低,万元GDP能耗偏高,需优化能源结构,提升利用效率,此外其城市防洪管道密度较低,存在城市内涝风险,在未来城市建设中需注重城市洪涝灾害防御工程建设和海绵城市建设;东营市第三产业占比较低,社会保障支出占比较小,文体产业发展相对不充分,在未来发展中需不断优化调整产业结构,保证社会保障支出的情况更加充分地发展城市文体产业;泰安市进出口贸易对地区经济发展的贡献程度较小,需加强国际贸易链完善程度,该市也存在农村恩格尔系数偏高和文体产业发展的问题,应积极落实乡村振兴战略,保障人民幸福感。济宁市、德州市、菏泽市的高质量发展最优路径是路径4,次优路径为路径1,应在综合发展模式的基础上,继承原有发展模式优点,不宜过分偏向关联性或制约性指标的提升,这3个城市的共同点是水资源重复利用率偏低,需加大中水回用力度,开发二次水源,提高水资源重复利用程度,济宁市城镇化率相对偏低,农村恩格尔系数偏高,仍需不断推进城镇化建设和乡村振兴战略;德州市高质量发展制约指标与济宁市类似,应积极采取相应发展策略;菏泽市人均GDP在山东省处于相对偏低水平,R&D人员全时当量不足,在保障生态文明建设的同时,应以经济发展为重心,增加科研投入力度,增强城市科技创新能力。临沂市和滨州市高质量发展最优路径是路径2,次优路径是路径4,应在未来发展布局中采取以主要关联性指标提升为重心,兼顾关键制约性指标提升的高质量发展模式,相较于其他城市,临沂市经济发展短板相对明显,需在调整产业结构的同时推动科技创新能力建设和乡村振兴建设;滨州市资源准则层对高质量发展水平存在显著影响,水资源、能源利用效率偏低,万元GDP电耗较高,应加大水资源重复利用程度,优化能源利用方式,多维度提升资源能源利用水平。聊城市高质量发展最优路径是路径4,次优路径为路径2,应在综合发展模式的基础上,适当偏重主要关联性指标的提升;聊城市万元GDP用水量、万元GDP二氧化碳排放量仍有降低空间,在保证经济稳步增长的前提下,积极落实最严格水资源管理制度,推动碳排放权交易市场建设,针对性打造资源节约型和低碳减排型高质量发展模式。

参考文献

[1]左其亭.黄河下游滩区治理的关键问题及协同治理体系构建[J].科技导报,2020,38(17):23-32.

[2]左其亭.水文化职工培训读本[M].北京:中国水利水电出版社,2015.

[3]左其亭.黄河流域生态保护和高质量发展研究框架[J].人民黄河,2019,41(11):1-6,16.

[4]左其亭.水科学的学科体系及研究框架探讨[J].南水北调与水利科技,2011,9(1):

113-117,129.

[5]赵剑波,史丹,邓洲.高质量发展的内涵研究[J].经济与管理研究,2019,40(11):15-31.

[6]任保平,文丰安.新时代中国高质量发展的判断标准、决定因素与实现途径[J].改革,2018(4):5-16.

[7]李金昌,史龙梅,徐蔼婷.高质量发展评价指标体系探讨[J].统计研究,2019,36(1):4-14.

[8]高培勇,袁富华,胡怀国,等.高质量发展的动力、机制与治理[J].经济研究参考,2020(12):85-100.

[9]金碚.关于"高质量发展"的经济学研究[J].中国工业经济,2018(4):5-18.

[10]左其亭,姜龙,马军霞,等.黄河流域高质量发展判断准则及评价体系[J].灌溉排水学报, 2021,40(3):1-8,22.

[11]左其亭.人水和谐论及其应用研究总结与展望[J].水利学报,2019,50(1):135-144.

[12]ZUO Q T, DIAO Y X, HAO L G, et al. Comprehensive evaluation of the human-water harmony relationship in countries along the "Belt and Road" [J]. Water Resources Management, 2020, 34(13): 4019-4035.

[13]左其亭,张云,林平.人水和谐评价指标及量化方法研究[J].水利学报,2008,39(4):440-447.

[14]左其亭,刘欢,马军霞.人水关系的和谐辨识方法及应用研究[J].水利学报,2016,47(11): 1363-1370,1379.

[15]中华人民共和国国民经济和社会发展第十四个五年规划和2035年远景目标纲要[N].人民日报,2021-03-13(1).

[16]张涛.高质量发展的理论阐释及测度方法研究[J].数量经济技术经济研究,2020,37(5):23-43.

[17]魏敏,李书昊.新时代中国经济高质量发展水平的测度研究[J].数量经济技术经济研究,2018,35(11):3-20.

[18]王慧艳,李新运,徐银良.科技创新驱动我国经济高质量发展绩效评价及影响因素研究[J].经济学家,2019(11):64-74.

[19]左其亭,胡德胜,窦明,等.基于人水和谐理念的最严格水资源管理制度研究框架及核心体系[J].资源科学,2014,36(5):906-912.

[20]左其亭,张志卓,吴滨滨.基于组合权重TOPSIS模型的黄河流域九省区水资源承载力评价[J].水资源保护,2020,36(2):1-7.

第十二章 科技创新驱动黄河流域高质量发展研究

高质量发展成为我国经济的发展方向，而科技创新正是推动经济高质量发展的动力，同样，黄河流域高质量发展亟须科技创新能力的支撑。本研究首先基于邻接矩阵、经济矩阵以及反距离矩阵，利用莫兰指数等空间自相关指数及其散点图、插值图，选取空间面板自相关模型，对黄河下游城市群的创新能力及其影响因素的空间格局和溢出效应进行分析。然后对黄河流域科技创新和产业升级现状进行梳理，建立科技创新和产业升级的指标体系，以黄河流域八个省区（除四川外）为研究对象，采用 2009—2018 年的指标数据，通过标杆分析法和等权方式处理数据得到原始时间序列，建立向量自回归模型，分析黄河流域各省区科技创新与产业升级的互动关系。结果显示，黄河下游城市群创新溢出格局形成了郑州、济南、青岛和蚌埠四大中心、集聚程度呈东高西低局面；在郑州和济南双中心的创新溢出影响下，黄河沿线城市创新能力有了显著提高；R&D 资金更能提升整体创新实力，FDI（外商直接投资）具有负外部性效应。另外，黄河流域八个省区科技创新和产业升级的双向互动关系均不显著；青海省产业升级对科技创新作用显著，科技创新对产业升级作用不显著，甘肃、陕西、河南和山东等 4 个省科技创新对产业升级作用显著，产业升级对科技创新作用不显著。

一、现状与问题

据中国科技发展战略研究小组撰写的《中国区域创新能力评价报告 2020》，黄河流域创新能力总体特点如下（如图 12.1、12.2 所示）：山东、陕西和河南位列前三，并且排名相对稳定。2016—2020 年山东创新能力提升步伐快于其他两省，领先优势较明显。陕西和河南在 2020 年的排名进步较大，陕西从 2019 年的 12 位次提升到 2020 年的 9 位次，前进了三个位次。河南从 2019 年的 15 位次提升到 2020 年的 13 位次，前进了两个位次；青海和甘肃排名相对落后，其中青海近年来排名持续提升，在 2018 年提升较快，甘肃排名呈现下滑态势，从 2019 年的 25 位次下降到 2020 年的 27 位次。

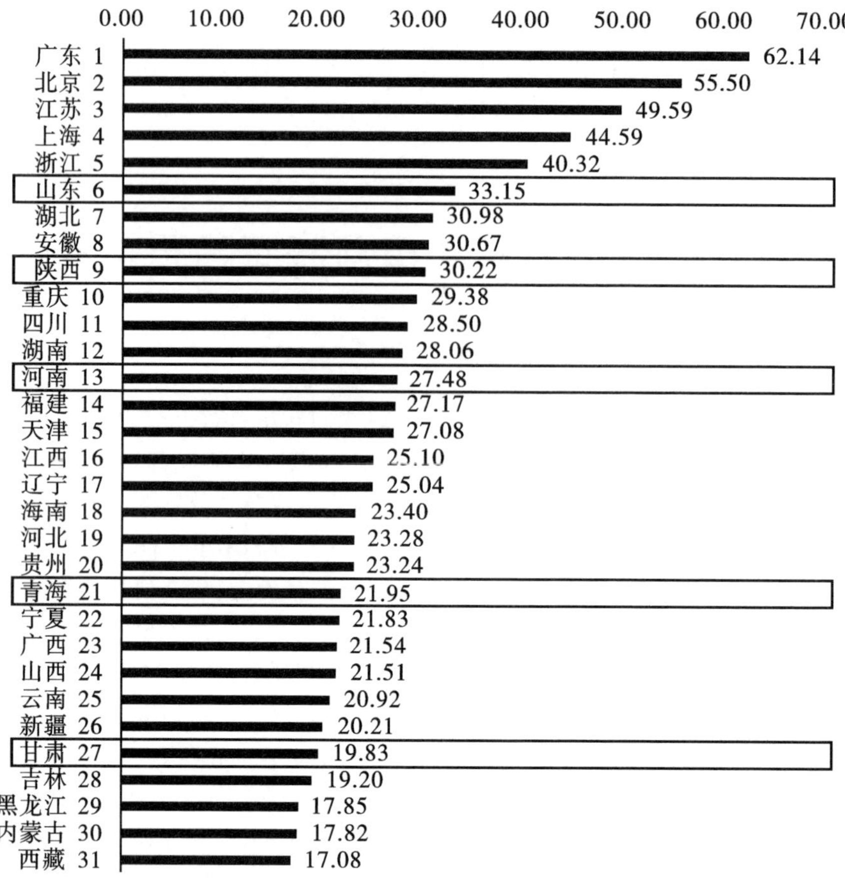

图 12.1 黄河流域部分省区 2020 年创新能力排名

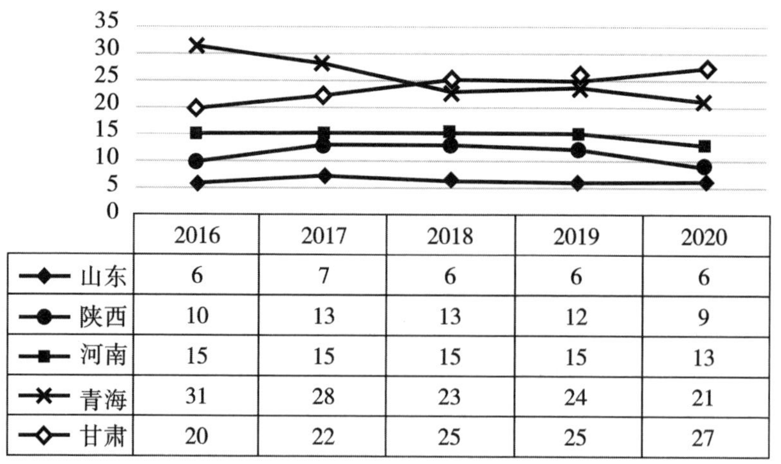

	2016	2017	2018	2019	2020
山东	6	7	6	6	6
陕西	10	13	13	12	9
河南	15	15	15	15	13
青海	31	28	23	24	21
甘肃	20	22	25	25	27

图 12.2 黄河流域部分省区 2016—2020 年创新能力排名

2020 年山东省创新能力排名全国第 6 位，与上年持平。分领域看，知识创造、知识获取、企业创新、创新环境及创新绩效分别排名第 15 位、第 9 位、第 6 位、第 5 位、第 17 位，其中企业创新能力排名没有变化，知识获取上升 1 位，创新绩效下降 4 位，知识创造排名下降 2 位，创新环境排名上升 1 位（各项综合指标见图 12.3）。从基础数据看，山东省有电子商务交易活动的企业数占总企业数的比重、按目的地和货源地划分进出口总额增长率指标增速明显。说明山东省注重企业的电商业务发展。与此同时，规模以上工业企业研发活动经费内部支出总额增长率、高技术产业就业人数增长率指标数据在下降（见表 12.1）。中国企业联合会发布数据显示，在 2019 中国企业 500 强榜单中，山东省入围 50 家企业，其中大多数为国有企业的能源、重工业企业（见表 12.2）。

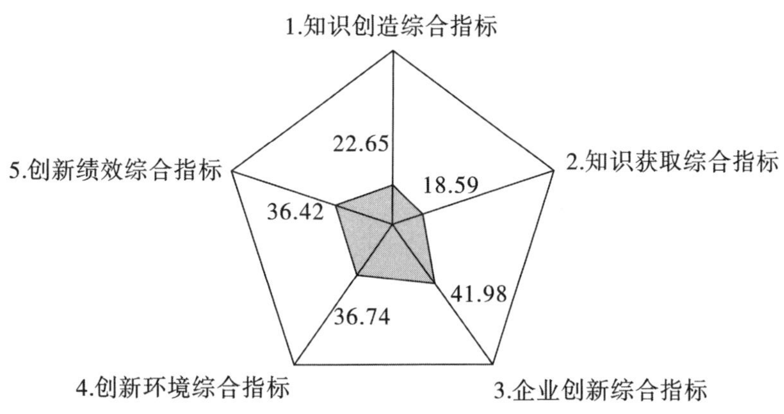

图 12.3　山东创新能力蛛网图

2020 年陕西省创新能力排名全国第 9 位，较上年上升了 3 位。分领域看，企业创新、创新环境、创新绩效排名稳步上升，其中，创新环境排名第 7 位，上升 5 位，进步最大，企业创新排名第 19 位，上升 1 位；创新绩效排名第 8 位，上升 1 位；知识创造和知识获取排名与上年持平，分别排名第 6 位和第 18 位（各项综合指标见图 12.4）。从基础数据看，陕西省在创新环境的优化和培育方面进步明显，科技企业孵化器孵化基金总额较上年增长 5 倍，平均每个科技企业孵化器孵化基金额较上年增长 6 倍且排名跃居全国第 1 位；在企业创新相关指标中，规模以上工业企业每万名研发人员平均发明专利申请数排名上升 10 位，但规模以上工业企业平均引进技术经费支出、就业人员中研发人员比例等下降较明显；在知识创造相关指标中，每亿元研发经费内部支出产生的专利申请数排名也有明显下降（见表 12.1）。中国企业联合会发布数据显示，在 2019 中国企业 500 强榜单中，陕西省 8 家企业入围，比上年新增 1 家企业，即陕西投资集团有限公司。从业务范围看，上榜企业多为能源产业、制造业、重化工业企业（见表 12.2）。

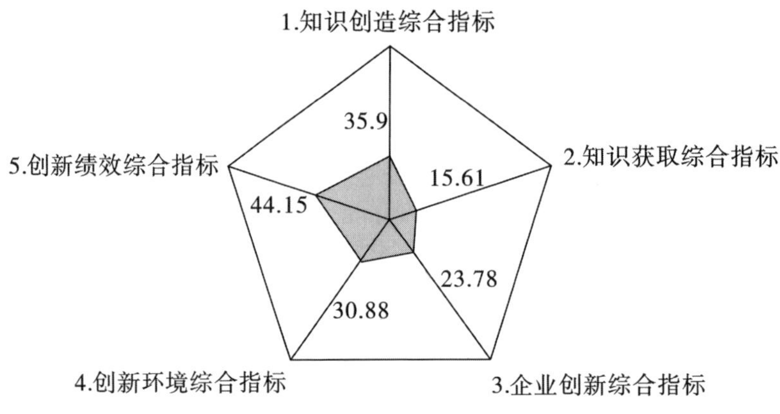

图 12.4　陕西创新能力蛛网图

2020 年河南省创新能力排名全国第 13 位,比 2019 年提升 2 位。分领域看,多数分领域指标稳步前进,其中,企业创新提升明显,从第 19 位上升至第 14 位;知识创造与知识获取各上升 1 位,分别居全国第 19 位和第 26 位,创新环境、创新绩效分别居第 11 位和第 6 位,与上年持平(各项综合指标见图 12.5)。从基础数据看,河南省在规模以上工业企业国内技术成交金额方面较为重视,增速达 1.78 倍,排名从第 12 位上升至第 9 位。河南省内高技术产业新产品销售收入占主营业务收入的比重表现优异,稳中有升,2020 年排名居全国第 2 位。然而,规模以上工业企业有研发机构的企业数及规模以上工业企业中有研发机构的企业占总企业数的比例略有下降,降幅均在 20% 左右(见表 12.1)。中国企业联合会发布数据显示,在 2019 中国企业 500 强榜单中,河南省有 9 家企业入围,比上年减少 1 位,多数为能源行业企业。2019 年入围企业均是 2018 年中国企业 500 强,多数企业较 2018 年排名略微下降(见表 12.2)。

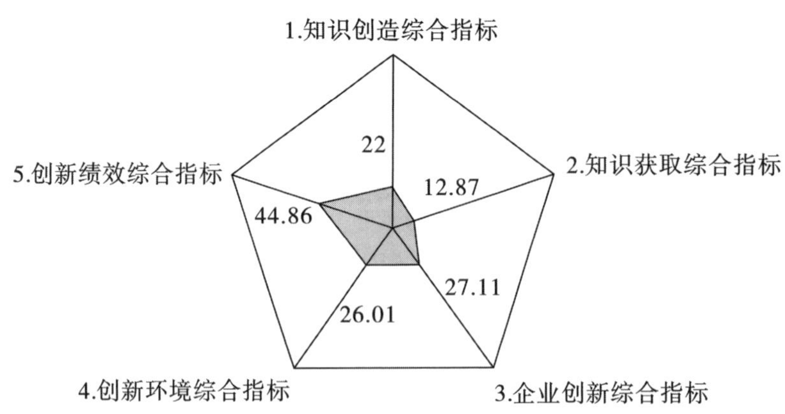

图 12.5　河南创新能力蛛网图

表 12.1　黄河流域省区变化较大的指标

省区	指标名称	2020 年	2019 年	增速/%	2020 年排名	2019 年排名	排名变化
山东	规模以上工业企业研发活动经费内部支出总额增长率/%	3.59	9.98	-64.03%	25	15	-10
	有电子商务交易活动的企业数占总企业数的比例/%	13.5	9	50.00%	2	16	14
	移动电话用户数增长率/%	3.88	6.89	-43.69%	28	15	-13
	按目的地和货源地划分进出口总额增长率/%	14.19	119.34	-88.11%	10	21	11
	高技术产业就业人数增长率/%	-4.91	3.25	-251.08%	25	15	-10
河南	规模以上工业企业研发活动经费内部支出总额占销售收入的比例/%	1.11	0.59	88.14	12	24	12
	每十万研发人员作者异国科技论文数/篇	39	26	50	21	30	9
	规模以上工业企业平均国内技术成交金额/(万元/个)	6.17	2.23	176.68	15	23	8
	规模以上工业企业中有研发机构的企业占总企业数的比例/%	6.43	8.12	-20.81	22	15	-7
陕西	规模以上工业企业每万名研发人员平均发明专利申请数/件	779	561	38.86	13	23	10
	平均每个科技企业孵化器孵化基金额/(万元/个)	16 646.28	2204.49	655.11	1	10	9
	规模以上工业企业平均研发经费外部支出/(万元/个)	14.87	22.72	-34.55	18	9	-9
	每亿元研发经费内部支出产生的发明专利申请数/件	50	93	-46.24	14	4	-10
甘肃	规模以上工业企业中有研发机构的企业占总企业数的比例/%	6.62	8.03	-17.56	21	16	-5
	规模以上工业企业每万名研发人员平均发明专利申请数/件	871	603	44.44	10	19	9
	规模以上工业企业平均研发经费外部支出/(万元/个)	8.8	15.18	-42.03	27	17	-10

续表 12.1

省区	指标名称	2020 年	2019 年	增速/%	2020 年排名	2019 年排名	排名变化
青海	每亿元研发经费内部支出产生的发明专利申请数/件	56	38	47.37	13	23	10
	每十万研发人员作者异国科技论文数/篇	38	72	-47.22	24	14	-10
	规模以上工业企业有效发明专利增长率/%	28.88	18.9	52.8	7	29	22
	规模以上工业企业平均技术改造经费支出/(万元/人)	54.1	101	-46.44	27	11	-16

表 12.2 黄河流域省区中国企业 500 强企业(部分)

排序	省区	企业名称	营入/亿元	名次	排序	省区	企业名称	营收/亿元	名次
1	山东	山东能源集团	3389.74	52	18	陕西	西安迈科金属国际集团	1086.26	177
2	陕西	陕西延长石油(集团)	2951.37	68	19	山东	山东东明石化集团	1018.2	188
3	山东	山东魏桥创业集团	2844.87	70	20	山东	浪潮集团	1016.05	189
4	陕西	陕西煤业化工集团	2805.87	73	21	陕西	陕西建工集团	1006.04	191
5	山东	海尔集团公司	2661.18	79	22	甘肃	甘肃公路航空旅游投资集团	974.75	197
6	山东	兖矿集团	2572.28	81	23	甘肃	酒泉钢铁(集团)	960.72	199
7	山东	潍柴控股集团	2353.73	87	24	陕西	陕西汽车控股集团	654.55	276
8	甘肃	金川集团股份	2208.75	96	25	甘肃	白银有色集团股份	619.47	291
9	河南	河南能源化工集团	1705.39	119	26	甘肃	甘肃建设投资(控股)集团	604.73	298
10	山东	山东钢铁集团	1558.57	124	27	河南	安阳钢铁集团	512.03	341
11	河南	万洲国际	1495.86	129	28	河南	郑州宇通企业集团	436.74	393

续表 12.2

排序	省区	企业名称	营入/亿元	名次	排序	省区	企业名称	营收/亿元	名次
12	陕西	陕西有色金属控股集团	1355.09	137	29	河南	河南森源集团	408.38	419
13	山东	海信集团	1266.35	146	30	青海	西部矿业集团	383.2	441
14	河南	中国平煤神马能源化工集团	1260.46	147	31	河南	天瑞集团股份	377.2 0	449
15	山东	中国重型汽车集团	1100.50	171	32	陕西	陕西投资集团	371.77	453
16	陕西	东岭集团股份	1096.57	172	33	河南	河南豫光金铅集团	370.02	457
17	山东	南山集团	1086.96	176	34	河南	万基控股集团	341.86	488

2020 年青海省创新能力排名全国第 21 位,较上年上升 3 位。分领域看,知识创造排名第 22 位,较上年上升 4 位;知识获取排名第 31 位,较上年没有变化;创新绩效排名第 26 位,较上年下降 2 位;企业创新排名第 21 位,较上年上升 1 位;创新环境排名第 13 位,较上年没有变化(各项综合指标见图 12.6)。从基础数据看,青海省规模以上工业企业有效发明专利增长率指标排名变化最大,上升 22 位,每亿元研发经费内部支出产生的发明专利申请数指标排名上升 10 位。规模以上工业企业每万名研发人员平均发明专利申请数指标排名也有所提升。每十万研发人员作者异国科技论文数和规模以上工业企业平均技术改造经费支出两个指标排名较 2019 年有所下降(见表 12.1),根据中国企业联合会发布数据显示,在 2019 中国企业 500 强榜单中,青海省入围 1 家,即西部矿业集团有限公司,与上年一致,缺乏标杆企业(见表 12.2)。

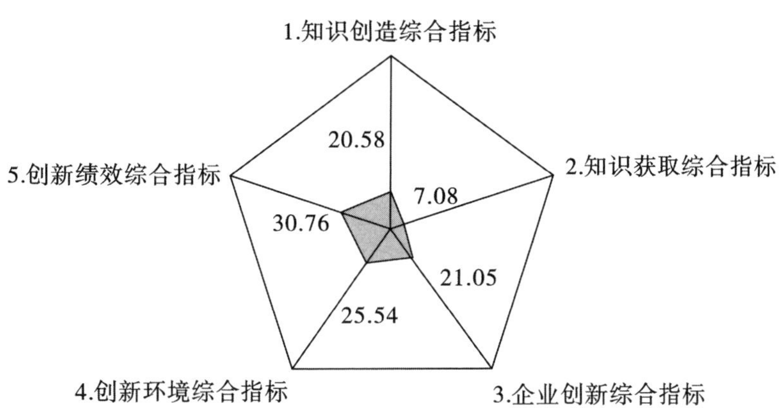

图 12.6　青海创新能力蛛网图

2020 年甘肃省创新能力排名全国第 27 位,较上年下降 2 位。从分项指标看,实力指标排名第 25 位,效率指标排名第 24 位,潜力指标排名第 21 位。分领域看,知识创造排名第 26 位,较上年下降 2 位;知识获取排名第 12 位,较上年上升 1 位,企业创新排名第 28 位,与上年持平;创新环境排名第 27 位,较上年下降 7 位;创新绩效排名第 22 位,较上年上升 2 位(各项综合指标见图 12.7)。从基础数据分析,甘肃省研究开发、企业创新能力逐步提升,规模以上工业企业购买国内技术经费支出增加 72.37%,规模以上工业企业每万名研发人员平均发明专利申请数增加 44.44%,科技企业孵化器当年毕业企业数增加 46.13%。但创新环境方面下降明显(见表 12.1)。中国企业联合会发布数据显示,在 2019 中国企业 500 强榜单中,甘肃省入围 5 家,主要是能源领域企业(见表 12.2)。

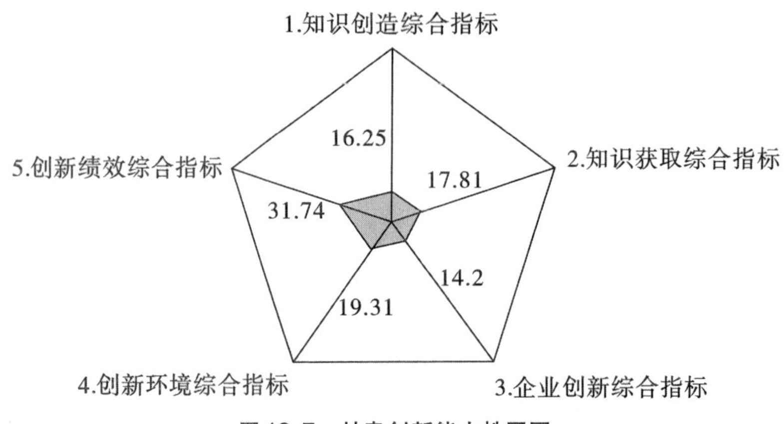

图 12.7 甘肃创新能力蛛网图

对黄河流域九省区创新能力现状进行分析和数据挖掘,如表 12.3 所示。

表 12.3 黄河流域九省区创新能力现状

省区	创新能力现状
山东	山东有 2 所双一流大学,1 所一流学科院校,在校大学生总数占总人口的 2%;开展产品或工艺创新活动企业数 14 296 个,占全部企业的比例为 22.2%,高新技术产值占 GDP 的 9.1%;技术市场交易额为 8 199 519.6 万元,研发强度 2.34,研发人员 509 348 人,万人从业人员中 R&D 人员数 78.1 人,研发机构 189 个;主要新兴产业有新一代信息技术、生物、高端装备、新材料、现代海洋、绿色低碳、数字创意等
河南	河南有 1 所双一流大学,1 所一流学科院校,在校大学生总数占总人口的 2.2%;开展产品或工艺创新活动企业数 7611 个,占全部企业的比例为 19.2%,高新技术产值占 GDP 的 12.6%;技术市场交易额为 1 492 839.9 万元,研发强度 1.4,研发人员 256 175 人,万人从业人员中 R&D 人员数 37.4 人,研发机构 117 个;主要新兴产业有现代生物与健康、环保装备与服务、尼龙新材料、智能装备、新能源及网联汽车、新型显示和智能终端、汽车电子、智能传感器、新一代人工智能、5G 等

续表 12.3

省区	创新能力现状
陕西	陕西有 3 所双一流大学,5 所一流学科院校,在校大学生总数占总人口的 2.7%;开展产品或工艺创新活动企业数 3518 个,占全部企业的比例为 21.8%,高新技术产值占 GDP 的 11%;技术市场交易额 11 252 908.4 万元,研发强度 2.18,研发人员 141 267 人,万人从业人员中 R&D 人员数 68.2 人,研发机构 101 个;主要新兴产业有新一代信息技术、高端装备制造、新材料、生物、新能源、新能源汽车、节能环保等
山西	山西无双一流大学,有 1 所一流学科院校,在校大学生总数占总人口的 2%;开展产品或工艺创新活动企业数 1322 个,占全部企业的比例为 13.9%,高新技术产值占 GDP 的 7.7%;技术市场交易额为 1 507 566.6 万元,研发强度 1.05,研发人员 75 862 人,万人从业人员中 R&D 人员数 39.2 人;研发机构 158 个;主要新兴产业有高端装备制造业、新能源产业、新材料产业、节能环保产业、生物产业、煤层气产业、新一代信息技术产业、新能源汽车产业,现代煤化工产业等
内蒙古	内蒙古无双一流大学,有 1 所一流学科院校,在校大学生总数占总人口的 1.7%;开展产品或工艺创新活动企业数 873 个,占全部企业的比例为 13.9%,高新技术产值占 GDP 的 2.3%;技术市场交易额为 198 398.3 万元,研发强度 0.75,研发人员 41 182 人,万人从业人员中 R&D 人员数 29.2 人,研发机构 92 个;主要新兴产业有清洁能源、新材料、装备制造、生物和环保等
甘肃	甘肃有 1 所双一流大学,无一流学科院校,在校大学生总数占总人口的 1.8%;开展产品或工艺创新活动企业数 932 个,占全部企业的比例为 19.5%,高新技术产值占 GDP 的 2.8%;技术市场交易额为 1 808 778.4 万元,研发强度 1.18,研发人员 38 720 人,万人从业人员中 R&D 人员数 24.8 人,研发机构 104 个;主要新兴产业有清洁生产、节能环保、清洁能源、先进制造、文化旅游、通道物流、循环农业、中医中药、数据信息、军民融合等
宁夏	宁夏无双一流大学,有 1 所一流学科院校,在校大学生总数占总人口的 1.8%;开展产品或工艺创新活动企业数 553 个,占全部企业的比例为 24.4%,高新技术产值占 GDP 的 5%;技术市场交易额为 121 057.9 元,研发强度 1.23,研发人员 19 824 人,万人从业人员中 R&D 人员数 52.3,研发机构 18 个;主要新兴产业有新材料、新能源、先进装备制造、生物产业、节能环保、新一代信息技术、数字创意等
青海	青海无双一流大学,有 1 所一流学科院校,在校大学生总数占总人口的 1.1%;开展产品或工艺创新活动企业数 254 个,占全部企业的比例为 18.9%,高新技术产值占 GDP 的 3.6%;技术市场交易额为 793 553.3 万元,研发强度 0.6,研发人员 7814 人,万人从业人员中 R&D 人员数 23.7 人,研发机构 25 个;主要新兴产业有新能源制造业、新材料产业、电子信息产业、生物医药产业和高端装备制造业等
四川	四川有 2 所双一流大学,6 所一流学科院校,在校大学生总数占总人口的 1.8%;开展产品或工艺创新活动企业数 6720 个,占全部企业的比例为 24.4%,高新技术产值占 GDP 的 17%;技术市场交易额为 9 967 010.3 万元,研发强度 1.81,研发人员 254 281 人,万人从业人员中 R&D 人员数 52.1 人,研发机构 155 个;主要新兴产业有新一代信息技术、高端装备制造、新材料、生物、新能源、新能源汽车、节能环保等

制约黄河流域生态保护和高质量发展的问题很多，特别是在以创新驱动为代表的经济发展新动能转换方面还无法满足其战略定位需求。原因体现在如下几个方面。

1. 黄河流域整体创新资源不足

创新资源是创新驱动发展的必要前提，也是创新发展的核心要义。但是，黄河流域在这方面不仅无法与京津冀、长三角、珠三角等地区相比，与整体长江经济带相比也有诸多不足，这不仅仅体现在一流大学、人才队伍、研发投入、科研机构、创新成果、技术资金等显性指标，更体现在顶层设计、创新协调机制、产业结构等方面。

2. 缺乏强大的核心增长极和创新驱动轴线

一个区域经济的快速增长离不开实力强大的增长极。尽管黄河流域已初步形成具有一定科技经济实力的济南经济圈、中原城市群与关中城市群，但与长江经济带的长三角城市群、长江中部城市群和成渝城市群相比还存在很大的差距。现有城市群辐射力无法覆盖整个黄河流域，难以在流域的经济发展中起到有效的统领作用，更承担不了带领黄河流域参与全国甚至全球分工与竞争的重任。黄河不通航，流域交通连接主要是公路和铁路，没有形成促进流域发展的轴线。

3. 流域经济空间开发合作协调性不足

由于不同的开发主体利益不同，黄河流域内各个省、区基本都是从自身经济、社会发展的角度来进行区域经济开发的，没有考虑到全流域的整体利益。流域内部各行政区之间存在上下游之间各自为政，缺乏相互协调，没有整体观念等问题。这种开发方式远远不符合黄河流域经济整体开发的要求，也与流域统一管理、统一开发的愿景相违背。

二、科技创新推动黄河流域高质量发展研究

（一）以新基建为契机推进高质量发展

基础设施作为经济社会高质量发展的重要支撑，对生产、生活模式的转换与升级具有重要意义。在数字经济背景下，传统基础设施已然难以满足人们对高品质生活的需求，而新型基础设施建设（以下简称新基建）作为现有基础设施的延展与升级，能够为黄河流域协同创新发展，产业格局优化升级、智慧城市建设完善提供新的机遇。黄河流域作为极为重要的大河流域，在经济总量、产业布局、基础设施等方面仍与长江经济带、粤港澳大湾区等发达地区有所差距。同时，较之传统基建，新基建投资具有所需资金量更大，回收期更长的特点。因此，探究新基建发展潜力与投资能力之间的关联关系，将有助于黄河流域提高资金利用效率、优化基础设施配置、精准补齐发展短板、促进经济加速转型，实现全流域高质量发展。

1. 黄河流域新基建发展潜力测算

（1）研究区域与数据选取

本研究将黄河流经的青海、四川、甘肃、宁夏、内蒙古、山西、陕西、河南、山东 9 个省区作为研究区域。基于 2011—2020 年数据进行新基建发展水平与投资能力关联研究。

各指标数据来源于2011—2020年《中国统计年鉴》《中国电力统计年鉴》《中国科技统计年鉴》《中国固定资产统计年鉴》《中国火炬统计年鉴》及各省区统计公报。部分缺失年份的数据采用相邻年份均值或插值法补充。

(2)黄河流域新基建发展潜力指标体系构建

构建评价指标体系是为了更准确地对黄河流域新基建发展潜力作出全面、客观、公正的评价。新基建潜力发展指标体系构建应遵循科学性、完整性、可获得性的原则,充分体现新基建具有技术创新性、产业聚集性、高度融合性等特点。本文根据新基建定义,结合黄河流域高质量发展目标和相关研究,从经济基础、产业基础、承接基础、创新基础、社会基础五个维度构建黄河流域新基建发展潜力评价指标体系:①新基建旨在促进经济发展到新高地,但同时新型基础设施的建设周期较长,资金需求量较传统基建更大,需要深厚的经济实力作为其发展基础。人均GDP衡量地区经济发展水平,人均财政收入衡量地方经济环境,固定资产投资总额衡量经济发展动力,经济波动率衡量经济发展稳定性。②产业数字化转型升级能够深刻创新变革国内产业链,推动我国基础能力和现代化能力提高。工业总产值衡量地区工业总体水平,规模以上企业数量衡量地区工业实力,高新技术企业增加值衡量企业技术转化能力,第三产业贡献率衡量产业结构。③新基建在发展的过程中需要耗费当地的资源,如水、电、交通、电信等来承接其发展。铁路网密度衡量地区交通运输水平,发电量衡量地区电力供应水平,移动电话普及率和邮电业务总量衡量地区邮政和通信水平。④我国正在由科技大国向科技强国迈进,创新能力对区域高质量发展至关重要,新基建的发展必将加大地区创新资源的需求量。研发强度和科研机构数量衡量地区创新投入水平,国内专利授权量和技术市场成交额衡量创新产出水平。⑤新基建致力于人民的美好生活,同时良好的社会基础将会加速新基建发展。城镇居民可支配收入衡量地区居民生活质量,每十万人高等学校在校生数衡量地区人口素质水平,环境污染投资占GDP比重衡量社会环境治理程度,卫生医疗人员数量衡量地区医疗卫生水平。具体指标如表12.4所示。

表12.4　黄河流域新基建发展潜力评价指标体系

一级指标	二级指标	单位	方向
经济基础	人均GDP	元	正向
	人均财政收入	元	正向
	固定资产投资总额	亿元	正向
	经济波动率	%	逆向
产业基础	工业增加值	亿元	正向
	规模以上工业企业数量	个	正向
	高新技术企业增加值	元	正向
	第三产业贡献率	%	正向

续表 12.4

一级指标	二级指标	单位	方向
承接基础	铁路网密度	km/km^2	正向
	发电量	亿 kW · h	正向
	移动电话普及率	%	正向
	邮电业务总量	亿元	正向
创新基础	研发强度	%	正向
	科研机构数量	个	正向
	国内专利授权量	件	正向
	技术市场成交额	万元	正向
社会基础	城镇居民人均可支配收入	元	正向
	每十万人高等学校在校生数	人	正向
	环境污染治理投资占 GDP 比重	%	正向
	卫生医疗人员数	人	正向

(3)数据处理

由于数据单位不同,需要对数据进行标准化处理,本文采用极差法对数据进行标准化处理。正向指标采用式(12.1)进行处理,逆向指标采用式(12.2)进行处理。

$$X'_{ij} = \frac{X_{ij} - X_{min}}{X_{max} - X_{min}} \tag{12.1}$$

$$X'_{ij} = \frac{X_{max} - X_{ij}}{X_{max} - X_{min}} \tag{12.2}$$

式中,X_{ij} 为第 i 个指标、第 j 个分区所对应的原始数据;X_{max} 、X_{min} 分别为对应的每项指标中的最大值和最小值;X'_{ij} 为标准化之后第 i 个指标、第 j 个分区所对应的数据。

有关发展潜力权重的确定方法,相关学者已经进行了深入研究。本文采用应用广泛的熵值法进行发展潜力权重测算,结果如表 12.5 所示。

表 12.5　黄河流域新基建发展潜力指标权重

二级指标	权重
人均 GDP	0.021
人均财政收入	0.020
固定资产投资总额	0.057
经济波动率	0.006
工业增加值	0.066
规模以上工业企业数量	0.092

续表 12.5

二级指标	权重
高新技术企业增加值	0.085
第三产业贡献率	0.018
铁路网密度	0.041
发电量	0.071
移动电话普及率	0.013
邮电业务总量	0.085
研发强度	0.055
科研机构数量	0.036
国内专利授权量	0.090
技术市场成交额	0.119
城镇居民人均可支配收入	0.025
每十万人高等学校在校生数	0.018
环境污染治理投资占 GDP 比重	0.028
卫生医疗人员数	0.054

(4)新基建发展潜力结果分析

基于上述方法确定的权重,将数据进行加权处理,测算出 2011—2020 年黄河流域九省区新基建发展水平,进而得到黄河流域整体新基建发展水平。结果如图 12.8 所示。从图中可以看出,总体而言,2011—2020 年黄河流域整体新基建发展水平呈现稳健上升趋势,从 2011 年的 0.15 上升到 2020 年的 0.37,上升百分比为 147%,变动幅度较大,这表明黄河流域新基建水平整体向好的方向发展。其中 2019 年增长最为显著,增长幅度为 17.86%,2019 年增长率为 12.12%,增长速度也较快,主要原因是新基建概念于 2019 年提出后,受到了社会各界的广泛关注与认同,黄河流域各个省区相继出台相关政策,加速新基建建设。但从绝对数角度来看,黄河流域整体新基建发展水平数值偏低,这与黄河流域整体经济社会发展水平现状相符合。总的来说,黄河流域整体新基建发展水平处于逐年增长,但整体水平不高的状态,因此黄河流域新基建发展水平存在巨大的发挥空间。

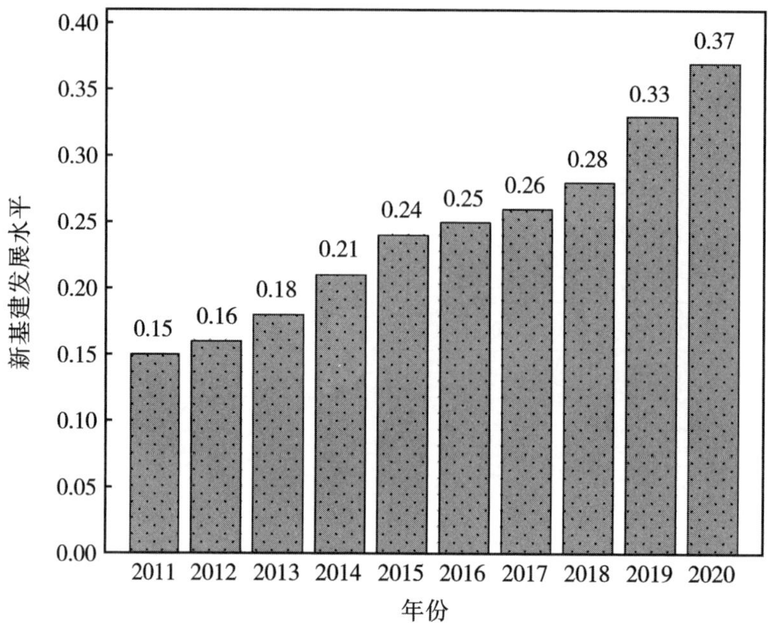

图 12.8　黄河流域整体新基建发展潜力

将 2011 年、2014 年、2017 年、2020 年九省区的新基建发展水平按照 2020 年值进行排序，并用堆积图表示，如彩页图 19 所示。从彩页图 19 中可以看出，在空间特征方面，黄河流域的各省区新基建发展水平差异较大。山东一直处于领先地位，各年值均高于其他省区。其次是四川省、河南省、陕西省，其值略低于山东省，并高于其他省区。其中，数据显示，四川省近年来值增长幅度较大，在 2019 年首次超过河南省，成为仅次于山东省的省份。位于黄河中上游的山西、内蒙古、甘肃、宁夏、青海的新基建发展水平明显低于其他省份，这与当地经济发展水平落后的现状较为符合。此外，黄河流域 2011—2020 年整体新基建发展水平平均值为 0.245，山东、河南、四川、陕西的平均值位于前四，并且高于整体平均值，另外五省区的值均低于平均值，与堆积图显示结果相符。整体而言，各省份的新基建发展水平都处于逐年上升的状态，但省份间发展水平差异较大；相对来说，经济社会发展水平与新基建发展水平呈正相关关系，经济社会水平高的地区的新基建发展水平要优于发展水平较低的地区。

2. 新基建发展潜力与投资能力关联研究

（1）黄河流域整体分析

本文采用面板 VAR 模型对黄河流域新基建发展潜力（POT）与全社会总投资（INV）间的关联关系进行分析。首先进行单位根检验，以确定变量的平稳性；其次进行协整检验，以验证变量间是否存在协整关系；最后运用 Granger 因果检验、脉冲响应与方差分解探究变量间是否存在因果关系以及冲击效应和解释贡献程度。

①面板 VAR（向量自回归）模型。面板 VAR 模型相对于普通 VAR 模型，结合了时间序列模型与面板数据的优点，引入不同个体效果与不同时间效应变量，能够反映不同个

体间的差异以及不同截面受到的共同冲击。具体面板 VAR 模型如式(12.3)：

$$y_{i,t}=\alpha_i+\beta_0+\sum_{j=1}^{m}\beta_j y_{i,t-j}+\lambda_{i,t}+v_{i,t} \tag{12.3}$$

式中，$y_{i,t}$ 表示含有两变量{ $INV_{i,t}$，$POT_{i,t}$ }的列向量；i 表示黄河流域各省区；t 表示年份；m 表示滞后期数；$\alpha_{i,j}$ 为面板 VAR 模型引入个体效应；β_0 为截距项，β_j 为参数项；$\lambda_{i,t}$ 表示不同时间效应的解释变量；$v_{i,t}$ 表示随机干扰项。

②面板数据的单位根检验和协整检验。面板数据能够在一定程度上减少变量间的关联，但由于时间序列的存在，不能消除数据中存在非平稳随机波动的可能性，因此需要对面板数据进行单位根平稳检验。由于检验原理不同，导致检验结果不同，本文将面板数据采用 LLC 方法、Fisher-ADF 方法以及 Fisher-PP 方法同时进行单位根检验，如果结果一致通过，则表示该面板数据通过单位根检验，说明该数据为平稳数据。结果如表 12.6所示，INV 和 POT 在 1%、5%、10%的显著性水平下均接受原假设，即原序列存在单位根，为非平稳序列。对 INV 和 POT 进行一阶差分，进而进行单位根检验，结果表明，一阶差分序列在 1%的显著性水平下，拒绝了存在单位根的原假设，即一阶差分序列为平稳序列。因此说明 INV 和 POT 是一阶单整序列。

表 12.6　单位根检验结果

变量	LLC		ADF		PP	
	T 统计值	*P* 值	*T* 统计值	*P* 值	*T* 统计值	*P* 值
INV	1.21	0.8877	10.90	0.8984	22.52	0.2096
POT	1.56	0.9402	11.58	0.8684	29.1815	0.0462
DINV	-7.24	0.0000***	39.28	0.0026***	72.48	0.0000***
DPOT	-5.96	0.0000***	31.06	0.0283***	50.38	0.0001***

注：①***、**、*分别表示在 1%、5%、10%的显著水平下通过检验。

②DINV、DPOT 分别是 INV、POT 的一阶差分序列。

在一阶单整的情况下，需要对变量进行协整检验以确定是否存在长期的协整关系。本文采用 Pedroni 的方法进行检验。结果如表 12.7 所示，DINV 与 DPOT 存在长期面板协整关系。

表 12.7　协整检验结果

Panel ADF		Group ADF		Group PP	
T 统计值	*P* 值	*T* 统计值	*P* 值	*T* 统计值	*P* 值
-3.55	0.0002***	-2.86	0.0021***	-5.05	0.0000***

注：***、**、*分别表示在 1%、5%、10%的显著水平下通过检验。

③滞后阶数选择。本文对变量的一阶差分序列建立 VAR 模型，需要确定模型的最

优滞后期数。本文综合利用 AIC 信息准则、SC 信息准则、HQ 信息准则来确定最优滞后阶数。结果如表 12.8 所示,相较于其他阶数,滞后 2 阶效果最佳。

表 12.8　滞后阶数结果

Lag	AIC	SC	HQ
0	-4.3715	-4.2912	-4.3416
1	-4.7039	-4.4630*	-4.6141
2	-4.7730*	-4.3715	-4.6233*
3	-4.6913	-4.1293	-4.4818

④Granger 因果检验。协整检验证实新基建发展与全社会总投资之间存在长期的均衡关系,为了探究变量间是否存在因果关系,本文对面板 VAR 模型进行格兰杰(Ganger)因果关系检验。Granger 因果检验由经济学家 Granger 提出,能够根据数据的过去值预测未来值,可以用来检验变量间是否存在因果关系,该关系主要衡量变量间的动态相关性,能够预测变量间是否影响。根据表 12.9 的检验结果可以看出全社会总投资是新基建发展的格兰杰原因,但新基建发展不是全社会总投资的格兰杰原因。这说明全社会总投资在一定程度上对黄河流域的新基建发展有促进作用,而并非新基建的发展促使全社会总投资增加。这是由于新基建设施的建设期和收益期均较长,需要大量的资金支撑其前期建设及后期运营,全社会总投资的增加能够有效弥补新基建发展的资金缺口,为新型基础设施的技术研发、建设、运营等方面提供充足的资金支持,因此全社会总投资是新基建发展潜力的格兰杰原因。尽管新基建发展能够拉动基础设施建设需求的增加,但受制于黄河流域整体经济发展水平较低的现状,新基建投资增加空间有限,因此双方变量并未展示出良好的双向互动关系。

表 12.9　Granger 检验结果

Granger 检验原假设	*F*	*P*	结果
DPOT 不是 DINV 的 Granger 原因	0.9725	0.3842	接受
DINV 不是 DPOT 的 Granger 原因	3.8979	0.0258	拒绝

⑤脉冲响应。基于已建立的面板 VAR 模型进行脉冲响应分析。脉冲响应展示了一个变量受到冲击之后,通过 VAR 模型对其他变量影响的轨迹。本文通过 INV 的一阶差分受到一个标准差的冲击后,显示对 POT 的一阶差分的影响,横轴表示冲击时间,纵轴表示冲击程度,上下两条线为置信区间内的上下边界,具体结果如图 12.9、图 12.10 所示。图 12.9 的脉冲响应图展示了全社会总投资对全社会总投资的冲击,全社会总投资在自身一个标准差的冲击下整体呈现正向影响,在第一期下降幅度较大,第二期有所回升,第三期后呈现稳定下降趋势,并在第十期左右趋近于 0。图 12.10 展示了全社会总投资对

新基建发展潜力的冲击,新基建发展潜力在受到全社会总投资一个标准差的冲击后,在第一期就表现出了正向响应,第二期影响幅度增加,并在第三期达到峰值,随后影响减弱,但依旧收敛于正的均衡值,累计冲击响应达到 0.047 38,基于以上分析可知,全社会总投资对新基建发展潜力存在正向的冲击效应,且全社会总投资的增加对新基建发展潜力提升的带动作用显著。

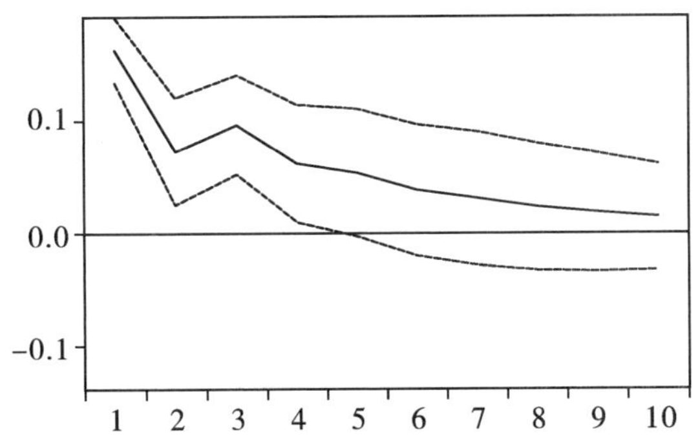

图 12.9　全社会总投资对全社会总投资的脉冲响应

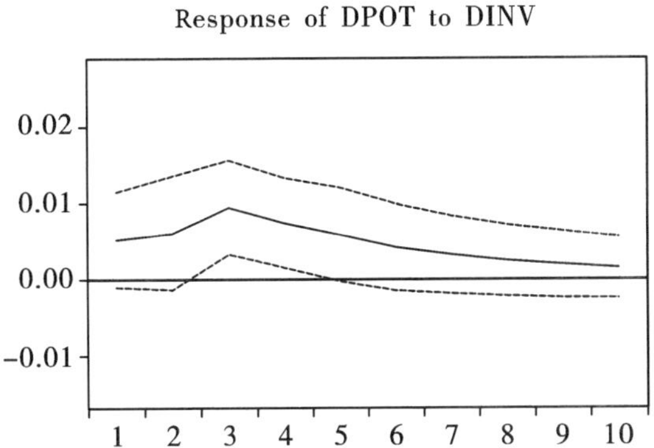

图 12.10　全社会总投资对新基建发展潜力的脉冲响应

⑥方差分解。Granger 因果检验仅探究了变量双方是否具有因果关系,为了更细致地刻画变量间的关系强度,本文采用方差分解的方法来分析全社会总投资对黄河流域新基建发展水平的贡献程度。结果如表 12.10 所示,在 1 到 10 期的预测期内,新基建发展水平受自身扰动较大,同时全社会总投资对新基建发展水平的影响呈现出不断上升的趋势。在第 1 期,全社会总投资即对新基建发展水平贡献了 4.31% 的解释能力,从第 3 期开始全社会总投资对新基建发展水平的贡献度大幅增长,并在第 8 期开始增长趋于稳定,维持在 26% 左右。基于以上分析可以得出,在 2011—2020 年黄河流域全社会总投资对于新基建发展水平的变化发挥了明显的促进作用。这与 Granger 因果检验和脉冲响应分析结果相一致,再次证实了投资对新基建发展水平的相对重要性。虽然新基建发展水

平在后期受自身扰动程度下降,但相对于全社会总投资的影响,仍占据主要地位,这说明新基建发展水平仍存在不完善之处,因此对于新基建的发展水平应统筹考虑,合理布局。

表 12.10 方差分析结果

预测期	DINV	DPOT
1	4.31	95.69
2	8.50	91.50
3	17.92	82.08
4	21.98	78.02
5	24.15	75.85
6	25.23	74.77
7	25.87	74.13
8	26.25	73.75
9	26.48	73.52
10	26.62	73.38

(2)黄河流域各省区分析

①灰色关联度模型。灰色关联度模型利用变量之间的相似或相异程度,衡量变量之间的关联程度。本文将黄河流域各省区区新基建发展潜力作为参考序列。灰色关联度系数如式(12.4)、(12.5)所示。

$$\zeta_{ik} = \frac{\min\limits_{i}\min\limits_{k}|x_{0k} - x_{ik}| + \rho\max\limits_{i}\max\limits_{k}|x_{0k} - x_{ik}|}{|x_{0k} - x_{ik}| + \rho\max\limits_{i}\max\limits_{k}|x_{0k} - x_{ik}|} \tag{12.4}$$

$$R_i = \frac{1}{N}\sum_{k=1}^{N}\zeta_{ik} \tag{12.5}$$

式中,k 为时间;i 为省区区;x_{0k} 为被解释变量;x_{ik} 为各解释变量;ζ_{ik} 为各年度各省区区的关联系数;ρ 为分辨系数,本文设置为 0.5;N 为年份跨度,本文设置为 10;R_i 为 2010—2019 年各省区区关联度平均值。

②灰色关联分析。上述分析描述了黄河流域新基建发展潜力与全社会总投资间的关联关系,在此结论的基础上紧接着探究新基建发展潜力分别与五项分类投资间的关联程度。2020 年 4 月,发改委将新基建的范围明确为三个方面:信息基础设施、融合基础设施、创新基础设施。基于上述分类,本文利用灰色关联度模型对黄河流域各省区的①全社会电力热力投资、②全社会交通运输及邮政业投资、③全社会信息传输及软件技术投资、④全社会科学技术投资、⑤全社会教育投资分别与各省区区的新基建发展潜力间的关联性进行测算,并按照 2020 年新基建发展潜力进行排序。灰色关联度越大,说明两者之间的关联程度越强,本文将大于 0.65 的值定义为强关联,灰色关联度结果如表 12.11 所示。

表 12.11　黄河流域各省区新基建发展潜力与各项投资灰色关联度

省区	各项投资				
	①	②	③	④	⑤
山东	0.652	0.511	0.941	0.804	0.824
四川	0.644	0.487	0.939	0.975	0.86
河南	0.72	0.625	0.949	0.878	0.853
陕西	0.635	0.492	0.921	0.9	0.816
山西	0.475	0.483	0.963	0.971	0.85
内蒙古	0.412	0.475	0.897	0.956	0.894
甘肃	0.518	0.504	0.948	0.968	0.847
宁夏	0.502	0.637	0.909	0.977	0.887
青海	0.535	0.506	0.895	0.967	0.858
综合	0.566	0.524	0.929	0.933	0.854

从总体来看，全社会科学技术投资和全社会信息传输及软件技术投资与新基建发展潜力关联程度最强，平均值达到 0.93 左右，全社会教育投资次之，全社会电力热力投资和全社会交通运输及邮政业投资与新基建的关联性较差。区别于传统基建，新基建的科技含量更高，充分展现了科技与生产生活相融合的特点，未来新基建的发展需要科学技术水平的不断创新与突破。其中，新基建的信息科技项目包括5G、人工智能、工业互联网等都是传统基础建设所不具备的，这有赖于近年来我国信息传输、软件开发技术的迅猛发展。任何技术的发展都离不开前期大量投入，因此新基建发展潜力表现出与科学技术、信息传输和软件技术投资的高度关联性。黄河流域各个省区的教育投资与新基建发展潜力的关联性都维持在平均值 0.854 左右，省区间没有较大幅度的变化。新基建对技术的要求极高，相对应的技术人才的需求量也会更大，这需要优质的教育为之支撑。因此，教育投资对于新基建的发展具有建设性意义。全社会电力热力投资与新基建发展潜力在经济社会发展水平较高的地区表现出相对较高的关联度，在相对落后地区表现出的关联度较低，这与各个地区经济发展水平差异导致的电力、热力的需求程度有关。全社会交通运输和邮政业投资与新基建发展潜力相对于其他指标，表现出较低的关联程度，我国的交通运输经过多年发展，已具有一定规模，而且交通运输类新基建既包含对交通运输传统基建的数字化、智能化改造和升级，又包含对基于新一代信息技术交通运输新技术新产业、新业态、新模式的发展，因此传统的交通运输和邮政业投资与新基建发展潜力的关联度有限。

进一步得出结论：

一是黄河流域 2011—2020 年新基建发展水平整体呈现稳定上升的趋势，各省份区间新基建发展水平差异较大，经济社会发展水平相对较高地区较落后地区的新基建发展水平更高。从绝对数方面来看，黄河流域新基建发展水平整体偏低，这与黄河流域整体发展水平现状相符合，也说明黄河流域基础建设仍有不足之处，新基建存在巨大的发展水平空间。

二是全社会总投资与新基建发展潜力间具有相关性，并且全社会总投资能够促进新基建发展。通过建立面板 VAR 模型发现黄河流域全社会总投资是新基建发展潜力的格兰杰原因；经过脉冲响应分析可知，全社会总投资对于新基建发展潜力能够产生正向冲击效应；依据方差分解结果，全社会总投资在较长时间内维持在 26% 的水平上解释新基建发展潜力。综上所述，全社会总投资与新基建发展间具有关联关系，且全社会总投资的调整能够在较长时间跨度上对新基建发展潜力产生正向影响。

三是科技创新方面投资与新基建发展潜力关联度更高。由灰色关联分析可以看出，黄河流域各省区新基建发展潜力与科学技术、信息传输和软件技术方面投资的关联度较高，与电力、热力、交通等传统领域投资的关联度较低，充分体现了科技对新基建发展的促进作用，也从侧面反映了科技创新对区域高质量发展的支撑作用。

（二）黄河下游创新能力时空演化及影响因素研究

中原城市群和山东半岛城市群地理上紧邻（中原城市群中菏泽、聊城两市同属山东半岛城市群），经济上相互依赖，产业分工上互补。并且，黄河所流经的这 18 个地市为黄河下游两城市群的核心发展区域。因此，研究中原城市群和山东半岛城市的创新能力及其影响因素可以更全面反映黄河下游整体流域的区域创新概况。

1. 方法与模型

（1）指标选取

创新能力指的是新思想的发展，它反映了对现有知识的一种诠释或者丰富。专利申请量在衡量区域创新能力时具有一定的优势，另外受审查机构约束小，数据更具时效性。基于此，本文选取专利作为创新能力的衡量指标。

（2）知识生产函数

作为目前国际上研究知识生产、技术创新与区域创新及其决定因素的重要理论模型，考虑城市的创新产出受到多方面的影响，不仅包括资金、人力资本，也受经济发展水平、基础设施建设水平、营商环境以及外资影响等。可得到衡量创新产出的表达式：

$$\ln perinno = \beta_0 + \beta_1 \ln GDP + \beta_2 \ln rdpeop + \beta_3 \ln rd + \beta_4 \ln highway + \beta_5 \ln fdi + \beta_6 \ln loan + \varepsilon \tag{12.6}$$

式中，变量 GDP，rdpeop，rd，highway，fdi 以及 loan 分别为国内生产总值、R&D 人员数、R&D 经费、高速公路里程数、国际直接投资以及贷款金额；β_0 为常数项；$\beta_1 \sim \beta_6$ 为各变量系数；ε 为随机误差项。

（3）空间权重矩阵

经济距离矩阵（$\boldsymbol{E}$），地域之间相互联系，相互影响，但总体来说经济发达对于不发达地区的影响力大于落后地区对发达地区的影响，在本研究中，这种影响不同于单纯的邻接关系，其更能反映出经济特征对于创新溢出效应的影响。本研究采用人均生产总值作为地区经济发展状况的指标，构建经济距离空间权重矩阵，其基本形式如下：

$$e_{ij} = \begin{cases} \dfrac{1}{|X_i - X_j|}, i = j \\ 0, i \neq j \end{cases} \tag{12.7}$$

其中，X_n 代表中原城市群在 2010—2016 年 10 年间人均 GDP 的均值，其值越大，差距也就越大。

(4)要素集聚的空间特征

为对中原城市群各城市创新要素的空间集聚特征进行分析，判断其空间自相关模式是属于随机模式、离散模式还是集聚模式，采用常用来度量全局空间自相关的统计量全局 Moran' s I 统计量。同时，用全局 Getis-Ord G 表示聚类模式，当 $G > E(G)$ ，说明其属性值在空间上倾向于发生高值与高值聚类以及低值与低值聚类，若为负则说明高值倾向于与低值聚类。

$$G = \frac{\sum_{i=1}^{n} \sum_{j=1}^{n} w_{ij} x_i x_j}{\sum_{i=1}^{n} \sum_{j \neq i}^{n} x_i x_j} \tag{12.8}$$

2. 实证分析

(1)创新溢出的空间格局

利用空间权重矩阵 (w_{ij}) 、(d_{ij}) 以及 (e_{ij}) ，对黄河下游城市群 2010—2017 年 45 个城市的专利申请量按照上述公式测算莫兰指数以及 G 指数，同时，衡量全局空间自相关的程度以及变化趋势。结果显示，在研究期间，三种空间权重矩阵条件下的黄河下游城市群创新能力均具有明显的空间自相关性，且无论是 Moran' s I 指数还是 Getis-Ord G 统计量的 P 值大部分都通过了 5% 的显著性检验，强烈拒绝原假设。考察期间，Moran' s I 均为正值，Getis-Ord G 均大于其期望值[$E(G) = 0.107$]，均证明空间集聚的形式是空间正相关，说明黄河下游城市群内部拥有较多创新要素以及良好的市场环境的城市会辐射周围城市从而形成创新集聚区，“虹吸效应”在该区域未发挥主要作用。

通过趋势变化图 12.11 可知：无论是邻接矩阵、反距离矩阵还是经济距离矩阵，2010—2017 年黄河下游城市群各城市创新能力在空间自相关程度上开始出现逐步减弱的趋势，此外也可以看出基于经济距离矩阵 (e_{ij}) 的莫兰值最大，基于反距离矩阵 (d_{ij}) 莫兰值的绝对值及相对变化值最小。

无论是 Moran' s I 还是 Geti' s G 指数，二者在研究区间内均为下降趋势，只是因为指数特性，后者较前者变化缓慢，但均反映出在空间集聚程度上黄河下游城市群在逐渐偏离典型的高—高集聚模式。一方面，这反映出研究区域在目前创新能力仍表现出明显的空间正相关性，资本上相互流动、技术上相互支持的具有较高创新能力的城市在空间上相互临近和聚类，以此来缩减研发成本，形成规模效应。另一方面，空间集聚值的下降趋势也说明这种空间正相关性在不断地减弱。整体上来看，造成这种现象的缘由是近些年来各地市均加大了在创新方面的投入，注重吸引各方创新要素，同时国家层面也更加注重城市群的建设，出台许多配套政策来加强黄河下游基础设施建设，如郑州国家中心城市、郑洛新和山东半岛以及合芜蚌国家自主创新示范区的筹备与建立。在国家支持以及自身投入的双重推动下,各地市创新能力普遍提升,并由此形成空间集聚程度不断降低的局面。

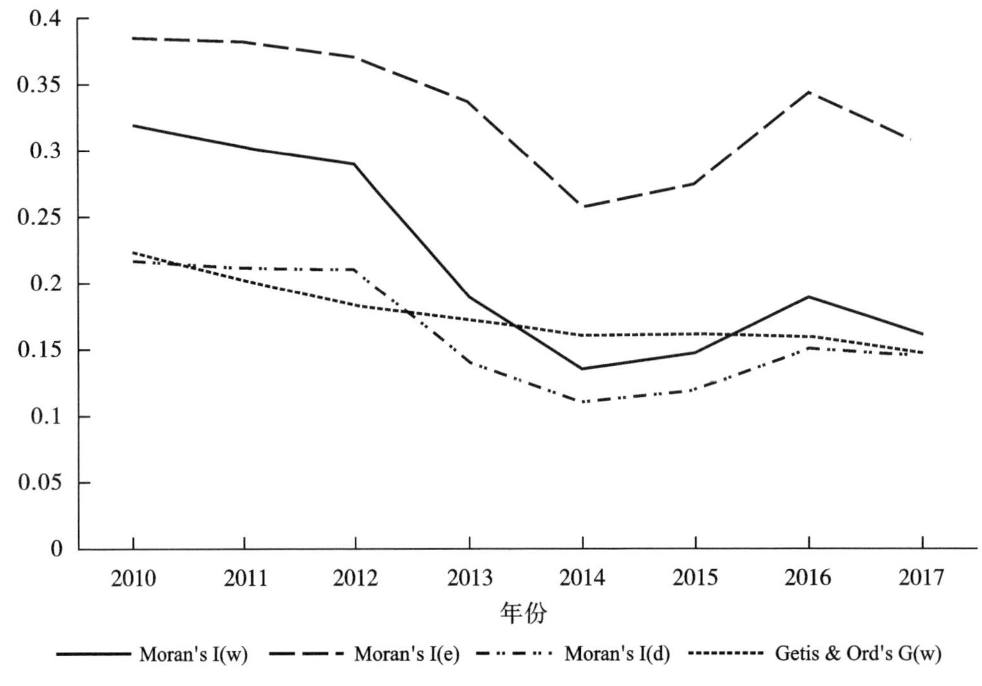

图 12.11　黄河下游城市群创新能力空间演变趋势

此外,经济距离矩阵下的较大莫兰值也说明相对于邻接关系,城市的经济基础更能决定其在科技创新方面的合作研究,进而提升创新能力,形成“强强联手”的局面。而反距离矩阵下的较低莫兰值及其 P 值则表明单纯考虑中心距离下的空间溢出效应忽视了自然和社会屏障,不能更好地反映空间相关关系。

为探究黄河下游城市群各地市的集聚和极化特征,通过基于邻接矩阵的局部 Moran's I指数形成的莫兰散点图(见图 12.12)对 45 个城市的空间分布特征进行研究。选取研究期间内四个样本年份对创新能力的具体空间结构进行分析。由图 12.12 可知:位于第一象限即高—高集聚的大部分为山东半岛城市群城市,位于第三象限的基本为中原城市群河南省除郑州以外城市;济南、郑州、蚌埠这三大自主创新示范区样本年份位置未发生改变,即济南始终位于第一象限,郑州和蚌埠始终位于第二象限;阜阳、聊城由第二象限转移至第一象限,菏泽由第三象限转移至第四象限;东营、德州和滨州由第一象限转移至第二象限。

出现上述现象的原因大概有如下几个:由于区位因素,山东半岛城市群创新能力总体来说是强于中原城市群的,就个体而言,其地市发展程度较为均衡,科技创新资源分布没有明显极化现象,而构成中原城市群的河南省大部分地市特别是西南地市发展落后,人才、资金和技术普遍流向以郑州市为核心的中北部区域,反映在图中就是两个城市群有规律地分布在一、三象限;济南为省会城市,汇聚了大量创新资源,虽然周边城市在

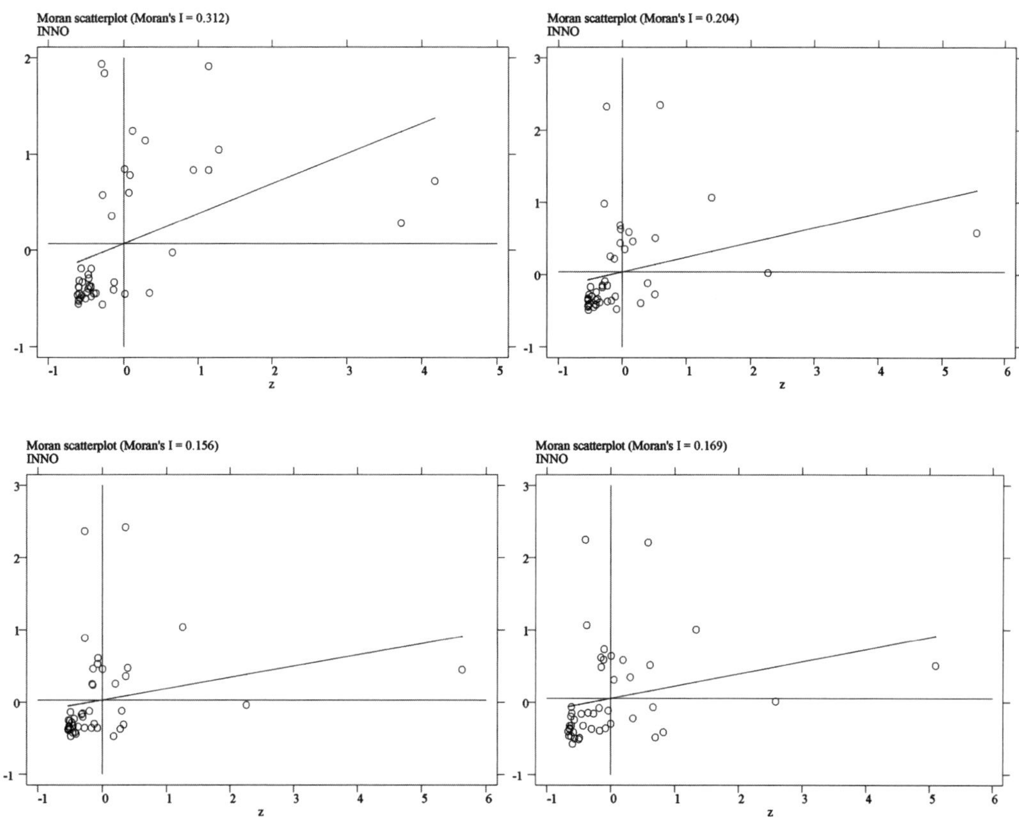

图 12.12　黄河下游城市群专利申请量 Moran's I 散点图(2011 年、2013 年、2015 年、2017 年)

研究期间仍大部分位于第一象限,但是可以明显看出这些城市中大部分正逐步转移到第二象限,即济南市在创新方面的“虹吸现象”正逐步加强。而同为省会城市,因为周边城市普遍发展落后,所以郑州也就一直处在第四象限,空间溢出效应均为负,其科技创新能力对周边城市带动效应不明显,蚌埠作为合芜蚌自主创新示范区城市之一,在强有力政策支持下其愈加深入第四象限,一方面这说明其自身创新能力确实有了长足进步,另一方面也说明同其余二者一样,其不断吸引周边城市资源,造成创新“孤岛”;虽然空间效应大部分为负,但是也有正向空间效应作用的城市,如紧邻济南的聊城市,靠近济宁的菏泽市,临近合肥的阜阳市都是通过空间溢出效应实现自身的转移的。

(2)回归结果分析

从模型拟合效果结果看,可以得出如下结论:

第一,相较于传统面板模型,引入临近矩阵的空间计量模型能反映出黄河下游城市群创新溢出效应以及协同发展的格局。整体上黄河下游中原和山东半岛城市群内部科技创新能力具有正向的空间相关关系。此外,除本研究所列出的要素投入外,创新投入还涉及其他诸如市场经济规模水平、文化环境等因素,而这些因素对于创新能力的影响也具有一定的空间相关性。总体来看各地市的创新能力受自身创新要素投入影响为主,相邻区域创新能力水平及要素投入为辅,但相较于相关研究中发达区域,中原和山东半岛城市群要素投入溢出效应还较弱。

第二,不同创新要素投入所产生的溢出效应存在差异,其中以经济发展水平溢出效应最高,R&D 内部支出为代表的资金投入次之,R&D 人员所代表的人力投入、高速公路里程为代表的基础设施以及年贷款金额为代表的金融支持力度也具有一定程度的正向空间溢出效应,FDI 对区域创新具有阻碍作用。

较高的经济发展水平不仅能为本地创新能力提供资金和技术,也能吸引新兴产业,形成产业、技术、资金和人才的集聚区,从而多方面推动创新能力的提升。同时,由于大多数相邻城市或多或少都有经济上的联系,所以这些因素的溢出效应也带动了临近区域的发展,进而使其创新能力得到了提升。

R&D 内部支出和 R&D 研发人员数量也具有正向的空间溢出效应,只是相比于资金要素,R&D 人员具有一定的地理归属性,其溢出效应不如前者。另一方面也可以看出无论是直接效应还是间接效应,资金投入对创新能力提升的作用是强于人力资本要素的,相较于发达地区对人才的需求,黄河下游城市群在创新资金投入方面更为匮乏。

高速公路里程对于创新能力的提升同样不容忽视,特别是在针对基础设施建设还处在发展期的本研究区域。更为发达的公路铁路网能够加强城市间的经济联系强度,使劳动力和资本在区域间更快速地流动,降低了人员、技术等创新要素外溢门槛,从而提升自身和相邻区域的创新能力。

相较于其他几个正向指标,金融贷款对于创新能力的提升并不是很明显。结合近些年经济发展形势,高额的金融贷款带来的付息成本上涨以及还款压力都会加大企业的负债压力,抑制创新热情,近些年兴起的天使资金等新形式的资金来源渠道也使得企业对于金融贷款依赖度降低。

作为变量中空间溢出效应唯一为负的指标,FDI 对于区域创新具有一定的阻碍作用,这也与一些学者的研究结果相似,究其原因是黄河下游城市群各地市在研发投入方面普遍偏低,对外资企业的技术和方法很难进行二次创新,从而无法产生正向的空间溢出效应,在自身创新能力薄弱条件下,对 FDI 的依赖也对本土创新主体的创新能力产生了挤压效应,进而产生负的空间溢出效应。

(三)黄河流域科技创新与产业升级互动关系研究

为探究黄河流域各省区科技创新与产业升级互动关系,首先需要构建相关指标体系。本文主要从科技创新和产业升级两个方面构建黄河流域科技创新与产业升级互动关系的指标体系;科技创新方面,主要从科技创新投入和科技创新产出两个方面来衡量,产业升级方面主要是《欧洲创新记分牌(EIS)》、加拿大马丁繁荣研究所的《全球创造力指数(GCI)》等,这些报告主要考察的是创新型国家的建设情况。详见表 12.12。

1. 指标选取

(1)科技创新指标

本文从科技创新投入和科技创新产出两个方面来描述黄河流域各省区科技创新能力。科技创新投入主要从经费、人员以及政府和企业投入等方面来分析。

(2)产业升级指标

泰尔指数是衡量产业结构合理化的重要指标。计算公式为

$$TL = \sum_{i=1}^{n}\left(\frac{Y_i}{Y}\right)\ln\left(\frac{Y_i/L_i}{Y/L}\right) \tag{12.9}$$

式中,TL 为泰尔指数; Y 代表产值; L 代表就业; i 代表产业; n 表示产业部门数。TL=0 表示经济处于均衡状态,若泰尔指数不为 0,说明产业结构偏离均衡,产业结构存在不合理状况。

对于产业结构高度化的衡量,本文对第一产业赋值最小,第三产业赋值最大,第二产业赋值居中的方式,构建产业结构高度化指标。

$$HIND_{it} = (Y_{1it} \times 1 + Y_{2it} \times 2 + Y_{3it} \times 3)/3 \tag{12.10}$$

式中, Y_{1it} 、Y_{2it} 、Y_{3it} 为 t 时期 i 地区第一、二、三产业占当地 GDP 的比重;HIND 为产业结构高度化指标。HIND 数值为 0 ~ 1,HIND=0 或者最终取值越接近 0,说明第一产业占比越大,产业结构的高度或者层次越低;反之,如果 HIND=1 或者最终取值越接近于 1,则表示产业结构层次或高度越高。

表 12.12 黄河流域各省科技创新与产业升级互动关系指标体系

一级指标	字符表示	二级指标	三级指标	单位
产业升级	*IND*	产业结构合理化	泰尔指数	
		产业结构高级化	产业结构高级化指数	
科技创新	*STI*	科技创新投入	研发经费投入强度	%
			万人从业人员中 R&D 人员数	人
			政府研发资金占比	%
			企业研发资金占比	%
		科技创新产出	万人发明专利授权量	件
			技术市场成交额	万元
			高新技术产业出口额	百万美元

基于上述构建的黄河流域科技创新与产业升级互动关系指标体系,本部分对黄河流域科技创新和产业升级的现状进一步分析。

2. 科技创新现状分析

黄河流域各省区万人从业人员中 R&D 人员在自 2009—2018 年整体呈上升趋势,到 2018 年,山东省和陕西省的万人从业人员中 R&D 人员数量高于黄河流域其他省区,说明山东省和陕西省比较重视科技发展,科技人才引进力度较大;通过分析黄河流域各省区政府研发资金占比和企业研发资金占比可知,在黄河流域各省区中,山东省企业研发资金占比始终领先其他省区,河南省企业研发资金占比仅次于山东省;在万人发明专利授权量方面,陕西省和山东省的万人发明专利授权量远远超过其他省区,宁夏、河南、山西、

甘肃、青海和内蒙古的万人发明专利授权量较低，说明在专利产出方面较为薄弱，这其中也有人口因素的制约；黄河流域各省区历年技术市场成交额由分析可知，陕西省和山东省的科技创新成果显著，内蒙古、宁夏等省区的科技创新成果有待提高；黄河流域各省区历年高新技术产业出口额方面，青海、甘肃、内蒙古和宁夏的高新技术产业出口额远远低于其余 4 个省区。

3. 产业升级现状分析

本部分首先对黄河流域各省区的产业布局特点进行分析，然后从黄河流域各省区产业结构合理化和高级化两个方面对产业升级进行进一步详细分析。其中，产业结构合理化主要从泰尔指数分析，产业结构高级化从产业结构高级化指数来分析。

由彩页图 20 黄河流域各省区的泰尔指数分析可知，相较于黄河流域其他省区，河南和山东的产业结构相对合理均衡；青海和陕西整体呈现下降趋势，说明产业结构在向合理化方向发展；甘肃、宁夏、内蒙古和陕西整体泰尔指数偏高说明产业结构发展存在不合理情况。

分析黄河流域各省区的三次产业结构和产业结构高级化指数，如彩页图 21 和彩页图 22 所示，内蒙古和甘肃第一产业占比相对其他省偏高，陕西、河南和宁夏的第二产业占比较大，均在45%左右，山东、山西等省区的第三产业占比较高，均超过50%。青海、甘肃、宁夏、内蒙古、陕西、山西、河南和山东等八个省区的产业结构高级化指数从 2009—2018 年整体在不断提高，到 2018 年，山东省产业结构高级化指数最大为 0.81，其次为陕西、宁夏、山西、河南、青海、内蒙古，最低的是甘肃为 0.789。由此说明，山东省在产业结构优化方面效果显著，河南省则是产业结构高级化指数增长最显著的一个省区。

4. 科技创新与产业升级关系的模型构建

利用标杆分析法（Benchmarking，BMK）消除度量单位对每个指标的影响，并将正向指标和逆向指标的评估值转换为相同方向的度量值；利用等权方法确定各个指标的权重；利用权重测算两个一级指标的合成指数。公式为

$$I = \sum_{i=1}^{n} z_i w_i / \sum_{i=1}^{n} w_i \tag{12.11}$$

式中，I 为一级指标合成指数；w_i 为权重；z_i 为合成的单项指标。

为降低数据的异方差性，分别对两个一级指标合成指数进行对数化处理，用处理后的时间序列建立 VAR 模型。

5. 黄河流域科技创新与产业升级关系实证分析

运用 Eviews 10.0 对黄河流域科技创新与产业升级的互动关系进行实证分析，数据样本选择 2009—2018 年，然后对数据进行处理得到科技创新和产业升级两个一级指标合成指数，对数化后得到原始时间序列，通过平稳性检验和协整检验后建立 VAR 模型，并在 VAR 模型的基础上进行格兰杰因果检验、脉冲响应函数和方差分解分析。

经检验，得出科技创新与产业升级互动关系：青海省产业升级对科技创新作用显著，但科技创新对产业升级作用不显著；甘肃、陕西、河南以及山东等 4 个省区科技创新对产业升级作用显著，但产业升级对科技创新作用不显著；宁夏、山西以及内蒙古等 3 个

省区的科技创新和产业升级之间相互作用不显著。进一步得出结论如下。

(1)黄河流域八个省区科技创新和产业升级的双向相互作用均不显著

这表明这八个省区在科技创新和产业升级方面均存在不足。黄河上游和中游省区能源丰富,区域发展主要依靠传统产业和旅游产业,第三产业发展不足,且科技创新能力较弱;黄河下游省区科技创新成果转化能力不强,人才、金融等关键要素缺乏,产业结构层次偏低,这些都是科技创新与产业升级不能形成双向互动的原因。

(2)黄河流域各省区产业升级对科技创新的促进作用不显著

黄河流域各省区中,只有青海省的产业升级对科技创新有显著促进作用,这是因为青海省是我国清洁能源最为丰富的地区之一,该省不断发展培育新能源产业,产业活力得到一定释放,因此,对科技创新作用显著。其他省区的产业升级作用均不太显著是由于传统产业转型升级困难,扶持新兴产业困难较大,且传统产业缺乏自主创新能力,多由政府扶持。应该大力引进优秀人才,加大政产学研等跨部门合作。

(3)黄河流域上游省区科技创新能力偏弱

通过对黄河流域各省区科技创新与产业升级互动关系的研究发现,黄河流域上游中的青海、甘肃、宁夏和内蒙古等四个省区中,只有甘肃省的科技创新对产业升级有显著作用,其余均不显著。甘肃省是黄河上游省区中唯一拥有国家自主创新示范区的省区,布局了包括国家实验室等中科院的创新平台;青海、宁夏和内蒙古三个省区多存在区域发展不均衡,产业结构不合理以及企业自主创新能力较弱,应大力发展新兴产业以及绿色产业,加快传统产业转型升级。

(四)黄河流域科技进步与低碳经济耦合差异影响因素分析

实现“双碳目标”,需要以绿色科技创新为推动力,促进低碳经济发展效率。而低碳经济的持续发展又需要倒逼科学技术不断创新,持续探索新的绿色发展路径,从而实现两者的良好互动。黄河流域作为国家重要产煤区,对于国家能源安全有十分重要的意义。但黄河流域能源开采、加工方式均较为粗犷,同时存量众多的高耗水高污染工业基地,特别是能源化工产业,使得黄河流域碳排放量巨大、碳排放治理难度大的问题亟待解决。此外,黄河流域创新动力不足,科技对促进绿色低碳发展的路径不明晰,均对“双碳目标”的实现产生了阻力。因此,探究黄河流域科技创新与低碳经济的耦合协调程度及其成因,对黄河流域早日实现“双碳目标”及高质量发展具有重要意义。

1. 研究方法与指标选取

(1)耦合协调度模型

耦合协调度模型用以分析事物的协调发展水平,为探究黄河流域科技创新与低碳经济的耦合协调程度,本文借鉴姜磊修正后的耦合函数来计算科技创新—低碳经济的耦合度,耦合度 C 的取值范围为[0,1],具体公式如下:

$$C = \left\{ \frac{U_1 \times U_2}{\left[\frac{(U_1 + U_2)^2}{2} \right]} \right\}^{\frac{1}{2}} \tag{12.12}$$

式中 C 为耦合度, U_1 和 U_2 分别表示科技创新与低碳经济子系统对复合系统的综合贡献度。耦合度的高低并不能说明复合系统的耦合与否,因此,本文建立耦合协调度模型对该复合系统的耦合协调程度进行研究,具体指标如下:

$$D = \sqrt{C \times T} \tag{12.13}$$

$$T = \alpha U_1 + \beta U_2 \tag{12.14}$$

式中,D 为耦合协调度;T 为科技创新与低碳经济子系统的综合协调指数;α 和 β 都为待定系数。本文 α、β 均取0.5。耦合协调等级评价标准如表12.13所示。

表12.13 耦合度评定等级划分

耦合协调度	评价等级
(0~0.1)	极度失调
[0.1~0.2)	严重失调
[0.2~0.3)	中度失调
[0.3~0.4)	轻度失调
[0.4~0.5)	濒临失调
[0.5~0.6)	勉强失调
[0.6~0.7)	初级协调
[0.7~0.8)	中级协调
[0.8~0.9)	良好协调
[0.9~1.0]	优质协调

(2)QAP(社会网络分析)方法

QAP分析方法通过将所研究矩阵转换为长向量矩阵进行格值比较,计算出两个关系网之间的相关系数,并以关系矩阵的多次行列转置为基础进行非参数性检验,能够有效避免关系数据的内生性问题。基于此方法能够有助于我们进一步细致地探讨黄河流域科技创新与低碳经济耦合差异的形成因素。

(3)指标选取

影响科技创新与低碳经济发展的因素众多,本文综合考虑指标的科学性、代表性、可获取性等,构建了科技创新与低碳经济综合评价指标体系并通过熵值法计算权重,具体测度指标如表12.14所示。

表 12.14 黄河流域科技创新与低碳经济指标体系

总体层	系统层	状态层	权重
科技创新	创新投入	研发强度	0.1433
		科研机构数量	0.1442
		科技预算指数	0.1420
	创新产出	国内授权专利	0.1431
		技术市场成交额	0.1423
		高新技术企业增加值	0.1432
		规模以上企业新产品销售收入	0.1418
低碳经济	社会系统	人均能源消费量	0.1246
		煤炭消费比重	0.1253
		污水处理率	0.1254
	环境系统	森林覆盖率	0.1250
		人均绿地面积	0.1250
	技术系统	工业废气处理设施	0.1248
		固体废弃物综合利用率	0.1252
		工业废水日处理能力	0.1248

在科技创新方面,主要参考刘建华等的相关研究,从创新投入和创新产出两方面选取指标。我国正在由科技大国向科技强国迈进,创新能力对区域高质量发展至关重要,从投入和产出两个方面能够较为全面评价地区科技创新水平。因此利用研发强度、科研机构数量、科技预算指数衡量地区对于科技创新的支持程度;利用国内授权专利、技术市场成交额、高新技术企业增加值、规模以上企业新产品销售收入衡量地区科技创新成果转化效率。在低碳经济方面,本文综合考虑阳玉香等的相关研究。低碳经济涉及经济、社会、环境等多个方面,因此本文从社会系统、环境系统和技术系统 3 个子系统来建立指标。低碳经济与人的生活息息相关,因此在社会系统层面本文选取人均煤炭消费量、煤炭消费比重以及污水处理率来进行衡量;低碳经济的发展要以绿色可持续为目标,必然离不开自然环境的改善,因此本文选取森林覆盖率和人均绿地面积对环境状况进行评价;低碳经济的发展必须以先进的科学技术为基础,因此,本文选取工业废气处理设施、固体废弃物综合利用率和工业废水日处理能力对废水、气、物处理能力进行综合评价。

2. 实证分析

(1)发展水平测算

对 2011—2020 年黄河流域九省区的原始数据进行标准化处理,测算各指标的熵值及权重,得到 2011—2020 年黄河流域九省区科技创新和低碳经济发展水平,如彩页图 23、图 24 所示。彩页图 23 展示了黄河流域九省区科技创新的综合评价指数。首先,黄河流域科技创新的整体水平呈现出稳步提升的趋势，从平均数来看，科技创新指数由2011年的0.1323上升至2020年的0.2941，这说明黄河流域的科技创新相关工作取得了重大阶段性成果，创新能力得到显著提升。从提升速度上来看，科技创新指数保持稳定上升的趋势，特别是在2019年以来，各个省区的科技创新水平均有较大幅度的提升，这说明"黄河流域生态保护和高质量发展"国家重大战略的实施，有效改善了黄河流域整体经济发展方式。其次，各省区的科技创新指数呈现出一定的区域差异。将各省区按所处的黄河流域上、中、下游划分，可以发现，位于下游的山东、河南发展速度均较快，尤其是山东省遥遥领先于其他省份，中部地区次之，上游地区除四川之外，其他地方上升速度缓慢，且发展水平持续偏低。政策制定者需要优化资源分配机制，提高中上游省区的资源可获取能力，加强上中下游的交流与合作，促进整个流域协同发展。

彩页图24展示了黄河流域九省区低碳经济的发展状况。在低碳发展方面，黄河流域整体水平呈现出稳定的上升趋势，由2011年的0.3017上升至2020年的0.3936。其次，较科技创新差异来说，上中下游的低碳经济发展水平差异较小，特别是位于上游的宁夏与中游各省区的水平相当。这说明黄河流域的各省区均对低碳经济给予足够的重视，绿色低碳发展取得了显著的成效。从增长速度来看，2011—2017年，各省区的低碳经济发展速度迅猛，在2018—2020年，上游和中游地区均出现发展速度减缓甚至负增长率的状况，而下游地区的山东、河南依然保持较高水平的发展速度。这说明在低碳经济发展过程中，部分省区面临增长乏力的问题，因此各个省区需要保持相关政策一致性，防止前期刺激过大，后期反复波动的情况发生。

（2）耦合研究

通过确定权重对黄河流域科技创新与低碳经济的发展水平进行测度，并以此为基数，利用耦合协调模型对两个体系耦合协调关系进行探究。黄河流域九省区科技创新与低碳经济耦合协调程度整体差异较大，整体呈现出下游省区优于中游省区与上游省区的空间分布特征。黄河上游各省区的耦合差异显著，四川省耦合协调程度为中级协调，甘肃、青海、宁夏三地整体均处于失调状态，且失调程度较高。位于中游地区的陕西省为初级协调，山西省达到勉强协调，内蒙古为初级协调。黄河下游的耦合协调程度要远优于其他地区，其中山东省耦合协调程度为全流域唯一的优质协调，河南省达到了初级协调。

彩页图25展示了黄河流域各省区2011—2020年科技创新与低碳经济的耦合协调度从失调状态向低端协调发展，并向更高层次的协调靠近。位于下游的山东耦合协调度远远高于其他省份，并且在2011年就达到中级协调，2016年达到优质协调。这说明山东省顺应时代发展潮流，大力推进科技创新和低碳经济的发展，优化产业结构、提高发展质量，实现了两者的充分互动，将科学技术充分运用到绿色低碳发展的进程中来。四川和河南省在2011—2015年的科技创新与低碳经济的耦合协调度水平相当，都处于勉强和初级协调的状态，2016—2019年耦合程度显著提高，并且四川于2019年达到良好协调，这说明四川省和河南省较高的经济社会发展水平，为科技创新提供了坚实的基础，同时也促进了低碳经济的发展。处于中游的省区科技创新与低碳经济耦合程度相当，其中陕西省耦合水平相对较高，经历了2011—2014年勉强协调、2015—2017年初级协调、

2018—2020 年中级协调三个发展阶段。陕西省高校众多，为科技创新与低碳发展提供了人才、技术等方面的支持，创新、绿色发展潜力巨大。山西省的耦合协调程度在 10 年的评估期间均徘徊在勉强协调和初级协调之间；内蒙古处于勉强协调状态，两省区整体协调程度较低。相较而言，山西和内蒙古缺乏相关的资源支撑，在科技创新和低碳经济方面都逊色于陕西省，并且未形成良好的互动关系。位于上游的 3 省区（除四川省）耦合协调度整体较中游和下游地区偏低，一直处于失调状态，这说明黄河流域上游地区的低碳经济发展水平并未有效推动科技创新，因此，对于上游地区来说，更需要加强两个系统间的互动，推动二者向协调方向转变。

3. 影响因素分析

基于上述发展水平与耦合协调程度分析，运用障碍因子诊断模型对黄河流域科技创新与低碳经济耦合协调的障碍因子进行测算。

从时间维度来看，2011—2020 年各一级指标障碍度排序为创新产出>绿色技术>创新投入>社会基础>生态环境，障碍度平均值分别为 38.71%、19.73%、17.14%、13.8%、10.63%，该结果在各年间差异较小。从障碍度平均值可以看出，黄河流域创新产出对科技创新与低碳经济耦合协调的障碍程度要远大于其他系统，绿色技术次之，以上结果充分说明了注重创新及其转化能力对地区科技创新与低碳经济耦合协调发展的重要意义。

表 12.15 展示了不同年份科技创新与低碳经济耦合协调障碍度排名前七的二级指标。十年间障碍度排名前七的二级指标相对稳定，首先在科技创新能力制约方面，创新产出的障碍度要大于创新投入的障碍度。规模以上企业新产品销售收入（X7）障碍度平均值为 13.28%，十年间稳居首位，这表明企业新产品产出对黄河流域科技创新与低碳经济耦合协调的阻碍程度较大。作为企业创新产出的一种，今后发展过程中需要多关注企业的科技创新状况。技术市场成交额（X5）和科技预算指数（X3）的障碍度值也较大，技术市场是链接科技与经济的桥梁，尤其是近年来数字经济的发展，技术市场交易火热，但由于黄河流域地理位置、资源状况等原因，整体经济基础和科技创新能力较为薄弱，因此，技术市场交易与政府支持阻碍了科技创新与低碳经济的友好互动，对此应加强黄河流域先进技术的政府支持力度，同时注重先进技术的开发与引进。此外近年来，国内授权专利（X4）和高新技术企业增加值（X6）的障碍度维持在 7% 以下，较前些年障碍度水平有所下降，这也说明近年来黄河流域科技创新产出水平在一定程度上有所改善。其次，在低碳经济发展的制约方面，人均能源消费量（X8）的障碍度值在 11% 左右，一直维持在较高水平，反映出黄河流域经济发展水平亟待提升的现状。企业是社会生产的基础单位，其工业废气废水的处理能力（X13、X15）的障碍程度在近年来持续上升，这更加明确了企业在低碳经济发展中的社会责任。

表 12.15　2011—2020 年耦合协调二级指标主要障碍因子与障碍度

年份	指标排序						
	第一障碍因子	第二障碍因子	第三障碍因子	第四障碍因子	第五障碍因子	第六障碍因子	第七障碍因子
2020	X7(13.74%)	X8(11.93%)	X3(11.21%)	X5(9.33%)	X15(8.57%)	X13(7.83%)	X4(6.86%)
2019	X7(13.10%)	X8(11.81%)	X5(10.07%)	X3(9.68%)	X15(9.18%)	X13(8.19%)	X4(6.96%)
2018	X7(12.04%)	X8(11.16%)	X5(11.15%)	X3(10.29%)	X15(8.62%)	X13(8.10%)	X4(7.57%)
2017	X7(12.39%)	X8(11.38%)	X5(11.33%)	X3(10.11%)	X13(8.99%)	X15(7.87%)	X4(7.41%)
2016	X7(15.55%)	X5(11.23%)	X8(11.01%)	X3(8.52%)	X13(7.92%)	X15(7.43%)	X4(6.97%)
2015	X7(15.22%)	X5(11.27%)	X8(10.89%)	X3(8.80%)	X13(8.62%)	X4(7.87%)	X15(7.56%)
2014	X7(12.46%)	X5(11.56%)	X8(11.28%)	X3(10.01%)	X13(8.99%)	X4(7.87%)	X6(7.53%)
2013	X7(12.65%)	X5(11.58%)	X8(10.81%)	X3(9.92%)	X13(8.92%)	X6(7.86%)	X4(7.83%)
2012	X7(12.77%)	X5(11.72%)	X8(11.09%)	X3(9.33%)	X13(8.90%)	X4(8.11%)	X6(7.79%)
2011	X7(12.84%)	X5(11.51%)	X8(11.46%)	X13(9.10%)	X3(9.06%)	X4(7.94%)	X6(7.68%)

从空间维度来看,2011—2020 年九省份在一级指标下的障碍度分布情况见图 12.13。其中,创新产出是制约九省区科技创新与低碳经济耦合协调发展的最重要因素,其次是社会基础、创新投入、生态环境、绿色技术。具体来看,耦合协调度排名在前三省份的障碍因子主要是低碳经济中的社会基础、绿色技术中的相关因子,这是由于山东、四川、河南三省份在黄河流域中发展水平与科技水平均相对较高,但在经济社会发展的同时会产生对低碳经济的负面影响,如能源消费量大、废气和废水处理压力大等问题,因此需要提升科技创新转化效率及应用范围。耦合协调度排名较为靠后的省区主要聚集在黄河流域的上游,其障碍因子主要是与低碳经济有关的生态环境、绿色技术和与科技创新相关的创新投入,这是由于黄河流域上游生态环境脆弱,并且煤炭资源富集,拥有山西、鄂尔多斯、蒙东三大国家综合能源基地,科技投入资源不足等问题突出,因此在黄河流域中上游高质量发展过程中,应继续关注生态环境问题,加大绿色创新资源投入。

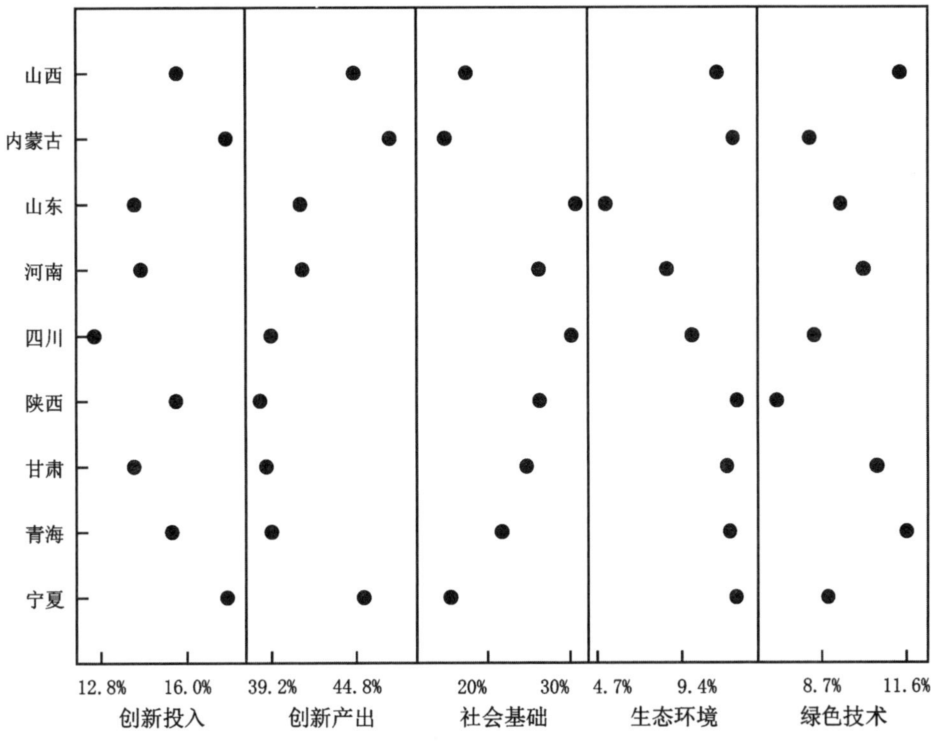

图 12.13　2011—2020 年九省区一级指标障碍度分布

三、科技创新驱动黄河流域生态保护和高质量发展的对策建议

1. 做好顶层设计，加快建立统筹协调机制

针对黄河这种复杂治理问题的整治，必须将系统思维、协同配合方略结合起来进行综合治理、系统治理、源头治理，统筹推进各项工作，加强协同配合，推动黄河流域高质量发展。①比照长江经济带出台相应规划。要积极谋划在国家"十四五"等各类规划中，凸显黄河流域生态保护和高质量发展的内容，同时出台黄河流域的专项规划。通过战略规划共商共建共享黄河流域，形成上中下游联动、东中西互济、尽快融入国家总体发展的黄河流域发展格局。②积极推进黄河流域生态保护和高质量发展的法治建设与制度创新。推动黄河流域生态环境保护立法（如《黄河保护法》）工作；建设适用于黄河流域特点、各省（区）既有协调又能够统一行动的管理体系与制度；建设和强化多部门参与的黄河流域综合治理与管控机制（如统一监测与分层管控）。③构建政府搭建沟通平台、企业主体深度参与、社会组织发挥积极作用的跨区域合作机制。在构建沿黄九省区主要党政领导定期会晤机制的基础上，积极推动不同职能部门的跨区域合作平台和机制构建，为企业深度参与黄河流域生态保护和高质量发展战略奠定基础。同时，可借助历史研究协会、民营企业协会、旅游协会等社会组织的力量，从不同领域共同推动合作发展。

2. 抓住机遇,在中原城市群争创一批国家级创新平台和综合试验区

①依托郑州大学,争取布局建设黄河国家实验室。整合郑州大学、黄委会科研机构、华北水利水电大学等高校和科研院所的资源,多学科联合攻关,积极开展实验试点。②依托河南农业大学建立粮食国家实验室。通过整合河南农业大学国家小麦工程中心、国家粮食作物协同创新中心、河南省农科院、河南工业大学等农业和粮食研究优势资源,围绕粮食问题重大科学技术需求,积极发展现代农业,打造具有世界水平的农业研究基地。③争取在洛阳布局建设国家技术创新中心。国家技术创新中心是应对科技革命引发的产业变革,抢占全球产业技术创新制高点,突破涉及国家长远发展和产业安全的关键技术瓶颈。④借助郑新一体化推进,新乡争创建设产教融合城市。通过深化产教融合,教育链、人才链与产业链、创新链有机衔接,推动教育优先发展、人才引领发展、产业创新发展、经济高质量发展相互贯通、相互协同、相互促进。⑤焦作争创国家可持续发展议程创新示范区。建设国家可持续发展议程创新示范区是推进“五位一体”总体布局的具体实践,是推进全球发展合作的务实举措,是全面实施创新驱动发展战略的客观需要,是破解可持续发展瓶颈问题的有效路径。

3. 进一步加强城市群建设,加快培育新兴增长极

①加快推进黄河流域城市群建设,打造郑州和西安大都市。加快推进郑州大都市区“1+4”(郑州+开封、新乡、焦作、许昌)一体化发展,推进西咸一体化的西安大都市建设,打造黄河流域的经济增长极,建设具有国际影响力的国家级城市群。②引导各城市群合理分工。鉴于黄河流域的实际情况,可以仿照长江流域,将上游的宁夏沿黄城市群纳入兰西城市群内,以西部大开发为依托,以生态保护为主题,打造一个集生态环保、绿色高质量发展于一体的新型城市群。③深化区域城市群之间合作。积极承接京津冀城市群、长三角城市群和珠三角城市群产业转移,深化京豫合作,引进一批龙头企业和标志项目。

4. 顺应新科技和产业革命大趋势,加快推动产业转型升级

①促进黄河流域产业的转型升级。通过瞄准未来产业竞争制高点,重点发展高端装备制造、以5G为代表的新一代信息技术以及新能源汽车等行业。②优化产业发展环境。要完善配套环境,带动产业链整体转移。加大对西北内陆地区承接地配套基础设施和公共服务设施整合和建设力度。③因地制宜打造产业集聚群和经济技术开发区。结合各个产业集聚群优势大力打造技术开发区,突破核心关键技术,培育知名自主品牌。④完善综合交通网络建设。黄河流域特别是以河南省为代表的中下游区域要充分发挥铁路交通枢纽作用,以“米”字形铁路网络、郑州航空港、日趋完善的高铁网络为代表,加强铁路、公路、航空等交通方式建设,完善综合交通运输网络。

5. 积极推进双向开放带动战略,加快培育内陆开放高地

①通过建设沿黄流域大学的国际校区,成立国际联合实验室,吸引海外高层次人才,汇集全球创新资源。结合境外创新科技优势与黄河流域资源优势,吸引集聚国际高端创新资源,促进资金技术在内地转移转化,支持有实力的大企业到欧美发达国家引进技术专家和管理团队,到境外设立研发机构。②深入对接“一带一路”高质量建设,加快黄河流域城市群开放步伐。扩大招收“一带一路”沿线国家的留学生,特别是因地制宜吸

引具有工程和机械专业的留学生,建立技术转移培训基地,服务"一带一路"的基础设施建设和国际产能合作。③引入国内科研资源。在积极对外开放、引进国际资金技术人才的基础之上,还要广泛吸引国内优质科研资源落户黄河流域,借助这些国内优质创新资源,助推黄河流域加速融入全国开放大格局。

参考文献

[1]祝合良,王春娟."双循环"新发展格局战略背景下产业数字化转型:理论与对策[J].财贸经济,2021,42(3):14-27.

[2]柳卸林,马瑞俊迪,刘建华.中国离科技强国有多远[J].科学学研究,2020,38(10):1754-1767.

[3]刘建华,黄亮朝.黄河下游水资源利用与高质量发展关联评估[J].水资源保护,2020,36(5):24-30,42.

[4]赵敏华,李国平.区域经济可持续发展评估方法的分析[J].求索,2006(11):5-7.

[5]李燕.粤港澳大湾区城市群 R&D 知识溢出与区域创新能力:基于多维邻近性的实证研究[J].软科学,2019,33(11):138-144.

[6]龚新蜀,李永翠.外商直接投资进入速度、规模存量与区域创新效率:基于面板门槛模型的实证分析[J].工业技术经济,2019,38(10):83-91.

[7]周新,马丁.我国低碳经济发展效率提升路径研究:基于模糊集的定性比较分析[J].管理现代化,2020,40(5):78-81.

[8]姜磊,柏玲,吴玉鸣.中国省域经济、资源与环境协调分析:兼论三系统耦合公式及其扩展形式[J].自然资源学报,2017,32(5):788-799.

[9]刘建华,李伟.基于修正引力模型的中原城市群创新空间联系研究[J].地域研究与开发,2019,38(5):63-68,90.

[10]刘建华,姜照华.基于共协理论的创新驱动:投资互动的中国经济转型战略[J].科学学与科学技术管理,2015,36(2):25-33.

[11]阳玉香.低碳经济评价指标体系的构建及实证[J].统计与决策,2012(16):63-66.

[12]杨卫华,李小立,孟海燕.冀中南地区城市低碳经济发展评价[J].中国人口·资源与环境,2014,24(S3):24-27.

[13]张志新,孙照吉,薛翘.黄河三角洲区域科技创新能力综合分析与评价研究[J].经济问题,2014(4):100-105.

[14]易平涛,李伟伟,郭亚军.基于指标特征分析的区域创新能力评价及实证[J].科研管理,2016,37(S1):371-378.

[15]干春晖,郑若谷,余典范.中国产业结构变迁对经济增长和波动的影响[J].经济研究,2011,46(5):4-16,31.

[16]尹硕,张耀辉,燕景.中国产业结构、能源效率与能源消费的动态关系:基于协整与 VECM 的实证研究[J].华东经济管理,2014,28(7):53-56,80.

第十三章 黄河流域高质量发展保障机制

前面围绕黄河重大国家战略需求，介绍了制约黄河流域发展的主要问题、黄河流域高质量发展影响因素，提出了黄河流域高质量发展战略框架及分区发展策略、黄河流域水—能源—粮食协同调控及发展路径建议、黄河流域高质量发展的产业布局与绿色发展途径、黄河流域中心城市和城市群高质量发展路径等。在此基础上，本章从黄河流域实际出发，围绕水资源保障、生态环境保护、经济协调发展、社会保障四个方面，提出一套高质量发展保障机制体系，以有效推进黄河流域高质量发展战略的有效落实。

一、水资源保障机制

（一）水资源保障机制体系构建

水资源是促进经济社会发展、保护生态环境的重要因素，特别是在严重缺水的黄河流域，高质量发展必须优先解决用水紧缺问题。水资源保障是通过维持区域内一定水资源的质和量，以满足基本生活和生态用水，同时还能够支撑当地经济社会发展（包括工业、农业和社会等）的涉水行为。根据黄河流域各省区水资源实际情况和存在的问题，结合我国现有的水资源管理和保护相关制度，从水资源科学配置、水资源高效利用和水资源严格管理三个方面构建了黄河流域水资源保障机制框架体系（见图 13.1）。

水资源科学配置机制是指在流域或特定的区域范围内，对可利用水资源进行的合理开发和配置，主要包括以下四个方面：①水资源规划论证机制。对国民经济和社会发展规划以及城市总体规划的编制、重大建设项目的布局，应当与当地水资源条件和防洪要求相适应，并进行科学论证。②取用水总量控制机制。各用水区的发展计划主管部门会同同级水行政主管部门，应根据用水定额、经济技术条件以及水量分配方案确定可供本行政区域使用的水量，制订年度用水计划，对本行政区域内的年度用水实行总量控制。③计划用水与统一调度机制。根据用水区的水资源条件、水资源开发利用条件和经济社会发展状况等指标确定下一阶段的用水计划，并对区域内的水资源进行统一调度和管理。④水权交易机制。按照一定的交易规则，在不同地区、不同用水部门之间进行水资源使用权交易，从而提高水资源的综合利用效率，缓解用水部门之间的矛盾。

水资源高效利用机制指的是在保障水资源可持续发展的基础上，以经济效益为中心，坚持开源和节流并举、节流为主的方针，充分高效地利用现有水资源，主要包括以下

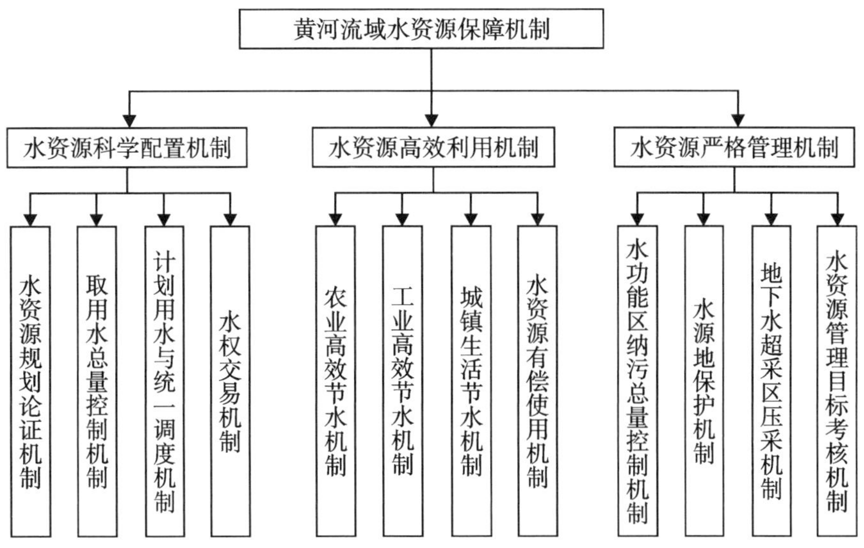

图 13.1　黄河流域水资源保障机制框架体系

四个方面:①农业高效节水机制。对农业供用水设施进行优化,推广农业节水器具的普及,适当减少农业用水配额并大力推广节水灌溉技术,提高农业用水效率。②工业高效节水机制。采用先进技术、工艺和设备,增加循环用水系数,提高水的重复利用率,淘汰落后、高耗水的工艺、设备、产品,实施节水设施与建设项目同时设计、施工、投产的"三同时"制度。③城镇生活节水机制。管理部门对城市生活用水量进行合理评估,确定城市生活用水目标值,并通过加强节水宣传教育使公众认识到节约用水的重要性。④水资源有偿使用机制。依法对各部门取用水采取适当的价格机制督促节约用水的行为,对不同部门和不同地区应根据其水资源供需情况制定对应的价格机制。

水资源严格管理机制是指根据流域水资源条件和各地区的开发利用底限,制定水资源开发、利用、排放管控指标,并依托严格的行政责任考核机制对水资源实际开发利用情况进行考核,主要包括以下四个方面:①水功能区纳污总量控制机制。水行政主管部门和流域管理部门应当对水功能区的水质状况进行实时监测,对于重点污染物排放超标,或者水功能区的水质目标值未达到水域使用功能对水质要求的,应当及时报告有关人民政府,采取治理措施,向环境保护行政主管部门通报,并对排污部门进行限制和处罚。②水源地保护机制。水行政主管部门应划定水源保护区,并根据水源地保护要求确立适当的水质目标值,采取相应的措施对水源地进行保护,防止水源枯竭和水环境恶化等危害水源的行为。③地下水超采区压采机制。对地下水开采量超过其可利用量,造成地下水水位持续下降的地区,应采取相应措施严格控制开采地下水规模,逐步压减地下水开采量,以达到地下水采补平衡的治理效果。④水资源管理目标考核机制。对地区各用水部门的用水总量、用水效率等指标进行划定,并严格管理各部门的取用水规模和用水效率,加强对其用水达效程度的考核。

（二）黄河流域九省区水资源保障机制

1. 青海省水资源保障机制研究

青海省黄河流域面积达 15.23 万 km^2，干流长度占黄河总长的 31%，多年平均出境水量占黄河总流量的一半，既是源头区，也是干流区，对黄河上游水源涵养影响重大。青海省黄河流域地区水资源存在农业灌溉用水量大且利用系数低、水资源时空分布不均匀、水资源供需矛盾突出、水源地保护压力大等问题。针对青海省黄河流域水资源存在的问题，主要采取农业高效节水机制、计划用水与统一调度机制和水源地保护机制。

（1）农业高效节水机制

2020 年青海省人均用水量 410 m^3，农田灌溉亩均用水量 442 m^3，灌溉水利用系数 0.501。青海省是农业灌溉大省，农业用水量较大，但由于节灌面积占灌区总面积的比例较小，且灌溉技术落后，导致灌溉水利用系数偏低。针对此问题，应对农业灌溉水量和灌区面积进行合理规划，逐年减少农业灌溉水量至合理范围，扩大农业节水灌溉面积，提高农田灌溉水利用系数。根据各耕地条件，合理调整农业生产布局、农作物种植结构和农林牧渔业用水结构。建立农作物的生长阶段与自然降水相匹配的农业种植结构和栽培体系，提高农作物的水分利用效率。

（2）计划用水与统一调度机制

青海省水资源天然分布不均，且用水结构不合理。全省用水总量 42% 都在黄河流域，但黄河水资源开发利用量仅占全省水资源总量的 3.5%。计划用水与统一调度机制重在对省内各地区的水资源实施合理分配和实时调度，缓解各地区间因水资源天然时空分布不均导致的供需矛盾。为此，青海省应根据每年分配给青海省的引黄指标、当地水资源条件以及各行业用水需求，制订科学合理的用水计划。在制订用水计划时，不仅要考虑当前的需求，更需要长远规划，协调好开发与治理、利用与保护的关系，使水资源利用适应经济社会发展、人口高速增长及生态环境保护，用水需求逐步实现由传统农业、能源工业等高耗水产业向新型材料、环保设备等新兴产业和优质农牧业的调整。

（3）水源地保护机制

青海省作为三江源地区，是我国重要的水源地，应对水源地进行合理保护。首先，应根据各水源地的条件和特点分别规范划定水源地保护区。此外，应对水源区的污染情况进行调查，摸排污染源并进行科学治理，有效确保水源地安全。水源地保护机制重在保护青海省各水源地，确保水源水质不受污染，应进一步加强扎陵湖、青海湖、龙羊峡水库等重要水源地的保护，严禁各种人为破坏和生产污染行为，为下游省份提供水安全保障。

2. 四川省水资源保障机制研究

阿坝藏族羌族自治州是黄河流经四川省的唯一地区，是黄河上游的重要水源地。流域内水量充沛、天然落差大，蕴藏着丰富的水能资源。水能理论蕴藏量 1933 万 kW，占四川省水能蕴藏量的 14%；可开发量 1400 万 kW，占四川省的 11%；水能资源特点是河流落差大，距离负荷中心近，年发电小时长，各类电站单位造价低。但是，水资源的分布与工农业生产布局不匹配，且近年来蓬勃发展的旅游业造成了一定的环境污染，对水源保护构成了一定的威胁。针对阿坝藏族羌族自治州存在的水资源问题，主要采取计划用水与统一调度机制、水源地保护机制和水资源有偿使用机制。

(1)计划用水与统一调度机制

虽然阿坝藏族羌族自治州具有丰富的水资源，但该地区人口稀少，工农业也很落后。人口分布密集的腹部地区，工农业布局密集，对水资源的需求很大，而该地区水资源又十分匮乏，导致工农业水资源供需矛盾加剧。此外，水资源年际变化较大，且年内水资源分布也极不均匀。因此，四川省内时常“旱”“涝”并发。针对此问题，四川省应加强计划用水与统一调度机制，通过制定科学的调水机制，充分利用州内丰富的水资源。

(2)水源地保护机制

阿坝藏族羌族自治州作为黄河上游的重要水源地，应建立饮用水水源保护区制度。自治州辖区内的饮用水水源保护区，应科学合理、遵循生态理念划定，并采取措施，加强水源源头和水源地的保护，加快生态公益林建设，保护好自然植被和湿地，涵养水源，防治水土流失。禁止向水源源头和水源保护区的河道、湖泊、塘堰、水库等水域排污，防止水体污染，确保城乡居民饮用水安全。开发利用地表水，应当维持江河的合理流量和湖泊、水库的合理水位，维护水体的自然净化能力，按规定预留生态水，防止对生态、环境造成破坏。

(3)水资源有偿使用机制

阿坝藏族羌族自治州水资源丰富，河流落差大，发电优势明显，是重要的“西电东送”发电基地。水资源主管部门应在管理权限内按照市场化配置资源的方式公开出让水能资源开发权，获得水资源开发权的公民、法人或者其他组织应当向水行政主管部门缴纳水资源补偿费。依法获得的取水权、使用权经原发证机关批准，可以依法有偿转让、出租或拍卖，并按有偿使用原则变更相关手续。跨县域进行水资源使用权转让，应当符合水资源保护规划。

3.甘肃省水资源保障机制研究

甘肃省黄河流域多年平均水资源总量为127.79亿 m^3，人均占有水资源量712 m^3，为全国平均水平的32%，为全省平均水平的64%，水资源短缺严重。此外，水资源的空间分布极其不均衡，如甘肃省内泾、渭河流域面积占流域总面积的40.5%，但是其水资源量仅占流域水资源总量的25.5%，人均占有水资源量不足600 m^3，加剧了水资源的供需矛盾。甘肃省农业灌溉技术比较落后，全省节水灌溉面积仅占总灌溉面积的50%。甘肃省主要城市的节水器具和节水技术并没有完全推广，城市用水效率低下，从而造成了大量的水资源浪费。针对甘肃省黄河流域存在的水资源问题，主要采取农业高效节水机制、城镇生活节水机制、水权交易机制和计划用水与统一调度机制。

(1)农业高效节水机制

针对甘肃省农业用水量大且水资源利用效率偏低的问题，应严格推进农业高效节水，扩大农业节水灌溉面积，提高水资源利用系数。应推进灌区量水设施建设，加强对各级渠道分水流量的控制，尽可能减少水资源浪费，推进灌溉用水合理化，缩减灌溉用水成本，积极把灌区供水等计量体系建设资金列入水利工程投资体系内，并且给予资金支持。农业高效节水机制重在通过各种节灌措施，提升甘肃省农业用水利用效率，主要在兰州市和白银市等地区实施。

(2)城镇生活节水机制

针对甘肃省城镇生活节水水平偏低的问题,推动节水型城市建设,减少水资源浪费。对节水型器具进行大量推广,并开展“节水器具进万家”等系列活动,对居民进行节水意识教育。相关部门应开展执法检查工作,杜绝不合格器具的销售。另外,对已经安装的不合规器具应进行强制整改,并且注意公共场所器具的整改。通过节水型社会的建设,优化水资源利用。城镇生活节水机制重在加强节水器具普及,大力宣传节水教育,主要在兰州及其周边城市建设该机制。

(3)水权交易机制

为协调省内各地区及各用水部门间的用水矛盾,可确立水权交易机制,创新水权交易模式,通过与黄河下游省份(河南、山东等)进行水权交易,实现水量分配动态调整。应当鼓励水资源富裕地区用水户在水权有效期内向区域内外符合条件的其他用水户有偿转让相应的水权,政府或其授权的水行政主管部门也可以回购。

(4)计划用水与统一调度机制

针对甘肃省水资源时空分布不均而造成的水资源供需矛盾问题,应在省内实施计划用水与统一调度机制,确立科学合理的用水计划,并加强省内各地区水资源的统一调度和管理。

4. 宁夏回族自治区水资源保障机制研究

宁夏沿黄经济区占全区国土面积的43%,集中了全区66%的人口、90%的GDP和财政收入,是宁夏经济社会发展的重要增长极。宁夏黄河流域地区农业用水灌溉方式主要采取大水漫灌,但由于灌溉渠系老化严重,灌溉过程中大量水资源渗漏浪费,渠系水有效利用率低,而且节水灌溉面积较低,节水灌溉技术不普及,造成了大量的水资源浪费。工业用水中,能源、重化工等高耗水项目所占比重较大,水资源重复利用率低,万元工业产值耗水量高,加剧了水资源的短缺。针对宁夏回族自治区黄河流域存在的水资源问题,主要采取计划用水与统一调度机制、水权交易机制和农业高效节水机制。

(1)计划用水与统一调度机制

该机制重在对自治区内各地区的水资源实施合理分配和实施调度,通过对水资源进行优化调度满足各地区的水资源需求。对全区黄河流域水资源进行合理规划和统一调度,制定合理的取用水指标,减缓水资源开发利用压力。

(2)水权交易机制

调整初始水权分配方案,建立科学的水权分配及水权交易制度。在保证生活用水的前提下减少其水权分配量,供给工业用水,通过调整水权分配,缓解各行业用水压力。通过水权交易的方式,调整各部门间的用水结构,从而促使各部门达到高效的用水方式。水权交易机制重在改进现有水权交易模式,通过水权交易缓解各地区各行业的用水矛盾,还可通过将省内多余水权转让,用所得资金加强节水措施改进,主要在银川市、吴忠市及周边地区建设该机制。

(3)农业高效节水机制

自治区应大力压减水稻等高耗水和低效益作物种植面积,倒逼产业结构优化调整。

明确生态用水权,规范和加强冬灌用水管理。扬水灌区大力推进水肥药一体化高效节水灌溉;自流灌区加强用水计量,尽快完成灌区重要节点和干渠直开口测控一体化。统筹灌排骨干和田间工程建设,加快推进青铜峡、固海等大中型灌区续建配套与现代化改造,全面改造病险建筑物,加强渠系防渗与生态防护,优化渠道运行工况,增强抗旱保灌能力,充分挖掘节水潜力。

5. 内蒙古自治区水资源保障机制研究

内蒙古自治区黄河流域是该区经济中心、能源基地和全国大型商品粮输出基地,人口占全区的44%,GDP 占 63%,但水资源量仅占 11.9% 左右,人均水资源占有量仅为 550 m^3,不到全国平均水平的1/3,耕地平均水资源占有量仅为 2355 m^3/hm^2,不到全国平均水平的 1/4 。此外,内蒙古黄河流域工农业用水结构不合理,农业用水效率偏低。内蒙古黄河流域地区还存在水价机制尚不成熟,水资源价格机制不合理的现象。针对内蒙古自治区黄河流域存在的水资源问题,主要采取计划用水与统一调度机制、农业/工业高效节水机制和水资源有偿使用机制。

(1)计划用水与统一调度机制

强化水资源统一调度管理,对自治区内不同区域依照需求分配水资源,缓解各地区间用水压力。针对内蒙古地区水资源时空分布不均导致的水资源短缺问题,制定科学合理的水资源统一调度管理方案,根据各区域的发展需求,对流域水资源进行合理调配,从而满足更多地区的发展需求,并以此促进内蒙古黄河流域的发展。

(2)农业/工业高效节水机制

由于内蒙古黄河流域水资源主要用于农业灌溉和工业用水,导致了其他部门的用水短缺问题。为此,应该大力推广节水措施,提高农田灌溉节水水平,扩大节水灌溉面积,提高农业用水效率。工业用水方面,应加大再生循环水等技术的推广和应用,同时在推广工业节水措施的基础上,积极探索污水回用的新模式。

(3)水资源有偿使用机制

针对内蒙古农业用水浪费严重的问题,应制定科学合理的水资源有偿使用机制,用经济的手段促进工农业节水水平。首先,要对各灌区的用水需求和实际用水情况进行核算,根据全区的水资源总使用量以市场交易价格进行估价。应适时适度地提高水价、水资源费和污水处理费,以市场调节机制增加节水设施使用的经济效益,促进工业节水。其次,逐步实行定额水价和超定额累进加价相结合的阶梯制水价,发挥水价在促进水资源优化配置中的作用。

6. 陕西省水资源保障机制研究

陕西省黄河流域人均水资源量远低于全国平均水平,省内水资源分布极不平衡,省内黄河流域占全省65%的国土面积、77.86%的人口和86%的经济总量,水资源量仅占全省总量的29%。水资源匮乏、时空分布不均衡、与经济社会发展不匹配,且水资源开发利用、排放和水体保护等过程的规划不够完善,水资源调控和保障能力不足,生活、生产、生态用水需求与水资源承载能力不匹配,供需矛盾突出,成为制约区域经济社会发展、生态安全的瓶颈。陕西省主要采用地下水进行供水,省内40%以上的工农业、生产、生活用水都来源于地下水，地下水超采问题愈发严重。针对陕西省黄河流域存在的水资源问题，主要采取水资源管理目标考核机制、地下水超采区压采机制和取用水总量控制机制。

(1)水资源管理目标考核机制

针对陕西省地下水资源超采问题，应加强对地下水资源的监控和管理，首先，应建设地下水监测站网，对全省的地下水资源进行实时监测，为水资源管理工作提供数据支撑。其次，应对地下水的开采制定合理的规划，在保障各部门用水的基础上应尽可能减少地下水的超采，可对各地区和用水部门的地下水使用量制定管理目标，并定时对管理目标进行考核。还应将地下水水位水量控制红线、地下水开发利用、节约保护和污染防治的主要指标纳入地方经济社会发展综合评价体系和年度目标责任内容，实行严格考核管理。

(2)地下水超采区压采机制

要加强地下水超采区管理保护，依据发布的《陕西省地下水超采区划定与保护方案》，全面推进陕西省地下水超采区综合治理工程。在统筹兼顾的前提下合理压缩地下水开采量，扭转长期超采的局面，涵养水源，以有效延缓和控制因地下水超采引起的地质环境和水质污染问题。

(3)取用水总量控制机制

为减缓陕西省地下水资源超采问题，应对各地区取用水总量进行控制，首先应对各地区的地下水资源条件和用水需求进行调研，其次对各地区地下水取用总量进行合理规划，对于地下水超采严重地区，应当禁止新增取用水计划。对于水资源需求较大的地区，若确需取用地下水，应由水行政主管部门进行统筹安排，按照比例减少其所在县(市、区)其他地下水取水单位的取水许可量，从而进行合理配置。

7. 山西省水资源保障机制研究

山西省水资源年内分布比较集中，年际变化较大，黄河的水流量主要靠降水补给，故水资源年内分布受降雨影响较大。在非降雨期，各部门用水主要靠地下水供应，由此造成了地下水超采的问题。此外流域分区中，黄河流域的汾河区废污水排放量最多。同时由于山西省黄河段的降水量少，地表径流小，污废水排入河道后造成水质污染超出自净能力，造成严重的水污染问题。针对山西省黄河流域存在的水资源问题，主要采取计划用水与统一调度机制和水功能区纳污总量控制机制。

(1)计划用水与统一调度机制

针对山西省水资源分布不均导致的供需矛盾问题，应加强水资源统一调度管理，对原有用水模式进行改进，将整个流域作为整体，对黄河流域水资源进行统一调度和管理，通过加强用水管理，协调各地区和各用水部门间的矛盾，从而为山西省高质量发展提供支撑。

(2)水功能区纳污总量控制机制

首先应根据水资源条件和各部门对水资源的需求进行水功能区划分，其次对各功能区应采取对应的管理机制，限制其排污总量。对于保护区，应当按照保护优先、严格限制的原则，维持及恢复保护区功能，严格控制新增取用水和与水资源保护无关的工程项目，经审批的保护区原则上不得进行范围缩减和功能调整；缓冲区应当按照综合协调、严格管控的原则，结合流域水资源开发利用情况，对涉水活动实施管理；保留区应当按照休养生息、控制开发的原则，严格限制新增入河排污量以及与水资源保护无关的活动；开发利用区应当遵循合理开发、优化利用的原则，充分发挥水资源的综合功能；饮用水源区已经是饮用水水源地的，要开展饮用水水源地达标建设，加强预警与应急管理，禁止新设入河排污口，保障饮用水安全。

8. 河南省水资源保障机制研究

河南省黄河流域降水量少，但黄河沿边滩区人口多，黄河可用水资源难以满足沿线生产生活用水需求。滩区居民农业和工业生产造成的污染不容忽视，沿黄河流域重污染产业比较集中，农业灌溉用水量大且利用率低。针对河南省黄河流域存在的水资源问题，主要采取水资源规划论证机制、农业高效节水机制和工业高效节水机制。

（1）水资源规划论证机制

针对河南省各部门间的用水矛盾，在黄河水资源的开发利用中，应根据不断变化的水资源条件对水资源规划进行科学论证，确保水资源规划与相关法律、法规以及用水总量控制目标、用水效率控制目标和水功能限制纳污总量控制目标相符合，还应分析论证水资源规划与水资源条件、水环境承载能力等是否存在差距。应坚持全面协调、统筹兼顾、综合规划，协调“生产、生活、生态”三者之间的关系，坚持开发、利用与保护并重。

（2）农业高效节水机制

一是大力推进节水灌溉。加快灌区续建配套和现代化改造，在粮食核心区规模化推进高效节水灌溉。结合高标准农田建设，加大田间节水设施建设力度。推广喷灌、微灌、滴灌、低压管道输水灌溉、窄短畦（沟）灌溉、集雨补灌、水肥一体化、覆盖保墒等技术。二是优化调整作物种植结构，推进适水种植、量水生产。积极发展旱作农业，实现以旱补水。三是推广畜牧渔业节水方式。实施规模化畜禽养殖场标准化建设和改造工程，推行先进适用的节水型畜禽养殖方式，推广节水型饲喂设备、机械干清粪等技术和工艺。

（3）工业高效节水机制

一是大力推进重点企业节水改造。完善供用水计量体系和在线监测，鼓励重点监控用水企业建立用水数据在线采集、实时监控系统，强化生产用水全过程管理。大力推广高效冷却、洗涤、循环用水、废污水再生利用、高耗水生产工艺替代等节水工艺和技术。二是推动企业转型升级。采用差别水价以及树立节水标杆等措施，促进高耗水企业加强废水深度处理和达标再利用。三是积极推行水循环梯级利用。推进现有企业和园区开展以节水为重点内容的绿色高质量转型升级和循环化改造，加快节水及水循环利用设施建设，促进企业间串联用水、分质用水，一水多用和循环利用，提高工业用水重复利用率。

9. 山东省水资源保障机制研究

山东省黄河流域天然径流常年偏枯，且流域内水资源时空分布不均。近年来经济社会高速发展，沿黄地区需水量也在逐年增加，水资源供需矛盾日益突出。此外，山东省作为农业大省，超过90%的引黄水量用于农业灌溉，但由于灌区灌溉技术落后，灌溉工程老化，造成了大量的渗漏损失。黄河灌区管理制度不完善，也造成了灌溉过程中的水资源浪费。针对山东省黄河流域存在的水资源问题，主要采取计划用水和水资源统一调度机制、农业高效节水机制和工业高效节水机制。

(1)计划用水和水资源统一调度机制

针对山东省水资源时空分布不均造成的水资源供需矛盾问题,一方面应完善计划用水制度,基于山东省各区域发展对水资源的需求,科学合理地制订水资源计划。在制订用水计划时要优先满足用水效率高的部门,对于用水浪费严重的部门要限制其用水量,从而促使其提高节水水平,提高水利用效率。另一方面应当加强水资源的统一调度管理,将省内黄河流域视为一个整体,对流域各地区水量进行统一调配,缓解各地区和各用水部门的矛盾,最大限度地解决山东省的用水问题。

(2)农业、工业高效节水机制

对于农业灌溉用水,应大力推广节水灌溉技术,扩大节水灌溉面积,从技术上提高农业节水水平,还应加强对农业用水的管理,对各灌区水量进行合理分配,提高各灌区的节水水平。工业节水机制重在加强城市生活和工业用水的节水力度,通过创新节水技术、实施阶梯水价、加强节水宣传教育等方式促进节水型社会建设,主要在济南、泰安和烟台等地区建设该机制。

二、生态环境保护机制

(一)生态环境保护机制体系构建

黄河流域生态系统具备山、水、林、田、湖、海、沙、湿地等要素,虽然黄河流域生态环境总体形势稳中向好,但是局部的问题依然严重。上游局部地区生态系统退化,水源涵养功能降低;中游水土流失严重,汾河等支流污染问题突出;下游生态流量偏低,一些地方河口湿地萎缩。根据黄河流域各省区生态环境存在的问题,结合我国现有的生态环境规划和管理的相关制度措施,从水源涵养、水土流失防控、湿地滩区保护和环境污染防控四个方面构建黄河流域生态环境保护机制框架(见图 13.2)。

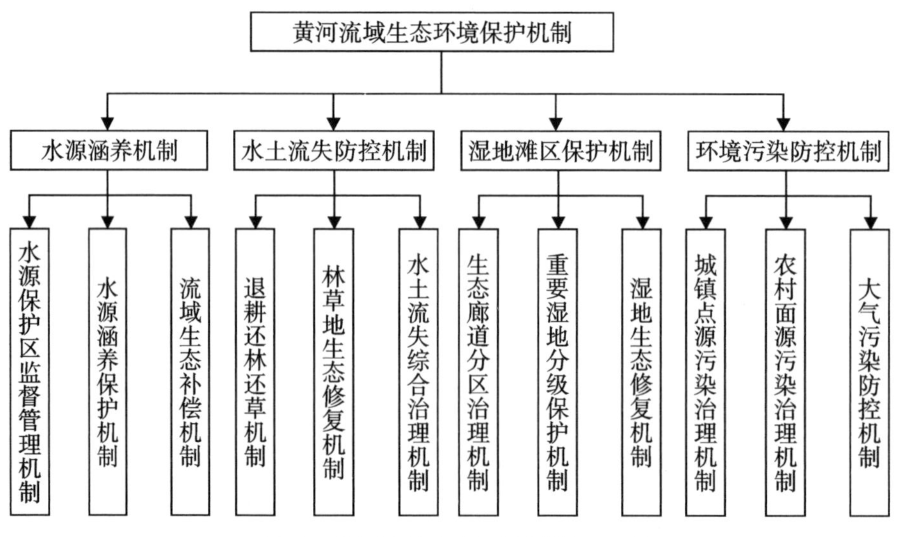

图 13.2 黄河流域生态环境保护机制框架

水源涵养机制指的是以水源涵养、改善水文状况、调节区域水分循环以及保护可饮水水源为主要目的，调节径流，防止水、旱灾害，合理开发利用水资源，主要包括以下三个方面：①水源保护区监督管理机制。制订水源保护区范围和污染防治计划，并将其纳入区域、流域和城市的经济社会发展规划以及水污染防治规划的一系列法律规定。②水源涵养保护机制。以养护水资源，调节水文状况，提升生态系统水分保持能力，改善水环境质量为目的而实施的恢复植被、保持水土、防治污染等措施。③流域生态补偿机制。针对流域水环境跨界污染，采用公共财政或市场化手段来调节生态关系密切但不具有行政隶属关系的区域间利益关系的制度安排。

水土流失防控机制指的是为防止水土流失发生、发展，预先采取的各项工程、植物和耕作措施以及行政、法制、经济等管理手段的总称，主要包括以下三个方面：①退耕还林还草机制。从保护和改善生态环境出发，将易造成水土流失的坡耕地和易造成土地沙化的耕地，有计划、分步骤地停止耕种，本着宜乔则乔、宜灌则灌、宜草则草、乔灌草结合的原则，因地制宜地造林种草，恢复林草植被。②林草地生态修复机制。积极开展树种结构调整、迹地更新、森林抚育、封育提升等林草地生态修复工程，将水土流失预防重点由以往的增加林草地面积为主向复合生态修复转变。③水土流失综合治理机制。在传统的以小流域为单元山水林田路综合规划、综合治理的基础上，结合区域经济社会发展需求，实施突出区域发展目标的综合治理模式。

湿地滩区保护机制指的是根据湿地滩区受威胁情况，以综合治理为重点，采取截污控源、退耕还湿、生态补水、人工辅助恢复植被等措施，逐步恢复湿地的基本生态功能，主要包括以下三个方面：①生态廊道分区治理机制。按照生态优先、绿色发展、因地制宜、系统治理的原则，充分发挥各区域资源禀赋特质和比较优势，进行统一规划，分段分期实施，明确沿线功能分区和空间管制，实施生态修复、水系治理、公共服务设施和市政基础设施建设等。②重要湿地分级保护机制。根据保护规划、生态功能、生物多样性的重要程度，将湿地分为国家重要湿地、省级重要湿地、市级重要湿地和一般湿地，并实行分级管理和针对性保护。③湿地生态修复机制。通过一系列措施，将已经退化或损坏的生态系统恢复、修复，基本达到原有水平或超过原有水平，并保持其长久稳定。

环境污染防控机制指的是为达到区域质量控制目标，对各种污染防控措施的技术可行性、经济合理性、区域适应性和实施可能性等进行分析，以达到保护和改善环境质量的目的，主要包括以下三个方面：①城镇点源污染治理机制。针对造成水体污染的点源制定适合当地条件的排水系统，并综合统筹城市污水处理厂、海绵城市等规划与建设，利用适宜的治理技术削减目标污染物负荷，满足水体环境容量控制要求。②农村面源污染治理机制。把种植业面源污染、畜禽养殖污染和水产养殖污染作为治理重点，通过推进农牧结合、种养循环等种养模式，有效减少农药化肥的使用。③大气污染防控机制是为了达到区域环境空气质量控制目标，对多种大气污染控制方案的技术可行性、经济合理性、区域适应性和实施可能性等进行最优化选择和评价，从而得出最优的控制技术方案和工程措施。

（二）黄河流域九省区生态环境保护机制

1. 青海省生态环境保护机制研究

青海省黄河流域集中了青海省70%的林地、50%的草地、52%的湿地、17%的冰川，流域自然保护地、生态红线占青海省的40%以上，生态地位重要而特殊。域内生态基础薄弱，水系连通、地质灾害防治、水土流失治理、重点生态系统修复等方面仍然存在“短板”。根据《青海省第一次水利普查公报》，全省土壤水力、风力侵蚀总面积超过30万km^2，而黄河流域是省内侵蚀程度最严重的地区，水土流失面积占全省水土流失总面积的22.5%。针对青海省黄河流域生态环境存在的主要问题，采取林草地自然修复机制、湿地生态修复机制和水源保护区监督管理机制。

（1）林草地自然修复机制

针对青海省黄河流域的水土流失问题，应综合整治坡耕地，加快多沙粗沙区水土流失治理，以减少入黄泥沙对下游及河口的淤积影响；积极开展树种结构调整、迹地更新、森林抚育、封育提升等林草地生态修复工程，将水土流失预防重点由以往的增加林草地面积为主向复合生态修复转变，实行林草地生态修复机制。

（2）湿地生态修复机制

湿地的生态修复，主要还是以自然修复为主，尽可能地减少人类活动的干扰。对于湿地面积萎缩，湿地功能退化等问题，要保障生态用水，抬高地下水水位。对于沼泽湿地要减轻开发强度，提高或维持地下水位，加强鼠害天敌物种保护以及改善水禽栖息地。

（3）水源保护区监督管理机制

完善水功能区监督管理制度，建立水功能区水质达标和纳污总量控制评价体系。加强饮用水源地保护，全面贯彻落实《青海省饮用水水源保护条例》，认真组织开展水源地安全保障达标建设，建立和完善水源地水量、水质监测体系。加快实施全省集中式饮用水水源地安全保障规划和农牧区饮水安全工程规划。加强水土流失治理，防止面源污染。强化饮用水水源应急管理，完善饮用水水源地突发事件应急预案，强化备用水源管理。

2. 四川省生态环境保护机制研究

四川省黄河流域，即阿坝藏族羌族自治州的生态环境问题以湿地生态破坏、水源涵养能力退化及草地植被退化为主。2021年，住川全国政协委员联名提案指出，区域内天然草地退化、自然湿地萎缩、部分区域湿地面积减少近70%、水源涵养和调蓄功能下降，区域生态环境形势总体不容乐观。此外，四川省黄河流域是全国五大优质牧草牧业基地之一，但受自然因素和人类过度放牧以及一些不合理开发的影响，目前草地植被退化十分严重。针对四川省黄河流域存在的主要生态环境问题，应采取生态廊道分区治理机制、水源保护区监督管理机制和退耕还林还草机制。

（1）生态廊道分区治理机制

对于湿地保护问题，应当减轻沼泽湿地的开发强度，提高或维持地下水位，实行生态廊道分区治理机制。湿地治理涉及的事务和部门众多，日常协调起来效率偏低，不利于湿地保护,因此要做好各部门协调工作。湿地公园的过度开发对湿地造成的破坏也应引起关注,此外,对于城镇化建设过程中对湿地的开发利用也应纳入监管,不能只追求发展,而将保护滞后。

(2)水源保护区监督管理机制

针对水源保护区监督管理机制建设,应着力开展以下工作:一是加强生态监管,加强对草地、森林、湿地等生态系统的保护与监管;二是落实管理责任制度,对保护区的生态保护项目进行全过程监管;三是落实主体功能地位,禁止开发区域要实行强制保护,限制开发区域要严格遵守规定;四是划定区域生态红线,保证森林、草地、湿地的面积不能减少,并要逐年扩大;五是控制产业规模,尽量发展不损害生态环境的产业。

(3)退耕还林还草机制

应控制牲畜数量,提高饲草的产量和质量,以草定畜,畜牧业要从过去的片面追求数量的模式向追求质量和高附加值的方向转变。在一些重点区域,如湿地的相邻区域,要逐步退牧还沼还草,其他区域要实行划区轮牧和季节性休牧制度,鼓励农业秸秆饲料的加工、经营,逐步推行舍饲圈养。此外,还应加强草地改良、人工种草、飞播牧草的建设性工作。

3. 甘肃省生态环境保护机制研究

《甘肃省黄河流域生态保护和高质量发展规划(2021)》指出,甘肃黄河流域生态基础总体脆弱,自然条件差,甘南高原草原退化尚未得到有效遏制,水源涵养功能仍需提高,河西地区也是沙尘源区,生态保护修复任务十分艰巨。陇中陇东黄土高原每年入黄泥沙量占黄河年均输沙量的26%,流域水土流失面积占土地总面积的73%。针对甘肃省黄河流域生态环境存在的主要问题,主要采取水土流失综合治理机制、水源涵养保护机制和流域生态补偿机制。

(1)水土流失综合治理机制

先期实施重点区域的综合治理,同步加强黄土高原沟壑区固沟保塬,侵蚀沟、坡耕地综合治理。甘肃省须以小流域为水土流失治理单元,建立水土保持生态示范区,实行水土流失综合治理机制。甘肃省水土流失治理的问题主要是小流域治理问题,在传统的以小流域为单元山水林田路综合规划、综合治理的基础上,结合区域经济社会发展需求,实施突出区域发展目标的小流域综合治理模式。另外,甘肃省需加大沙漠化治理力度,合理调控流域水文生态过程,稳步推进淤地坝拦沙和病险淤地坝除险加固工程建设,加快多沙粗沙区水土流失治理,以减少入黄泥沙对下游及河口淤积的影响。

(2)水源涵养保护机制

甘肃省水源涵养保护措施应包括以下内容:一是建立专项保护资金,专款专用,以此来解决资金不足的问题;二是建立生态旅游区,通过旅游业来筹措资金;三是严格管理草场,保护区内禁止挖掘药草,禁止打猎和放牧;四是监管措施要完善,重点地区定期巡查,对违反规定的行为进行处罚;五是以草定牧,对于过度放牧的行为进行处罚和劝导;六是种植耐寒耐旱的植物,加强土壤保护。

(3)流域生态补偿机制

甘肃水资源时空分布不均,水土资源、水热资源不匹配,单纯依靠区域内涵养水源和节约用水已不能满足水生态环境修复治理的需要,必须建设跨流域生态补水工程。在河西内陆河流域,实施引哈济党、引大入秦延伸增效工程(远期为河西生态补水工程)等;在黄河流域,实施白龙江引水、引洮济夏水源保障工程等。建议将甘肃确定为黄河流域生态补偿机制试点,尽快编制自然资源资产负债表,以反映自然资源资产、负债和所有者权益状况,对甘肃省水、自然资源进行生态价值核算,在此基础上引入基于区块链等信息化手段的“生态币”,实现资源货币化。

4. 宁夏回族自治区生态环境保护机制研究

宁夏河湖众多,经济社会发展导致水资源开发利用压力持续增加,水环境质量改善难度不断增大。黄河流域宁夏段的面源污染直接影响了土壤和水体质量,对农产品安全构成了严重威胁。其中,流域内葫芦河由于畜禽粪便处理不当,导致大量氮磷和病菌随农田灌溉退水进入河流水体或渗入地下,造成水体氨氮含量增加和富营养化,威胁水生态系统。宁夏也面临着湿地管理方面的问题,主要是湿地管理体制不顺,湿地权责不清,湿地面积萎缩,保护制度缺乏,湿地水质下降等问题。此外,宁南山区水土流失严重,草原和森林覆盖率极低,水土流失以水蚀和重力侵蚀为主。针对宁夏回族自治区生态环境存在的主要问题,主要采取农村面源污染治理机制、湿地生态修复机制和水土流失综合治理机制。

(1)农村面源污染治理机制

首先,大力发展生态循环农业和畜禽粪便综合利用,解决养殖区域布局、耕地土壤质量不均衡的问题。其次,全面推进测土配方施肥工程,推广水肥一体化施肥技术,改进施肥方法,推广有机肥料,实现化肥减量增效。同时,科学采用种子、种苗、土壤处理等预防措施,减少中后期农药施用次数,对症用药,合理添加助剂,促进农药减量增效,提高防治效果。最后,加强农田退水污染治理。在沿黄灌区,充分利用现有沟、湖等,配置水生植物群落、格栅和透水坝,建设生态沟渠、污水净化塘、人工湿地等设施。

(2)湿地生态修复机制

一是疏通重点湿地进排水通道,做到缺水时补水,多水时排水,解决湿地的水资源短缺问题;二是对湿地利用加以限制,减少乃至杜绝人类活动对湿地生态的影响;三是对一些湖床淤积造成水位抬高的湿地湖泊,要定期清淤,扩大容积;四是加强湿地源头管理,种植合适的水生植物,帮助净化水质;五是定期监测湿地水质,确保湿地环境处在健康状态;六是设立湿地保护专项基金,做到专款专用,确保资金充足。

(3)水土流失综合治理机制

通过植树造林,特别是种植抗旱保水的植被,利用其强大的根系锁住水分,把坡地改造为梯田,利用鱼鳞坑、水窖等积水,结合小流域综合治理。对宁夏南部山区大片人口密度比较小、降雨适当的地区,要采取退耕、封育、禁牧等措施,促进生态自然修复,恢复植被覆盖,加快水土流失治理进程。

5. 内蒙古自治区生态环境保护机制研究

内蒙古位于黄河流域上中游的分界段,沿黄区域处于干旱地带,荒漠化土地占地区面积的74%,生态环境脆弱,资源环境承载力有限,其主要生态环境问题为水土流失。目前的退耕还林还草政策存在着一些缺陷,如退耕还林还草政策存在着“一刀切”的现象,有些宜耕地被征用,造成农民权益的损失。针对内蒙古自治区黄河流域生态环境存在的主要问题,主要采取退耕还林还草机制、水土流失综合治理机制和湿地生态修复机制。

(1)退耕还林还草机制

加大生态植被保护力度,加强不合理开垦和乱砍滥伐的监督管理,减少人为因素造成的水土流失;实行流域下游向上游的转移支付,使资金来源多样化;强化监督机制,落实农民补贴,保护好防护林草地;退耕林地可种植果树和牧草,治理水土流失的同时也可提高农牧民收益;认真评估耕地状况,尽量征收不宜耕作的土地,对于宜耕地的征收要加大补偿力度。

(2)水土流失综合治理机制

一是要人工造林,即通过人为改善土壤环境条件,确定合适的树木种类,采取人工植树造林的方式提高小流域内的植被覆盖率,加强成活树木的养护技术措施,使树木能够正常成活并健壮生长;二是要封山育林,该措施主要用于坡度较大,土壤肥力低下,人工植树造林比较困难,但是局部地区小气候条件较好、树木能够自然繁殖和生长的地区。人工撒播一些灌木树种,使小流域范围内乔灌木相互配合,在封山育林措施的基础上,发挥自然生态修复能力,减少人为干扰,使自然植被快速修复达到防止水土流失的目的。

(3)湿地生态修复机制

在沿黄两岸建设人工湿地,发挥其涵养水分、过滤污水、净化水源的功能,是维护生态平衡、改善生态环境、实现人与自然和谐共处的重要保证。将黄河流域的部分洪水及灌溉退水作为湿地水源,既提高了黄河水资源的重复利用率,又保障了湿地用水。以湿地生态建设为切入点扩大风景区旅游范围,增加风景区的观赏性,缓解风景区发展与环境保护之间的冲突。

6. 陕西省生态环境保护机制研究

陕西黄河流域处于黄河中游,为黄河流域的心脏地带,覆盖陕北与关中全部区域,为生态敏感区。陕西省黄河流域森林植被覆盖率已大幅提高,黄土高原水土流失治理取得了明显的阶段性成效,但局部地区水土流失仍然严重,生态环境系统依然脆弱。黄河流域陕西段仍是黄河“粗泥沙集中来源区”,沟壑密度大,产沙量多,输沙集中,年输沙量仍占三门峡以上黄河流域年输沙量的一半。林地空间不断被“挤压”,违法违规侵占使用林地案件时有发生。为此应尽快建立水土流失综合治理机制、生态廊道分区治理机制和林草地自然修复机制等保护措施。

(1)水土流失综合治理机制

一是坡地防护工程措施,利用土方工程技术手段来改变原有的地形地貌,通过人工创造小地形来拦蓄降水,减少坡地的径流,降低水土流失,防止滑坡或者泥石流;二是修建沟渠治理工程,包括天然的和人工修筑的用于调节泥沙、洪水的工程设施,保障建筑、道路的安全与通畅,同时起到降低水流速、减少水土流失的作用;三是小流域内蓄水工程设施的修建,这种工程手段主要建设在低洼地区,将地表径流拦蓄后用于干旱季节的农田灌溉,提高农作物单产,增加农民收入。

(2)生态廊道分区治理机制

一是应由林业部门牵头实施湿地保护的专项治理行动,避免多头管理的弊端;二是要建立湿地保护制度,加快湿地权属认证,将湿地的经营权和管理权分离,防止湿地公园的过度开发;三是加大湿地保护的执法力度,将湿地纳入重点保护对象,实施多部门联合执法,坚决打击破坏湿地生态的行为;四是湿地要严格实行"占补平衡"制度,保证湿地总面积不减少。

(3)林草地自然修复机制

一是加强政策制度层面的统筹,只有建立在统一的自然资源要素基础上的生态保护修复工作才能体现综合性、系统性、整体性;二是加强技术层面的整体性设计,在突出核心生态功能的目标下,要加强技术方案的整体性设计,打破部门之间分割实施的思维模式,按照统一规划、统一实施、统一验收的思路,设计山水林田湖草沙修复方案;三是加强管理实施层面的协调推动,在管理层面上,可以设立山水林田湖草沙项目实施领导小组,由各部门共同参与项目实施,编制统一的技术方案。

7. 山西省生态环境保护机制研究

2020 年,山西省黄河流域水质优良(达到或优于Ⅲ类)断面比例达到 66.7%,与全国 83.4%的平均水平仍有很大差距。同时,山西省水资源自然禀赋较差,河流普遍缺乏生态流量,水域湿地面积不足,河滨植被、河流植物、水生鱼类等水生态系统完整性和多样性不高。针对山西省黄河流域生态环境存在的主要问题,主要采取城镇点源污染治理机制、农村面源污染治理机制和流域生态补偿机制。

(1)城镇点源污染治理机制

一是开展入河排污口排查整治,有序开展黄河流域"查测溯治";二是加强工业企业废水深度治理,加强工业企业达标排放监管,强化工业集聚区污水集中治理;三是持续推进城镇生活污水系统治理,全面推进污水处理厂扩容、配套管网建设和改造,强化运行管理,严格执法监管,巩固城市黑臭水体整治成效;四是实施最严格水资源管控,有效保障生态流量,促进城市再生水回用;五是全面开展水生态修复建设,提升河流沿岸生态缓冲带防护水平,积极推动堤外人工湿地建设,逐步恢复河流生物群落系统。

(2)农村面源污染治理机制

山西省的水污染问题以生活废污水为主,主要包括化肥农药的过度使用、养殖业排泄物污染及生活垃圾污染等。应强化村民环境保护意识,倡导现代农业,合理使用化肥和杀虫剂,政府出资建立污水处理厂,对污染物进行集中处理。严格控制区域水资源利用总量,提升水资源利用效率,控制汾河等河流接纳污染物总量,逐步实现汾河水质达标。严格实施生态空间管控,重点保护和涵养汾河上游饮用水源功能。

(3)流域生态补偿机制

健全流域上下游横向生态补偿机制,合理制定生态补偿措施。同时,要完善流域协作机制,构建跨行政区域、上下游、左右岸共同防范、互通信息、联合监测、协同处置的流域治理联动机制,共同做好流域水生态环境保护工作。统筹生产、生活、生态用水,增加黄河水资源分配对生态保护用水的支持力度,适当加大补给量,保障黄河山西段水生态环境质量有效改善。

8. 河南省生态环境保护机制研究

《河南省生态环境状况公报(2020)》显示,黄河流域41个省控断面中,Ⅳ类及以下水质断面共8个。涧河、金堤河水质级别为轻度污染,西柳青河水质级别为中度污染,全省省辖市及济源示范区环境空气质量级别总体为轻污染。此外,湿地保护力度不足,截至2020年年底,全省已建立湿地类型自然保护区仅占总湿地面积的39.4%。针对河南省黄河流域生态环境存在的主要问题,主要采取农村面源污染治理机制、重要湿地分级保护机制和大气污染防控机制。

(1)农村面源污染治理机制

农村面源污染是河南省黄河流域水污染的重要来源,其主要包括化肥农药的过度使用、生活垃圾污染等。针对河南省农村面源污染治理,一是进一步完善农村污染物治理技术标准,做好顶层设计;二是对污染物进行分区分类处理,分布式设立沼气池、生态池;三是推广使用"一体式设备",设备要经久耐用,减少维护成本。

(2)重要湿地分级保护机制

根据湿地生态状况分类施策,对于生态状况等级为好的湿地,应以加强保护和监测、及时发现并消除隐患为重点,保持湿地的自然特性和生态特征,防止湿地面积减少和生态功能退化;对生态状况等级为中的湿地,应以减少人为干扰、控制工农业生产和城市生活污水排入量、提高湿地自净能力和承载力为重点,逐步改善湿地生态状况;对生态状况等级为差的湿地,应根据湿地受威胁情况,以综合治理为重点,采取截污控源、退耕还湿、生态补水、人工辅助恢复植被等措施,逐步恢复湿地的基本生态功能。

(3)大气污染防控机制

一是狠抓结构调整,强化源头防控。河南省工业结构偏重,能源结构偏煤,需要加快调整优化能源消费结构、区域产业结构和交通运输结构,强化源头防控,加大治本力度。二是治理"三散"污染。在"散乱污"治理方面,创新监管方式,充分运用电量监控、无人机等技术,扎实开展"散乱污"企业排查及监管工作。三是深度推动工业企业绿色发展。通过排放限值、监控达标、重点治理、属地负责、分类指导、奖补激励等方式,对工业企业污染进行治理,进而实现达标排放、抑尘到位等目标。

9. 山东省生态环境保护机制研究

黄河流经的山东9地市是山东省农业主产区,以平原地形为主。根据《山东省生态环境状况公报(2020)》,省控及以上138个地表水考核断面中,除1个断面全年断流外,水质优良(达到或优于Ⅲ类)的80个,占58.4%;Ⅳ类的49个,占35.8%;Ⅴ类的8个,占5.8%。大气环境方面,2020年山东省环境空气质量综合指数为4.87,优良天数比例平均为69.1%。此外,黄河流域部分湿地出现了面积减少、水体净化功能退化等现象。针对山东省存在的生态环境问题,主要采取大气污染防控机制、农村面源污染治理机制和湿地生态修复机制。

(1)大气污染防控机制

实行总量控制与质量控制相结合,改变过去把总量控制作为改善环境质量唯一手段的定位,各地应根据自身特点,选择相对应的治理措施和手段,改善大气环境质量。排放工业废气或者有毒有害大气污染物的单位,应按照规定和监测规范设置监测点位和采样监测平台,进行自行监测或者委托具有相应资质的单位进行监测。省人民政府应当组织建立大气污染联防联控机制,划定大气污染防治重点区域,落实区域联动防治措施。

(2)农村面源污染治理机制

实施化肥减量工程,加快土壤改良修复。推广使用有机肥,提高土壤有机质含量,促进微生物繁殖,改善土壤理化性质,减少化肥施用量;实施农药减控工程,治理农药残留污染;实施清洁生产工程,保护农业生态环境。加强地膜污染防治,以消除地膜残留污染;实施资源循环利用工程,推进农业废弃物资源化利用,稳步推进农村沼气建设;实施畜禽养殖提升工程,建立畜牧生态产业体系。依据当地禀赋条件、环境容量,合理确定养殖品种、规模、总量。

(3)湿地生态修复机制

一是明确湿地分级规则,重点湿地重点保护;二是按照湿地等级实行不同的保护措施,高等级湿地严禁开发,低等级湿地适度开发;三是遵循河口自然演变规律,严格保护河口新生湿地,重点保护河口淡水湿地,以自然修复为主,控制大规模人工生态重建,保护黄河口原生环境,减少人为干扰,加强生物多样性保护,维护黄河水质安全。

三、经济协调发展机制

(一)经济协调发展机制体系构建

根据黄河流域各省区产业发展现状及存在的问题,结合我国现有的经济发展规划和管理的相关制度措施,从农牧业、传统工业、高端制造业和服务业四个方面初步构建黄河流域经济协调发展机制框架(见图 13.3)。

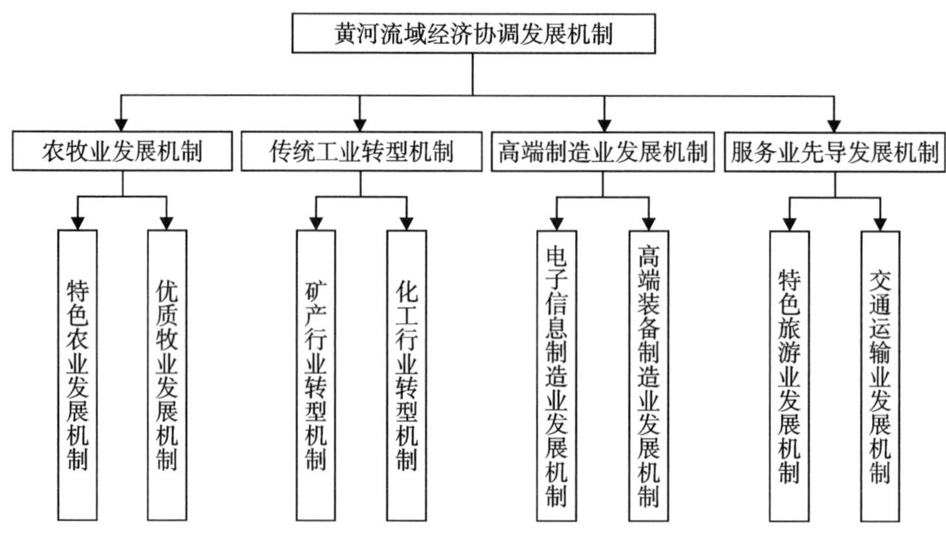

图 13.3 黄河流域经济协调发展机制框架

该框架包括以下 8 种机制。

特色农业发展机制:根据当地气候和资源环境,发展该地区特色农业以及农产品加工业,打造农业的品牌化,提高农产品的附加效益。

优质牧业发展机制:根据当地优质的资源和环境,优先发展该地区优质牧业和畜牧产品加工业,坚持市场化和品牌化。

矿产行业转型机制:根据该机制,有利于转变黄河流域过往依靠重工业,并污染环境、浪费资源的状态。一方面对于一些地区的特色优势矿产资源要更换先进的设备,进行有序合理开发;另一方面对于一些大众型的矿产,如煤矿,要重新进行布局规划和评估,坚持淘汰一批落后的矿产企业,转向矿产的精加工。

化工行业转型机制:化工行业应向绿色环保型转变,淘汰一批污染大、效益低的产业,鼓励发展清洁能源行业,同时要注重设备的更新换代,提高生产效率,提高产业的附加值。

电子信息制造业发展机制:电子信息制造业是在电子信息发展及应用的过程中产生的作为一种军转民和军民结合型产业,其主要通过研制及生产各种电子仪器及设备、与电子设备相关的电子元件及电子器件,实现人们对于信息化时代电子产品的需求。

高端装备制造业发展机制:高端制造业是具备高技术含量和高生产附加值的行业,一方面要加强自主创新能力,利用区位和地区优势吸引人才,进行高精端产业的研发;另一方面要引进先进地区和国家的技术,进行产业升级。

特色旅游业发展机制:黄河是中华民族的母亲河,整个黄河流域拥有许多优质和具有特色的旅游景区。在发展旅游业中,要抓住各地的特点,利用自身优势发展相应的旅游业,打造旅游品牌,促进黄河流域旅游业的发展。

交通运输业发展机制:地方经济的发展离不开便利的交通,黄河流域中上游相比于其他地区交通不够便利,因此要注重交通业的发展,加强黄河流域城市之间的串联,促进人才资源的流动,提升区域的协同发展。

(二)黄河流域九省区经济协调发展机制

1. 青海省经济协调发展机制研究

青海省黄河流域农业现代化进程较为缓慢,农业生产率偏低,农业机械化水平不高,农业科技和技术方面的创新推广能力较低。农牧业产品发展小、散、乱,农产品种植种类较为分散,产品大多仍以初级原材料为主,缺少现代化产品加工企业。工业过度依赖矿产资源开发,部分工矿城镇已显现出产业结构单一、经济增长乏力等现象。针对青海省黄河流域经济发展存在的主要问题,主要采取特色农业/优质牧业发展机制、矿产行业转型机制及高端装备制造业发展机制。

(1)特色农业/优质牧业发展机制

在农牧业方面:一是在青海环湖地区推进高原畜牧业的优质发展,大力推广牦牛、藏羊高效养殖以及特色农作物种植;二是推进优势农牧产业的深加工,推动畜牧业养殖,种植优质粮油、优质蔬菜果品和优质枸杞四大产业,推动农产品初加工、精深加工和综合利用加工协调融合发展;三是在黄河沿岸和青海环湖地区大力发展培养特色优势农业,把青海的传统农业发展转向重点，突出特色，同时给予农户发展特色的财政补贴，政府要通过政策宣传，提高办事效率，提高农牧民发展特色农牧业的积极性。

(2)矿产行业转型机制及高端装备制造业发展机制

在工业方面：一是推进传统矿产工业升级，促进油气化工、煤化工等能源工业快速发展，积极发展有色金属及加工产业，以钾资源开发为龙头，深化盐湖综合利用和梯级开发；二是加快工业结构调整，以发展数控机床、专用汽车、环保设备、石油机械等为重点；三是推动发展战略性新兴产业，以发展新材料为方向，发展新型电子材料、新型合金材料、新型化工材料、新型建筑材料等。

2. 四川省经济协调发展机制研究

四川省黄河流域(阿坝藏族羌族自治州)牧业结构单一，生产力低，缺乏深加工企业。畜产生产中，以牦牛、藏羊和马为主，而家畜结构则以牛、羊为主。经济收入由肉类、牛奶、皮草及其加工产业决定，是农民和牧民主要的收入来源。畜牧产业是一些地区的经济支柱，但生产效率低，基础设施薄弱，产业结构不合理。针对四川省黄河流域经济发展存在的主要问题，主要采取特色农业发展机制、优质牧业发展机制、特色旅游业发展机制。

(1)特色农业/优质牧业发展机制

一是持续推进高原特色农产品，加快农业产业结构调整，建设优质油菜籽、特色马铃薯、中药材、食用菌等特色种植业基地；二是鼓励农民发展合作组织，与企业合作，提高土地的利用效率，提升合作程度，不断扩大特色农业产业化、规模化水平；三是通过发展特色的农牧业，把优质产品推广出去，打造“川藏高原”品牌，发展特色牦牛养殖和肉质加工。

(2)特色旅游业发展机制

阿坝藏族羌族自治州境内旅游资源丰富，阿坝州在发展旅游的进程中，需要着重发展绿色生态旅游：一是提高阿坝州当地旅游从业人员的环境保护意识，有助于生态理念的传播和环境保护；二是对阿坝州当地的旅游环保设施进行改进，包括硬件设施如垃圾站和垃圾桶的区位设置、污染处理的硬件设备等，以及软设施如绿色出行标语、引导游客保护环境的标识等；三是加大环境保护宣传力度，对阿坝州全州人民定期进行环境保护学习，从由上而下的政策指引转变为由下而上的居民保护环境自发行为。

3. 甘肃省经济协调发展机制研究

甘肃沿黄流域人口和生产总值占全省比重都在80%左右，黄河赋予甘肃富集的自然资源和重要的经济基础。然而，甘肃省黄河流域的工业大部分集中在资源基础产业，产业结构相对比较单一。此外，甘肃省黄河流域旅游资源丰富，且在整合地域文化、区域资源等方面存在较大的空间。针对甘肃省黄河流域经济发展存在的主要问题，主要采取矿产行业转型机制、化工行业转型机制和特色旅游业发展机制。

(1)矿产行业转型机制和化工行业转型机制

一是大力支持兰州、庆阳、平凉能源工业基地转型升级，发展原油加工业，重点支持石油精加工行业，充分利用原油加工副产品发展中下游产业；二是要大力发展利用氯碱、盐硝、硫化工基础原料的无机化工产业，借此加快白银无机化工材料基地的发展，力争形成千亿量级产业园区；三是支持庆阳和临夏地区矿产行业转型，聚焦煤炭精开采和大理石精加工，淘汰落后产能。

(2)特色旅游业发展机制

黄河流域甘肃段旅游资源丰富，是高质量发展的一个重要着力点。应改善交通条件，提升运输能力。交通既是区域经济发展的基础，又是旅游产业发展的必要条件，政府应该在合理规划的基础上加大财政投入，着力改善旅游资源丰富地区的交通条件，加快构建涵盖铁路、水运、公路、航空和管道等多方位的现代综合交通运输体系；开发优质产品线路和丝路旅游精品，打造特色旅游示范区，将甘肃省内点状分布的旅游资源串联起来；严格星级饭店评定和复核检查工作，把控旅行社的经营许可。

4. 宁夏回族自治区经济协调发展机制研究

宁夏回族自治区黄河流域的优质蔬菜、枸杞产量还不够高，农业基础设施不够先进，优质枸杞产业发展水平和竞争力仍需提高；宁夏农业种植对灌溉基础设施的要求较高，现有的农业基础设施建设和农业科技水平还不够；农产品产业发展品牌打造力度不够、集群优势薄弱。宁夏的农产品目前只有枸杞走了出去，其他农产品，如葡萄等，还未能打造出属于宁夏的品牌。在工业方面，宁夏产业增长模式是以资源为中心，重工业的发展对资源的依赖度高，高耗能产业比重大，而新兴产业发展滞后。针对宁夏回族自治区黄河流域经济发展存在的主要问题，主要采取特色农业发展机制、矿产行业转型机制及高端装备制造业发展机制。

(1)特色农业发展机制

一是大力发展固原、中卫等地的枸杞、枣类等优质特色种植业，同时不断提升产品种植技术，利用好日照和温差的优势，发展规模化、经济化的现代农业；二是紧抓产业升级机会，努力办好中外博览会，吸引国内外强有力企业，扩大宁夏回族自治区农业优势产业的规模；三是借鉴国外先进的滴灌节水技术和经验，达到节水和增产的双重效果。

(2)矿产行业转型机制、高端装备制造业发展机制

一是引入新技术、新设备来改造煤炭、化工等传统行业，减少对生态环境的危害，提升产品的竞争力；二是坚持发展以“专、特、精”为特征的仪器仪表、智能铸造、有色金属等优势产业；三是培育一批技术高端化、制造智能化、产品优质化、管理数字化的现代装备企业，引导企业逐步向化工装备、节能电机、变频电机等领域扩展。

5. 内蒙古自治区经济协调发展机制研究

内蒙古黄河流域面积占全区面积的44%，是国家重要的能源和战略资源基地及绿色农畜产品生产基地。内蒙古自治区黄河流域主导产业集中在煤炭、化工等高耗能、高排放、高污染行业，污染问题突出。产业资源化显著，产品附加值低，经济社会效益低。重工业发展对劳动力吸纳能力较弱，产业富民效应低，社会效益低。沿黄地区的产业园区发展多为煤化工产业，主导产业无明显差异，致使同质化竞争严重。针对内蒙古自治区黄河流域经济发展存在的主要问题，主要采取矿产行业转型机制和优质牧业发展机制。

(1)矿产行业转型机制

一是攻关产业绿色技术,构建经济循环产业链,促进产业转型升级。引领煤化工企业走高端绿色化发展道路,在包头市、鄂尔多斯市等重工业基地建设国家经济循环示范区。二是积极优化产业布局,构建绿色考核体系,从制度上促进产业差别化发展。三是开辟运输专线,将煤矿、石油产品输送出去,打通能源运输环节的障碍,构建物流配送的现代化体系。

(2)优质牧业发展机制

大力发展草产业,抓住实施退牧还草工程的大好机遇,积极调整种植业结构,加快发展人工草地以及牧草加工企业,提高草料加工水平。在草原保护中推动畜牧业转型升级,以绿色发展的理念转变传统畜牧业生产经营方式,抓住科学放牧的发展目标,着力加快推进各类畜牧业规模化建设和创新型生态模式;重点培养畜产品龙头企业,加强畜牧业品牌建设,强化政府的政策引导支持,充分发挥市场作用,激励畜牧业龙头企业做大做强。

6. 陕西省经济协调发展机制研究

陕西省黄河流域能源消费以煤炭为主,其境内煤炭、天然气及其他资源丰富,第二产业一直处于支配地位。工业集群化程度落后,产品主要集中在煤、油、汽等能源化工行业及水泥、平板玻璃、钢材等初级建材行业,重大技术装备、高新技术产品生产能力短缺。陕西拥有丰富的旅游资源,但旅游产品开发深度不够,创新能力不足。针对陕西省黄河流域经济发展存在的主要问题,采取特色旅游业发展机制、矿产行业转型机制和高端装备制造业发展机制。

(1)特色旅游业发展机制

完善各旅游区的交通设施、功能设施,优化旅游环境,构建以陕西省深厚的文化积淀为特色的旅游项目。培育国家级革命旅游景区,加强对已开发或未开发的革命旅游资源的管理和整合,对未开发的红色旅游资源要深入研究,认真规划和建设,避免落入低水平的重叠。

(2)矿产行业转型机制

优化产业结构,积极发展新能源,同时提高天然气、太阳能等污染小的能源在能源消耗总量中的占比,尽快解决目前所面临的资源消耗大、污染重的问题。

(3)高端装备制造业发展机制

利用陕西省的高校和人才优势,对煤炭开采工艺中的缺陷进行技术攻关。将电子设备制造业、医药制造业等优势高端制造业作为现阶段发展的重点,加快陕西各地区的老企业和军工企业工业化进程和企业改制,延长产业链,促进产业结构多元化、综合化。

7. 山西省经济协调发展机制研究

山西省黄河流域产业结构相对单一,重工业所占比重过大。山西的经济以丰富的矿产资源为基础,煤炭等工业的经济附加值低,资源开发不合理,采掘产业简单。不合理的产业结构限制了山西省的经济发展,相对单一的产业结构妨碍了经济开发,缺乏开发潜力。此外,山西省交通相对落后,不利于经济的发展。针对山西省黄河流域经济发展存在的主要问题,主要采取矿产行业转型机制和交通运输业发展机制。

(1)矿产行业转型机制

一是加大对轻工业发展的重视,发展精深加工业、制造业、高新技术产业。依靠市场的力量淘汰不匹配产业结构的企业,引导产业规模效应的实现。二是纵向延伸煤炭产业链,向深加工、综合利用转变,大力扶持洁净能源行业。三是发展新材料等产业链的高端环节,加大对煤化工产业链下游高附加值环节的支持,提高产品技术含量,增加产品附加值。

(2)交通运输业发展机制

经济发展水平与基础交通设施两者是相辅相成、相互促进的关系,基础交通设施的完善能够吸引资金的投入,经济的发展能够加大基础交通设施的投资。利用良好的基础交通设施条件,加快转变经济发展方式,延长煤炭加工产业链,努力向煤炭精加工转变,通过交通网络的优化吸引外资,带动经济发展。

8. 河南省经济协调发展机制研究

河南省黄河流域传统高耗能制造业占比较大,战略性新兴产业比例低,现代服务产业相对滞后,新经济发展尚未形成规模。高端装备制造业占比偏低,装备制造企业技术研发能力较低、研发投入力度偏弱、先进技术引进不够、技术成果转化不足。例如,2020年战略性新兴产业比重仅为22.4%,高技术产业增加值占工业增加值比重仅为11.1%。针对河南省黄河流域经济发展存在的主要问题,主要采取电子信息制造业发展机制、高端装备制造业发展机制和交通运输业发展机制。

(1)电子信息制造业发展机制

淘汰企业落后产能,充分利用有效资源,提高装备制造企业产能以及产品质量。在郑州开展"数字化车间"和"智能工厂"试点建设,推广应用数字控制技术、传感器件和工业机器人等先进技术。促进郑州参与网络与信息安全新技术、新产品研发、生产和推广应用,培育一批拥有自主知识产权的创新产品和具有竞争力的信息安全类企业。

(2)高端装备制造业发展机制

在洛阳等地,吸引优质资源,搭建创新载体,遴选包括清洛基地、洛阳尖端技术研究院、河南电池研究院有限公司等重大新型研发机构,重点发展汽车、智能机器人、无人机、光电元件等。

(3)交通运输业发展机制

加快郑州国际航空物流中心建设和开发力度,持续开辟和加密国际国内货运航线和航班,把郑州打造成"一带一路"国际物流中部枢纽。加大与东部沿海港口合作力度,持续扩大公路铁路、海运联运规模,推进以郑州国际航空港为核心的建设。加快完善省内高铁和高速公路的建设,进一步促进省内人口的流动,发挥人口优势,促进劳动力就业和人才输入。完善郑州老城区道路的规划和布局,改善城市交通拥堵状况。

9. 山东省经济协调发展机制研究

山东省黄河流域是全国粮食作物和经济作物重点产区,境内石油、地热、煤炭等资源丰富。2021年,山东全省规模以上装备制造业实现营业收入2.4万亿元,高端装备制造业营业收入仅占41.6%。产业集聚化程度和品牌竞争力有待进一步提高,许多代工厂位于国际产业链的最下游,整体品牌知名度和效益不高。各市旅游业发展不平衡,山东省各城市旅游消费水平不等,差距很大。针对山东省黄河流域经济发展存在的主要问题,主要采取高端装备制造业发展机制、特色旅游业发展机制和交通运输业发展机制。

(1)高端装备制造业发展机制

强化区位优势转化为产业优势,利用外部品牌的国际化优势带动本地企业发展。推动传统制造业产业重新布局和规划,打造优势明显、独具特色的产业集聚区,发挥区域规模和区域协同效应,如在东营市布局乳品制造基地。通过规划产业集聚区,发挥协同效应,实现资源、服务共享。

(2)特色旅游业发展机制

做足"好客山东"文化旅游品牌延伸打造的系列产品,重点发展五个主体城市,强化济南的"泉城济南"、泰安的"平安泰山"、淄博的"齐国故都"、济宁的"东方圣地"品牌,发挥济南的铁路网络优势,串联周围各市,促进协同发展。采用联网辐射的形式促进组合城市的发展,带动山东省旅游业整体发展。完善旅游基础设施和旅游服务设施,保障环境卫生,强化旅游品牌,增强品牌知名度。

(3)交通运输业发展机制

水运方面,要抓住双循环机遇,充分激发港口一体化改革潜能,推进滨州港等建设;机场方面,加快推进济宁机场航站楼等改扩建工程;全面推进"公转铁""公转水",大力发展多式联运,充分发挥多种运输方式的比较优势和组合效率。

四、社会保障机制

(一)社会保障机制体系构建

十九大报告对提高社会保障和改善民生水平的具体目标包含"优先发展教育事业,提高就业质量和人民收入水平,加强社会保障体系建设,坚决打赢脱贫攻坚战,实施健康中国战略,打造共建共治共享的社会治理格局"。基于此,以下从基本生存保障、社会稳定保障、社会发展水平提升三个方面构建黄河流域社会保障机制框架(见图13.4)。

基本生存保障也称为基本生活保障,是人的一项基本权利,对享有最低生活保障权的人如何实行保障,关系到生存权的实现,主要包括三方面:①就业保障机制。实施就业保障有助于帮助人们就业,使人们能够有稳定的收入来源,以保障正常的生产生活。②城乡最低生活保障机制。这一保障的实施有助于帮助丧失或半丧失劳动能力的人们得到正常的生存。③农村土地权益保障机制,土地是农牧民赖以生存的资源,切实保障好农牧民的土地权益对于他们的生产生活非常重要。

社会稳定保障主要是指通过社会保险、社会救助、社会福利和社会优抚等,达到保障基本人权、保障社会公平和保障社会安全的目的,主要包括三方面:①养老保障机制。我国正进入人口老龄化阶段,切实完善好养老保险机制有助于维护社会稳定,推进黄河流域发展。②医疗保障机制。帮助人们解决看病难的问题,使人们能够及时就医看病,提升人们对社会的满意度。③城乡协调发展保障机制。黄河流域很多地区的城乡发展差

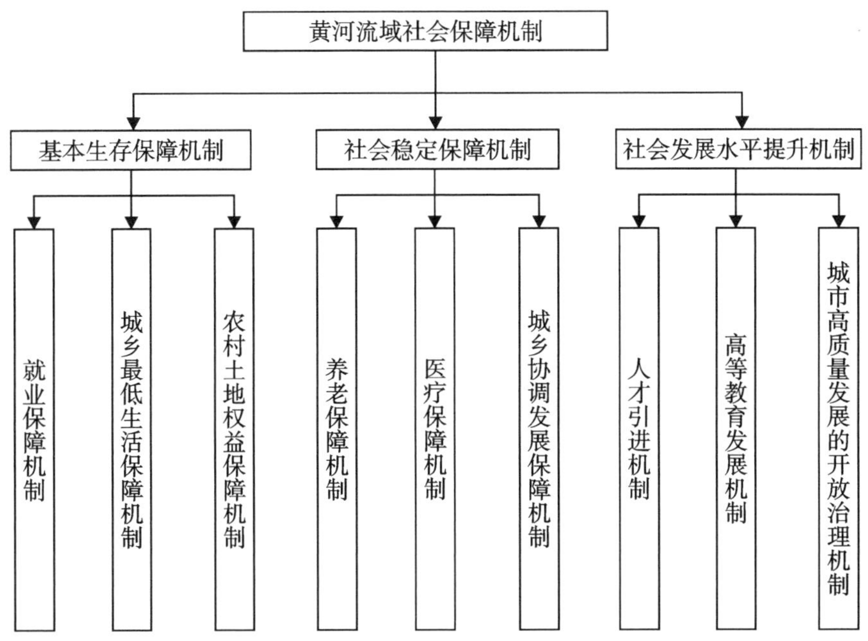

图 13.4　黄河流域社会保障机制框架

距较大，实施城乡协调发展机制有助于社会保障制度的公平，对维护社会稳定具有重要意义。

社会发展水平提升机制是指在基本生存保障和社会稳定保障的基础上，为达到社会发展水平进一步提升，人民生活水平进一步提高，而采取的一系列措施和制度，主要包括以下三方面：①人才引进机制。通过人才引进政策的调整吸引大批高等人才，这将是提升黄河流域社会发展水平源源不断的动力。②高等教育发展机制。人才不仅要招揽外部人才，更要积极培育本地人才，切实推进高等教育的发展，有助于不断地为本地社会发展提供高等人才。③城市高质量发展的开放治理机制。黄河流域各省市要共同提高对内对外的开放水平，充分发挥各个区域特有的优势，加强区域间多形式、多层次的合作。

（二）黄河流域九省区社会保障机制

1. 青海省社会保障机制研究

伴随着城镇化进程，失地农民逐渐增多，且主要集中在工农业聚集的青海省黄河流域。以“每减少 0.067 hm^2 耕地增加 1.5 个失地农民”为标准，依据历年建设用地审批或征收土地中耕地面积计算可知，仅 2004—2017 年青海省已经出现了 27 万 ~29 万失地农民。针对青海省黄河流域失地农民的社会保障问题，主要采取农村土地权益保障机制和养老/医疗保障机制。

（1）农村土地权益保障机制

完善土地征收补偿机制，提高失地农牧民的社会保障水平，加强技能培训，提高就业率，主要有以下措施：一是改革创新征地制度，如缩小征地的范围，多种渠道来安置被征地的农牧民以及完善征地过程；二是提高失地农牧民的社会保障水平，根据当地的经济发展状况，逐步提高医疗、养老以及生产生活补助的水平，健全失地农牧民的社会保障制度；三是健全被征地农牧民的就业保障制度，如要发展本地区劳务品牌，利用本地区传统特色产业、支柱产业，开展建筑劳务、养殖等传统行业的技能培训，促进本地区劳动力就业。

（2）养老/医疗保障机制

受宣传引导不到位、投保意识不足、投保能力弱等因素影响，部分失地农民一味追求“养儿防老”“存钱防灾”，对工伤、失业以及养老保险的积极作用不甚了解，造成上述险种参保率均有待进一步提高。数据显示，农民工是工伤事故、职业病发病以及失业的高危人群，现实中养老防老也存在较多操作困难，对于失地农民而言，工伤、失业以及养老保险具有更加明显的价值，因此，有必要通过增强相关保险的引导与宣传、提高相应险种赔付率、简化入保及赔付手续、加强担责企业监督、拓宽保费来源等手段全面提升相应险种参保率，必要时通过建立适度的强制保险制度提升工伤保险参保率，以更进一步完善失地农民保险保障体系、推进社会和谐发展与新型城镇化建设。

2. 四川省社会保障机制研究

四川省黄河流域属于少数民族聚居区，受到地域的影响，交通阻塞、通信设施差。四川沿黄流域的红原、阿坝、若尔盖、松潘和石渠等5县农村医疗卫生方面的整体发展水平较低，虽然在农村已经广泛覆盖医疗保障体系，但牧区的就医环境非常恶劣，设备不齐，药品种类少，能治疗的疾病种类不多。针对四川省黄河流域社会保障方面的不足，主要采取城乡最低生活保障机制。

扩大农村低保制度的覆盖范围，把符合条件的农村人口都纳入进去，实现应保尽保，并逐渐提高农村低保标准。可以把以县级行政区为单位制定低保标准的做法，改为以省级行政区为单位制定低保标准。对于财政能力弱的县（市、区），在评估、核定其所需资金以及供给能力的基础上，由上级财政弥补供需之间的缺口。鼓励各地探索把城乡两种低保进行统一的制度，城乡居民享受同等最低生活保障待遇。

3. 甘肃省社会保障机制研究

《甘肃省“十四五”全民医疗保障规划》指出，甘肃省经济发展水平较低，全省医疗保障事业发展不平衡、不充分的问题还比较突出。可持续发展面临风险挑战，有限的医疗保险基金收入和不断增长的医疗费用支出之间矛盾突出，保持基金当期收支平衡和可持续运行压力持续加大。门诊共济保障能力相对不足，重大疾病保障还有短板。医疗保障经办服务力量不足，医保与医疗、医药等相关领域改革协同性有待加强。基金监管形势依然严峻，医疗保险基金欺诈现象仍有发生，基金监管任务繁重。针对甘肃省黄河流域社会保障方面的不足，主要采取城市高质量发展的开放治理机制、城乡协调发展保障机制。

（1）城市高质量发展的开放治理机制

加强社会保障资金的筹集和管理，以政府为主导，结合社会组织团体开辟多种渠道来筹集社会保障基金，适应多元化的社会保障模式。提高管理社会保险基金的水平，如增强保障基金的调剂功能、规范社会保障基金的收缴及支付的过程等。对于社会保障基金的使用要做到透明公开，以加强人民群众对社会保障制度的信任程度。甘肃省应加大资金及人员投入力度，大力提升医疗水平。立足工作实际，推动医疗资源向基层下沉。鼓励兰州大学第二医院、省人民医院等实力较强的医院通过远程医疗为农村人口提供优质的医疗服务，使之成为实现医疗平等的有效措施之一。

(2)城乡协调发展保障机制

进一步加大对农村医疗卫生的投入力度，建设和发展乡镇卫生院。一是进一步加强基层医疗卫生服务体系建设，加强区域卫生规划，科学合理地进行分类建设和管理，每个区县都要建成辐射一定区域范围的医疗卫生中心。二是优化配置城乡医疗卫生资源。做好顶层设计，科学合理地制定相应的配套政策，引导城市医疗卫生服务向农村转移，鼓励市县公立医院对口支援乡镇卫生院。积极探索对乡村两级医疗卫生机构的托管模式，推动区域内医疗卫生资源的优化配置和合理流动，促进城乡卫生事业统筹发展。三是积极推进区域医疗资源共享中心建设。推广医疗资源区域协同服务，鼓励将乡镇卫生院纳入县域医疗资源共享中心建设范围，缓解县域医疗资源的压力。

4. 宁夏回族自治区社会保障机制研究

《宁夏回族自治区人力资源和社会保障事业发展“十四五”规划》指出，宁夏回族自治区就业总量压力和结构性矛盾持续并存，劳动者的技能素质与发展需求仍有差距；人才规模、结构、素质与需求不匹配，支撑重大战略、重点产业发展的高层次高技能人才仍然匮乏；城乡居民收入差距较大，中等收入群体比重偏低。针对宁夏回族自治区黄河流域社会保障方面的不足，主要采取就业保障机制和城乡协调发展保障机制。

(1)就业保障机制

完善用工制度，加强劳动执法力量。对于进城务工的劳动者，由政府或相关的社会团体等来组织他们进行劳动合同及社会保险内容的学习与了解，避免失去自己的合法权益。另外要加快完善农民工参保的管理制度，加强社会保险的普及，为农民工人的生存发展提供保障。最后要加强劳动市场的监察力度，以有效避免企业对员工合法权益的侵害。

(2)城乡协调发展保障机制

进一步加大社会保障的财政投入，教育经费要向农村、偏远地区倾斜，切实加强教育事业建设，持续推进教育攻坚。相关部门要落实教育经费的投入，按规定配置农村幼儿园设施设备及教具。要保障农村幼儿园的用水用电及维修改造等，保障幼儿园运转。加强农村幼儿园教师队伍建设，同时全面落实公办幼儿园生均公用经费补助政策，将营养改善计划扩大到实施范围内农村义务教育学校附设的学前班。提高幼儿园教师待遇，对长期在农村和边远地区工作的学前教师，实行工资倾斜政策。

5. 内蒙古自治区社会保障机制研究

内蒙古黄河流域内人口相对密集，产业及城市基础较好，但发展不平衡不充分问题还比较突出，综合发展水平还不适应新发展阶段的要求，民生保障存在短板。就业总量特别是青年就业压力不容忽视，劳动力供求关系深度调整，就业技能素质亟待提升。人口老龄化程度持续加深，基本养老保险基金收支矛盾日益凸显，部分灵活就业人员仍游离于社会保障体系之外。城乡接合部的大量土地被征用，大批农牧民失去土地。针对这些问题，主要采取养老/医疗保障机制、农村土地权益保障机制和就业保障机制。

(1)养老/医疗保障机制

内蒙古自治区建立的社会保障制度只能起到基础的作用，应加快建立多样化的社会保障机制。目前的保障制度虽然能够解决人们的基本生存问题，但是对于人民日益增长的多元化需求尚无法满足。因此要建立多样化的社会保障机制，补充建立除政府以外其他的社会保障制度，建立由国家社会基本保障和自费的补充保险体系构成的多样化社会保障模式。

(2)农村土地权益保障机制

保证所有失地农牧民都享有养老保险和医疗保险，避免出现失地农牧民因病致贫、因病返贫、无钱养老的现象，解除他们的后顾之忧，对无劳动能力的家庭，根据当地经济水平提供最低生活保障。

6. 陕西省社会保障机制研究

陕西黄河流域面积占全省面积的64.2%，承载全省75%的人口和80%的城镇。陕西省2019年税务改革，社保经办部门的人员并没有随着社会保险费的征缴职能的划转而进入税务部门，导致税务部门人员力量缺乏，征缴压力较大。此外，陕西工伤、生育保险的社会统筹仍处于初级阶段，工伤、生育保险主要集中在国有企业和集体企业。而且，目前医疗保险基金仍以县级单位进行统筹，县级统筹医疗保险基金水平过低，融资金额有限，尤其是在产业基础薄弱、资金能力较差的南方山区。针对陕西省黄河流域社会保障方面的不足，主要采取养老/医疗保障机制、城市高质量发展的开放治理机制和城乡协调发展保障机制。

(1)养老/医疗保障机制

完善养老、医疗、工伤、生育保险等基础社会保障。对于养老保险，应加大对其保障资金的投入力度，提高高龄人群参保的积极性。对于医疗保险，应该加快农村地区基础医疗设施的建立，加强医疗保险资金的支出管理，提升医疗保险的保障水平。对于工伤、生育保险等，要加强保障基金的管理，探索建立事故预防与工伤保险相结合的社会保障机制，逐步扩大生育保险的覆盖面，完善基础的社会保障机制。

(2)城市高质量发展的开放治理机制

提高社会保障统筹层次，目前在陕西省内有关省级的统筹项目实施的数量还不多，大多数还是市县级的统筹，这是提高社会保障水平道路上的一大障碍。切实推进城市基础设施系统性、整体性建设，不断提高城市综合承载力和发展质量。把“补短板、惠民生”作为出发点和落脚点，把生态修复、城市修补作为切入点，把生态建设和公共服务设施建设作为提升点，不断增强人民群众的获得感、幸福感。

(3)城乡协调发展保障机制

健全农村居民社会保险的法律法规，形成完善的制度体系，建立科学的社保组织体系，提高征缴运行效能。在社会保险费的基础上，根据居民社会保险的特征，出台农村居民社会保险的相关制度，明确农村居民社会保险费的相关问题，如保障方式、保障人群、资金筹集方式、缴费主体、缴费范围、补贴比例、统筹级次等。同时社会保险主管部门要建立一套完整、统一的征收管理制度,规定社会保险市局、县区局的主要职责,实现部门的专业化和管理的规范化,强化部门间的合作,解决人员不足问题。

7. 山西省社会保障机制研究

山西省城乡居民收入持续稳步增长的同时,城乡居民之间的收入差距也越来越大,城镇居民收入平均增长速度快于农村,城乡居民收入绝对差额逐渐扩大,由此引发的经济、社会、政治等发展风险问题已引起人们的高度关注。同时,山西省农村社会保障制度建设滞后,人们参与保险的水平仍然很低,农民养老保险的保障水平低,参加保险的积极性不高,城乡居民参加社会保险存在一定差距。针对山西省黄河流域社会保障方面的不足,主要采取养老/医疗保障机制、城乡协调发展保障机制和就业保障机制。

(1)养老/医疗保障机制

在稳定土地保障作用的基础上,实现城乡居民社会保障市场化运作。加大财政对农村医疗卫生基础设施建设,尤其是加大对乡卫生院、村卫生室的扶持力度,巩固和发展新型农村合作医疗制度,完善农村医疗救助制度,促进农村医疗卫生事业的发展。建立新型农村社会养老保险制度,创造条件实现城乡养老保险制度有效衔接。进一步实施好城乡居民最低生活保障制度,逐年加大农村居民最低生活保障经费投入,并做好申请、审核、批准等各环节的监督工作,提高养老、医疗等社会保障的含金量,让每一个农民切切实实得到实惠,生活得更体面、更有尊严、更有保障。

(2)城乡协调发展保障机制

健全农村社会保障制度的发展,城乡一体化的发展需要尽快健全和补充农村的社会保障制度:加大对农村社会保障制度的资金投入,加快农村社会保障基础设施的建设,并把资金重点放在保障体系相对薄弱的方面,提升农村的社会保障水平。

(3)就业保障机制

坚持统筹城乡就业的方针,建立健全劳动力市场体系,逐步形成市场经济条件下促进农村劳动力转移就业的机制,为城乡劳动者提供平等的就业机会和服务。同时继续深化户籍管理、社会保障等方面的改革,并根据农民工流动性大的特点,兼顾农民工工资收入低的实际情况,实行低标准进入社会保障体系,调动用人单位和农民工参保的积极性。大力扶持小微企业发展,认真贯彻落实中央和省政府有关鼓励小微企业吸纳劳动者就业的指导意见,鼓励其吸纳新的就业人员,拓展他们的创业空间,推进小微企业的蓬勃发展,扩大农村劳动力就地转移。加大完善就业服务力度,多渠道兴办规范的就业服务机构,加强对城乡低收入者的职业培训,尽可能地为低收入群体创造更宽松的就业环境。

8. 河南省社会保障机制研究

随着城镇化进程的加快,河南省每年有大量的农业人口变为城镇人口,占全省总人口12.97%的农民工没有专门的医疗保障措施。城乡之间还存在地域差异、收入水平、财政偏向等方面的较大差距,农村居民进城上学、越级就诊等现象较为普遍,农村公共服务短板比较突出。河南高等教育相对落后,整体教育资源不足、人才队伍质量偏低。针对河南省黄河流域社会保障方面的不足,主要采取农村土地权益保障机制、养老/医疗保障机制和高等教育发展机制。

（1）农村土地权益保障机制

对于“非自愿性转移”的农业转移人口在土地补偿时要考虑其长远生计保障，不仅要给予足额补偿，而且还要安排被征地农民的生活保障和社会保障费用。加强对农业转移人口的专业技能培训，以提高其在人才市场的竞争力和收入水平，有助于从根本上解决问题。

（2）养老/医疗保障机制

完善农民工社会保障体系建设，针对农民工对社会保障迫切的需求，河南省应该尽快按照分类指导和稳步发展的原则，逐步解决农民工的社会保障问题。优先解决农民工工伤保险和严重医疗保险问题，逐步解决农民工养老保险问题。建立农民工社会救助制度，尽快将农民工纳入医疗保障范围。从法律法规上保障农业转移人口参加社会保障的权益，加快提高社会保障的统筹层次的步伐，以提高社会保障的能力，扩大其覆盖范围，增强基金的抗风险能力。简化不同统筹地区的社会保险转移手续和异地就医结算手续，以利于农业人口的跨地区转移。打破地区壁垒，使外地户籍的常住人口在一定条件下也能参加本地的城乡居民养老保险和医疗保险。拓宽社保资金的融资渠道以减轻企业和个人的负担，扩大社会保障的覆盖面。

（3）高等教育发展机制

河南省高等教育发展必须处理好规模扩张和层次提高的关系，坚持质量与规模并重的原则，进一步优化高等学校层次结构。河南省高等教育布局应规划形成以郑州高校为中心，洛阳、开封、新乡高校为卫星的高等教育群落。培育以郑州大学、河南大学为领头雁，河南师范大学、河南农业大学等紧随其后的强势高校群体。针对河南省高层次人才数量较少的情况，应在加强学科建设，新增博士、硕士学位点的基础上，扩大研究生招生规模。

9. 山东省社会保障机制研究

山东省人均可支配收入位于黄河流域九省区第一位，然而其人均财政支出却位于全国末位，属于典型的经济实力好、保障低的省区。山东沿黄地区主要是山东省的中、西部欠发达地区，该地区农民的社会保障水平较低，与一些发展水平高的城市相比有非常大的差距。山东省黄河流域的资源型城市比较集中，如东营市、淄博市、济宁市、泰安市，资源型城市转型面临着企业改制、产业转型，导致大量职工失业、减薪，这一方面使得社保缴费减少；另一方面失业职工安置又带来社保支出的激增，社会保障压力不断增大。针对山东省黄河流域社会保障方面的不足，主要采取城市高质量发展的开放治理机制、就业保障机制和医疗保障机制。

（1）城市高质量发展的开放治理机制

加快山东省智慧政府建设，充分利用智慧政府的效能，加强省内经济发达地区对落后地区的帮扶力度，建立城市发展共建共享机制。加快建设城市间公共服务一体化平台，促进基础设施和公共服务设施均等化发展，实现资源在更大范围内的有效配置，将青岛、烟台、济南的部分财政收入上缴，重点用于对财力薄弱地区的转移支付，支持全省区域协调发展。建立市级下沉财力与省级转移支付挂钩机制，健全“省市共管”机制，合理运用中央下达及省级安排的乡村振兴、产业扶持、区域发展等专项资金，加大对省财政直管县的倾斜力度，支持经济薄弱地区的跨越式发展。

（2）就业保障机制

一是要因时因地平稳推进资源型城市产业转型，积极扶持适合本地区发展的接续和替代产业，尤其是发展高科技新兴产业和第三产业。在发展高科技产业过程中，要组织对下岗职工的培训，使其具备进入新兴产业工作的能力，最大能力安置下岗职工。二是政府要加大税赋和财政上的支持力度。三是针对破产重组企业，要确保其变现资产优先用于职工和企业社保费的缴纳。四是通过立法规定地方财政和资源型企业为转型企业职工缴纳社会保险费预留出一定的经费。

（3）医疗保障机制

一是建立多层次的医疗保障体系，着力构建以基本医保为主体，医疗救助为托底，补充医疗保险、长期护理保险、商业健康保险、慈善捐赠、医疗互助协同发展的医疗保障制度体系。二是解决发展不平衡不充分的问题，从全省制度政策上加强顶层设计，明确提出建立待遇清单制度，加快统一药品、诊疗项目、医疗服务设施三大目录，推进省级统筹，逐步缩小地区待遇差距，促进公平统一。三是注重改革的整体性、系统性、协同性，进一步增强医保、医疗、医药联动改革的整体性、系统性、协同性，提高药品招采、医保支付、医疗服务价格改革的联动性、配套性和各项医保政策的协调性、精准性。四是注重治理能力和治理体系现代化，建立更加完善的医保基金监管责任体系、制度体系、执法体系、信用体系、保障体系和全省统一的医保经办管理服务体系，提高医保治理社会化、法治化、标准化、专业化、智能化水平。

参考文献

[1]姜昀，王文燕，史常艳，等. 生态功能改善目标下的青海省“三线一单”编制实践[J]. 环境科学研究，2020，33(5)：1293-1299.

[2]王煜，彭少明，武见，等. 黄河流域水资源均衡调控理论与模型研究[J]. 水利学报，2020，51(1)：44-55.

[3]申红彬，吴保生，郑珊，等. 黄河内蒙古河段平滩流量与有效输沙流量关系[J]. 水科学进展，2013，24(4)：477-482.

[4]王育文，郭忠升. 陕西黄河流域生态保护和森林植被高质量发展建设对策[J]. 人民黄河，2021，43(6)：6-9，15.

[5]王浩，胡鹏. 水循环视角下的黄河流域生态保护关键问题[J]. 水利学报，2020，51(9)：1009-1014.

[6]白璐，孙园园，赵学涛，等. 黄河流域水污染排放特征及污染集聚格局分析[J]. 环境科学研究，2020，33(12)：2683-2694.

[7]刘昌明. 对黄河流域生态保护和高质量发展的几点认识[J]. 人民黄河，2019，41(10)：158-158.

[8]王浩，赵勇. 新时期治黄方略初探[J]. 水利学报，2019，50(11)：1291-1298.

[9]靳勇超，罗建武，朱彦鹏，等. 内蒙古辉河国家级自然保护区湿地保护成效[J]. 环境科

学研究,2015,28(9):1424-1429.

[10]邓祥征,刘纪远.中国西部生态脆弱区产业结构调整的污染风险分析:以青海省为例[J].中国人口·资源与环境,2012,22(5):55-62.

[11]刘大鹏,马斌,王悦.工业城市防护绿色空间布局适宜性评价:以内蒙古包头市为例[J].自然资源学报,2021,36(2):420-434.

[12]徐辉,师诺,武玲玲,等.黄河流域高质量发展水平测度及其时空演变[J].资源科学,2020,42(1):115-126.

[13]祁进玉,达娃尖措.城镇化背景下藏族失地农民的社会适应性研究:以青海省黄南藏族自治州M村的再就业问题为例[J].中国藏学,2020(2):133-140.

[14]王文举,田永杰.河南省新型城镇化质量与生态环境承载力耦合分析[J].中国农业资源与区划,2020,41(4):21-26.

后　记

本书由郑州大学黄河生态保护与区域协调发展研究院组织撰写，是中国工程院重大咨询研究项目“黄河流域生态保护和高质量发展战略研究”的课题“黄河流域高质量发展的产业布局和城市发展战略研究”（2020-ZD-18）和“黄河流域高质量发展评估及路径优化调控战略研究”（2021-149-1）研究成果总结，得到郑州大学人文社会科学精品学术著作资助项目的经费支持，也得到河南省重大公益性科技专项（201300311500）支持。作者团队由郑州大学黄河生态保护与区域协调发展研究院的主要学术骨干组成，分布在郑州大学水利与土木工程学院、生态与环境学院、管理工程学院、旅游管理学院、机械工程学院、化工学院、商学院等不同院系和科研机构，有四十多位教授、副教授、讲师、博士后和研究生参与。在本书结稿之际，现对研究成果的创作过程做一次简单回顾，既是对以往工作的总结，也借此想将一些感悟与读者朋友们分享。

黄河问题复杂难治，长期以来，黄河流域存在着水资源时空分布不均匀、旱涝灾害频繁、水沙关系失调、水环境污染严重、经济社会发展不均衡等突出问题，极大地制约了黄河流域社会、经济和文化的高质量发展。2019 年 9 月，“黄河流域生态保护和高质量发展”上升为重大国家战略，这是黄河流域生态保护和发展的重大战略布局，也是黄河治理史上的里程碑。但是，如何探索黄河流域高质量发展路径、制定高质量发展策略和保障机制是科研工作者需要探索的实际问题。为此，研究团队主要从四个部分开展了相应研究：

第一部分是战略框架研究，解读了黄河重大国家战略的背景和意义，总结了该战略的理论基础和重大科技问题，阐述了黄河流域概况及主要问题，评估了黄河流域高质量发展水平及影响因素，制定了高质量发展战略框架及分区发展策略；第二部分是产业布局研究，开展了黄河流域水—能源—粮食多尺度关联分析和协同调控，探索了黄河流域高质量发展产业布局和绿色低碳循环发展途径，分析了黄河流域新兴产业培育壮大以及绿色产业协同发展战略；第三部分是城市发展研究，探讨了黄河流域中心城市和城市群高质量发展路径，分析了郑州市国家中心城市发展战略及实施路径；第四部分是对策及保障机制研究，提出了黄河下游协同治理体系及发展路径优化调控对策，研究了科技创新驱动流域高质量发展战略以及实现黄河流域高质量发展的保障机制。

在本书研究工作开展的同时，水科学网（http://www.waterscience.cn/）、全国性学术会议“中国水论坛”、“水科学发展论坛”、“黄河保护与发展”高层论坛、公益性讲堂“水科学讲堂”、水科学微信群、水科学 QQ 群为广泛征集同行专家的黄河研究经验和宝贵意见提供了有力支撑,并将阶段性研究成果进行了实时报道和交流研讨,为本书的编写工作奠定了扎实的基础。在研究过程中,研究团队还先后到中国工程院、生态环境部环境规划院、中国水利水电科学研究院、中国工程科技发展战略河南研究院、中国林业科学研究院、中国科学院地理科学与资源研究所等科研技术单位以及清华大学、四川大学、山东大学、西北大学、长安大学、青海大学、兰州交通大学、内蒙古农业大学等高校交流有关黄河流域生态保护和高质量发展战略的最新工作进展,得到了诸多指导和建议,在此对这些单位的支持表示衷心感谢!

落笔之际,回顾研究历程深感不易:一是黄河流域生态保护和高质量发展战略博大精深,不是一本书所能完全诠释的;二是黄河流域地域广袤,涉及问题错综复杂,流域各地的自然条件和发展定位也有较大差异,系统探索流域高质量发展路径、制定高质量发展策略和保障机制实有难度;三是研究成果还停留在实践应用的初级阶段,可行性和合理性还要接受现实的考验。但研究团队将一如既往,将有关黄河流域生态保护和高质量发展战略的研究工作继续推动下去,用更多的成果以飨读者。

编者
2022 年 8 月

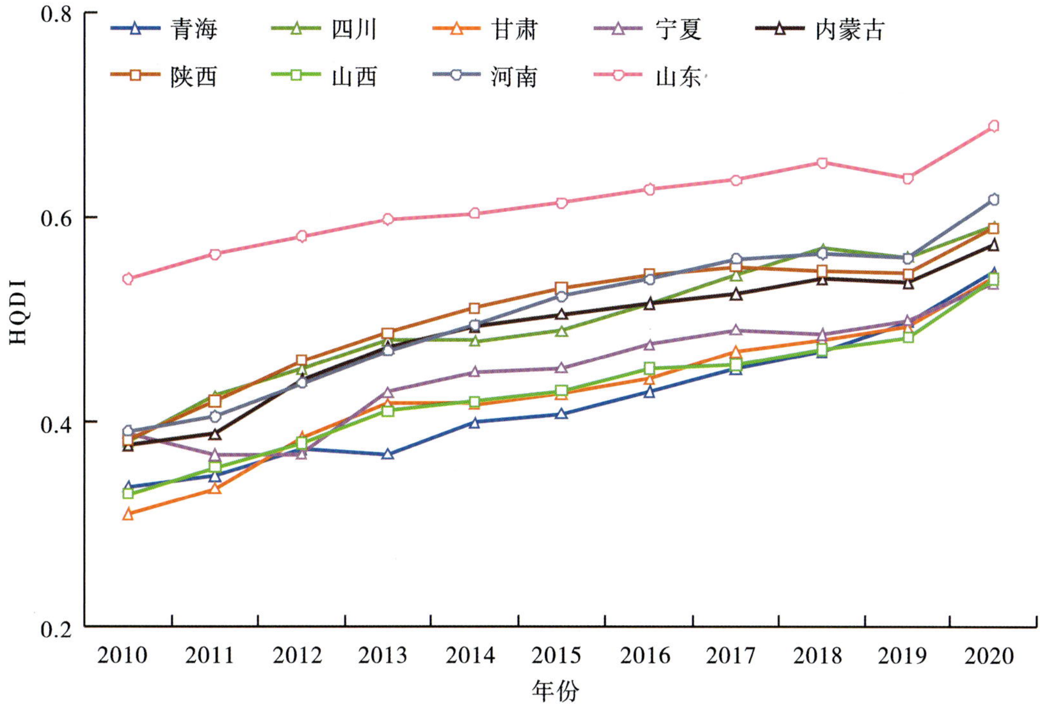

图 1　黄河流域九省区高质量发展指数

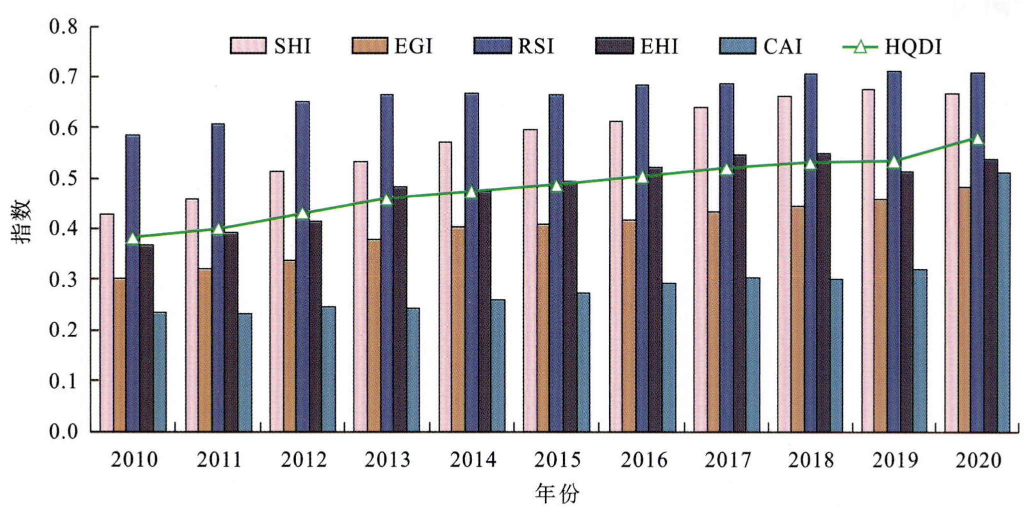

图 2　黄河流域各准则及高质量发展指数

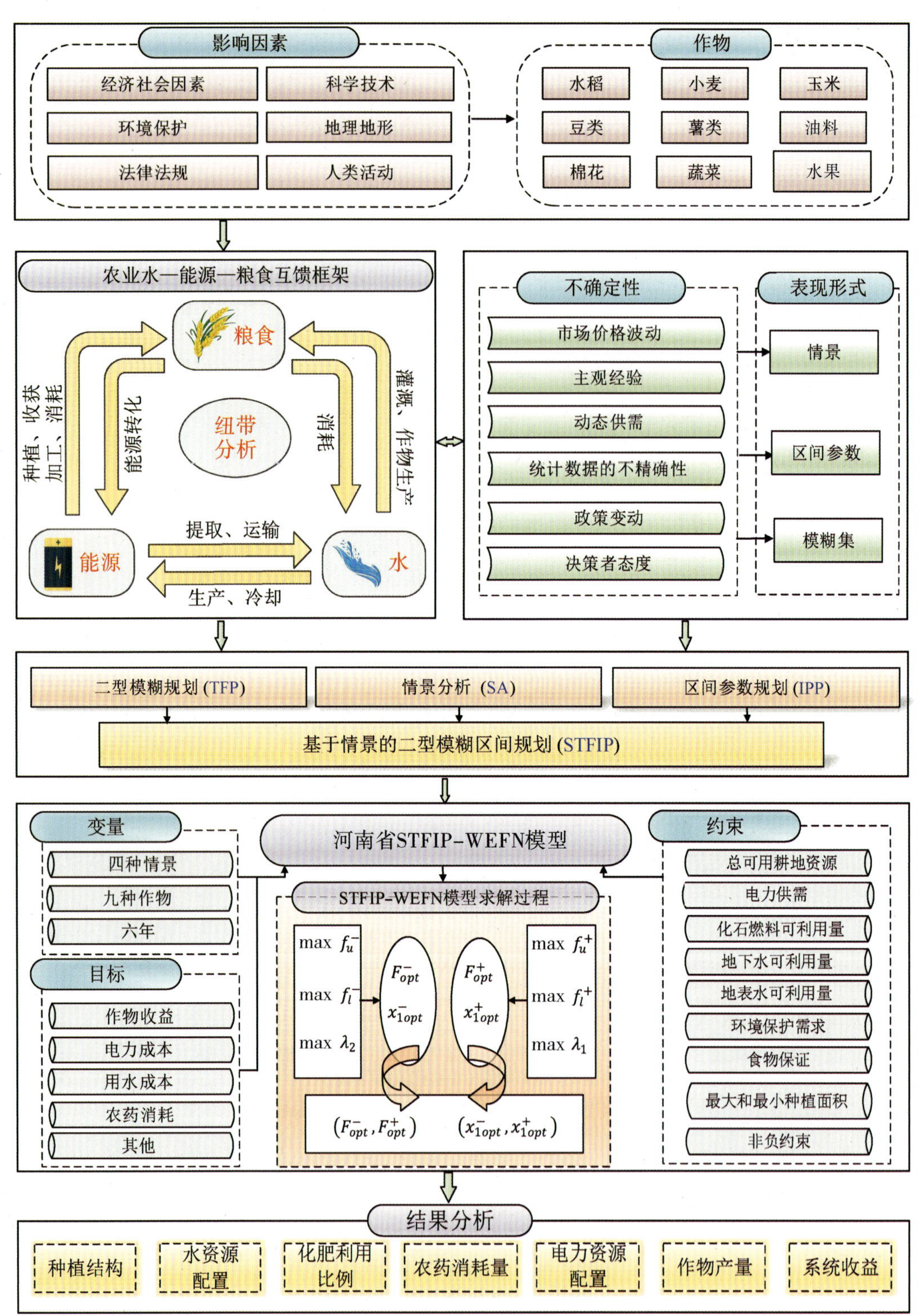

图 3　STFIP-WEFN 模型框架

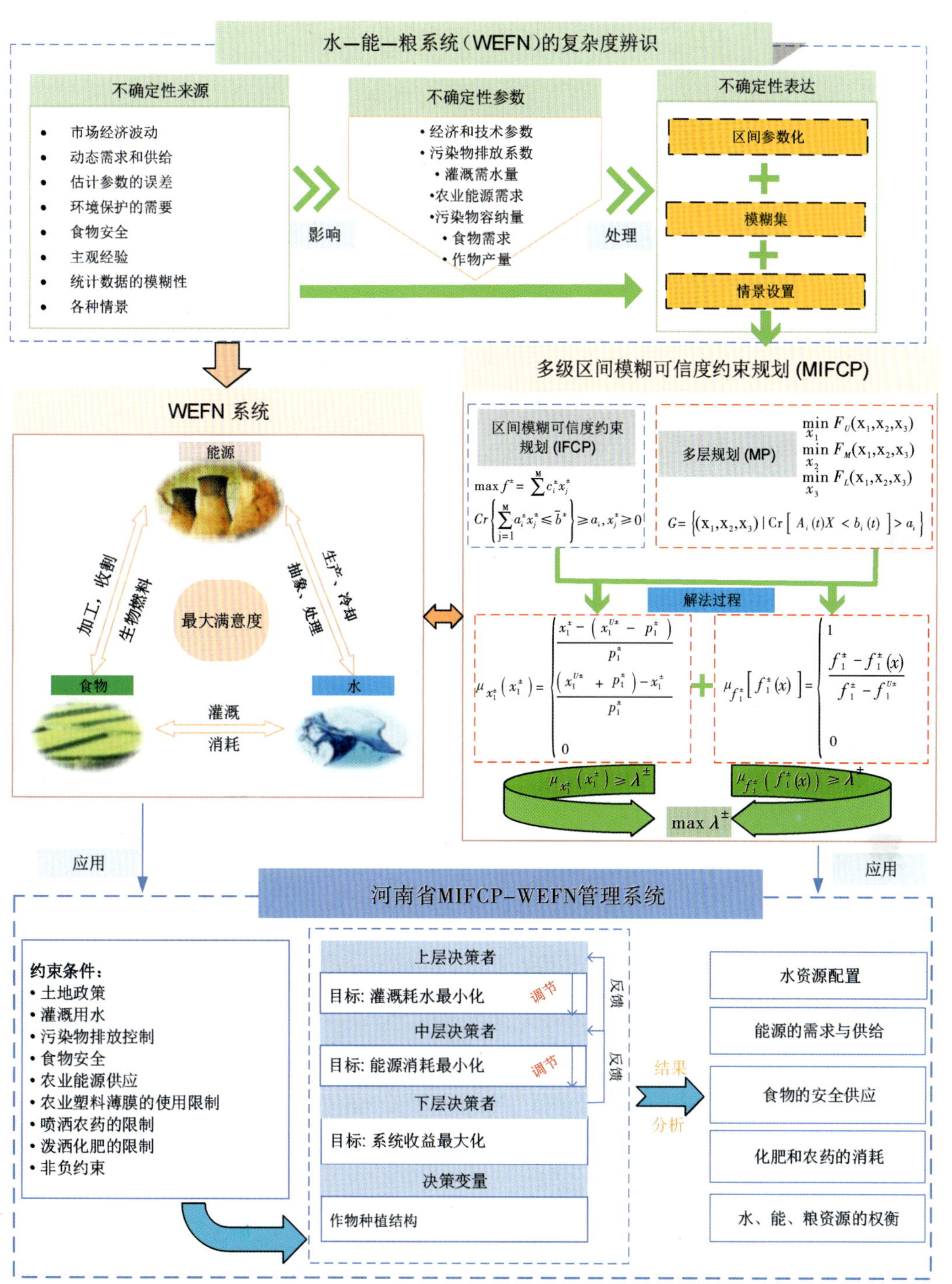

图 4　MIFCP-WEFN 模型框架

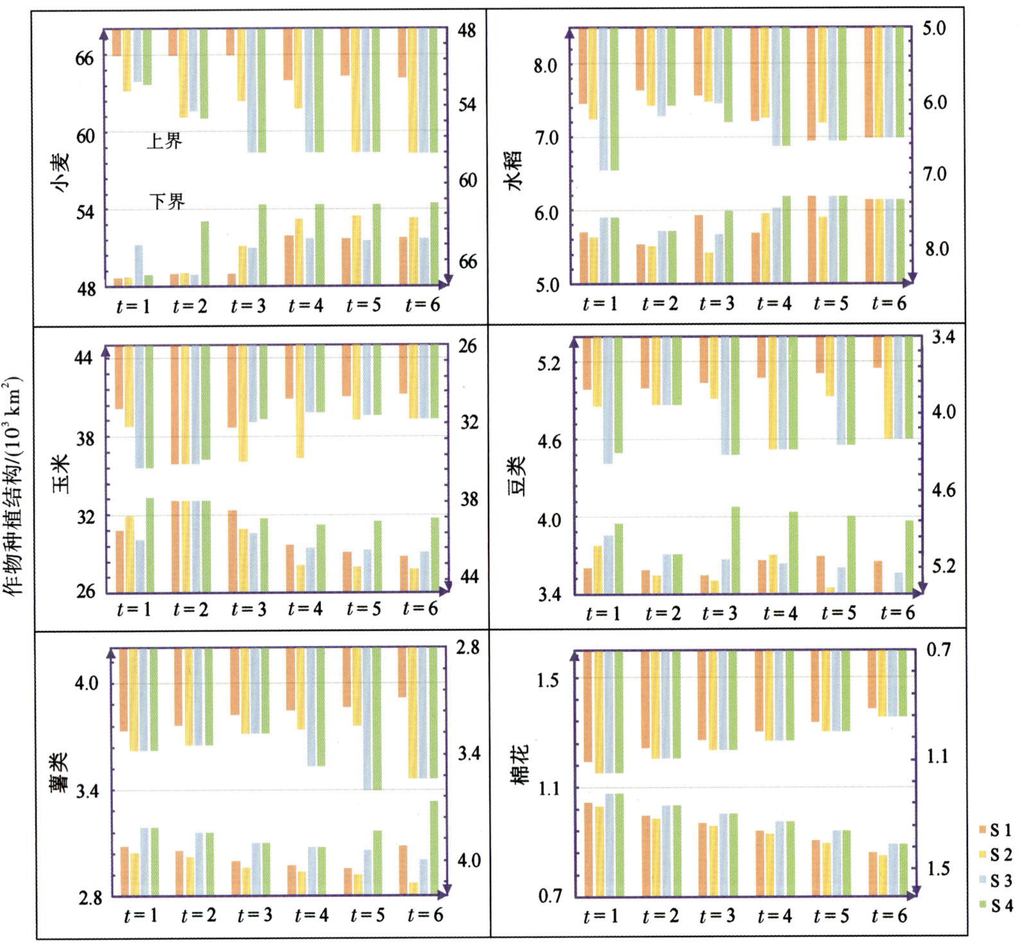

图5 规划期内不同情景下作物播种面积

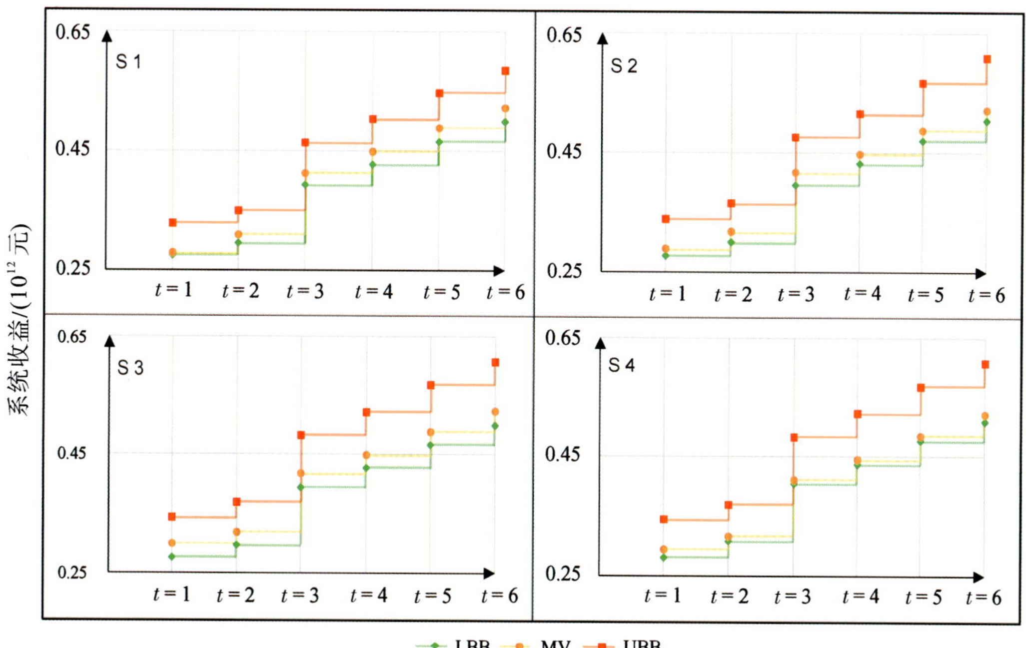

图6　规划期内不同情景下的农业系统总收益

（LBB：STFIP 求解下界收益；UBB：STFIP 求解上界收益；MV：线性规划求解结果）

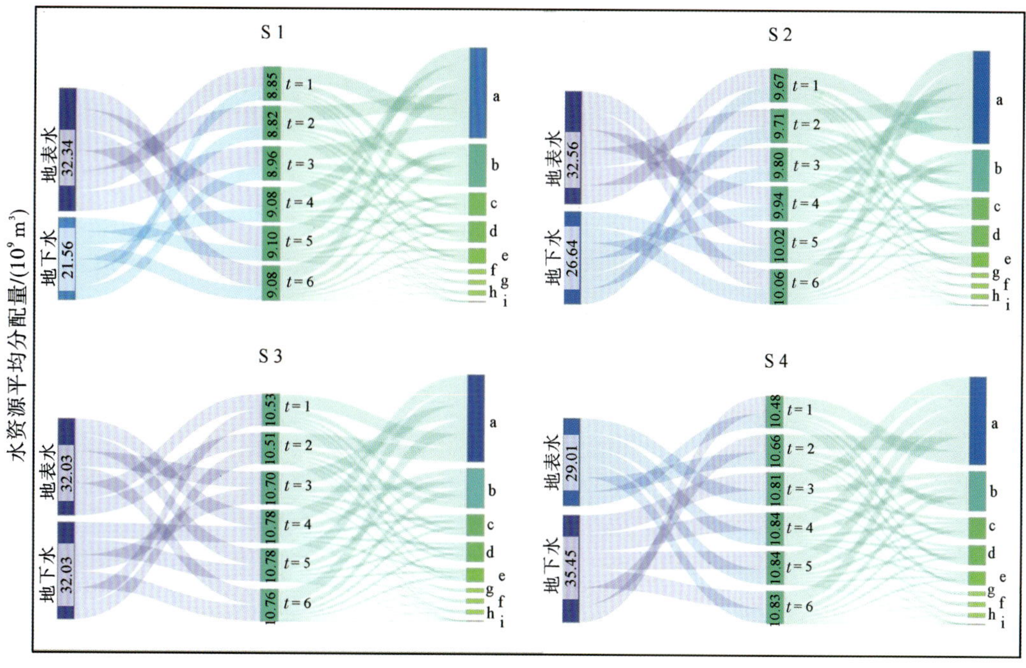

图7　规划期内不同情景下作物水资源消耗平均分配量

（a—小麦；b—蔬菜；c—大米；d—玉米；e—油料；f—豆类；g—薯类；h—水果；i—棉花）

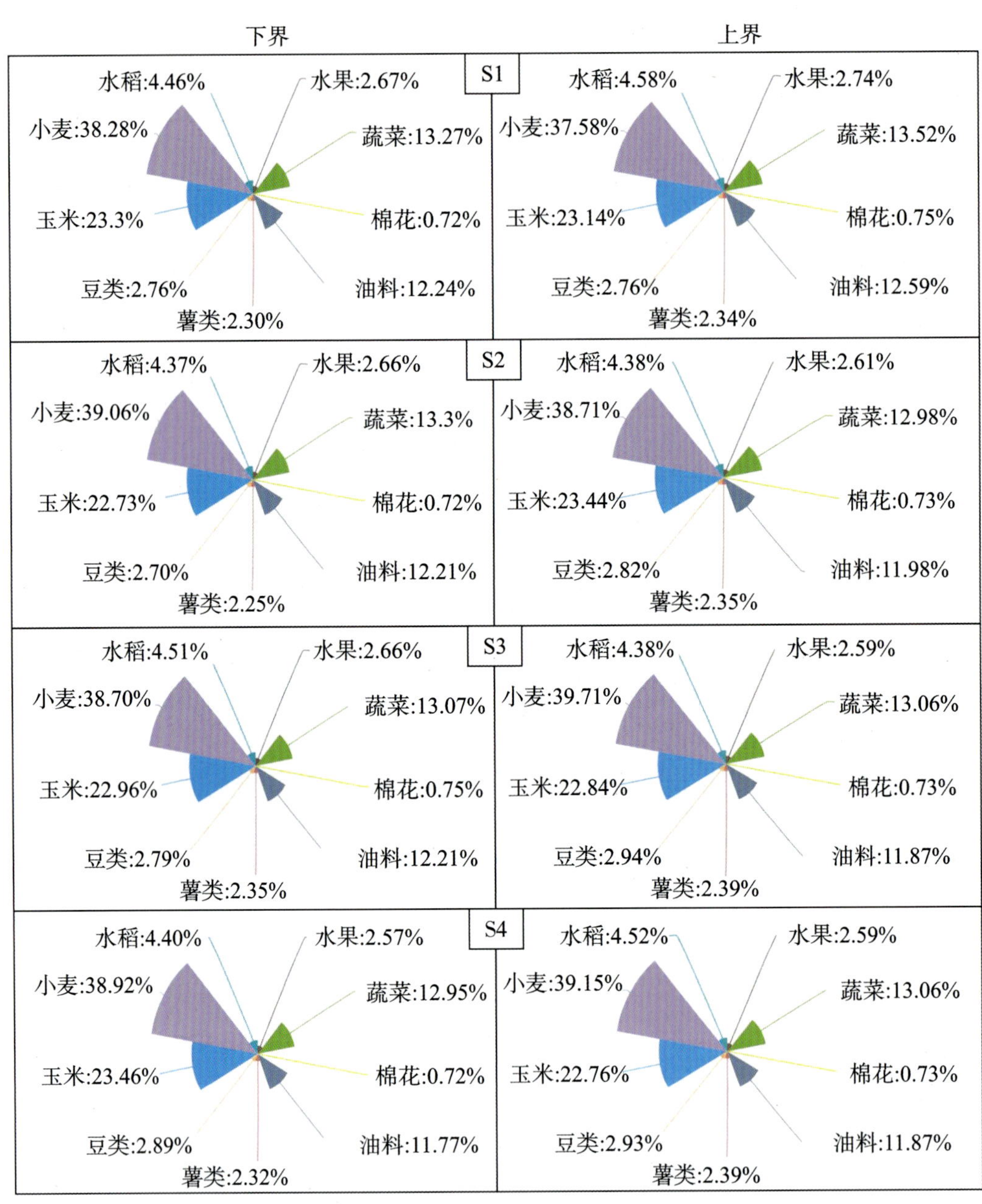

图8　不同情景下 9 种作物在规划期内的电力分配比例

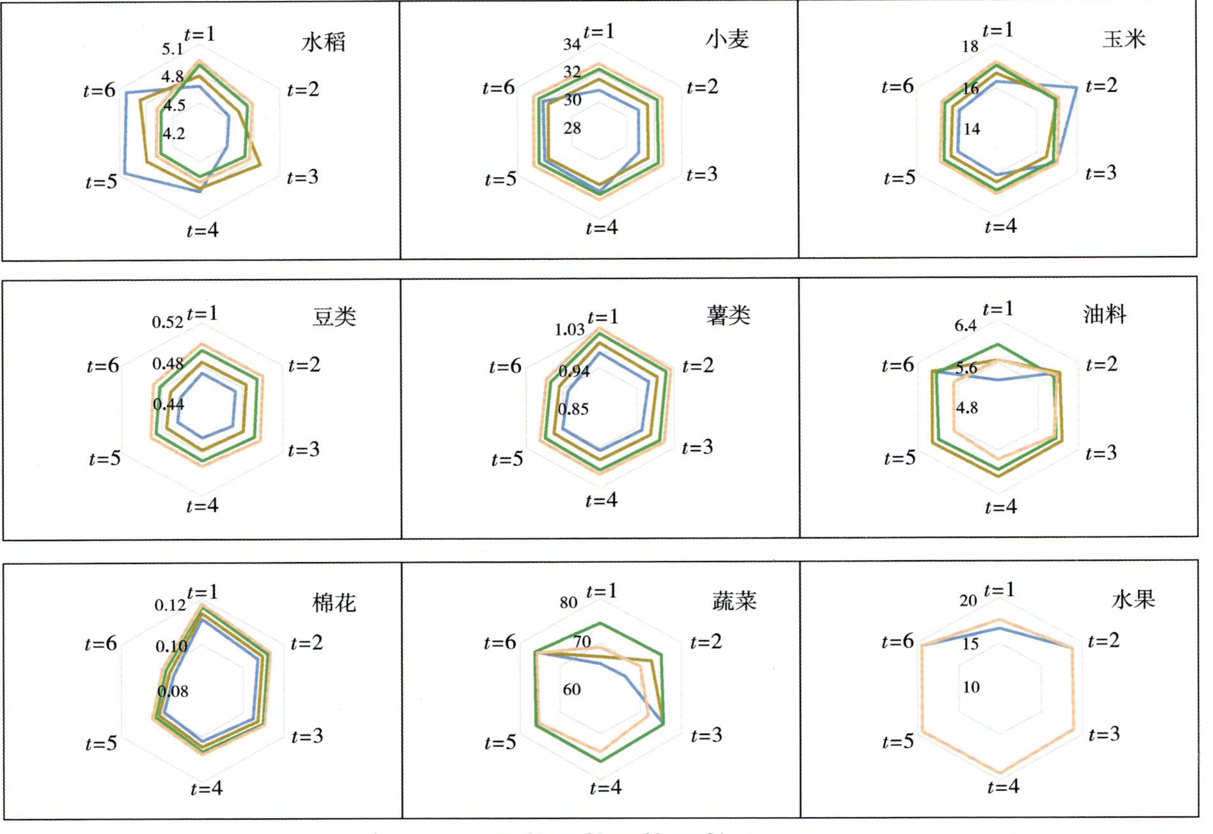

图 9 规划期内不同情景下 9 种作物的产量

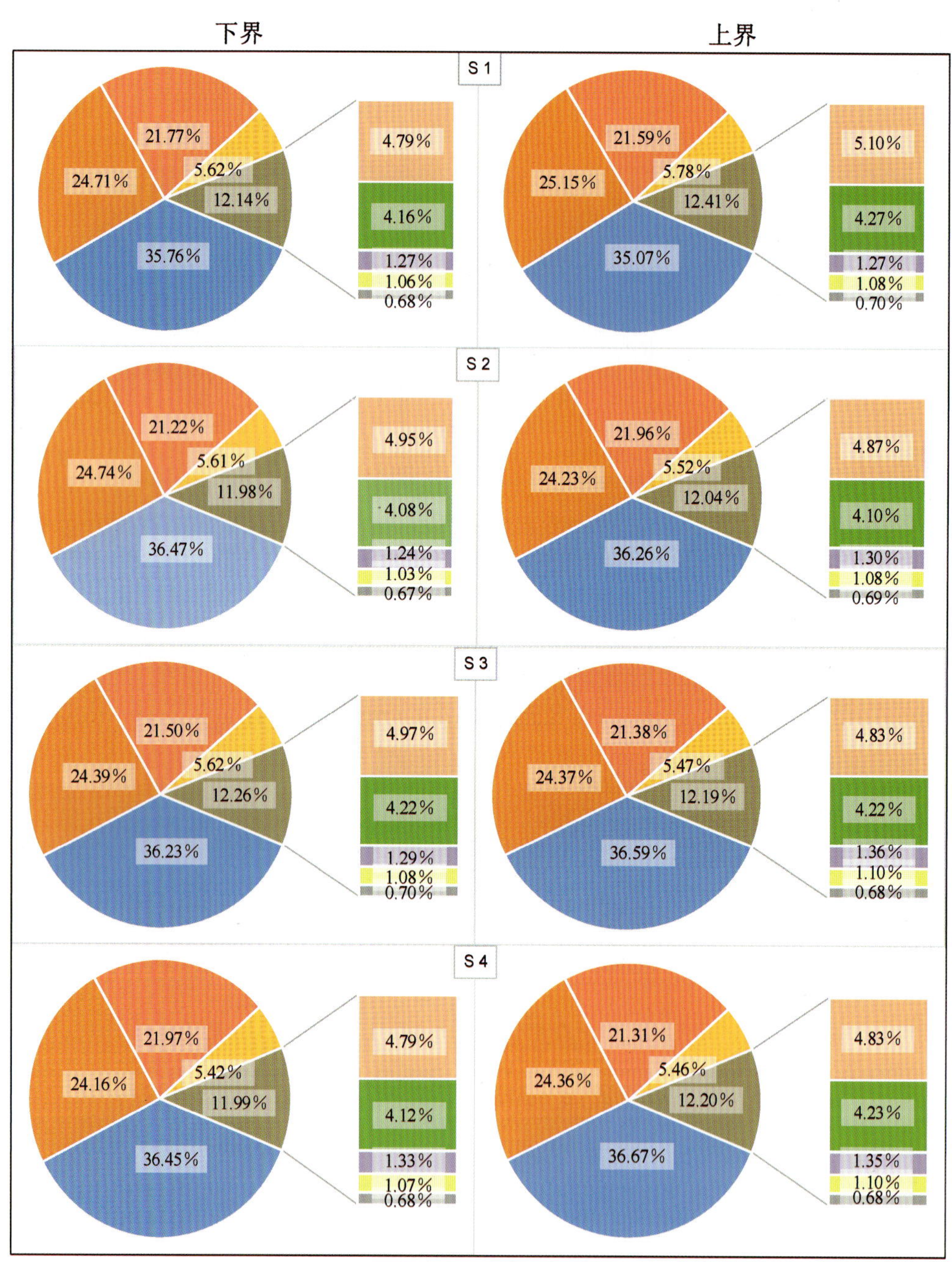

图 10 规划期内不同情景下 9 种作物化肥利用比例

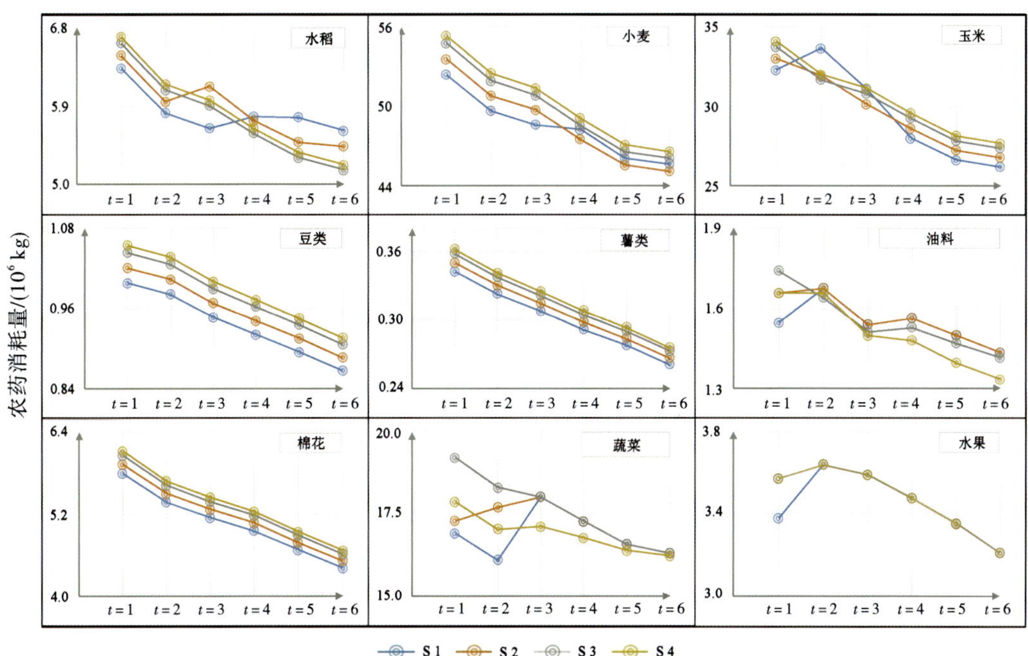

图 11　9 种作物在不同情景下的农药施用量

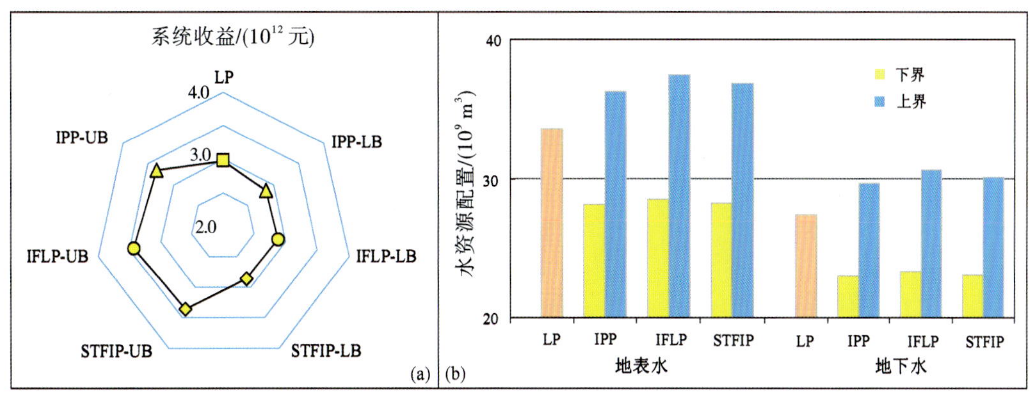

图 12　地下水供给比例为 45% 时 LP、IPP、IFLP 和 STFIP 方法的结果比较

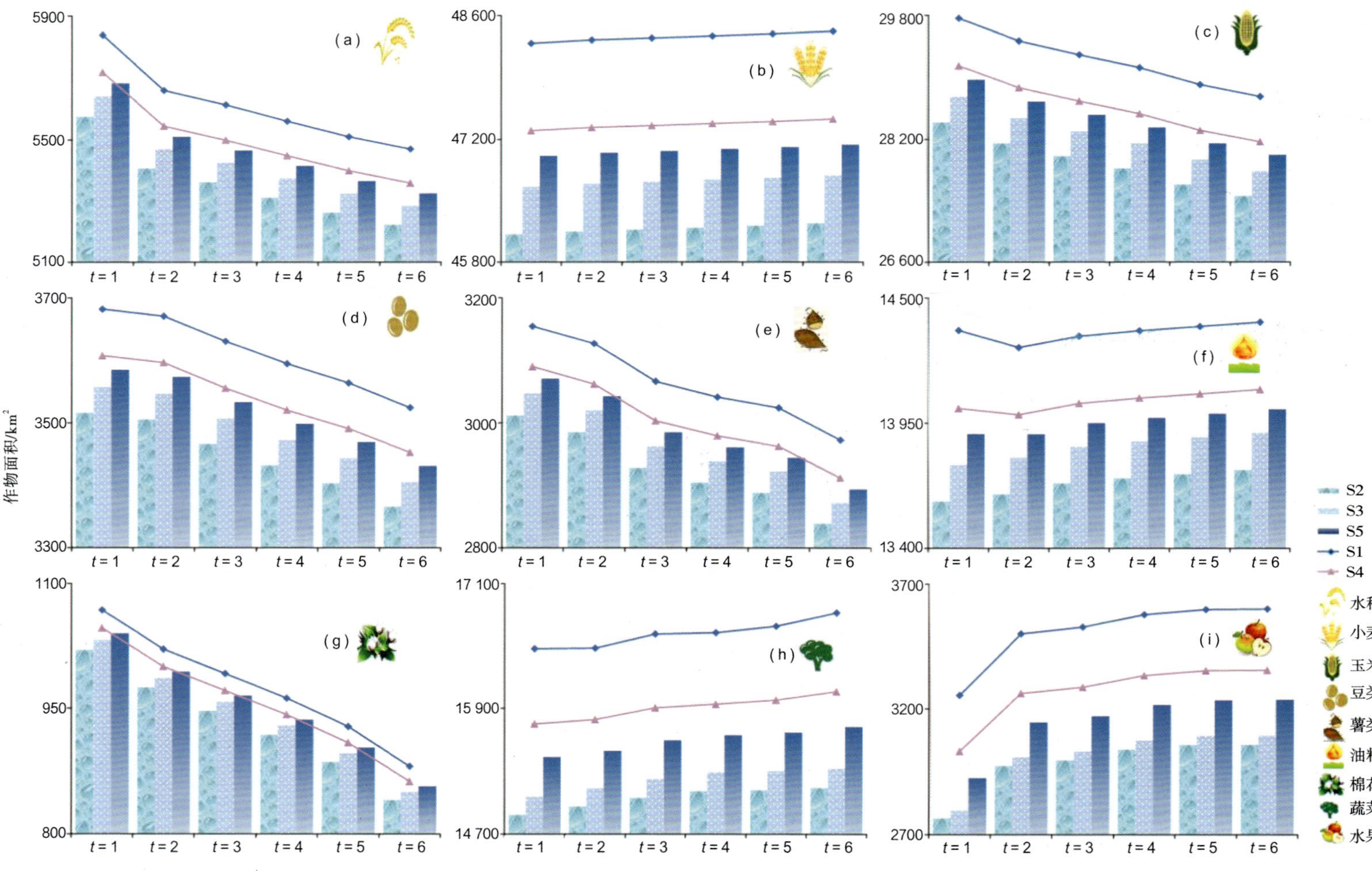

图 13 规划期内不同情景下不同作物的播种面积/km²

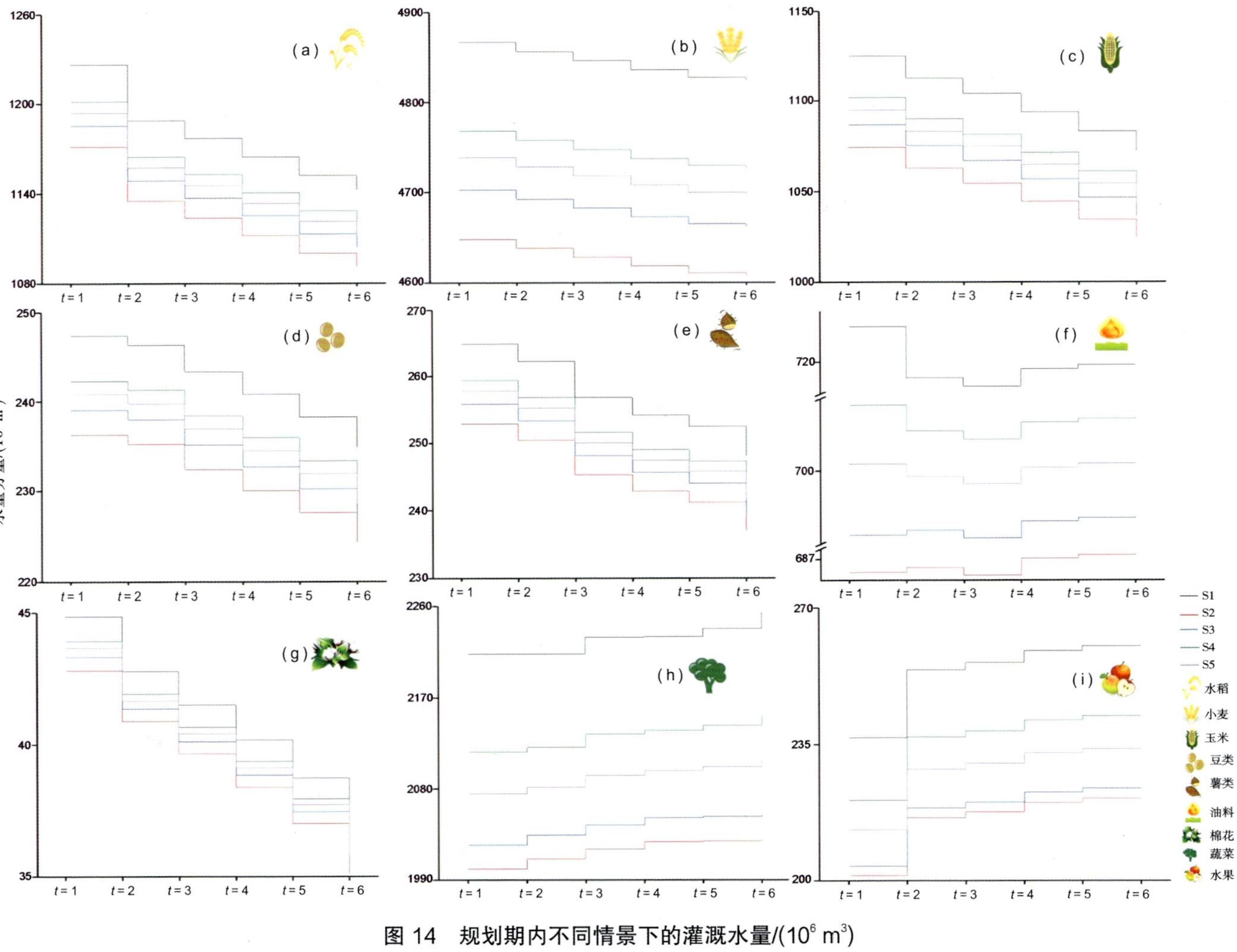

图 14 规划期内不同情景下的灌溉水量/(10^6 m^3)

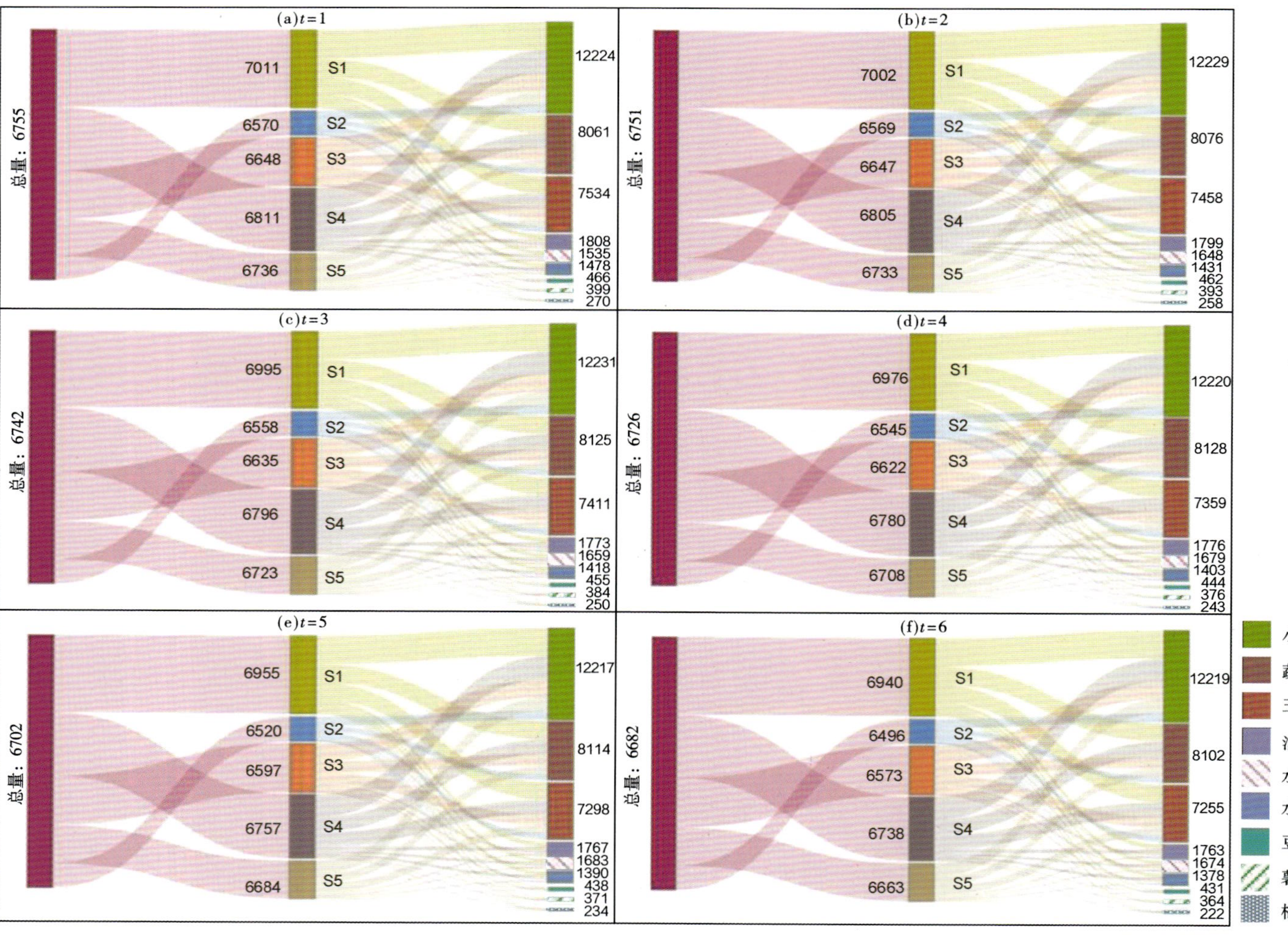

图 15　规划期内不同情景下的化肥消耗量/(10^6 kg)

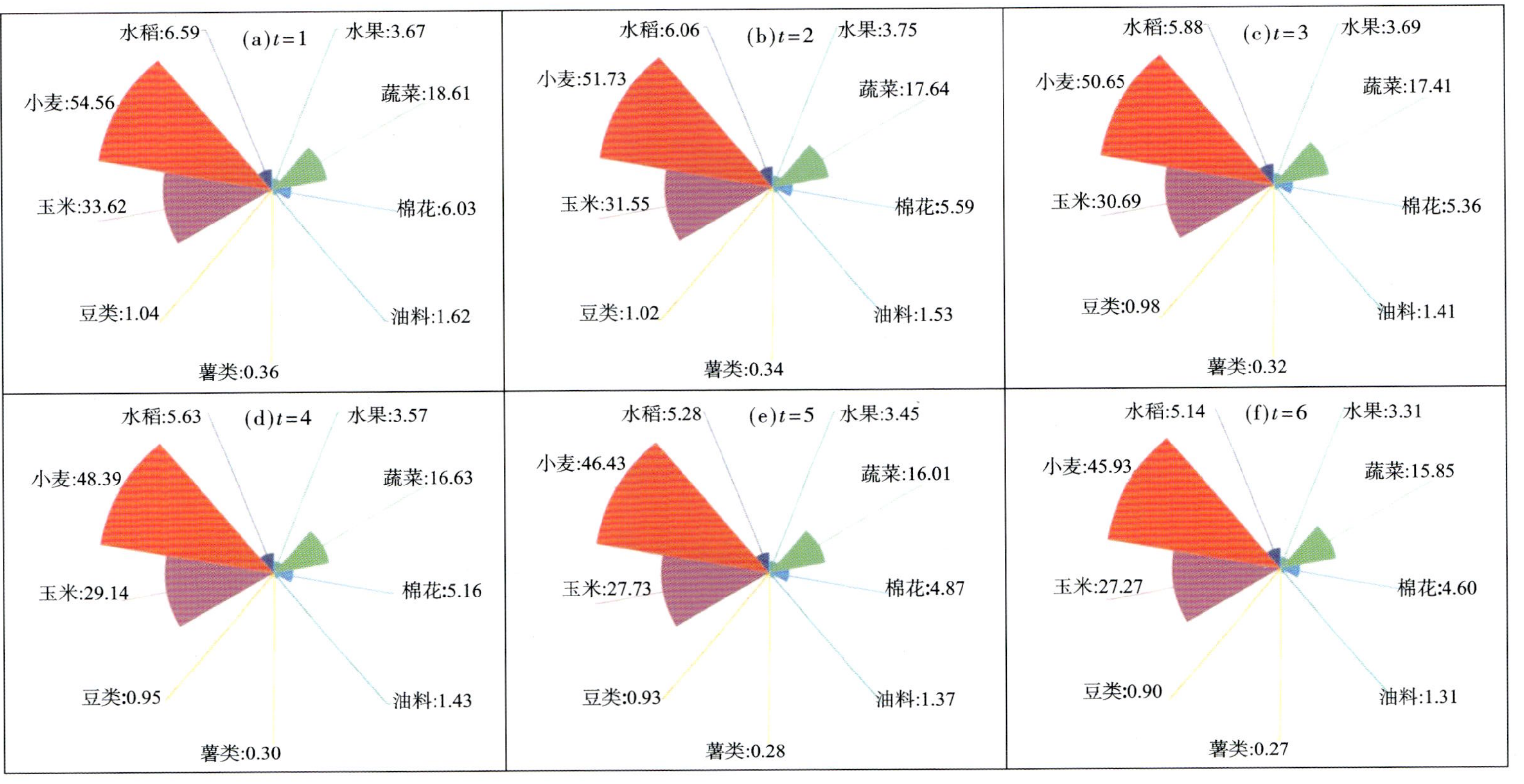

图 16　规划期内情景1下的农药消耗量/(10^6 kg)

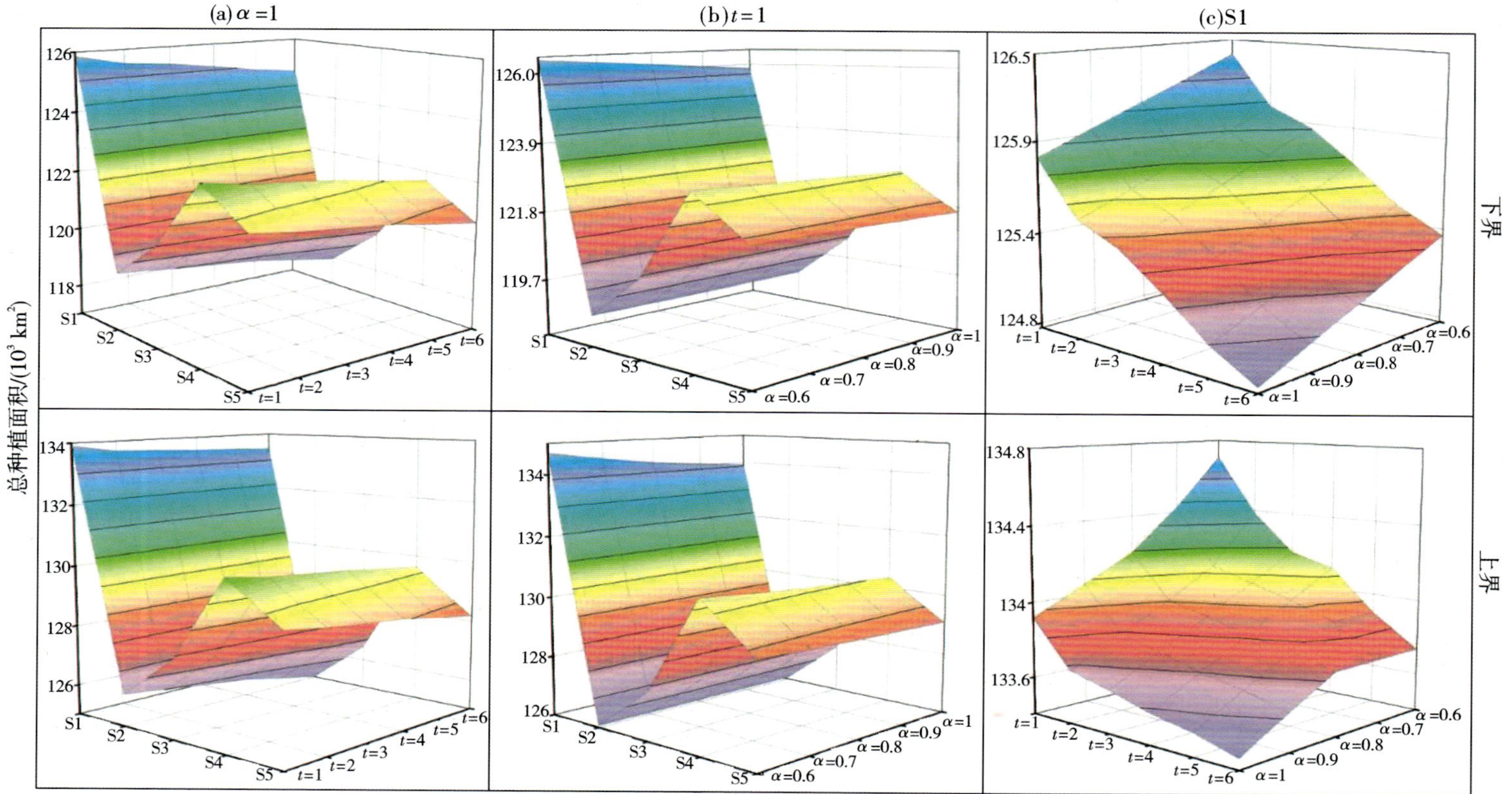

图 17 规划期内不同情景下不同作物播种面积/(10^3 km^2)

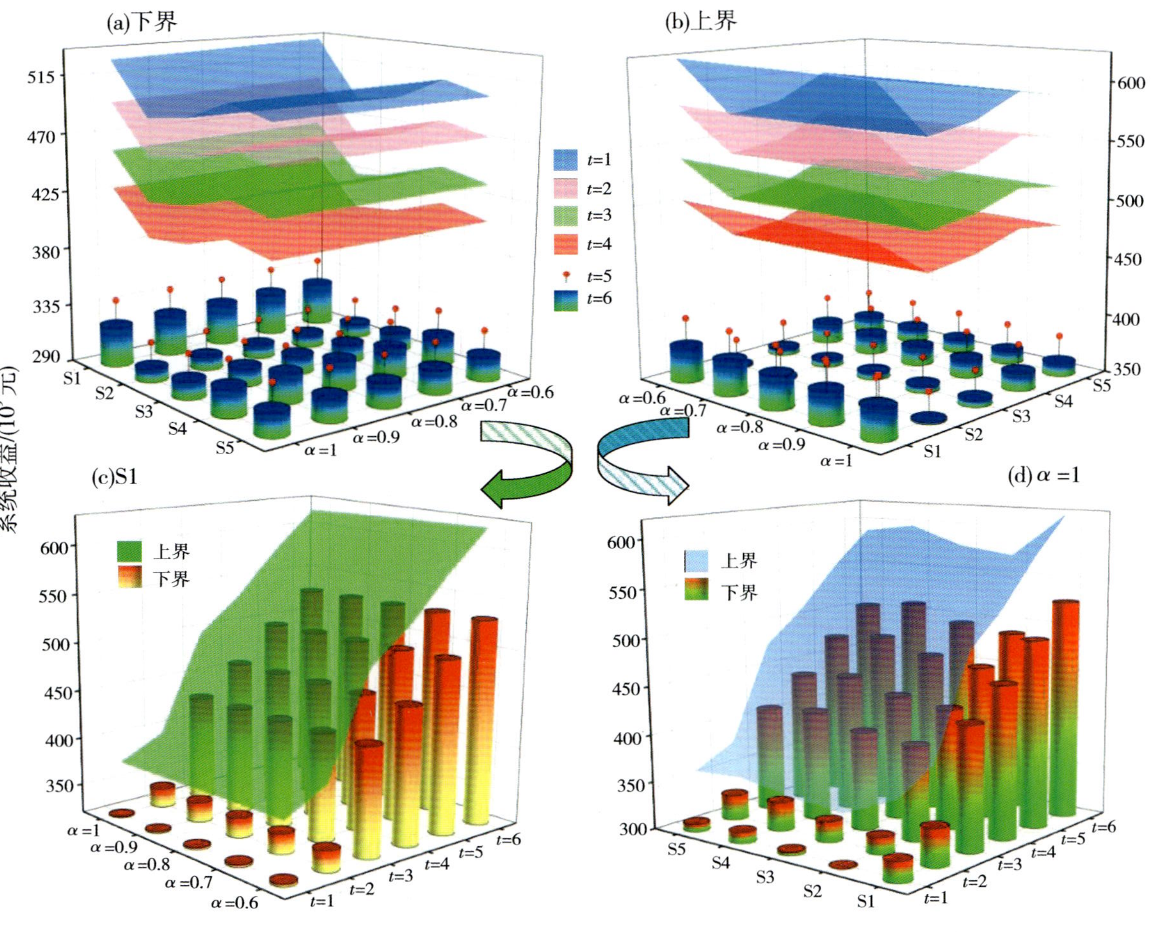

图 18　规划期间在不同情景和可信度水平下的系统收益/(10^9 元)

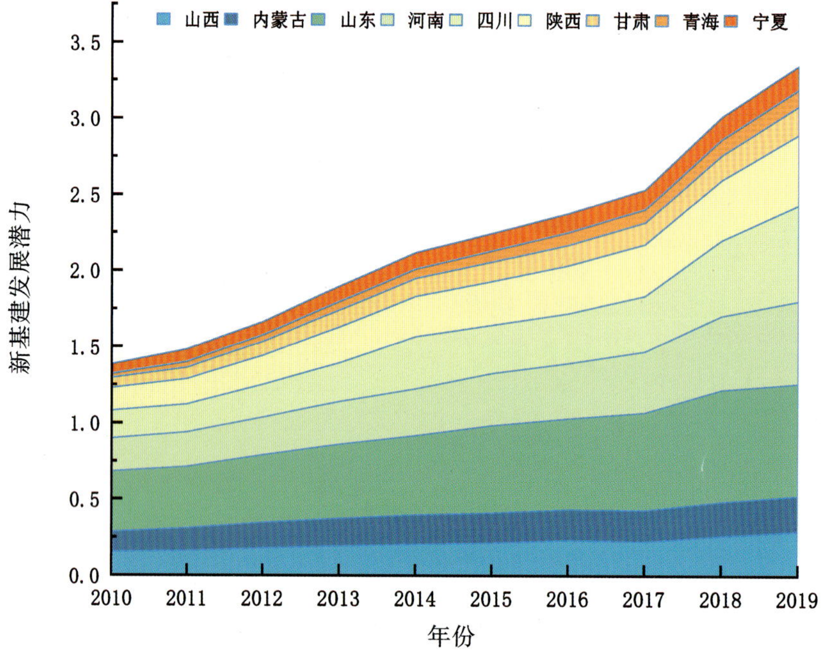

图19　黄河流域九省区新基建发展水平堆积图

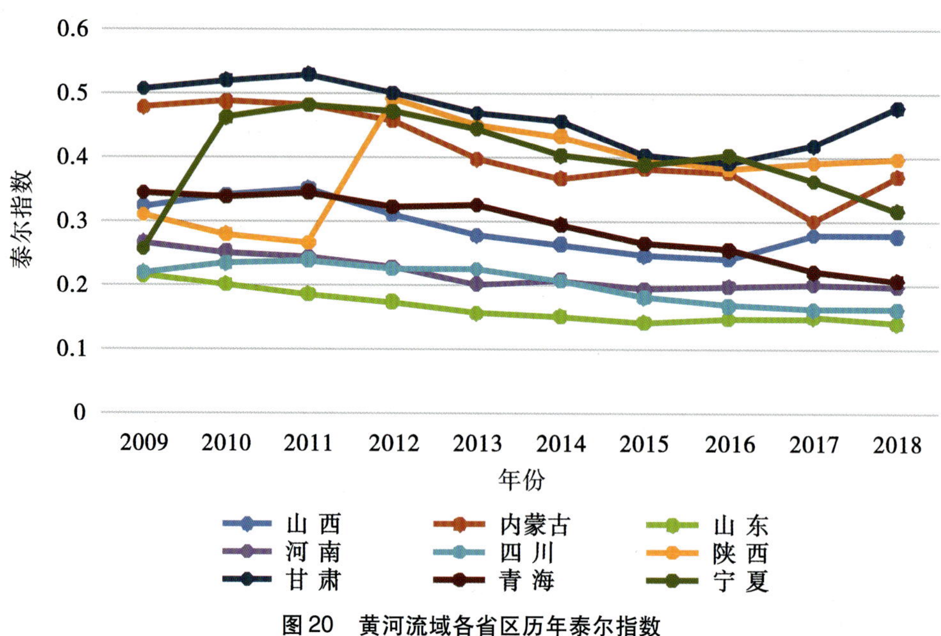

图20　黄河流域各省区历年泰尔指数

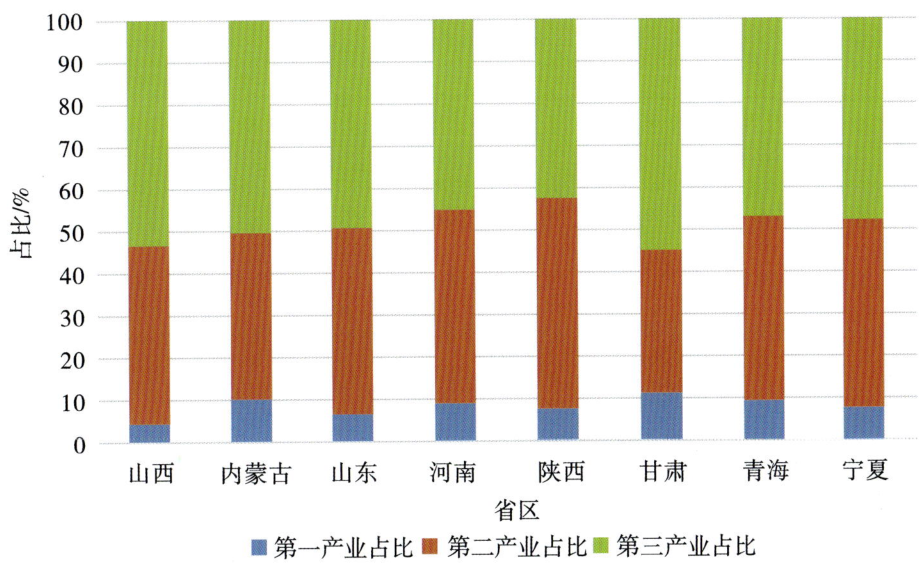

图 21　黄河流域各省区 2018 年三次产业分布结构

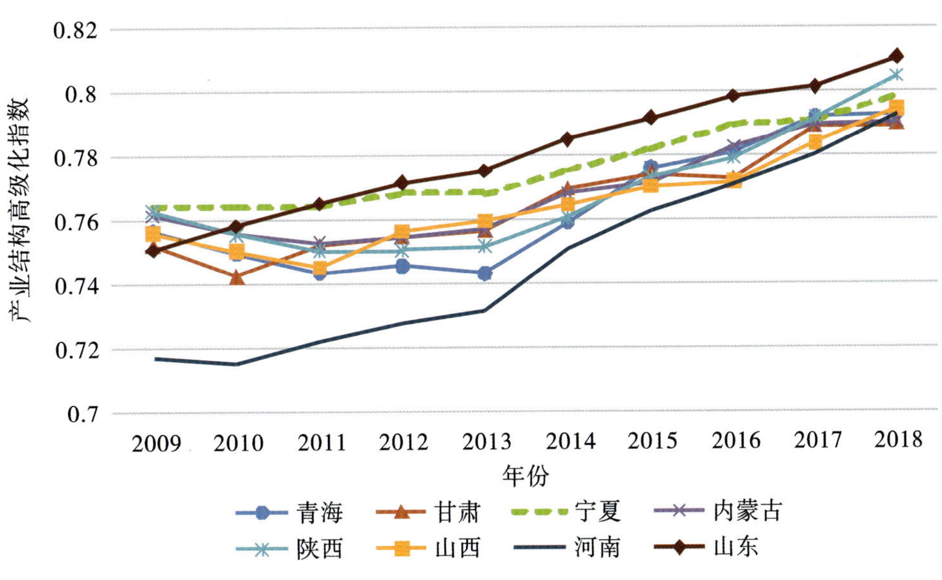

图 22　黄河流域各省区历年产业结构高级化指数

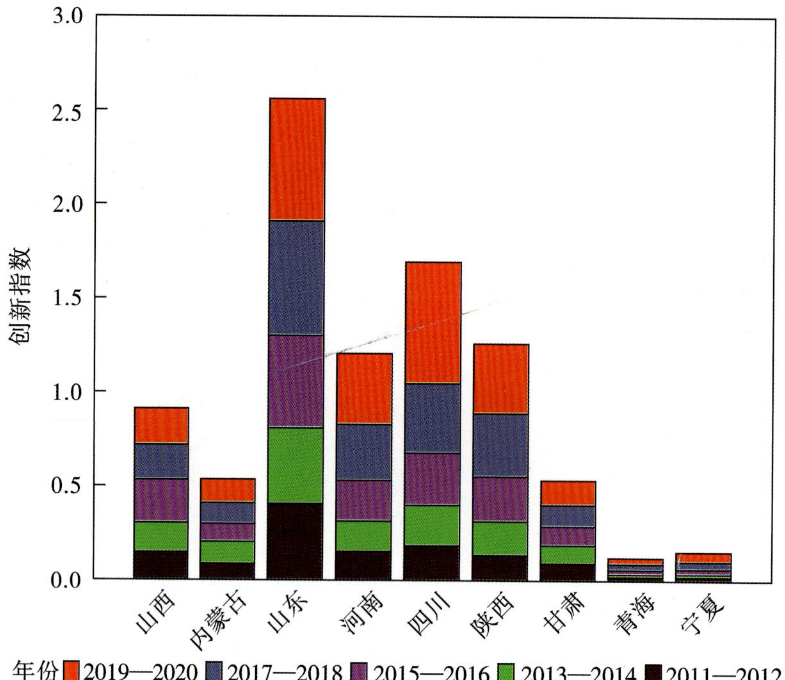

图 23 2011—2020 年黄河流域科技创新指数

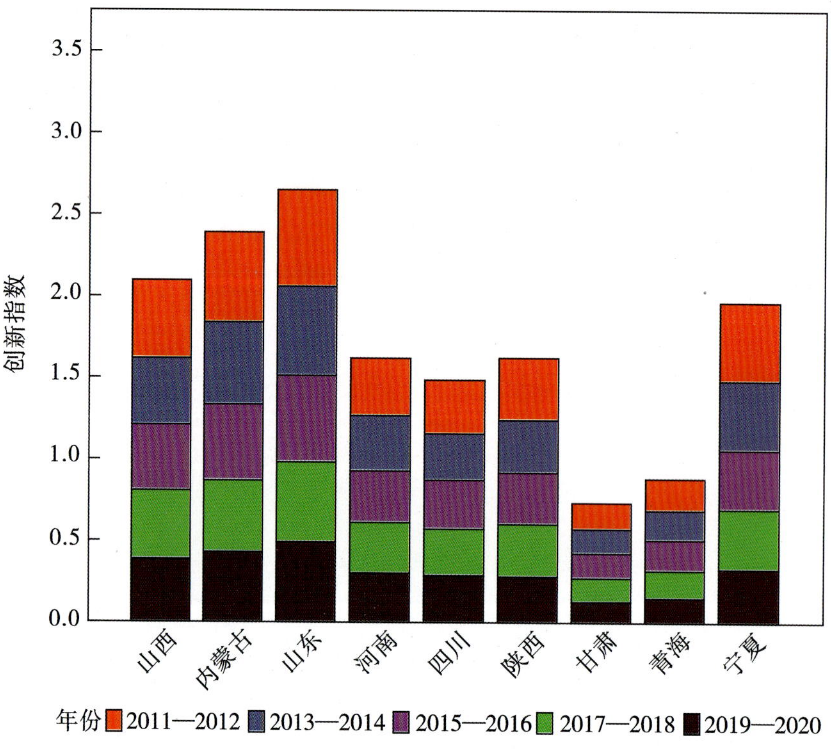

图 24 2011—2020 年黄河流域低碳经济指数

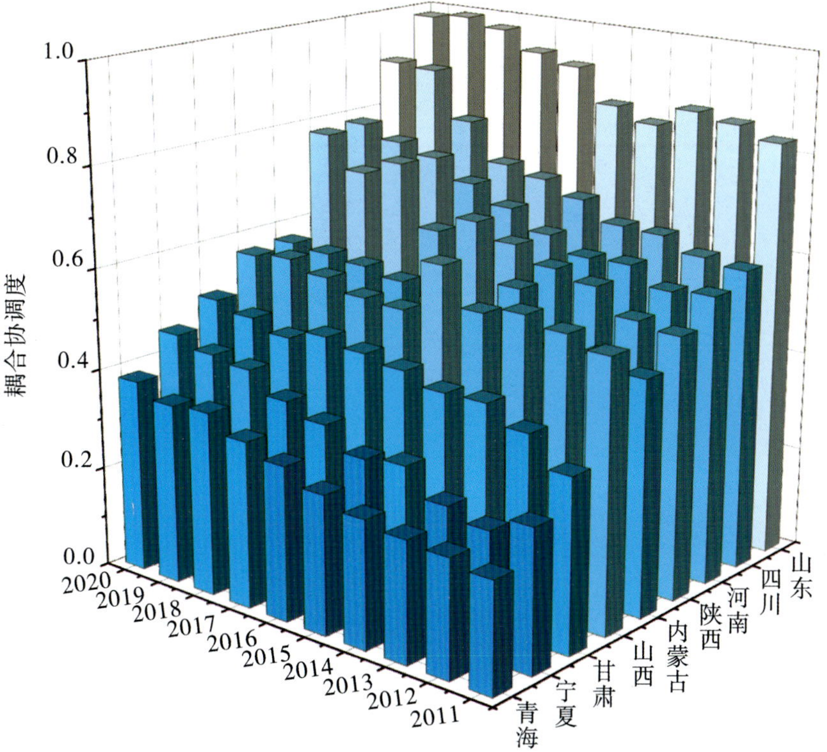

图 25　黄河流域各省区 2011—2020 年耦合协调度